Alice Vollenweiders kleines Kulinarium

Alice Vollenweider

Alice Vollenweiders kleines Kulinarium

Rezepte, Tips und Kochgeschichten

annabelle-*Kochtip*

WERDVERLAG

Die Aquarell-Illustrationen für den Buchumschlag und die Titelseiten der Kapitel stammen von Schülerinnen und Schülern der Höheren Schule für Gestaltung in Zürich, Abteilung Visuelle Kommunikation, Studienbereich Wissenschaftliche Illustration. Leitung: Christoph Göldlin.
Seite 13: Patrick Graf; Seite 25: Anja Neri, Rudolf Ebner; Seite 33: Angelo Boog; Seite 43: Monika Krucker; Seite 55: Katrin Annaheim, Patrick Lamprecht, Rudolf Ebner; Seite 81: Nathalie Gil, Patrick Lamprecht; Seite 99: Sandra Niemann, Rudolf Ebner; Seite 117: Pascale Rentsch; Seite 127: Pia Stingel; Seite 149: Nathalie Gil, Patrick Lamprecht; Seite 159: Patrick Lamprecht; Seite 191: Pascale Rentsch; Seite 219: Patrick Graf; Seite 229: Rolf Joray; Seite 235: Cornelia Gann; Seite 245: Eva Kläui, Cornelia Gann; Seite 261: Monika Krucker; Seite 277: Hansueli Weber, Katrin Annaheim.
Die Autorin und der Verlag danken Ihnen allen herzlich für den künstlerischen Beitrag zu diesem Buch.

2. Auflage 1997

Lektorat: Christina Sieg, Berikon
Konzeptmitarbeit: Sacha Verna, Zürich
Gestaltung Umschlag und Kapiteltitel: Christa Waldvogel, Zürich

ISBN 3 85932 188 9

Inhaltsverzeichnis

Fische und Schalentiere 43

Fleisch 55

Kalb, Rind, Schwein 56

Hackfleischgerichte 70

Kaninchen und Poulet 74

Gemüse 81

Vorwort

Dieses Buch enthält eine Auswahl von Fragen und Antworten aus der Kochkorrespondenz, die ich seit zwölf Jahren mit den Leserinnen und Lesern der «annabelle» führe. Ich habe die Briefe immer mit Neugier und Spannung gelesen, weil sie mir in vielen Varianten zeigten, wie interessant und lebenswichtig das Thema Essen und Kochen ist.

Eine Auswahl zu treffen war nicht einfach; als Ordnungsprinzip boten sich die Sachgruppen des Kochbuchs von der Suppe bis zum Dessert an, ergänzt durch das Aufbewahren und die Kochgeräte. Dabei ist ein Kochbuch *sui generis* entstanden, dessen Inhalt allein vom Zufall der Leserinnenfragen bestimmt wurde. Das ist vermutlich kein Nachteil, weil Fragen, die innerhalb von zwölf Jahren gestellt wurden, ein kulinarisches Zeitklima spiegeln, zu dem Grossmutters Holunderblütensirup genauso gehört wie Gravlax oder Panna cotta.

Meine Leserinnen und Leser haben sich oft erstaunt gezeigt, dass ich auch ausgefallene Fragen beantworte und knifflige oder exotische Rezeptwünsche erfülle. Manche lobten mein enzyklopädisches gastronomisches Wissen; andere vermuteten, dass ich meine Kenntnisse aus einem umsichtig angelegten privaten Kocharchiv beziehe. In Wirklichkeit ist mein Kocharchiv eher bescheiden, und die wichtigste Quelle sind kocherfahrene Freundinnen und Freunde, die mir ihre Zeit und ihr Wissen grosszügig zur Verfügung stellten. Ob sie nun Catherine, Dina, Mimma, Sibylle, Gerti, Brigitte, Rosanna, Manuela, Max, Hugo, Christoph, Silvio, Georg oder Hans heissen, ihnen allen gilt mein Dank.

Die zweite und nicht minder wichtige Quelle waren die Leserinnen meines Kochbriefkastens selbst, an die ich Fragen, auf die ich keine Antwort wusste, häufig weitergab. Sie liessen mich nie im Stich; auf die meisten Fragen habe ich viele Zuschriften bekommen, die sich ergänzten und vervollständigten. So ist ein anregendes und nützliches Kochgespräch entstanden.

Mein besonderer Dank geht an Sacha Verna, die mich bei diesem Buch mit Rat und Tat unterstützt hat.

Alice Vollenweider

Suppen

Acqua cotta (Toskanische Brotsuppe)

Auf einer Menükarte eines Restaurants in Spoleto ist mir die Bezeichnung Acqua cotta (gekochtes Wasser) ins Auge gefallen. Da sie unter den Vorspeisen aufgelistet war, schloss ich, dass es sich nicht um die kalorienlose Light-Variante des Modedesserts Panna cotta handeln konnte. Tatsächlich handelte es sich dann um etwas Währschaftes: eine Art Brotsuppe mit Tomaten und Zwiebeln. Kennen Sie das Rezept? Die Suppe war sehr spezifisch gewürzt; ich glaube nicht, dass ihr Geschmack durch Ausprobieren getroffen werden kann. Als Abwechslung zu den üblichen Teigwaren war diese Vorspeise nämlich eine Entdeckung, die ich unbedingt meinen Gästen vorführen möchte.

Laura Willi, Zürich

Diese Suppe mit dem bescheidenen Namen ist auch in der Toskana beliebt, wo das ungesalzene Hausbrot die nahrhafte Grundlage vieler Suppen bildet. Das unverkennbare Aroma gibt ihr der Speck, der mit einer Knoblauchzehe angedünstet wird.

Zutaten für 4 Personen:
60 g Olivenöl, 40 g Speck, 1 Knoblauchzehe, 500 g Zwiebeln, 500 g reife Tomaten, 6 Blättchen Majoran, 60 g geriebener Pecorino (Schafkäse), 300 g Hausbrot.

Man hackt den Speck und die Knoblauchzehe, lässt sie im heissen Öl etwas anziehen und gibt dann die feingeschnittenen Zwiebeln und den Majoran bei. Man dünstet sie und fügt die geschälten und gehackten Tomaten bei. Man lässt alles zehn Minuten leise köcheln und füllt dann mit 1 ½ Liter Wasser auf. Man kocht die Suppe auf kleinem Feuer während 45 Minuten, bis die Flüssigkeit um ein Viertel eingekocht ist, und schmeckt mit Salz und Pfeffer ab.

Man röstet das Brot im Backofen und gibt es in die Suppenschüssel, beträufelt es mit dem restlichen Öl und bestreut es mit dem Pecorino. Anschliessend giesst man die kochende Suppe darüber und richtet an.

Bohnensuppe mit Catalogna

Wir sind eine makrobiotische Vegetarierfamilie (alle bei der Grünen Partei). Wüssten Sie vielleicht Rezepte mit Hülsenfrüchten? Meines Wissens gibt es in Italien (Kalabrien) reizvolle und schmackhafte Gerichte mit den sogenannten legumi.

Elsbeth Haferkern, Schüppach

Liebe Frau Haferkern, haben Sie herzlich Dank für Ihre interessante Frage, die Sie mir sinnvollerweise auf schönem grünem Papier geschickt haben. Sie haben recht: Die Hülsenfrüchte sind in Italien viel beliebter und verbreiteter als bei uns in der Schweiz. Man kombiniert sie zum Beispiel gern mit Teigwaren, und das wahre italienische Nationalgericht ist weder Pizza noch Spaghetti, sondern die Bohnensuppe mit Teigwaren, die unter der Bezeichnung Pasta e fagioli von Venedig bis Kalabrien bekannt und beliebt ist.

Sehr gut schmecken die Hülsenfrüchte auch, wenn man sie mit Gemüsen kombiniert. Ein Beispiel dafür ist die Bohnensuppe mit Catalogna, einem süditalienischen Gemüse, das aussieht wie Riesenlöwenzahn und auch bei uns erhältlich ist. Ich habe diese Suppe letzthin bei einem Freund aus Cosenza mit grossem Genuss gegessen. Anstatt Catalogna kann man auch andere grüne Gemüse wie zum Beispiel Lauch, Spinat, Mangold oder Fenchel verwenden.

Zutaten für 4 Personen:
200 g weisse Bohnen, 1 Stück Stangensellerie, 500 g Catalogna, Olivenöl, 2 Knoblauchzehen, 50 g Pecorino.

Man weicht die Bohnen über Nacht in kaltem Wasser ein, spült sie und gibt sie am nächsten Tag zusammen mit dem Sellerie und einem Liter Wasser in den Kochtopf und lässt sie eine Stunde kochen.

Die Catalogna wird gerüstet und gewaschen und in Salzwasser weich gekocht. Dann lässt man in einem Steinguttopf Olivenöl heiss werden, dünstet darin den geschälten Knoblauch und fügt das Gemüse bei. Anschliessend gibt man die gekochten Bohnen dazu, fügt noch etwas Wasser hinzu und lässt alles zehn bis fünfzehn Minuten einkochen, bis die Suppe die richtige, leicht crèmige Konsistenz hat. Dann salzt man die Suppe und serviert sie mit geriebenem Pecorinokäse, der den Gerichten Süditaliens ihr angenehm ländliches Aroma gibt.

Bohnensuppe mit Nudeln

In Bolzano haben wir im Frühling in einem einfachen Beizlein eine Suppe aus weissen Bohnen und Teigwaren gegessen, die «s Zähni» war. Ich finde aber den Zettel mit dem Rezept nicht mehr und hoffe, dass Sie als Kennerin der italienischen Küche mir helfen können.

Nina Hegglin, Cham

Eigentlich ist die Bohnensuppe mit Nudeln eine Spezialität aus dem Veneto und heisst dort Pasta e fasioi. Am besten verwendet man für sie die gesprenkelten Borlotti-Bohnen, die beim Kochen hellbraun werden. Sie haben einen ausgesprochen kräftigen Geschmack, und im Sommer findet man sie in ihren rotgefleckten Schoten frisch auf dem Markt: Dann muss man sie nicht einweichen und kann sie in zwanzig Minuten gar kochen.

Zutaten für 4 Personen:
200 g getrocknete oder 500 g frische Borlotti-Bohnen, 2 Esslöffel Öl, 1 Zwiebel, 1 Prise Zimt, Salz, Pfeffer, 2–3 Suppenknochen, 50 g gesalzener Speck, 200 g Nudeln oder andere Teigwaren, 50 g Parmesan.

Die eingeweichten oder die frischen Bohnen werden in kaltem Wasser aufgesetzt, zusammen mit dem Öl, der gehackten Zwiebel, den Suppenknochen, dem verwiegten Speck, Salz, Pfeffer und Zimt. Vom Kochpunkt an lässt man zugedeckt 2–3 Stunden kochen, bis die Bohnen fast zerfallen. Dann bricht man die Nudeln in Stücke und lässt sie mitkochen, bis sie weich sind. Zur Suppe reicht man den frisch geriebenen Parmesan.

Noch feiner wird die Konsistenz, wenn man nach der Kochzeit einen Teil der Suppe durch ein Sieb passiert und hierauf wieder zu den Bohnen gibt. Es sind ja diese kleinen Feinheiten einer schlichten und ländlichen Küche, der die italienische Küche ihren Erfolg verdankt. Dazu gehört auch, was ich letzthin bei einer Freundin, die in Ligurien aufgewachsen ist, gelernt habe; die frischen Bohnenkerne, die man der Minestrone beigibt, werden geschält; das heisst, man zieht ihnen in mühsamer Handarbeit die feste Haut ab, damit sie die Suppe wohlschmeckend, nahrhaft und crèmig machen.

Brennesselsuppe

Kürzlich habe ich im Restaurant eine köstliche Brennesselsuppe gegessen. Ich wäre Ihnen für das Rezept sehr dankbar.

Ariana Dill, Riehen

Obschon es noch ein paar Monate dauern wird, bis wir an Hecken und Waldrändern die ersten frischen Brennesseln pflücken können, will ich Ihnen das einfache Rezept dieser Frühlingssuppe verraten, die ich aus dieser gesunden und aromareichen Pflanze zubereite. Weil ich mitten in der Stadt wohne, kaufe ich die Brennnesseln meistens auf dem Markt bei meinem Bio-Bauern; wer sie auf dem Lande pflückt, sollte die Handschuhe nicht vergessen, auf ungedüngte Wiesen achten und Waldränder den Strassenborden vorziehen.

Zutaten für 4 Personen:
200–300 g Brennesseln (nur die jungen Sprossen), 4–6 mittlere Kartoffeln, 1 1/2 l Fleischbrühe, 4 Esslöffel Rahm.

Was mein Rezept von denen der meisten Kochbücher unterscheidet, ist, dass ich die Brennesseln nicht in Butter oder Öl andünste (ich finde ihr Aroma schon intensiv genug), sondern erst, wenn die gewürfelten Kartoffeln in der Fleischbrühe halbweich gekocht sind, der Suppe beifüge. Nach 5 bis 10 Minuten sind sie weich, und man püriert die Suppe mit dem Handmixer oder streicht sie durch ein Sieb. Man gibt auf jeden Teller einen Esslöffel Rahm, der auf der intensiv dunkelgrünen Suppe eine schöne Zeichnung entstehen lässt. Anstatt mit Rahm lässt sich die Suppe auch mit einem Esslöffel kaltgepresstem Olivenöl verfeinern. Man kann auch frischgeriebenen Parmesankäse dazu reichen.

Sehr gut schmeckt die Suppe auch, wenn man die Brennesseln mit Bärlauch oder Sauerampfer mischt.

Chicoréesuppe

In Paris haben wir in einem kleinen Beizlein eine zartbittere crèmige Potage aux endives gegessen, die uns sehr gut geschmeckt hat. Ich möchte sie nun für meinen Mann einmal kochen, habe aber kein Rezept dafür gefunden. Können Sie mir helfen?

Jeanne Caviezel, Ziegelbrücke

Dank einem glücklichen Zufall bin ich in der Lage, Ihnen ein Rezept der Potage aux endives – auf deutsch Chicoréesuppe – mitzuteilen. Mein Gemüsehändler war im letzten November auf einer Geschäftsreise in Brüssel und hat mir danach begeistert erzählt, wie phantasievoll in Belgien der Chicorée gekocht wird. Man habe ihm ein ganzes Chicoréemenü vorgesetzt: als Vorspeise Chicorée mit Crevetten, dann eine Chicoréesuppe, einen Chicoréerisotto und als Hauptspeise einen Chicoréegratin. Er hat seinen Kunden Chicoréerezepte in sechs Sprachen mitgebracht, die ich in mein Rezeptmäppchen gelegt habe, ohne sie bisher auszuprobieren. Darunter befindet sich auch die Chicoréesuppe, zu der man 1 Pfund Chicorée, 2 Karotten, 1 Zwiebel, 1 ½ l Hühnerbrühe, 80 g Butter, 60 g Mehl und 1 dl frischen Rahm braucht (für 6 Personen). Man schneidet Karotten und Zwiebel in sehr kleine Stückchen und schmort sie in der zerlassenen Butter, ohne sie Farbe annehmen zu lassen. Dann gibt man das Mehl unter ständigem Rühren nach und nach zu und giesst mit der heissen Hühnerbrühe auf. Man gibt den feingeschnittenen Chicorée in die kochende Brühe, lässt sie fünf Minuten unter ständigem Rühren mit dem Schneebesen kochen und gibt ganz am Schluss den Rahm dazu.

Croûtons

Das Problem stellt sich zwar selten – aber letzthin stand ich doch vor dem Herd mit sorgfältig geschnittenen Brotwürfelchen für die Gästesuppe und fragte mich, ob ich sie nun in Butter oder in Öl rösten müsse. Was ist richtig oder besser?

Rosina Kaiser, Zürich

Das kommt auf die Suppe an: eine toskanische Tomatensuppe bekommt ihr feines Aroma von Brotscheiben, die in gutem Olivenöl goldgelb geröstet werden; für eine einheimische Steinpilzsuppe würde ich die Brotwürfeli jedoch in Butter backen. Als Regel gilt: man nimmt für die Brotwürfel das gleiche Fett (Öl oder Butter), das man für die Suppe verwendet.

Es gibt übrigens noch eine dritte, fettsparende Methode, Brotwürfel oder Croûtons herzustellen: man röstet sie auf einem Blech im Backofen, so wie man Dünkli für die Fleischbrühe zubereitet.

Selbstgemachte Fleischbrühe

Ich unterhielt mich kürzlich mit meiner Kollegin über verschiedene Kochrezepte.

Da tauchte ein Problem auf: Wie kommt man zu einer guten Bouillon, ohne dass man im Laden Bouillonwürfel kauft oder stundenlang ein Suppenhuhn kochen muss?

S. Widmer, Zürich

Ihre Frage hat mich sehr gefreut, weil sie mir zeigt, dass es auch junge Frauen gibt (ich kenne die Briefschreiberin), die eine selbstgemachte Fleischbrühe dem Fertigprodukt vorziehen. Ich selber habe auf meinem Herd fast immer einen Topf mit Fleisch- oder Knochenbrühe stehen, die ich für Suppen, Saucen und andere Gerichte, z. B. einen feinen Risotto, verwende. Ihre Zubereitung ist einfach und billig.

Man kauft beim Metzger 1 kg Suppenknochen, röstet sie in wenig Erdnussöl gut an und löscht mit 1 1/2–2 l kaltem Wasser ab. Dann gibt man 1 Sträusschen Petersilie, 1 Karotte, 1 Lauch, in Ringlein geschnitten, 1 Zwiebel, mit einem Lorbeerblatt und zwei Nelken besteckt, und nach Belieben 1 geschälte und geviertelte Sellerieknolle und 1 Stück Wirz bei. Ebenfalls fakultativ sind schwarze Pfefferkörner und eine feinverwiegte Knoblauchzehe. Hat man keine Zeit, Gemüse zu kaufen, kann man 5–10 g getrocknete Julienne verwenden.

Noch feiner wird die Brühe, wenn man tiefgekühlte Hühnerhälse oder Hühnermägen kauft, die in grossen Lebensmittelgeschäften angeboten werden. Sie müssen nicht aufgetaut werden: Man gibt sie der Bouillon von Anfang an bei. Wenn die Brühe kocht, salzt man sie, entfernt den Schaum mit einem Löffel und lässt sie 1–2 Stunden auf kleinstem Feuer weiterköcheln. Das gibt eine feine Bouillon, die man nach Lust und Laune mit anderen Gemüsen und evtl. auch einem Stück Siedfleisch variieren kann.

Forellensuppe

An einem Geburtstagsessen haben wir eine Forellensuppe gegessen, die fabelhaft schmeckte. Leider hatte ich irgendwie keine Gelegenheit, nach dem Rezept dieses kulinarischen Wunderwerks zu fragen, das auch optisch sehr schön aussah: Die rosa Forellenstreifen schwammen in einer würzigen Brühe mit vielen grünen Kräutern. Ich würde das delikate Süpplein gern einmal selbst zubereiten, obwohl das vielleicht etwas kompliziert ist. Können Sie mir wohl mit einem entsprechenden Rezept aushelfen?

Agnes Miller, Liestal

Eine Forellensuppe ist nicht nur einfach herzustellen, sondern auch eine Art Blitzgericht, da ihre Kochzeit nicht mehr als 6 bis 8 Minuten beträgt. Das nachstehende Rezept ist nur als Beispiel gedacht, das Sie nach Belieben abwandeln können, indem Sie zum Beispiel anstelle von Dill frischen Thymian, Kerbel oder Koriander verwenden.

Zutaten für 4 Personen:

400 g Forellenfilets, Saft von einer Zitrone,

2 Schalotten, 1 Sträusschen Petersilie, ein paar Sellerieblätter, Dill, 7 1/2 dl Gemüsebrühe, 2 Esslöffel trockener weisser Wermut, 3 Esslöffel trockener Weisswein, 2 1/2 dl Rahm, Salz, schwarzer Pfeffer, 1 Bund Schnittlauch.

Man schneidet die Forellenfilets der Länge nach in Streifen und beträufelt sie mit dem Zitronensaft. Man verwiegt die Schalotten, die Petersilie, die Sellerieblätter und gibt sie der Gemüsebrühe bei, die man mit Wermut und Weisswein aufgekocht hat. Man lässt sie 3 Minuten kochen und legt dann die Fischfilets ein, die in 2 Minuten gar sind. Zum Schluss fügt man den gehackten Dill und den Rahm bei und erhitzt die Suppe bis knapp vor den Siedepunkt. Man würzt mit Salz und Pfeffer und bestreut mit feingeschnittenem Schnittlauch.

Bündner Gerstensuppe

Letzthin habe ich Ihr Rezept der Terlaner Weinsuppe mit Erfolg ausprobiert. Hätten Sie evtl. auch das Rezept der Bündner Gerstensuppe? Mein Mann hat sie so gern in der Schweiz gegessen. Ist es etwa eine Graupensuppe?

Irmgard Pohl, Bremen

Die Bündner Gerstensuppe ist eine Graupensuppe, die zusammen mit Gemüse und geräuchertem Schweinefleisch oder Speck gekocht wird. Ich habe sie letzthin für eine grosse Gesellschaft als Eintopfgericht zubereitet und damit viel Anklang gefunden. Nachstehend ein Rezept für 6 Personen.

Zutaten für 6 Personen:
1 Esslöffel Kochbutter, 1 Zwiebel, 2 Karotten, 1/2 Sellerieknolle, 2 Lauchstengel, 150 g Gerste, 2 l Fleischbrühe, 1 Kalbsfuss, 100 g geräucherter Speck, 300 g geräuchertes Schweinefleisch (vom Hals), 1 dl Rahm.

Man wäscht und rüstet das Gemüse, hackt die Zwiebel, schneidet die Karotten in Scheibchen, die Sellerie in Würfel und den Lauch in Streifchen. Dann lässt man die Butter im Kochtopf schmelzen und dünstet darin das Gemüse. Dann gibt man die Gerste dazu, dünstet weiter und löscht mit der Fleischbrühe ab. Man fügt den Kalbsfuss, den Speck und das Schweinefleisch bei und lässt auf kleinem Feuer 2 1/2 Stunden kochen. Dann nimmt man das Fleisch aus der Suppe, schneidet es in kleine Würfel (den Kalbsfuss löst man zuerst vom Knochen) und gibt es wieder zur Suppe. Kurz vor dem Auftragen fügt man den Rahm bei. Man kann die Gerstensuppe auch mit gehackter Petersilie bestreuen.

Kalte Gurkensuppe

Meinen Geburtstag im August möchte ich mit einem festlichen Buffet im Garten feiern. Ich stelle mir vor: grilliertes Fleisch, verschiedene Salate und voraus eine eisgekühlte Suppe. Am liebsten möchte ich eine Joghurt-Gurken-Suppe, wie ich sie in einem griechischen Restaurant einmal ge-

gessen habe. Darf ich Sie gefälligst um ein entsprechendes Rezept fragen.

Erna Massüger, Lengnau

Unter den kühlen Sommersuppen ist auch mir (neben dem Gazpacho) die erfrischende Gurkensuppe besonders lieb. Nachfolgend das Rezept für 4 Personen, dessen Zutaten Sie nach Bedarf vervielfachen können.

Zutaten für 4 Personen:
1 mittelgrosse Gurke, 2 Esslöffel Öl, 1/2 l Joghurt, 2 Knoblauchzehen, 2 Scheiben Weissbrot, Salz, Dill.

Die Knoblauchzehen werden mit dem Salz zerdrückt; dazu gibt man das eingeweichte und entrindete Weissbrot, Öl und Joghurt und verrührt alles zu einer glatten Crème, was mit einem Mixer am schnellsten geht. Dann schält man die Gurke, hobelt sie, bestreut sie mit Salz, lässt sie eine halbe Stunde ziehen, drückt sie dann aus und gibt sie der Suppe bei. Sollte die Crème zu dick sein, verdünnt man sie mit Wasser. Man stellt sie mindestens eine Stunde in den Kühlschrank und serviert sie mit feingehacktem Dill bestreut. Man kann der Suppe vor dem Servieren auch ein paar Eiswürfel beifügen.

Gurkencrèmesuppe

In unserem Garten kommt langsam die Gurkenzeit. Leider bin ich als einzige in der Familie empfindlich auf rohe Gurken, und gekocht schmecken sie eigentlich recht fad. Letzthin habe ich aber ein delikates Gurkensüppchen gegessen. Können Sie mir ein Rezept vermitteln?

Trudi Müller, Ottikon ZH

Dass die gekochten Gurken etwas fade schmecken, stimmt schon; man könnte diesen Sachverhalt aber auch positiv ausdrücken und von ihrem zarten und unauffälligen Aroma sprechen, das, wie ich finde, seinen kulinarischen Reiz hat. Im allgemeinen geht man heute mit kräftigen Aromen zu verschwenderisch um und vernachlässigt die Palette der milden und sanften Geschmacksnuancen. Das nachstehende Rezept wird Gurkenliebhabern bestimmt schmecken.

Zutaten für 4 Personen:
1 Esslöffel eingesottene Butter, 1 mittelgrosse, feingehackte Zwiebel, 1 grosse Gurke, geschält und in Würfeli geschnitten, 1 l Wasser, 1 Hühnerbouillonwürfel, 2 Esslöffel Maizena, 5 Esslöffel Rahm, 2 Eigelb, Pfeffer und Salz, 1 Teelöffel gehackte Petersilie.

Man dämpft die Zwiebel in der Butter, gibt dann drei Viertel der Gurkenwürfeli bei, dämpft weiter, löscht mit der Hühnerbrühe ab und lässt zugedeckt zwanzig Minuten kochen. Dann püriert man die Suppe mit dem Mixer. Man verrührt das Maizena mit 2 Esslöffeln Rahm, gibt die Mischung unter Schwingen zur Suppe und lässt nochmals 2 bis 3 Minuten kochen. In der Suppenschüssel schlägt man die Eigelb und 3 Esslöffel Rahm schaumig und giesst die kochende Suppe unter ständigem Rühren darüber. Man würzt mit Salz und Pfeffer und mischt zum Schluss die rohen Gurkenwürfeli und die Petersilie darunter.

Kürbissuppe

Von einem Italienerladen habe ich letzthin einen honiggelben riesigen Schnitz Kürbis bekommen. Ich wusste nicht recht, was damit anzufangen sei. Ich versuchte ein Gemüse, mit Zucchini und Tomaten, was etwas fad herauskam, und etwas Suppenartiges (ich hatte einmal eine gute sämig-rahmige Kürbissuppe gegessen), was aber zu wässrig in der Konsistenz war; ausserdem hatte ich wenig Vorstellung davon, wie eine solche Suppe zu würzen sei, da doch Kürbis selbst so sanft ist und nicht übertönt werden soll von heftigen Gewürzen. Haben Sie eine gute Idee?

Luise Instetten, Zürich

Damit die Kürbissuppe nicht wässrig wird, sondern crèmig und mild schmeckt wie diejenige in ihrer Erinnerung, braucht es vor allem Milch und Rahm-Zutaten, die das oft etwas fasrige Kürbisfleisch homogenisieren und harmonisch ergänzen. Nachstehend mein Lieblingsrezept:

Zutaten für 4 Personen:
1 kg Kürbisfleisch, 1 mittelgrosse, feingeschnittene Zwiebel, 5 dl Wasser, Gemüsebouillon, 5 dl Milch, Salz, Pfeffer, 2 dl Rahm, 50 g Kürbiskerne.

Man kratzt mit einem Löffel das weiche Innere und die Kerne des Kürbis heraus, würfelt das Kürbisfleisch und gibt es dann mit den übrigen Zutaten in eine Pfanne und lässt alles während zirka 30 Minuten weich kochen. Dann püriert man die Suppe mit dem Mixer, würzt mit Salz und Pfeffer, gibt den Rahm bei und erhitzt nochmals bis kurz vor den Siedepunkt. Man bestreut die Suppe mit den Kürbiskernen, die man ohne Fett in einer Pfanne hellbraun geröstet hat.

Rüeblisuppe (Karottensuppe)

In einem Münchner Restaurant haben wir vor kurzem eine ganz herrliche Rüeblisuppe gegessen – von wundervoll orangeroter Farbe und delikatem Geschmack. Der Kellner sagte auf unsere Frage, dass es weder Béchamelsauce noch Rahm in dieser Suppe habe, sondern nichts als Rübchen und Zwiebeln.

Wissen Sie wohl ein Rezept für diese Suppe? Meine ganze sechsköpfige Familie wäre Ihnen dankbar.

Iris Mayer, Gerlafingen

Die Auskunft des Kellners war exakt; was man noch wissen sollte, ist nur, dass diese feinste aller Rüeblisuppen aus einem Drittel Zwiebeln und zwei Dritteln Karotten zubereitet wird. Die Zwiebel gibt ihr die crèmige Konsistenz. Nachstehend das Rezept für Sie und Ihre Familie:

Zutaten für 4 Personen:
2–3 Esslöffel Öl, 250 g Zwiebeln, 500 g Karotten, 1 1/2 l Fleischbrühe, Petersilie, 4 Esslöffel Rahm.

Man dünstet die in grobe Streifen geschnittenen Zwiebeln im heissen Öl, gibt die geschälten und in Scheiben geschnittenen Rüben bei, dünstet weiter und löscht mit der Fleischbrühe ab. Nach ungefähr 30 Minuten püriert man die Rüeblisuppe mit dem Mixer und bestreut sie mit der feingehackten Petersilie. Die pürierten Zwiebeln geben dieser Suppe ihre angenehme und zarte Konsistenz. Wenn die Suppe geschöpft ist, gibt man in jeden Teller einen Esslöffel steif geschlagenen Rahm.

Spargelsuppe

Meine Spargelsuppe schmeckt einfach zu wenig nach Spargeln. Ich brauche zwar immer den Sud, in dem ich die Spargeln gekockt habe. Obwohl ich die Spargeln in Bouillon koche, ist die Suppe fade. Bitte geben Sie mir einen guten Ratschlag.

Cornelia Schlegel, Zürich

Mein Ratschlag ist einfach: Ihre Spargelsuppe hat zu wenig Aroma, weil (und nicht obwohl) Sie die Spargeln in Bouillon kochen. Es ist ein weit verbreiteter Irrtum zu glauben, dass Gemüse kräftiger schmeckt, wenn man es in Fleischbrühe kocht. Dabei ist die Bouillon ein Feind des reinen Gemüsegeschmacks, der nur wirklich zur Geltung kommt, wenn man das Gemüse im Salzwasser weichkocht. Sollte Ihre Spargelsuppe am Ende doch noch ein wenig fade schmecken, so können Sie ganz am Schluss noch mit etwas Gemüsebouillon abschmecken. Das beeinträchtigt dann den Spargelgeschmack nicht mehr.

Stracciatella

In der Pizzeria essen wir jeweils als Vorspeise ein feines Eiersüppli, das sich Stracciatella nennt. Die Bouillon bleibt klar, und das Ei pappt etwas zusammen. Wenn ich das versuche, wird die Brühe trübe und das Ei verteilt sich komplett; auch ist bei mir der feine Geschmack nicht derselbe. Als ich einmal nach dem Rezept fragte, lächelte der Kellner nur verschmitzt und gab es nicht. Kennen Sie es?

Ruth Huber, Goldach

Es geht mir genau wie Ihnen: Ich ziehe die Stracciatella allen andern Suppeneinlagen wie Dünkli, Eierstich oder Markwürfeli vor. Nachfolgend das Rezept dieser einfachen Spezialität:

Zutaten für 4 Personen:
60 g geriebener Parmesankäse, 30 g Paniermehl, 3 Eier, abgeriebene Zitronenschale, Pfeffer, Muskatnuss, 1,2 l Fleischbrühe.

Die römischen Hausfrauen mit ihrem ausgeprägten Sinn für schöne Proportionen, auch bei der Zubereitung eines Gerichtes, vermischen Parmesan und Paniermehl und formen daraus auf einem Teller einen Kranz, in dessen Mitte sie die Eier aufschlagen. Sie würzen mit schwarzem Pfeffer aus der Mühle, Muskat und der abgeriebenen Zitronenschale und verrühren dann alles zu einer homogenen Mischung, die sie, sobald die Fleischbrühe kocht, langsam zugiessen und dabei mit Gabel oder Schneebesen tüchtig rühren. Man kann für die Stracciatella anstelle von Paniermehl auch 30 g Griess verwenden. In diesem Fall muss die Suppe auf kleinem Feuer 5 Minuten köcheln.

Tomatensuppe

Ich wünsche mir von Ihnen das Rezept einer guten Tomatensuppe. Ich habe schon etliche Rezepte ausprobiert, doch das Resultat hat mich nie ganz überzeugt. Vielleicht liegt es an den Tomaten, die bei uns mehr Säure haben als die italienischen, obwohl ich nicht vergesse, eine Prise Zucker mitzukochen.

Silvia Herdegg, Basel

Ich verstehe Ihr Anliegen sehr gut: die meisten Tomatensuppen, die man bei uns serviert bekommt, sind keine gastronomischen Delikatessen. Das hat seinen Grund vor allem darin, dass die Tomaten sich als Grundlage einer Suppe gar nicht eignen. Das weiss man in Italien und Frankreich, wo es sehr aromatische und fleischige Tomaten gibt, Tomatensuppen aber nicht besonders geschätzt werden. Vorzüglich schmecken aber Suppen, bei denen die Tomaten zusammen mit andern Gemüsen kombiniert werden, z. B. die wunderbare Soupe Ratatouille, die ich von einer Freundin aus der Welschschweiz habe.

Zutaten für 4 Personen:
3–4 Esslöffel Olivenöl, 2 Zucchetti, 6 Tomaten, 2 Zwiebeln, 2 Knoblauchzehen, 2 dl Fleischbrühe, 1 dl Weisswein, Basilikum. 2 dl Halbrahm, Pfeffer, Salz, Curry.

Man dünstet die grob geschnittenen Zwiebeln, den gehackten Knoblauch und den Basilikum im heissen Olivenöl an, gibt die in Scheiben geschnittenen Zucchetti und Tomaten dazu, löscht mit dem Weisswein und der Fleischbrühe ab und lässt zehn Minuten auf kleinem Feuer köcheln. Man püriert die Suppe mit dem Mixer, vermischt sie mit der Hälfte des Rahms, schmeckt sie mit Salz, Pfeffer und ein wenig Curry ab und serviert sie mit je einem Tupfer Schlagrahm.

Saucen

Aïoli (Knoblauchmayonnaise)

Bei unserem letzten Urlaub in Spanien reichte man uns vor dem Essen köstliches «Etwas» mit heissem Brot dazu. Es war irgendeine Knoblauchmayonnaise oder Knoblauchbutter. Bis jetzt habe ich sämtliche Kochbücher von Betty Bossi bis Marianne Kaltenbach durchgeackert, doch habe ich nichts gefunden. Auch meine sämtlichen Eigenkreationen wollen dem von Spanien in keiner Art und Weise gleichen.

Sylvia Vogelsang, Thunstetten

Ich vermute, dass es sich bei Ihrem köstlichen «Etwas» um eine klassische spanische Knoblauchmayonnaise handelt, die Alioli heisst (in der Provence Aïoli). Sie wird meistens zusammen mit gebratenem oder gekochtem Fleisch oder Fisch serviert, passt aber auch gut zu Schalenkartoffeln und frisch gekochtem Gemüse (grüne Bohnen, Lauch, Blumenkohl etc.) und selbstverständlich zu Weissbrot.

Ihre Zubereitung ist ganz einfach: Man schält ein paar Knoblauchzehen, gibt sie in einen Mörser und zerstösst sie so fein wie möglich. Dann gibt man ein Eigelb dazu, das man mit dem Knoblauch vermischt, und fügt nach und nach unter ständigem Rühren mit dem Schwingbesen ¼ l Olivenöl bei. Am Ende schmeckt man die dickflüssige Sauce mit Salz, Pfeffer und Zitronensaft oder etwas Weinessig ab. Man serviert Aïoli im Mörser, in dem man ihn zubereitet hat.

Apfelsauce

In einem Pariser Bistro haben wir Gigot mit warmer Apfelsauce gegessen; ein Gedicht! Seither suche ich ohne Erfolg in verschiedenen französischen Kochbüchern nach dem Rezept dieser fruchtigen und ziemlich pikanten Sauce. Oder handelt es sich eventuell gar nicht um eine französische Spezialität? Für Ihren kompetenten Rat im voraus herzlichen Dank.

Alex Brunhart, Baden

Ich vermute, dass es sich bei dieser Apfelsauce eher um eine Spezialität der englischen oder der skandinavischen Küche handelt, wo Obstsaucen gern zu Schweinebraten, Gans oder Ente gereicht werden. Ein gutes Rezept habe ich in «Früchte und Beeren» von Susanna Krebs und Yvonne Tempelmann gefunden.

Zutaten für 4 Personen:
10 g Butter, 2 Esslöffel Honig, 3 dl Apfelwein oder -saft, 300 g Äpfel (vor allem säuerliche Sorten wie Boskop), Cayennepfeffer, 1 Teelöffel Maizena.

Man erwärmt Butter und Honig in einer Pfanne und lässt 1–2 Minuten ziehen. Dann gibt man 2½ dl Apfelwein bei und kocht darin die zerkleinerten Äpfel weich, passiert sie durch ein Sieb, giesst sie in die Pfanne zurück und würzt sie mit Cayennepfeffer. Zum Schluss vermischt man das Maizena mit dem Rest des Apfelweins und gibt die Mischung unter ständigem Rühren langsam in die

Apfelsauce, die man darauf noch eine Minute weiterköcheln lässt.

Apfelkren (Meerettich-Apfelsauce)

Bei einer Reise nach Wien haben wir zum klassischen Tafelspitz die Beilage Apfelkren gegessen, die uns besonders schmeckte. Kennen Sie das Geheimnis dieser Sauce?

Aldo Lehrer, Kollbrunn

Als Kren bezeichnet man in Österreich und Süddeutschland den Meerrettich, der einen so beissend scharfen Geschmack hat, dass er einem – roh geraffelt – die Tränen in die Augen treibt. Um diese Schärfe zu mildern, vermischt man ihn gern mit Quark, Schlagrahm, Senf oder Butter. Auch rohe oder gekochte Äpfel besänftigen die scharfe Meerrettichsauce und verleihen ihr zudem eine fruchtige Note.

Für eine Portion (4 Personen) Wiener Apfelkren werden 300 g Äpfel mit wenig Wasser, Zucker und Zitronensaft weichgekocht und durchpassiert. Wenn das Mus kalt ist, vermischt man es mit 3 Esslöffeln frischgeriebenem Meerrettich und 2 dl Rahm und würzt mit Salz. Diese Sauce schmeckt auch zu Siedfleisch, kaltem Schweins- oder Rindsbraten und zu grilliertem Fleisch vorzüglich.

Calvados-Sauce

Vor kurzem ass ich in einem Restaurant Schweinsfilet an einer Calvadossauce. Nun würde es mich interessieren, wie man diese Sauce macht.

Erika Schneeberger, Oftringen

Ich habe Ihre Frage einem Freund vorgelegt, der ein Meister im Zubereiten leichter und aromatischer Saucen ist. Er hat mir das folgende Rezept skizziert.

Man gibt etwas feingeschnittene Schalotte oder Zwiebel in die Pfanne, in der das Fleisch angebraten wurde, dünstet sie hellgelb und löscht mit Weisswein oder Hühnerbouillon ab, wobei man den Bratenfond gut aufrührt. Dann gibt man einen geschälten und in Schnitze geteilten Apfel bei und bindet die Sauce mit einem Teelöffel Maizena, das man zuvor in etwas Wasser aufgelöst hat. Man lässt auf kleinem Feuer köcheln, bis der Apfel weich ist. Nun passiert man die Sauce durch ein feines Sieb, fügt Rahm bei und lässt sie unter tüchtigem Rühren mit dem Schwingbesen einkochen, bis sie sämig ist. Ein Gläschen Calvados gibt man erst kurz vor dem Servieren bei; so bleibt das feine Aroma das normannischen Apfelschnapses erhalten. Wichtig ist, dass man die Sauce – stets unter kräftigem Rühren – nochmals kurz aufkochen lässt, damit der Alkohol verdunstet.

Holundersauce

Ich habe vor einiger Zeit irgendwo ein ansprechendes Rezept für eine Holundersauce (eventuell Holunder-Rahmsauce) ge-

lesen und kopiert. Da in unserem Wald viel Holunder wächst, habe ich mir dann einen Holunderextrakt (flüssig) hergestellt. In der Wildsaison wollte ich diese Sauce herstellen, fand aber das Rezept nicht mehr. Sie können mir sicher helfen.

Sonja Burri, Uster

In einer Rezeptsammlung des deutschen Meisterkochs Heinz Winkler habe ich eine Holundersauce (zu Rehmedaillons) gefunden, die mir vertrauenswürdig erschien. Es braucht dazu Wildfond, den Sie in einem Delikatessengeschäft kaufen oder selber aus Wildknochen und Parüren herstellen können. Letzteres ist allerdings ziemlich arbeitsaufwendig. Wieviel Ihres Holunderextraktes den im nachstehenden Rezept vorgesehenen 150 g Holunderbeeren entspricht, können Sie vermutlich abschätzen. Ich rate Ihnen auf jeden Fall zu vorsichtiger Dosierung; falls der Holundergeschmack zu schwach ist, fügen Sie am Schluss einfach noch etwas Extrakt bei.

Zutaten für 4 Personen:
2 Schalotten, 1 Esslöffel Olivenöl, 1 Karotte, 1 Stück Lauch, 5 Pfefferkörner, 5 Esslöffel roter Portwein, 1 dl Rotwein, 6 dl brauner Wildfond, 150 g Holunderbeeren, Salz, 100 g Butter.

Man erhitzt in einem Topf das Olivenöl, dünstet darin die fein verwiegten Schalotten an, gibt das zerkleinerte Gemüse und die Pfefferkörner dazu und löscht mit dem Portwein ab. Dann gibt man Rotwein, Wildfond und die Holunderbeeren zu und lässt sie auf die Hälfte einkochen. Man giesst die Sauce durch ein Sieb und schlägt mit dem Schneebesen die Butter. die in kleinen, eiskalten Stückchen hinzugegeben wird, in die Sauce. Mit Salz abschmecken.

Lorbeersauce

Eine Freundin hat mir aus Italien Lorbeerzweige mit herrlich grünen Blättern mitgebracht. Nun bin ich mir nicht sicher, ob man sie auch frisch verwenden kann und wenn ja, ob sie anders schmecken als die getrockneten Lorbeerblätter, die bei uns gekauft werden.

Anja Wenger, Zürich

Frische grüne Lorbeerblätter eignen sich vorzüglich dazu, gutes Olivenöl zu parfümieren. Man gibt 6 Blätter in ein Konfitürenglas, füllt es mit Olivenöl auf, lässt 1–2 Wochen stehen. Dieses Lorbeeröl serviert man zu grilliertem Fisch oder beträufelt damit im Ofen weichgebackene Peperonistreifen.

Frische Lorbeerblätter sind auch die wichtigste Zutat einer wunderbaren Sauce, die in Venetien zu Fisch oder Kalbfleisch serviert wird.

Man lässt in einem Pfännchen etwas Butter zergehen, löscht mit einem Glas Weisswein ab und lässt auf kleinstem Feuer etwas einkochen. Dann würzt man mit Salz und Pfeffer, gibt 6 grüne Lorbeerblätter bei und lässt etwa 3

Minuten weiterköcheln. Man nimmt die Lorbeerblätter heraus und verfeinert die Sauce mit Senf und Rahm.

Mayonnaise I

Ich bin eine berufstätige Hausfrau und habe nicht viel Zeit zum Kochen. Letzthin wollte ich trotzdem Mayonnaise zum Fisch selbst herstellen. Eine Freundin hat mir gesagt, das sei kinderleicht, wenn das Ei nicht aus dem Kühlschrank komme, sondern Zimmertemperatur habe. Die Mayonnaise ist aber nicht fest geworden. Haben Sie für mich einen anderen Rat als Mayonnaise aus der Tube?

Margrit Isler, Zumikon

Ich bin überzeugt, dass auch eine berufstätige Hausfrau mit zwei linken Händen jederzeit eine tadellose Mayonnaise zubereiten kann. Das Geheimnis ist nicht die Zimmertemperatur der Zutaten (ich nehme die Eier immer direkt aus dem Kühlschrank), sondern die Geduld der Köchin: man muss das Öl wirklich tropfenweise dem Eigelb zufügen und mit einem kleinen Schneebesen so lange kräftig rühren, bis das Öl vom Eigelb ganz absorbiert ist. Erst wenn die Mayonnaise ganz fest ist, darf man dazu übergehen, das Öl in dünnem Strahl oder löffelweise zuzugeben. Auch mit dem Würzen der Mayonnaise (Salz, Pfeffer, Zitronensaft) muss man warten, bis sie eindeutig gelungen ist. Beim Salzen ist Vorsicht am Platz, da das Eigelb reichlich Mineralsalze enthält.

Mayonnaise II

Mein Problem: Je besser und teurer mein Olivenöl, desto bitterer meine Mayonnaise. Alle kaltgepressten scheinen ihren Charakter unter dem Schwingbesen zu verlieren, sie werden gerbsäurig und bitter. Zuerst suchte ich den Fehler natürlich bei mir, aber nach ölmässig ziemlich teuren Experimenten muss ich sagen: Es liegt am Öl. Mit gewöhnlichem aus Erdnuss, Sonnenblume und Raps wird meines Mannes Lieblingstunke nämlich wunderbar.

Bettina Cathomas, Zürich

Ich freue mich sehr, dass Sie ein Problem zur Sprache bringen, über das sich Kochbücher ausschweigen. So müssen Hausfrauen, die wie Sie und ich gutes Olivenöl überall schätzen, zuerst einmal die Erfahrung mit der bitteren Mayonnaise machen, bevor sie herausfinden, dass das kaltgepresste Olio extra virgine mit seinem intensiven Geschmack für diese Sauce nicht taugt. Ich vermute, dass die innige Verbindung von Öl und Eigelb daran schuld ist, dass der charakteristische Olivenölgeschmack eine eindeutig bittere Note gewinnt. Es ist mir ein Rätsel, warum keiner der mir bekannten Kochbuchverfassser je daran gedacht hat, auf diesen Umstand hinzuweisen und vor der bitteren Olivenöl-Mayonnaise zu warnen. Sonnenblumen-, Distel-, Maiskeim- oder Erdnussöl sind vorzuziehen.

Sauce Nantua (Krebssauce)

Da ich die «annabelle» regelmässig kaufe, nicht zuletzt wegen des Kochbriefkastens, gelange ich nun auch mit einer Rezeptbitte an Sie. An Silvester hatten wir als Vorspeise bei einem Menü eine Seezunge an Sauce Nantua. Meine Tochter, die bis anhin nur schwer für Fisch zu begeistern war, hat diese Zubereitungsart sofort zu ihrer liebsten für Fisch erkoren. Leider ist es mir nicht gelungen, in meinen zahlreichen Kochbüchern diese Sauce Nantua (oder Nantaise?) zu finden, und nun sind Sie meine letzte Hoffnung.

Herta Kaufmann, Albbruck

Die Sauce Nantua ist eine der klassischen Fischsaucen der französischen Küche. Sie verdankt ihre schöne Farbe der Krebsbutter, die man beim Traiteur kaufen kann. Man kann sie natürlich auch selbst aus gekochten Krebsschalen herstellen, doch ist das sehr arbeitsaufwendig. Das nachstehende Rezept stammt von Paul Bocuse.

Zutaten:
5 dl Béchamelsauce, 2 dl dicke Sahne (Crème fraîche), Krebsbutter, weisser Pfeffer, Cayennepfeffer, Salz.

Man erhitzt die Béchamelsauce, fügt die Sahne zu und kocht die Sauce auf grosser Flamme unter ständigem Rühren ein – sie soll wie eine gebundene Sauce erscheinen. Dann nimmt man sie vom Feuer und schlägt sie mit der Krebsbutter auf, die man in kleinen Stücken zugibt. Zum Schluss schmeckt man die Sauce sorgfältig ab.

Rouille

Ich suche schon lange das Rezept für eine Sauce, die man in Südfrankreich zu Fischsuppe serviert. Sie heisst «la Rouille» und ist sehr scharf. Ein Kellner hat mir mal gesagt, dass das Grundrezept Mayonnaise sei. Ich wäre Ihnen sehr dankbar, wenn Sie das Rezept für mich ausfindig machen könnten.

M. Walthert, Utzigen

Es gibt in Südfrankreich zwei Varianten dieser hübschen roten Sauce, zu der nicht nur die Schärfe des Paprikas, sondern auch das Aroma des Knoblauchs gehört. Die eine besteht aus einer Knoblauchmayonnaise (Alioli), die mit Cayennepfeffer gewürzt wird. Das Originalrezept schreibt dagegen eine Mischung aus Weissbrotkrume, Knoblauch, frischen roten Pfefferschötchen und Olivenöl vor.

Zutaten:
2–3 frische, scharfe rote Pfefferschötchen, 2 Esslöffel Weissbrotkrume, 4–5 Knoblauchzehen, ca. 1/4 dl Olivenöl.

Man zerstösst in einem Mörser die geschälten Knoblauchzehen mit den Pfefferschötchen und der in Wasser eingeweichten Brotkrume zu einer gleichmässigen Paste, auf die man dann zuerst tropfenweise, später reichlich Olivenöl gibt, wie bei der Zubereitung einer richtigen Mayonnaise. Man fährt damit unter ständigem Umrühren und Stampfen im Mörser fort, bis sich eine dicke Sauce bildet, die in ihrer Konsistenz einer Mayonnaise ähnlich ist.

Man gibt die Rouille vorsichtig und teelöffelweise in die Fischbrühe, da sie sehr scharf ist.

Salsa verde

Die Salsa verde, wie man sie in Mailand in jedem Beizlein bekommt, gelingt mir nicht, obwohl ich die Zutaten kenne (Petersilie, Knoblauch, Kapern, Sardellen, Weinessig, Olivenöl, Salz und Pfeffer). Irgendwo habe ich den Tip gehört oder gelesen, dass Paniermehl der Sauce eine bessere Konsistenz gibt. Ich hoffe sehr auf Ihre Hilfe.

Leonie Buss, Neuägeri

Die Zutaten, die Sie erwähnen, gehören tatsächlich zur klassischen Salsa verde, obschon der Begriff des «Klassischen» im Gebiet der Kochkunst Relatives hat: Wichtig ist eigentlich nur, dass die Sauce gut schmeckt. Der Tip mit dem Paniermehl stimmt (die genuesischen Hausfrauen verwenden in Essig eingeweichte und ausgedrückte Brotkrumen), da es der Sauce die sämige Konsistenz verleiht. Zu diesem Zweck muss man sie allerdings auch mindestens dreissig Minuten durchziehen lassen. Für meine persönliche Variante der Salsa verde verwende ich anstelle von Sardellen die praktische Sardellenpaste, verzichte auf die Kapern und füge am Ende noch 2–3 Esslöffel heisse Fleischbrühe zur Sauce. Nachstehend das vollständige Rezept.

Zutaten:
1 Sträusschen Petersilie, 1 Knoblauchzehe, 2 Esslöffel Paniermehl, etwas Sardellenpaste, Salz, Pfeffer, 1 Esslöffel Weinessig, 3 Esslöffel Olivenöl, 2–3 Esslöffel heisse Fleischbrühe.

Man verwiegt Petersilie und Knoblauch, vermischt sie mit Weinessig, Salz, Sardellenpaste und Paniermehl. Nach und nach rührt man das Öl hinzu und würzt mit frischgemahlenem Pfeffer. Man lässt eine halbe Stunde durchziehen und macht die Sauce vor dem Auftragen mit heisser Fleischbrühe etwas flüssiger.

Hausgemachter Senf

Ich möchte gern selber Senf mixen, je nach Bedarf süss, scharf oder mit Kräutern. Können Sie mir wohl Ihre hoffentlich nicht geheimen Rezepte verraten?

Frank Gerber, Bülach

Die Zubereitung von Senf macht wenig Mühe und lohnt sich, weil ein aromatischer Haussenf zu den einfachen Delikatessen unseres Alltags gehört und sich zum Marinieren von Braten genausogut eignet wie zum Verfeinern von Salatsaucen und als Beigabe zu Wurst und Siedfleisch.

Die Grundlage jedes guten Senfs ist

Senfmehl, das man mit Wasser zu einer dicken Paste anrührt und fünfzehn Minuten stehenlässt, damit sich der charakteristische scharfe Senfgeschmack entwickeln kann. Erst dann würzt man mit Kräutern, Gewürzen, Weinessig etc. Das gelbe Senfpulver, das sich zum Experimentieren am besten eignet, bekommt man in Reformhäusern oder Drogerien. (Wer wenig Zeit hat, kann als Grundzutat einen fertigen möglichst neutralen Senf verwenden.)

Zum Würzen vermische ich 1 dl Weissweinessig mit 2–3 Esslöffel frischen, feingehackten Kräutern (Petersilie, Maggikraut, Estragon, Basilikum und Kerbel), 1 Teelöffel Salz und 1 Teelöffel Zucker. Ich lasse alles zusammen aufkochen, abkühlen und vermische es dann mit der Senfpaste. Zum Schluss füge ich tropfenweise, wie bei der Mayonnaise, 4 Esslöffel Öl bei, damit der Senf schön crèmig wird. In einem verschlossenen Glas lasse ich ihn im Kühlschrank mindestens eine Woche durchziehen, bevor ich ihn verwende.

Es gibt selbstverständlich noch unzählige andere Senfvarianten; als mögliche Würzzutaten erwähne ich: Weisswein, Zitronensaft oder -schale, Limes, Champagner, Kapern, grüne Pfefferkörner, Knoblauch, Oliven, Rosmarin, Thymian, Zimt, Ingwer- und Korianderpulver.

Wie man Saucen entfettet

Manchmal steht in Kochbüchern ganz lapidar: man entfettet eine Sauce und … Wie stellt man dies nun am besten an? Einfach ist es ja, wenn man eine Sauce erkalten lassen kann und dann die kalten Fettaugen einfach entfernt. Doch ist mir dies nur in seltenen Fällen möglich. Gibt es einen Trick?

Marlies Fink-Hänseler, Zürich

Eine heisse Sauce zu entfetten ist tatsächlich nicht ganz einfach, vor allem nicht, wenn man das ganz gründlich besorgen möchte. Ich finde es aber nicht nötig, ja nicht einmal wünschenswert, eine Sauce ganz zu entfetten, weil es eben gerade die fetten Substanzen sind, die den Geschmack binden und übertragen. Ich würde Ihnen also einfach raten, das Pfännchen mit der Sauce vom Feuer zu nehmen und mit einem flachen Löffel das Fett abzuschöpfen, das an der Oberfläche schwimmt. Will man noch gründlicher vorgehen, kann man auch absorbierendes Küchenpapier rasch auf die Oberfläche legen und wieder wegziehen.

Käse- und Eiergerichte

Käsegerichte

Beefsteaks au fromage

Mein Mann träumt noch immer von den herrlichen Beefsteaks au fromage, die er vor vielen Jahren in Genf genossen hat. Als wir wieder einmal in Genf waren, suchten wir das Restaurant, in dem er die Beefsteaks immer gegessen hatte, aber es existiert leider nicht mehr. Wir haben die Schweiz. Käseunion in Bern angefragt, ob sie ein Originalrezept besitzen, bekamen aber nur etwas Ähnliches (Beignets). Wer weiss, ob Sie uns weiterhelfen können?

Heinz und Sylvia Huber-Gaensslen,
Castel S. Pietro

Ich habe das Rezept von Genfer Freunden. Es braucht etwas Geschick und Fingerspitzengefühl. Und ich rate Ihnen, es für sich auszuprobieren, bevor Sie es Gästen vorsetzen.

Zutaten für 4 Personen:
2 dl Bier, 2 dl Wasser, 180–200 g Mehl, 2 Eiweiss, 4 etwa 1 cm dicke Scheiben Gruyère, 1–2 Eigelb, Öl zum Backen.

Man vermischt das Bier mit dem Wasser und vermischt es langsam mit dem Mehl, bis der Teig dickflüssig ist. Dann lässt man den Teig 1 1/2 Stunden ruhen. Danach vermischt man ihn mit den zu Schnee geschlagenen Eiweiss. Man bestreicht die Käsescheiben mit Eigelb, taucht sie in den Teig und bäckt sie im heissen Öl, bis sie goldbraun sind. Dann nimmt man sie mit einer Schaumkelle heraus, lässt sie kurz abtropfen und richtet sie auf einer vorgewärmten Platte an. Der Käse muss beim Anschneiden flüssig sein.

Feuilletés au Roquefort

In einem Pariser Bistro haben wir als Vorspeise Feuilletés au Roquefort gegessen und waren davon überaus begeistert. Da ich nirgends ein Rezept dafür finde, frage ich Sie an, ob Sie es kennen.

Heidi Weber, Rickenbach

Ich kann Ihnen das Rezept von Maître Androuet verraten, dem Besitzer des berühmtesten Pariser Käsegeschäftes an der Rue d'Amsterdam 41, zu dem auch ein Restaurant gehört, in dem vorwiegend Käsespezialitäten serviert werden. Die angegebenen Mengen reichen für zehn Blätterteigkrapfen.

Man verknetet 80 g Butter mit 2 Esslöffeln Mehl mit der Gabel, fügt 1 Eigelb und 300 g Roquefort bei und rührt mit einer Kelle, bis die Masse glatt und geschmeidig ist. Man teilt sie in 10 Portionen auf und formt sie zu länglichen Klösschen. Aus 800 g Blätterteig schneidet man 10 Rechtecke, belegt jeweils die eine Hälfte des Rechtecks mit einem Roquefortklösschen, bepinselt den Teigrand ringsum mit Wasser, faltet die andere Teighälfte über den Roquefort und drückt den Rand ringsum fest zusammen. Die Oberseite bepinselt man mit Eigelb. Man bäckt die Feuilletés auf einem Blech im vorgeheizten Backofen 12–15 Minuten und serviert sie lauwarm.

Fondue mit Tomaten

Wir haben in unseren Sommerferien im französischsprachigen Teil des Wallis ein herrliches Tomatenfondue gegessen, das ich nun gern einmal selber kochen möchte. Kennen Sie vielleicht ein Rezept dafür? Wir bekamen das Fondue mit Brotwürfeln und Geschwellten serviert. Die Wirtin erklärte uns, dass man das Fondue auch wie Raclette zu den Geschwellten essen könne. Das Fondue hatte eine schöne hellrote Farbe.

Ruth Angst, Lengnau

Sie sind nicht die erste Leserin, die mich nach dem Tomatenfondue fragt. Ich selber bin diesem Fondue noch nie begegnet; aber ich habe bei Freunden schon Käsefondue gegessen, zu dem neben den Brotwürfeln auch Tomatenschnitze serviert wurden, die man in den flüssigen Käse eintauchte, was ausgezeichnet schmeckte. Tomaten und Käse passen gut zusammen, und es leuchtet mir ein, dass das Tomatenfondue im Wallis kreiert wurde, wo Käse und Tomaten zu den wichtigsten Naturprodukten gehören.

Ein Walliser Bekannter, den ich nach dem Rezept des Tomatenfondues gefragt habe, gab mir die folgenden Anweisungen: In einem mit Knoblauch ausgeriebenen Caquelon erhitzt man 3 dl Weisswein zusammen mit einer Mischung von 300 g Emmentaler und 300 g Greyerzer; man öffnet eine Dose Pelati (geschälte Tomaten), giesst den Saft ab und vermischt ihn mit 1 Teelöffel Maizena und 1 Esslöffel Tomatenpuree. Dann gibt man das angerührte Maizena und die in kleine Stücke geschnittenen Tomaten dem Fondue bei und lässt es weiterköcheln, bis es crèmig ist.

Vacherin-Fondue

Kürzlich haben wir in einem Restaurant im Gruyère ein wunderbares Fondue genossen. Die Masse war dicklich, aber so crèmig und leicht. Können Sie mir verraten, wie wohl dieses Fondue zusammengesetzt ist?

D. Pfeuti-Lauber, Münchenstein

Ich vermute, dass Sie ein Fondue mit Vacherin gegessen haben. Dieser milde und leicht schmelzende Freiburger

Käse (Vacherin à fondue) ergibt eine besonders zarte und feine Konsistenz. Das echte Freiburger Fondue wird ohne Wein zubereitet und besteht eigentlich nur aus langsam geschmolzenem Vacherin, der nicht kochen darf und am besten auf einem Kerzenrechaud warm gehalten wird. Da Sie aber von einem ganz «normalen» Fondue sprechen, nehme ich an, dass Ihnen das berühmte Moitié-Moitié vorgesetzt wurde: ein Fondue, das zur Hälfte aus Gruyère, zur Hälfte aus Vacherin besteht. Man bereitet zuerst aus 300 g Gruyère (für 4 Personen), 2 dl Weisswein und 2–3 Teelöffeln Maizena ein Fondue nach dem klassischen Rezept, lässt es in dem mit Knoblauch ausgeriebenen Caquelon aufkochen und gibt erst kurz vor dem Essen 300 g Vacherin à fondue, durch die Röstiraffel gerieben, dazu. Sobald der Käse geschmolzen ist, wird das Fondue auf kleinster Rechaudflamme serviert.

Liptauer Käse

Wir haben an einem kalten Buffet zum ersten Mal würzigen Liptauer Käse gegessen. Können Sie mir angeben, wie man diesen selber zubereiten kann?

Maja Kretz, Bern

Liptauer Käse, ursprünglich ein frischer Schafkäse aus den Karpaten, wird in Ungarn und Österreich mit Butter, feingehackter Zwiebel, Salz, Paprika und oft auch Kapern, Kümmelsamen und Schnittlauch zu einem crèmigen Teig geknetet, den man als Brotaufstrich geniesst. Hierzulande kann man als Grundmasse Gervais Doppelrahm-Frischkäse verwenden. Auch Galakäse eignet sich vorzüglich. Für 6 Personen rechnet man: 300 g Frischkäse (Gala oder Gervais), 50 g Butter, 1 Esslöffel milde gehackte Zwiebeln, 1 Esslöffel ungarischer Delikatesspaprika, 1 Teelöffel Kümmelsamen, 1 Esslöffel Schnittlauch, Pfeffer, Salz. Es ist wichtig, die Mischung so lange zu bearbeiten, bis eine ganz glatte Masse entsteht, die erst am Schluss mit Pfeffer und Salz abgeschmeckt wird.

Auch andere Regionen kennen ähnliche Käsemischungen. In Bayern ist der Opatzter beliebt: ein weicher Camembert, der mit Butter, Zwiebel, Salz, Pfeffer, Kümmel und Paprika verknetet wird. In Norditalien schätzt man die Crema di formaggio, die aus Gorgonzola (200 g), Mascarpone (100 g) und frischem Ziegenkäse (50 g) besteht und von besonders raffinierten Köchen mit etwas Sherry abgeschmeckt wird.

Käseschnitten

Ich bin ein Hobbykoch und möchte gern in der Bratpfanne Käseschnitten zubereiten, die nicht anbrennen. Meine Mutter hat sie im Ofen gebacken; ich finde aber den Energieverschleiss für eine Person zu gross. Haben Sie mir einen guten Rat und auch ein Rezept?

Aschi Zehnder, Bern

Zuerst ein Kompliment für Ihr Energiesparbewusstsein, das bei Köchen und Hausfrauen oft zuwenig entwickelt ist.

Um das Anbrennen der Käseschnitten zu vermeiden, muss man zu ihrer Zubereitung entweder reichlich Butter oder aber eine Teflonpfanne verwenden.

Mein liebstes Rezept für Käseschnitten ist ganz einfach: Ich nehme zwei Schnitten altbackenes Brot, beträufle sie mit Weisswein und belege sie dicht mit 5 mm dicken Scheiben Gruyère oder Tilsiter. Dann lasse ich in der Teflonpfanne wenig Butter zergehen, gebe die Käseschnitten hinein und lasse sie auf kleinem Feuer zugedeckt backen, bis der Käse flüssig ist. Vor dem Essen bestreue ich die Käseschnitten mit frischgemahlenem Pfeffer oder Paprika.

Man kann diese Zubereitung variieren, indem man die Brotschnitten zuerst mit Speck oder Schinkentranchen belegt oder die fertige Käseschnitte mit einem separat gebackenen Spiegelei garniert.

Walliser Käseschnitten

Wenn wir unseren Urlaub in der Schweiz verbringen, lese ich immer gern Ihre Zeitschrift, u. a. auch den Rezeptteil. Wir sind sehr oft in der Schweiz gewesen, jetzt gerade aus Pontresina zurückgekommen. Leider habe ich nie das Rezept für die Walliser Käseschnitte erhalten können (in einer Gratinform mit Weissbrot). Ich würde mich sehr freuen, wenn Sie mir dieses Rezept mitteilen könnten.

Irmgard Pohl, Bremen

Die Walliser Käseschnitten, die Ihnen so gut schmecken, bestehen vermutlich aus Weissbrot, das man mit Weisswein beträufelt, bis es schön feucht ist, und dann mit ca. 1/2 cm dicken Scheiben von Raclettekäse oder Gruyère belegt, in eine bebutterte Gratinform gibt und im sehr heissen Ofen (280°) bäckt, bis der Käse schmilzt, was 8–10 Minuten dauert. Man bestreut sie mit Pfeffer aus der Mühle und serviert sie sehr heiss. Eine andere mögliche Variante besteht darin, dass man den Käse reibt, mit 1–2 Eiern und etwas Weisswein zu einem dicklichen Brei vermischt, den man auf die Brotschnitten verteilt.

Malakoffs

Wir haben in der Nähe von Morges traumhafte Malakoffs gegessen, von denen ich heute noch träume. Ich las in der «annabelle» das Rezept von der sardischen Sebada und könnte mir vorstellen, dass dieses Rezept mit den Malakoffs verwandt ist. Oder wissen Sie vielleicht gar das Originalrezept von diesen herrlichen Malakoffs?

Trudy Witmer, Gossau

Die berühmten Malakoffs sollen dem Vernehmen nach von den Waadtländer Soldaten erfunden worden sein, die während des Krimkriegs in der französischen Armee dienten und bei der

Eroberung der Festung Malakoff (1855) dabeiwaren. Für vier Personen braucht man 600 g geriebenen Gruyère, den man mit 3 Esslöffeln Mehl und 3 verklopften Eiern vermischt und mit Salz, Pfeffer, 2 durchgepressten Knoblauchzehen und einem Gläschen Kirsch würzt. Diese gleichmässig feste Masse, in welcher der Löffel stehen muss, verteilt man kuppelförmig auf kleine Scheiben von altbackenem Hausbrot, die man anschliessend, mit der Käseseite nach unten, im heissen Öl 3–4 Minuten fritiert. Man lässt sie auf Haushaltpapier abtropfen und serviert sie heiss.

Das Rezept der Sebada steht auf Seite 216f.

Schafkäse im Öl

An einem kalten Buffet gab es neben verschiedenen Käsesorten auch Würfel von frischem Schafkäse, die mit Kräutern und Olivenöl gewürzt waren und fabelhaft schmeckten. Können Sie mir wohl eine Anleitung verschaffen, wie man Schafkäse auf diese Weise zubereitet? Der Käse hatte auch eine Spur von Schärfe, die aber nicht pfeffrig schmeckte.

Andrea Hug, Bassersdorf

Die Idee, Käse mit Kräutern und Gewürzen in Olivenöl einzulegen, stammt aus der Provence. Man legt dort die kleinen Ziegen- oder Schafkäse, die einen Durchmesser von 6–7 cm haben, in ein Ton- oder Glasgefäss ins Kräuterbad und füllt jeweils nach Entnahme wieder mit frischem Käse auf. Anstatt kleine Käselaibe kann man auch griechischen Fetakäse verwenden, den man in mehr oder weniger grosse Würfel schneidet.

1 kg Schafkäse, je 1 Zweig getrockneter Rosmarin und Thymian, 2–3 Salbeiblätter, 1 Lorbeerblatt, 4 geschälte Knoblauchzehen, 1 scharfes rotes Plefferschötchen, je 1 Teelöffel schwarze Pfefferkörner und Fenchelsamen, ca. 1 l Olivenöl, 1 Gläschen Cognac oder Grappa.

Man schneidet den Schafkäse in Würfel und schichtet sie mit den Gewürzen locker in ein Glas- oder Tongefäss. Man vermischt das Olivenöl mit dem Cognac und giesst es über den Käse, den man darauf an einem kühlen, dunklen Ort mindestens zwei Wochen ziehen lässt.

Die marinierten Käsewürfel serviert man mit Oliven, Tomatenvierteln und Gurkenscheiben als Vorspeise oder isst sie mit Bauernbrot und einem Glas Rotwein als kleine Mahlzeit.

Tomme au four

Vor kurzem haben wir bei einer Einladung bei Freunden eine überraschend gute warme Vorspeise gegessen: runde, mit Pfeffer bestreute Käslein, die durch und durch warm und flüssig waren und auf einem Kressebett lagen. Ich getraute mich nicht, nach dem Rezept zu fragen, und das reut mich jetzt. Ob Sie wohl wissen, wie man so etwas auf den Teller zaubert?

Marietta Lerch, Adliswil

Zum Glück habe ich diese feine Vorspeise, die ich zwar meistens als Blitzmahlzeit zubereite, bei Catherine, meiner welschen Nachbarin, kennengelernt. Sie nennt das «Tomme au four», und seit ich dieses Gericht kenne, habe ich immer mindestens zwei dieser runden kleinen Käse, die man überall kaufen kann – auch aus biologischer Produktion –, im Kühlschrank. Die Zubereitung braucht höchstens zwanzig Minuten. Man schneidet die Oberfläche der Tommes kreuzweise ein und bestreut sie mit Pfeffer oder mit Kümmel. Dann legt man sie auf ein mit Backpapier belegtes Blech und schiebt sie für eine Viertelstunde in den Grill oder in die obere Hälfte des sehr heissen Backofens. Zusammen mit Salat und einem Glas Wein ist das eine vollständige kleine Mahlzeit.

Wie serviert man Vacherin?

Eine aktuelle Frage: Wie servieren Sie zu Hause einen ganzen Vacherin Mont d'or stilgerecht und was für Weine eignen sich am besten als Begleiter?

Alice Meier, Beinwil am See

Ich nehme an, dass Sie den Vacherin Mont d'or meinen, der in Spanschachteln von ungefähr 15 cm Durchmesser verkauft wird. Stilgerecht kann man diesen Käse erst dann servieren, wenn er ganz reif, d. h. flüssig ist. Das lässt sich durch einen leichten Druck auf die Rinde der Oberfläche ohne weiteres feststellen. Am besten kauft man schon am Vortag einen Vacherin, der im Lauf der nächsten 24 Stunden bei geöffneter Schachtel die ideale Reife erreichen wird, und lässt sich dabei vom Käsehändler beraten. Vor dem Auftragen entfernt man die Rinde der Oberfläche und schöpft dann den flüssigen Käse mit einem Löffel direkt aus der Schachtel. Ein zweiter Löffel leistet zum Abstreifen gute Dienste.

Ihre Frage nach dem richtigen Wein habe ich einem Fachmann vorgelegt und erfahren, dass Untersuchungen der letzten Zeit gezeigt haben, dass man zum Weichkäse im allgemeinen keine Weine trinken sollte, die in Eichenfässern gelagert wurden. Als Begleitung zum Vacherin Mont d'or eignet sich ein Waadtländer Gamay, ein Côtes-du-Rhône oder auch ein Waadtländer Weisswein.

Eiergerichte

Crêpes au Sarasin

Seit langer Zeit versuche ich immer wieder, eine Crêpe au Sarasin zu machen, wie ich sie verschiedentlich in Südfrankreich gegessen habe. Aber es gelingt mir einfach nie, sie geschmacklich und in der Zartheit so zu backen. Ich habe schon gepröbelt mit Mischungen Buchweizen-Weizenmehl, mit und ohne Ei, Wasser, Milch. Hoffentlich können Sie mir weiterhelfen.

Erika Müller, Zürich

Eigentlich sind die Crêpes au Sarasin eine Spezialität der Bretagne, in deren rauhem Klima der widerstandsfähige Buchweizen einst angebaut wurde. Heute ist das gesunde, wohlschmekkende, aber wenig ertragreiche Korn aus Mitteleuropa fast verschwunden, und das Buchweizenmehl, das man bei uns im Reformhaus kaufen kann, stammt aus Osteuropa oder Russland, wo man daraus die berühmten Hefepfannkuchen zubereitet, die Blini heissen. Seiner asiatischen Herkunft wegen nannte man den Buchweizen in weiten Teilen Deutschlands Heiden- oder Sarazenenkorn, in Frankreich blé sarasin, in Italien grano saraceno. Die Crêpes aus Buchweizenmehl sind in der Konsistenz etwas trockener als diejenigen aus Weizenmehl. Häufig verwendet man deshalb zwei Drittel Buchweizenmehl und ein Drittel Weissmehl.

Die klassischen Zutaten für 6 Personen sind:

250 g Buchweizenmehl (oder 160 g Buchweizenmehl und 90 g Weissmehl), 3/4 l kalte, gekochte Milch, 4 Eier.

Vor dem Backen sollte man den Teig eine Stunde stehenlassen. Zum Backen rechnet man 150 g Kochbutter. Damit steht dem guten Gelingen Ihrer Crêpes au Sarasin nichts mehr im Wege.

Weichgekochte Eier

Meine Frau ist eine so vorzügliche und begeisterte Köchin, dass mir in diesem Bereich eigentlich nichts anderes übrigbleibt, als sie wenigstens am Sonntag mit einem reichhaltigen Frühstück zu verwöhnen. Dabei habe ich mit den weichen Eiern häufig das Problem, dass sie mir selbst im nur leise köchelnden Wasser platzen. Ein Freund von mir sagt, man müsse sie vorher mit einer

Nadel einstechen; er weiss aber nicht an welcher Stelle. Wissen Sie da Rat?

Hans Escher, Mettmenstetten

Einem so aufmerksamen Ehemann wie Ihnen Auskunft zu geben ist mir ein echtes Vergnügen. Der Tip mit der Nadel ist gut. Der Stich muss am stumpfen Ende des Eis gemacht werden, wo sich die Luftkammer befindet. Das führt zu einem Druckausgleich zwischen dem Ei-Innern und dem kochenden Wasser. Weil man aber nicht genau weiss, wo die Luftkammer sitzt, ist es ratsam ein paar Stiche zu machen. Man kann dazu eine gewöhnliche Nähnadel verwenden.

Es gibt allerdings noch eine einfachere Methode: man legt die Eier in eine Pfanne mit kaltem Wasser, erhitzt das Wasser und lässt es vom Siedepunkt an noch eine Minute kochen. Dann sind die Eier weich und ganz. Durch das Erhitzen im kalten Wasser verkürzt sich die Kochzeit um zwei Minuten. Das gilt auch für harte Eier, die man auf diese Weise in sechs Minuten kocht.

Œufs en cocotte

In Frankreich habe ich einmal eine Vorspeise gegessen, die aus warmen weichen Eiern bestand, die mit Rahm und Kräutern abgeschmeckt waren und in kleinen weissen Förmchen serviert wurden. Wissen Sie zufällig das Rezept dieser Speise, deren Namen ich leider vergessen habe?

François Grenacher, Biel

Dieses Gericht heisst französisch «Œufs en cocotte» und hatte einst auch bei uns in der gutbürgerlichen Küche einen Ehrenplatz als delikate Vorspeise, die fast keine Arbeit gibt, wenig kostet und erst noch ausgesprochen hübsch aussieht.

Das Rezept für vier Personen: Man buttert vier Portionenförmchen gut aus. Man vermischt 1 dl Rahm mit Salz, Pfeffer und feingehackten frischen Kräutern, verteilt die Hälfte davon auf dem Boden der Förmchen, schlägt je ein Ei darauf und bedeckt mit dem restlichen Rahm. Nun stellt man die Förmchen in einen passenden Topf, den man mit kochendem Wasser füllt, bis sie zu zwei Dritteln darin stehen, und lässt das Gericht auf dem Herd oder im Ofen in sechs bis acht Minuten gar werden. Man kann den Rahm auch mit Senf, geriebenem Parmesankäse oder Streifchen von gekochtem Schinken würzen. Auch gedünstete Champignons oder Tomaten eignen sich gut als Beigabe zu diesen Eiern.

Zwiebelomelette (Frittata di cipolle)

Meine Freundin hat in einem Hotel an der italienischen Riviera eine kalte Zwiebelomelette zur Vorspeise gegessen. Das habe wunderbar geschmeckt. Sie möchte wissen, wie man so etwas selber macht. Auch ich bin neugierig, was Sie zu diesem Horsd'œvre-Vorschlag finden.

Tilde Spengler, Zumikon

Wenn man von Omeletten spricht, ist es nützlich zu definieren, was man darunter versteht. Die in Italien so beliebte Zwiebelomelette ist ein reiner Eierkuchen ohne Mehl. Sie heisst Frittata und wird auch mit Gemüsen, Kräutern, Schinken, Pilzen und geriebenem Parmesan zubereitet. Man kann sie warm als kleine Mahlzeit mit einem frischen Salat servieren oder kalt aufgeschnitten als leckere Vorspeise. Wer Italien kennt, weiss auch, dass es in den meisten Bars nahrhafte Sandwiches gibt, die mit einem Stück Frittata gefüllt sind. Ähnliches gilt auch für Spanien, nur dass die Frittata dort Tortilla heisst und neben gedünsteten Zwiebeln auch Kartoffelscheibchen enthält. Hier das Rezept:

Zutaten für 4 Personen (als Vorspeise):
2 grosse rote Zwiebeln, die einen milden Geschmack haben, 2 Esslöffel Öl, Salz, Pfeffer aus der Mühle, 4 Eier, 2 Esslöffel Wasser, 1 Esslöffel Butter.

Zwiebeln schälen, halbieren und in Streifen schneiden. In einer Bratpfanne das Öl heiss werden lassen, Zwiebeln dazugeben und unter gelegentlichem Rühren langsam glasig braten, wobei sie nicht braun werden dürfen. Salzen und pfeffern. Die Eier mit Wasser verrühren, salzen und pfeffern; Butter zu den Zwiebeln geben und die Eiermasse hinzugiessen. Bei sehr kleiner Hitze zugedeckt langsam stocken lassen, so dass die Omelette an der Unterseite nicht braun wird. Auf eine Platte gleiten und erkalten lassen. Dann wie einen Kuchen in Stücke schneiden.

Fische und Schalentiere

Anchoïade

In einem kleinen Beizlein in Arles wurde uns im letzten Sommer ein Imbiss vorgesetzt, der aus geröstetem Brot mit pikantem Sardellenaufstrich bestand. Diese Anchoïade schmeckte zum Vin du pays so gut, dass wir heute noch davon schwärmen. Können Sie mir das Rezept dieser provenzalischen Spezialität verschaffen?

Lilo Wetter, Tägerwilen

Am besten schmeckt die Anchoïade, wenn man dazu nicht in Öl konservierte Sardellenfilets, sondern ganze Sardellen aus dem Salz verwendet, die einen viel kräftigeren Geschmack haben. Pro Person rechnet man eine Sardelle, die man aufklappt, entgrätet und unter fliessendem Wasser gut abspült, damit keine Salzkristalle mehr daran haften. Dann gibt man sie zusammen mit 1/2 Knoblauchzehe und 1 Teelöffel Kapern in einen Mörser und zerdrückt alles zu einer Paste, die man tropfenweise mit gutem Olivenöl vermischt, bis die Mischung dick und glatt wie eine Mayonnaise ist. Man streicht sie auf im Ofen geröstetes oder getoastetes Weiss- oder Hausbrot und serviert sie zu Weisswein als Aperitif oder auch als Imbiss.

Ceviche (roh marinierter Fisch)

In Ecuador und Mexiko habe ich Ceviche (auch Cebiche geschrieben) gegessen, und es schmeckte so gut, dass ich dieses Gericht hier zubereiten möchte. Ceviche wird aus rohem Fisch zubereitet, der in Zitronen- oder Limonensaft mariniert wird. Ich möchte nun erfahren, welcher Fisch sich speziell für Ceviche eignet, wie man die Marinade zubereitet (Verhältnisse) und würzt, und wie lange der Fisch mariniert werden soll.

Jacqueline Weber, Basel

Ceviche, ursprünglich ein peruanisches Gericht, gehört zur Speisekarte fast aller lateinamerikanischer Länder. Für Ceviche eignen sich alle Fische, die festes weisses Fleisch und keine schwer zu findenden Gräte haben: also zum Beispiel Seezunge, Seeteufel oder Steinbutt. Am besten verwendet man den filettierten Fisch, den man in 2 Zentimeter grosse Stücke zerschneidet, in ein flaches Gefäss legt und mit reichlich Zitronen- oder Limessaft übergiesst. (Auf 400 g Filets rechnet man den Saft von 8 Zitronen.) Das Gefäss wird zugedeckt und für 3–5 Stunden in den Kühlschrank gestellt. Nach dieser Zeit lässt sich der marinierte nicht mehr von gekochtem Fisch unterscheiden. Vor dem Servieren giesst man den Zitronensaft, der nicht absorbiert wurde, ab. Man würzt den Fisch mit Salz, Pfeffer, einer feingehackten Knoblauchzehe, etwas zerriebener getrockneter, roter Pfefferschote oder einer Messerspitze Sambal Oelek.

Fischsuppe

Ich hätte Lust, eine feurige Fischsuppe zu kochen, dazu möchte ich nur Flûte servieren. Welche Fische und Zutaten eignen sich dafür? Schon lange möchte ich meinen Gästen ein Fischfondue servieren. Ich komme immer wieder davon ab, weil ich nicht weiss, welche Fische, Saucen und Sud sich dafür eignen.

Astrid Juillerat, Binningen

Um eine Fischsuppe zuzubereiten, richtet man sich am besten nach dem Angebot des Fischhändlers und wählt Fische, die nicht zu teuer sind, zum Beispiel Kabeljau-Tranchen und -Bäggli, Seehecht, Seelachs, Wittling etc. Man kann dazu einen Fertigfischfond verwenden oder aber aus den Fischabfällen, Zwiebeln, Gemüse und Gewürzen selber einen Fischfond zubereiten, den man mit Safran oder Pernod aromatisiert. In diesem Sud lässt man die Fischstücke etwa 10 Minuten leise ziehen. Das gibt dem Sud einen so feinen kräftigen Geschmack, dass ich es eigentlich schade finde, ihn pikant zu würzen.

Vermutlich beruht Ihr Wunsch nach einer feurigen Fischsuppe auf der Erinnerung an die scharfe Mayonnaise, die in der Provence, neben dem Aïoli (Rezept siehe Seite 26), zur Fischsuppe serviert wird. Sie heisst Rouille und ist eine Mayonnaise, die mit Pfefferschoten oder Cayennepfeffer vermischt wird. Das Rezept dazu finden Sie auf Seite 30.

Was das Fischfondue betrifft, so gehört es für mich in den weiten Bereich der kulinarischen Modetorheiten, da die Fischstücke in der heissen Brühe viel zu schnell zerfallen. Es sei denn, man wolle sich die silbernen Sieblöffel anschaffen, die in superschicken Restaurants als Besteck für dieses Gericht verwendet werden.

Fisch-Tapas

Auf unserer Frühlingsreise nach Andalusien haben uns ganz besonders die leckeren «Tapas» (Appetithäppchen) geschmeckt. In einer meiner nächsten Einladungen möchte auch ich anstelle einer Vorspeise eine Auswahl von Tapas servieren. Für Tapas-Tips wäre ich Ihnen sehr dankbar.

Anne-Marie Nyffeler-Böschenstein, Aarau

Auch für mich gehören «Tapas» zum Wunderbarsten der spanischen Küche, und ich habe auf Ihren Brief hin meine spanische Freundin Manuela um ein paar Originalrezepte gebeten.

Kleine Tintenfische (Sepias)

Man kann sehr gut tiefgefrorene Fische verwenden. Man dünstet glattblättrige italienische Petersilie und Knoblauch, beides fein gehackt, im heissen Öl, gibt die Tintenfischlein dazu, dünstet weiter und löscht mit Weisswein ab und würzt mit Salz und Pfeffer. Man lässt auf kleinem Feuer köcheln, bis die Fische weich und die Sauce fast eingekocht ist. Das dauert 1½ bis 2 Stunden; eventuell muss man etwas Weisswein beifügen. Man serviert sie entweder heiss oder kalt und pickt sie mit Zahnstochern aus der Schüssel.

Herzmuscheln nach Fischerart (Almejas a la pescadora)

Die Muscheln müssen in ihrer Schale und frisch sein. Man wäscht sie gut und gibt sie in den Ofen, damit sie sich in der Hitze öffnen. Wenn sie offen sind, legt man sie in eine Bratpfanne, fügt Weisswein, Pfeffer und ein wenig Zitronensaft bei und lässt sie ein paar Minuten die Flüssigkeit einziehen. Man arrangiert sie wie eine grosse Blume auf eine Platte und isst sie ebenfalls mit Zahnstochern.

Marinierte Sardinen (Sardinas escabechadas)

Man nimmt die Sardinen aus, brät sie ohne Mehl in heissem Öl und arrangiert sie schön in eine Schüssel mit Rand. Im restlichen Öl dünstet man ungeschälte Knoblauchzehen, ein Lorbeerblatt und ein Stück scharfe Pfefferschote. Wenn der Knoblauch dunkel wird, giesst man etwas Essig zu und nimmt die Pfanne sofort vom Feuer. Man giesst die Marinade über die Sardinen und lässt sie zwei oder mehr Tage stehen. Sie müssen von der Flüssigkeit ganz bedeckt sein (wenn nötig Öl und Essig zugiessen). Man isst sie kalt. Sardinen kann man auch einfach in viel heissem Öl fritieren, bis sie ganz knusprig sind, und heiss essen.

Forellen

Wir haben in einem Fischbeizli im Verzascatal über die beste Art, Forellen zuzubereiten, diskutiert. Mir geht nichts über Forellen, die in Butter gebraten werden; meine Freunde finden «blaue Forellen» das grösste. Ich möchte gerne wissen, auf welcher Seite Sie stehen? Ebenfalls würde mich interessieren, wie lange die Bratzeit einer kleinen Forelle von ca. 200 Gramm ist?

Tilly Ehrensperger, Kloten

Obwohl ich blau gekochte Forellen etwas Feines finde, erinnern sie mich immer ein bisschen an Diät. Darum halte ich es mit Ihnen und mit Brillat-Savarin, der geschrieben hat, die feinste Forelle sei diejenige aus Bergbächen mit Granitgrund, und ihr Aroma bewahre man am besten, wenn man sie nach Müllerinnen-Art, das heisst in Butter, brate. Die Bratzeit hängt von der Grösse der Forellen und von der Temperatur der Butter ab. Ich verwende Kochbutter, die ich heiss werden lasse, bis sie schäumt, gebe dann die nur ganz leicht bemehlten Forellen hinein und lasse sie in mittlerer Hitze auf jeder Seite 4 bis 6 Minuten garen, bis sie aussen eine goldgelbe Kruste haben und ihr Fleisch innen weiss und fest ist. Ich wende die Fische mit einem Spachtel. Das Braten von Forellen setzt etwas Erfahrung und Fingerspitzengefühl voraus.

Gravlax

Diesen Sommer reisten wir, mein Mann und ich, durch die «France profonde». Eines Abends kehrten wir an einem winzigen, ganz abgelegenen Ort in einem Gasthof ein. Als Vorspeise bot uns die Patronne

Saumon cru mariné à l'aneth an. Als das feine Gericht aufgetischt wurde, erinnerte ich mich plötzlich daran, dass ich vor zwanzig Jahren bei einer schwedischen Bekannten zum ersten Mal Gravlax gegessen hatte. Nun würde ich gern einmal diese köstliche Spezialität probieren.

Catherine Geninasca, Zürich

Die Verwendung von rohem Fisch als Vorspeise ist nicht, wie heutzutage viele Feinschmecker glauben, eine Errungenschaft der Nouvelle cuisine, sondern beruht bei Völkern, die an der Meeresküste leben, auf alter Tradition: Man denke ans japanische Sushi, an den holländischen Salat aus Matjesheringen, an die Sardellen, die in Italien und Spanien mit Salz und Zitronensaft mariniert werden, oder eben an den skandinavischen Gravlax. Nachstehend das einfache Rezept, das auszuprobieren sich lohnt.

Zutaten für 8–10 Personen:
1 Lachsfilet von etwa 1 kg mit Haut, 2 grosse Bund Dill, 1 Esslöffel weisse Pfefferkörner, 3 Esslöffel Salz, 1 1/2 Esslöffel Zucker.

Man legt das Lachsfilet mit der Hautseite nach unten in eine Porzellan- oder Glasschüssel und entfernt alle Gräten mit einer Pinzette. Man zerstösst die Pfefferkörner im Mörser. vermischt sie mit Salz und Zucker und bestreut das Lachsfilet gleichmässig mit der Mischung. Darüber verteilt man den gewaschenen und sehr fein gehackten Dill und deckt den Lachs mit einem grossen Stück Klarsichtfolie ab. Man legt darauf ein Holzbrett, das man mit Gewichten (zum Beispiel Konservendosen) beschwert, und lässt den Lachs mindestens 24 Stunden im Kühlschrank marinieren. Alle sechs Stunden nimmt man den Fisch aus dem Kühlschrank und begiesst ihn mit dem Saft, der sich in der Schüssel gebildet hat. Dann wird das Filet wieder mit der Folie bedeckt, beschwert und in den Kühlschrank gestellt.

Ist der Gravlax fertig, legt man ihn mit der Hautseite nach unten auf ein grosses Brett und entfernt die Marinade möglichst vollständig. Man schneidet den Fisch mit einem langen, scharfen Messer (am besten einem speziellen Lachsmesser) wie Räucherlachs in dünne Scheiben von der Haut und richtet ihn auf einer grossen Platte zusammen mit Zitronenachteln und Dillzweigen an.

Labskaus

Als Leser Ihrer Rubrik in der «annabelle» und begeisterter Hobbykoch möchte ich auch einmal Ihre Dienste in Anspruch nehmen. Einer meiner Freunde ist in Norddeutschland auf Ferienreise gewesen und erzählte mir von einer dortigen Spezialität, dem Labskaus. Können Sie mir verraten, wie man so einen Labskaus kocht?

Andrea Suter, Schlieren

Der Labskaus ist ein altes norddeutsches Seemansgericht, das ursprünglich auf Segelschiffen gekocht wurde, wo man weder Zeit noch Raum für raffinierte Kochmethoden hatte. Darum kochte man aus eingesalzenem Fleisch oder Salzheringen (oder beidem zusammen), Zwiebeln, Kartoffeln und Randen ein Mus von schöner roter Farbe, das ebenso gesund wie schmackhaft ist.

Die Zubereitung ist denkbar einfach. Die Heringsfilets werden gründlich gewaschen und in kleine Stücke geschnitten; das Fleisch wird gekocht und ebenfalls klein geschnitten. Die Kartoffeln und 1–2 Randen werden in der Schale gekocht, geschält und zerstampft oder durchs Passe-vite getrieben. In einer Bratpfanne erhitzt man Schmalz oder Butter, dünstet darin reichlich Zwiebeln, fügt Fleisch, Fisch, Kartoffeln und Randen bei, würzt mit Pfeffer und Muskatnuss und lässt das Mus auf kleinem Feuer eine Viertelstunde kochen. Wenn es zu trocken erscheint, kann man es mit ein wenig Wasser geschmeidiger machen. Man serviert auf der Portion Labskaus ein Spiegelei.

Lachs nach Basler Art

Können Sie mir das Rezept des Lachses nach Basler Art mitteilen? Wir haben solchen Lachs vor Jahren in einem guten Restaurant gegessen. Leider habe ich das Rezept, das mir der Wirt freundlicherweise aufschrieb, verloren. Ich glaube, dass der Fisch mit gerösteten Zwiebelringen aufgetragen wurde, bin mir aber nicht mehr so sicher. Ich würde mich freuen, wenn ich durch Sie wieder in den Besitz des Originalrezepts dieser traditionsreichen Spezialität kommen könnte.

Eva Kraatz, Mainz

Die gerösteten Zwiebelringe sind in der Tat das Hauptmerkmal dieses alten Basler Gerichtes. Diesen deftigen Kontrast zum feinen Lachsaroma würde heute wohl kaum ein Küchenchef wagen. Der Versuch lohnt sich aber. Mein Rezept stammt aus der «Basler Kochschule», die Andreas Morel bearbeitet und herausgegeben hat.

Zutaten für 5 Personen:
5 fingerdicke Scheiben frischer Lachs, 4 mittelgrosse Zwiebeln, in Ringe geschnitten, 100 g Butter, 5 Esslöffel Fleischbrühe, Salz, weisser Pfeffer aus der Mühle.

Man lässt die Hälfte der Butter in der Pfanne zergehen und röstet darin die Zwiebelringe, bis sie weich und schön braun sind. Dann nimmt man die Zwiebeln heraus und stellt sie beiseite, lässt die restliche Butter in der Pfanne heiss werden und brät darin die gesalzenen und gepfefferten Fischtranchen auf jeder Seite zwei bis drei Minuten. Wenn die Butter zu verbrennen droht, gibt man löffelweise Bouillon dazu. Man legt die Lachstranchen auf die Platte und stellt sie warm. Man gibt eventuell noch etwas Bouillon in die Bratpfanne, löst damit den Bratensatz und kocht die Zwiebeln darin auf. Man kann auch etwas Kalbsfond beifügen. Dann werden die Zwiebeln über die Lachstranchen angerichtet. PS: Der Lachs wird trocken, wenn er zu lange auf dem Feuer ist. Man beginnt mit dem Braten erst, wenn die Gäste bereits am Tisch sitzen, und richtet an, sobald sich das Fleisch von der Mittelgräte löst.

Lachs-Tatar

Mein Freund schwärmt von einem Lachs-Tatar, das er auf einer Geschäftsreise in Düsseldorf gegessen hat. Er findet es viel zarter und bekömmlicher als Fleisch-Tatar. Ich möchte ihn an seinem Geburtstag mit dieser feinen Speise überraschen und hoffe, dass Sie mir zu einem Rezept verhelfen. Sie sind meine einzige Hoffnung.

Theres Nänny, Riehen

Das wichtigste für ein gutes Lachs-Tatar ist möglichst frischer Lachs. Erkundigen Sie sich in Ihrem Fischgeschäft, an welchem Tag die frische Ware eintrifft, und sollte dies ein Tag vor oder nach dem Geburtstag Ihres Freundes sein, so rate ich Ihnen, das Essen entsprechend zu verschieben. Die Zubereitung ist so einfach, dass man fast von einem Blitzrezept reden könnte.

Zutaten für 2 Personen:
400 g Lachs, 1 Schalotte, 1 Zweiglein Dill, beides feingehackt, Zitronensaft, Olivenöl, Pfeffer, Meersalz.

Man hackt den Lachs mit einem scharfen Messer; auch ein Wiegemesser leistet gute Dienste. Dann vermischt man die Masse erst mit Dill und Schalotte und danach in einer Schüssel gut mit Zitronensaft, Olivenöl, Salz und Pfeffer. Man sei beim Würzen sparsam, weil der reine Fischgeschmack nicht überdeckt werden soll. Man formt zwei flache runde Plätzchen, die man auf dem Teller mit Zitronenschnitzen und Dill dekoriert.

Muscheln an Tomatensauce

Im letzten Jahr assen wir einmal in einem kleinen Restaurant an der Costa Brava ganz vorzüglich zubereitete Miesmuscheln, und zwar kamen sie in einer relativ flachen Gusspfanne, und der sogenannte Sud war ganz dick, mit viel Tomaten und Knoblauch. Aber das ist auch schon alles, was ich dazu sagen kann. Diesen Sud (die Muscheln waren da drin) konnte man mit frischem Weissbrot mit grösstem Genuss verzehren. Ist Ihnen eventuell das Rezept bekannt?

Heidi Denec, Schlieren

Das köstliche Muschelgericht, das Sie beschreiben, habe ich schon in Südfrankreich und in Ligurien gegessen; sein Rezept fand ich in «Das neue Fischkochbuch» von Böttiger/Froidl, das 1979 im Heyne-Verlag erschienen ist.

Zutaten für 4 Personen:
2 kg Miesmuscheln, 4–8 Knoblauchzehen, 4–5 Esslöffel Olivenöl, 2 Lorbeerblätter, 1 Messerspitze Cayennepfeffer, 3 dl Weisswein,

500 g Tomaten, Salz, Pfeffer, 1 Esslöffel Mehl, gehackte Petersilie, Weissbrot.

Den gehackten Knoblauch in 2 Esslöffeln Öl mit Lorbeerblättern und Cayennepfeffer dünsten, 1 dl Wein beifügen und die gut gebürsteten Muscheln dazugeben. Zugedeckt kochen lassen, bis sich die Muscheln öffnen, dabei öfters den Topf rütteln. Tomaten häuten und in dünne Scheiben schneiden, im restlichen Öl weichdünsten. Das Mehl überstäuben und mit 2 dl Wein ablöschen. Gut verkochen lassen und mit Gewürz abschmecken. Die fertige Sauce zu den Muscheln geben. Mit Petersilie bestreut anrichten und Weissbrot dazu reichen.

Pesce in carpione (Marinierter Fisch)

Im Ristorante «Al sorriso» im Süden des Lago Maggiore haben wir eine Fischspeise gegessen, deren Rezept ich unbedingt haben möchte. Ich weiss die Bezeichnung der Speisekarte leider nicht mehr. Es handelte sich um eine Vorspeise, die aus kleinen Fischfilets bestand, die in eine aromatische und milde Weinsauce mit Thymian und anderen Gewürzen (ich glaube auch Karottenstäbchen und eventuell Schalotten) eingelegt waren. Können Sie mir helfen auf der Suche nach diesem feinen Rezept?

Margot Scheuchzer, Arbon

Die feine Vorspeise war vermutlich eine elegante Variante des klassischen Fischgerichts der lombardischen Seen, das man auch in Tessiner Grotti findet, weil es sich mit Bachforellen genausogut machen lässt wie mit Felchen, Karpfen oder ganz gewöhnlichen Weissfischen. Es heisst Pesce in carpione und ist eigentlich ein Restengericht aus einer Zeit, da das Tiefkühlen noch nicht erfunden war und man die gebratenen Fische in eine Essigmarinade einlegte und so mindestens zwei Wochen im Keller aufbewahren konnte. Dabei entstand eine kulinarische Delikatesse: Man aromatisierte die Marinade mit feingehackten Gemüsen und Kräutern, und je länger der Fisch in ihr liegt, desto zarter und köstlicher schmeckt er.

Damit dieses Gericht mild und rund schmeckt, ist es wichtig, den Rotweinessig mit Weisswein zu verdünnen und die Marinade erst, wenn sie erkaltet ist, über den Fisch zu giessen.

Zutaten für 8 Personen:
1 kg Felchen-, Forellen- oder Eglifilets, Mehl, Erdnussöl. Für die Marinade: 1 Zwiebel, 2 Karotten, 1 Zweiglein Sellerie, 1/2 l Rotweinessig, 1/2 l Weisswein, Salz und Pfeffer, 1/4 Teelöffel Zucker, Thymian, Majoran, 1 Lorbeerblatt, 2 Salbeiblätter, Petersilie.

Man wendet die Fischfilets im Mehl, das man wieder gut abklopft, brät sie im heissen Öl goldgelb und legt sie dann auf Küchenpapier, damit das überflüssige Öl aufgesaugt wird. Für die Marinade schneidet man Zwiebel, Karotten und Sellerieblätter fein und dünstet sie im Öl, in dem man die Fische gebraten hat, löscht mit dem Rotweinessig und dem Weisswein ab, bringt die Marinade zum Kochen und lässt 15–20 Minuten auf kleinster Hitze weiterköcheln, bis das Gemüse weich ist. Die erkaltete Marinade giesst man über die Fische, die man vorher in eine flache Schüssel nebeneinandergelegt hat; sie müssen von der Flüssigkeit ganz bedeckt sein. Man deckt die Schüssel mit einer Alufolie und stellt sie mindestens einen Tag an einen kühlen Ort, eventuell in den Kühlschrank.

Riesencrevetten

Ich lese häufig Ihre Antworten zu Kochproblemen und habe auch schon einige Ihrer Rezepte mit Erfolg ausprobiert. Ich wäre Ihnen daher sehr dankbar für ein paar Rezepte, wie man Riesencrevetten zubereiten könnte. In den Fischkochbüchern finde ich, wenn überhaupt, nur Rezepte für Crevettensalate. Ich möchte aber die Riesencrevetten gern warm zubereiten. Kennen Sie eventuell ein Kochbuch mit entsprechenden Rezepten?

Ursula Schefer, Zihlschlacht

Riesencrevetten und Crevetten sind eine Delikatesse, mit der man nicht zuviel kulinarischen Firlefanz anstellen sollte, da ihr zarter und doch würziger Geschmack leicht übertönt werden kann. Lieber als jeden Crevettencocktail habe ich zum Beispiel Crevetten auf einem Kressebett, gewürzt mit Zitronensaft und etwas Pfeffer. Und als warmes Gericht für Riesencrevetten möchte ich Ihnen die spanische Zubereitung im Knoblauchöl empfehlen. Man erhitzt in einer Teflonpfanne oder, wie es in Spanien üblich ist, in einer Tonschüssel Olivenöl mit Knoblauch und etwas gehackten roten Pfefferschötchen. Man gibt die Crevetten hinein und lässt sie heiss werden. Lässt man sie zu lange im heissen Öl, schrumpfen sie zusammen und werden hart. Darum müssen sie sofort serviert werden. Man kann sie zusätzlich mit etwas Zitronensaft beträufeln und gehackte Petersilie oder Koriander darüberstreuen. Ich vermute, dass Ihnen dieses einfache Rezept so gut schmecken wird wie mir, so dass Sie gar keine andern Varianten mehr wünschen.

Sardellen-Vorspeise

In Lerici haben mein Mann und ich in den Ferien zum Wein aus den Cinqueterre ein Schüsselchen mit Sardellenfilets serviert erhalten, die so herrlich schmeckten, dass ich sie gern selber zubereiten möchte. Leider habe ich vergessen, nach dem Rezept zu fragen. Sie waren mit Peterli und Öl angemacht und schmeckten ziemlich salzig. Kennen Sie vielleicht ihre Zubereitung?

Anne Janson, Morges

Ich habe diese köstlichen Appetithäppchen in Porto Venere, ganz in der Nähe von Lerici, zum erstenmal gegessen. Sie werden aus Sardellen zubereitet, die im Salz konserviert sind. Sardellen aus dem Salz schmecken nämlich viel würziger als die bei uns bekannten Ölsardellen, was damit zusammenhängt, dass sie beim Einsalzen einen Fermentationsprozess durchmachen, der ihnen das eigenartig kräftige Aroma gibt. Bei uns findet man sie in italienischen Lebensmittelgeschäften, wo sie stückweise verkauft werden; im Handel gibt es aber auch mittelgrosse Dosen mit Acciughe sotto sale.

Die Zubereitung der Vorspeise ist denkbar einfach: Man spült die Sardellen unter fliessendem Wasser, bis sie von allen Salzkristallen befreit sind. Dann klappt man sie auf, entfernt die Hauptgräte und teilt die Filets, die man nebeneinander auf einen Teller legt. Man bestreut sie mit einer Mischung aus feingehacktem Knoblauch und Petersilie und beträufelt sie mit gutem Olivenöl. Man kann sie mit Zitronenschnitzen servieren.

Thon-Pâté

In einer Trattoria in Verona haben wir als Vorspeise einen Thon-Pâté gegessen, aber nicht erfahren können, wie man ihn herstellt. Ich wäre Ihnen sehr dankbar für ein Rezept dieses Antipasto, der uns viel weniger üppig vorgekommen ist als verschiedene andere Pâtés.

Dora Vogelsanger, Brütten

Dass man aus dem in Öl eingemachten Thon mehr machen kann als Thonsalat, lässt sich in der italienischen Küche lernen, wo man diese preisgünstige Konserve viel phantasievoller verwendet als bei uns. Da gibt es nicht nur das Vitello tonnato, sondern auch den Pollo tonnato und die Uova tonnate, also gekochtes Huhn und gekochte Eier an einer Thonmayonnaise. Da werden auch Spaghetti an einer Thonsauce serviert, und ein besonderer Leckerbissen ist der Polpettone di tonno, eine Thonwurst, die eine Stunde im Wasser gekocht und heiss, lauwarm oder kalt gegessen wird. Und schliesslich gibt es auch den Thon-Pâté, der Ihnen so gut geschmeckt hat. Das ist eine einfache, billige und wirklich delikate Vorspeise.

200 g Thon aus der Dose, 2 Sardellen aus dem Salz (oder aus dem Öl), 50 g Butter.

Man püriert die Zutaten im Mixer oder streicht sie durch ein Sieb, so dass eine feine Masse entsteht. Diese wird in eine Terrinenform gegeben und mindestens zwei Stunden in den Kühlschrank gestellt.

Zum Servieren stürzt man den Pâté auf eine Platte und dekoriert mit einem in Scheiben geschnittenen Ei sowie mit Kapern und Petersilie.

Thunfisch nach andalusischer Art (Atun encebollado)

Während meiner letzten grösseren Ferienreise in Andalucia hatte ich das grosse Vergnügen, in einem Restaurant in Cordoba eine leckere Thunfischspezialität kennenzulernen. Noch heute schwärme ich davon und würde sie gern selbst zubereiten.

Mir fehlt jedoch das Rezept dazu, und da ich aus der «annabelle» weiss, dass Sie immer fündig werden, habe ich mich entschlossen, Sie um Rat zu bitten. Das einfache Eintopfgericht hat den Namen «atun encebollado». Die Hauptbestandteile waren Thunfisch (fein geschnitten oder vielleicht auch aus der Büchse?), Tomatensauce und Zwiebeln.

Christina Müller, Zürich

In einem spanischen Kochbuch, das vor dreissig Jahren als Taschenbuch bei Heyne erschien und vermutlich nicht mehr im Handel ist, habe ich ein Thunfischrezept mit Zwiebeln und Tomaten gefunden, das vermutlich demjenigen entspricht, das Sie suchen. Es ist ganz einfach zu machen.

Zutaten für 4 Personen:
1 kg frischer Thunfisch, 1 Pfund Zwiebeln, 1 Pfund Tomaten, Salz, Pfeffer, Öl.

Man schneidet die Zwiebeln in Ringe, die man im heissen Öl ungefähr zehn Minuten dünstet; dann gibt man den in dünne Tranchen geschnittenen Thunfisch dazu, dünstet weiter und fügt die geschälten und in Viertel geschnittenen Tomaten bei, würzt mit Salz und Pfeffer und dünstet zugedeckt 10–15 Minuten.

Ich kann mir vorstellen, dass die Sauce noch besser schmeckt, wenn man die Tomaten vor dem Thunfisch zu den Zwiebeln gibt und zehn Minuten köcheln lässt, bevor man den Fisch beigibt.

Wie man Fisch grilliert

Filet de sole hat auf meinem Amateur-Grill, Gusseisengrillpfanne auf dem Elektroherd, die fatale Tendenz, grundsätzlich zu kleben. Ein Solefilet, wie vom Fischmann präpariert, lässt bei mir regelmässig beim Wenden die untenliegende und grillierte Oberfläche auf der Grillpfanne zurück. Mein Fischerlatein ist da am Ende.

Bernhard Vollenweider, Zürich

Wenn eine Grillade klebt, so liegt das meist an einem ganz kleinen Kunstfehler: Der Fisch oder das Fleisch wurde nicht gut genug abgetrocknet. Nur nasses Fleisch klebt. Es ist also wichtig, den Fisch rundum mit einem Handtuch sorgfältig zu trocknen. Nachher bestreicht man ihn mit Öl. Verwendet man eine Gusseisengrillpfanne wie Sie, muss man darauf achten, dass die Pfanne nicht zu stark aufgeheizt wird. Wenn man mit Grillieren beginnt, zieht man die Pfanne vom Feuer, damit die Eisenrillen nicht noch heisser werden. Auf diese Weise sollten Sie Ihre Sorgen loswerden.

Wie man Lachs kocht

Ich habe ein Problem mit pochiertem Lachs. Er wird mir entweder zu stark gegart oder innen noch zu roh. Nach welcher Kochzeit kann ich mich richten? Wie kann ich prüfen, ob er schon fertig gegart ist?

Ariana Dill, Basel

Ihre Frage ist nicht ganz leicht zu beantworten, weil die Kochzeit von der

Dicke und auch von der Form des Fischs abhängt. Bei einem Lachsschwanzstück von 600 Gramm dauert das Pochieren ungefähr 20 Minuten, bei Lachstranchen von 150 bis 200 Gramm sieben bis zehn Minuten. Ein guter Fischkoch wird man eigentlich nur durch Erfahrung. Auch das Prüfen ist eine heikle Sache. Bei einem grossen Lachsstück kann man mit einem Messerchen an der dicksten Stelle einschneiden: Das Fleisch sollte fest und nicht mehr glasig sein und sich gut vom Grat lösen.

Wie man Räucherlachs serviert

Ich esse gerne Räucherlachs und möchte darum von Ihnen erfahren, wie man diese Köstlichkeit korrekt als Vorspeise serviert. Gehören Kapern, Zwiebelringe, Zitronenschnitze, Toast und Butter zum klassischen Service? Und wie steht es mit dem Getränk? Ein trockener Weisswein oder Champagner?

Liliane Storck, Bregenz

Frei nach Tasso würde ich Ihnen antworten: Erlaubt ist, was gefällt. Die Emanzipation der Frau und diejenige der Kochkunst gehören zusammen: Man richtet sich nicht mehr nach irgendwelchen klassischen Regeln, sondern nach dem, was man selbst als harmonisch empfindet. Ein Beispiel: Eine Freundin brachte mir letzthin zu einem Abendessen das Rückenfilet eines Räucherlachses. Sie hat es in nicht allzu dünne Tranchen geschnitten, die wir dann zusammen mit dunklem Engadinerbrot und Weisswein als improvisierte Vorspeise assen. Alle waren von dieser einfachen Kombination begeistert.

PS: Zum Lachs passt neben Weisswein und Champagner für Leute, die es stark mögen, auch ein Gläslein Wodka oder Aquavit.

Fleisch

Kalb, Rind, Schwein

Beefsteak Tatar

Beefsteak Tatar gehört zu meinem festen Speisezettel – nur gelingt es mir nicht immer gleich, da ich alles Handgelenk mal Pi würze. Für die Angabe der richtigen Zutaten und Menge wäre ich Ihnen sehr dankbar.

D. Kunz, Zürich

Ihre Frage hat mich an meine Studienzeit erinnert, da ich vom Kochen noch keine Ahnung hatte und meine Gäste ausschliesslich mit Beefsteak Tatar bewirtete. Und zwar war ich so faul, dass ich gar nichts vorbereitete: Ich kaufte nur die Zutaten ein und legte Küchenmesser und Holzbrettchen bereit, damit meine Freunde beim Schneiden von Zwiebel, Petersilie, Kapern und Salzgurken selber Hand anlegen konnten. Das war eine Arbeitsteilung, die sich sehr bewährte, eine fröhliche Stimmung gab und den Appetit anregte.

Unser klassisches Tatar-Rezept, dem ich bis heute treu geblieben bin, bestand pro Person aus folgenden Zutaten:

150 g gehacktes Rindfleisch (von der Huft, zweimal durch die Hackmaschine gedreht), 1 Esslöffel feingehackte Zwiebel, 1 Esslöffel feingehackte Petersilie, 1 Esslöffel feingehackte Kapern, 1 Esslöffel feingehackte Salzgurken, 1 Eigelb, 1 Esslöffel Öl, Salz und Pfeffer, 1 Prise Cayennepfeffer oder 1 Spritzer Tabascosauce.

Cognac, Whisky oder Calvados überstieg damals unsere Möglichkeiten; heute rechne ich zum klassischen Rezept auch 1 Esslöffel von einer dieser Spirituosen. Als weitere Würzvarianten kommen in Frage: 1 Teelöffel milder Senf, 1 zerstossenes Sardellenfilet, 1–2 entsteinte und grobgehackte Oliven, 1 Spritzer Ketchup, 1 Spritzer Worcestersauce und 1 Prise milder oder auch scharfer Paprika.

Filet Wellington

Die ganze Familie hat Filet Wellington über alles gern. Das einzige, was mich an diesem feinen Rezept stört, ist der matschige Blätterteig an der Unterseite. Ich hätte lieber alles rundum schön knusprig gebacken. Vielleicht haben Sie mir einen guten Rat. Ich wäre Ihnen sehr dankbar.

Sibylle Schneiter, Muri

Damit der Saft des Fleisches nicht ausfliesst und den Teig durchfeuchtet, ist es wichtig, das Rindsfilet in Kochbutter heiss anzubraten, damit sich die Fleischporen schliessen. Die Farce aus Brät, Schinken und Champignons, mit der man das erkaltete Filet bestreicht, bevor man es in den Teig einwickelt, hat ebenfalls eine Art Löschfunktion und sorgt dafür, dass der Fleischsaft nicht in den Teig fliessen kann. Wichtig ist weiter eine gute Backhitze, bei der ein Filet für sechs Personen in 35 Minuten gebraten ist.

Zum Schluss möchte ich Sie noch daran erinnern, dass der Dampf, der im Innern des Filets Wellington entsteht, einen Abzug braucht. Zu diesem Zweck macht man oben in der Mitte ein kleines Loch oder versieht die Oberfläche der Länge nach mit mehreren kleinen Löchern. So zieht der Dampf ab, und Sie werden bestimmt keinen Ärger mehr haben mit matschigem Teig an der Unterseite des Filets Wellington.

Sizilianische Fleischvögel (Gefüllte Kalbsröllchen)

Von Eleonore Frey, Privatdozentin für deutsche Literatur an der Universität Zürich, habe ich das Originalrezept der sizilianischen Fleischvögel bekommen, nach deren Rezept eine Leserin letzthin gefragt hat. Es stammt aus Elizabeth Davids Klassiker «Italian food», der 1954 in den Penguin Books erschienen ist und leider weder ins Deutsche noch ins Italienische übersetzt worden ist. Das Rezept lautet:

Man nimmt 8 oder 10 dünne, gut geklopfte Kalbsplätzchen, ein Sträusschen Petersilie, 50 g Pinienkerne, 2 Esslöffel Sultaninen, 8 oder 10 dünne Scheiben von Rohschinken oder Speck, Weisswein, 2 Esslöffel geriebenen Käse. Man legt eine Scheibe Rohschinken oder Speck auf die Fleischplätzchen, dann einen Löffel der Füllung, die aus den Pinienkernen, der gehackten Petersilie, dem geriebenen Käse und den Sultaninen besteht, die man miteinander vermischt hat. Man rollt das Fleisch ein, befestigt es mit einem Zahnstocher und brät die Röllchen in Öl an. Man löscht sie mit einem Glas Wein ab und lässt sie bei kleiner Hitze 15–20 Minuten kochen.

Gyros (Mariniertes Schweinsgeschnetzeltes)

Wir waren im Juni eine Woche auf Kos in Griechenland. Dort bin ich ein grosser Fan von Gyros geworden. Ich habe hier in der Schweiz ein Rezept zur Herstellung dieser sehr feinen Fleischspeise gesucht. Da dies sehr schwierig ist, wende ich mich nun an Sie. Haben Sie die Möglichkeit, das Rezept zu organisieren?

Carmen Gugger, Aarburg

Manchmal liegt das Gute wirklich viel näher, als man denkt. Ich habe in drei verschiedenen Kochbüchern vergeblich nach dem Gyros-Rezept gesucht. Heute morgen jedoch, als ich bei meinem Metzger am Zürcher Hirschenplatz Siedfleisch kaufte, fiel mein Blick zufällig auf das Schildchen «Gyros», das in einer Platte mit mariniertem Geschnetzeltem steckte. Ich erfuhr, dass dieses Gyros in manchen Schweizer Metzgereien angeboten wird, weil es gut schmeckt und einer eiligen Hausfrau erlaubt, in kurzer Zeit, ohne langes Rüsten, ein feines Fleischgericht zuzubereiten, dessen intensiver Knoblauch- und Thymiangeschmack für die mediterrane Küche typisch ist. Der Metzger hat mir das einfache Rezept freundlicherweise verraten.

Zutaten für 4 Personen:
400 g geschnetzelte Schweinshuft, 1 feingeschnittene Zwiebel, 2–3 Knoblauchzehen, fein verwiegt, 1 dl Wein, 1 dl Bouillon, Thymian, Salz und Pfeffer, Olivenöl.

Man brät das Schweinefleisch im heissen Olivenöl an, gibt Zwiebel, Knoblauch und Thymian dazu, löscht mit Wein und Bouillon ab und würzt am Ende mit Salz und Pfeffer. Dann lässt man alles auf kleinem Feuer zugedeckt eine Viertelstunde schmoren.

Sehr gut schmeckt dieses Geschnetzelte auch, wenn man das Fleisch zuerst ein paar Stunden in einer Marinade von Olivenöl, Zwiebel, Knoblauch und reichlich Thymian ziehen lässt. Das Salz wird in diesem Fall erst nach dem Anbraten beigefügt.

Kalbsbraten in Milch

In Ihrem Kochbuch «Warum Parmesan zu fast allem passt» habe ich das Rezept über die Zubereitung von Kalbsbraten in Milch gelesen. Ich habe jedoch nicht gewagt, es auszuprobieren, denn vor einiger Zeit versuchte ich mich in einem ganz ähnlichen Gericht, das ich im italienischen Kochbuch von Marianne Kaltenbach fand. Gross war meine Enttäuschung, als ich nach einiger Zeit den Deckel der Pfanne abhob: ich sah eine tropfsteinhöhlenähnliche Landschaft! Ich weiss nicht, ob die Milch vielleicht geronnen war, jedenfalls haben sich am Fleisch und an den Pfannenwänden gummiartige Zapfen gebildet, und anderseits schwamm das Ganze in einer höchst wässerigen Sauce! Ich konnte mir das nicht erklären, denn ich hatte mich wirklich streng an das Rezept gehalten. Wissen Sie vielleicht, was ich falsch gemacht haben könnte, und wäre so ein Missgeschick auch bei Ihrem Rezept möglich?

Hannes Linder, Zürich

Lieber Herr Linder, Sie verstehen es, Ihre Kocherfahrungen so dramatisch und anschaulich zu schildern, dass ich Ihnen ohne weiteres sagen kann, dass Sie nichts falsch gemacht haben. Nur ist vermutlich die kleinste Hitze auf Ihrem Herd für dieses Rezept etwas zu gross. Ein Missgeschick ist ihnen aber nicht passiert, weil bei jedem Kalbsbraten, den man in Milch kocht, die Milch scheidet – ein Detail, das die Kochbuchverfasser meist vergessen anzugeben. Aus der Tropfsteinhöhlenlandschaft im Kochtopf hätten Sie mit etwas Geduld eine feine Sauce zubereiten können, indem Sie alles miteinander durch ein Sieb passiert, eingekocht und mit etwas Mehlbutter gebunden hätten. (Auch mit einem Stabmixer kann man der Sauce die richtige Konsistenz geben.) Für die Leserinnen und Leser, die noch nie etwas von Kalbsbraten mit Milch gehört haben, sei nachstehend das verblüffend einfache und gute Rezept skizziert. Für sechs Personen rechnet man 1 kg Kalbsbraten, 100 g Butter, 1 l Milch. Man lässt die Butter in einem Schmortopf zergehen und brät das Fleisch bei leichter Hitze ganz langsam rundherum an. Dann fügt man die Milch hinzu, lässt sie aufkochen, stellt dann das Feuer wieder klein und lässt den Braten in 2 Stunden weichschmoren. Man schneidet das Fleisch in Scheiben, legt es auf eine vorgewärmte Platte und stellt es warm. Die Sauce lässt man einkochen, bis sie dicklich und flockig ist, passiert sie dann durch ein Sieb und überzieht den tranchierten Braten. Einen Teil der Sauce kann man auch separat reichen. (Das in der Milch enthaltene Salz genügt zum Würzen des Bratens.)

Kalbshaxe nach klassischer Art (Ossobuco alla milanese)

Sie haben mir bereits einmal geholfen, daher gelange ich wieder an Sie. Meine «ossibuchi» bereite ich immer mit der klassischen Gemüse-Tomaten-Sauce zu. Aber bei einer Reise durch die Toskana haben wir in Volterra die «ossibuchi» an einer weissen Sauce ohne Gemüse gegessen, die sehr gut war. Meine italienischen Kochbücher habe ich durchgewälzt, aber ohne Erfolg. Können Sie mir weiterhelfen?

Tiziana Gurzeler, Mahren

Dank des Dialogs mit meinen Leserinnen kann ich meine gastronomischen Kenntnisse ständig erweitern und manchmal auch korrigieren. Bisher habe ich nämlich wie Sie angenommen, dass die klassischen Ossibuchi an einer Gemüse-Tomaten-Sauce geschmort werden. Zu meinem Erstaunen entdecke ich nun aber in meinem italienischen Standard-Kochbuch, dem «Talismano della felicità» von Ada Boni, dass das Originalrezept des Ossobuco alla milanese keine Tomaten vorsieht. Darum vermute ich, dass man Ihnen in der Toskana die Kalbshaxe nach dem echten alten Mailänder Rezept vorgesetzt hat. Es ist, wie Sie sehen werden, ausgesprochen einfach.

Zutaten für 4 Personen:
4 Kalbshaxen (4–5 cm dick), 50 g Butter, 2 Esslöffel Mehl, 2 dl Weisswein, 1 dl Fleischbrühe, Salz, Pfeffer.

Man zerlässt die Hälfte der Butter in einer Bratpfanne und legt die im Mehl gewendeten Kalbshaxen hinein, brät sie bei kleinstem Feuer rundum an, bis sie goldbraun sind, und löscht dann mit dem Wein ab. Man würzt mit Salz und Pfeffer, gibt einen Deckel darauf und lässt bei leichter Hitze

$1\,^1/_2$–2 Stunden schmoren. Wenn nötig, giesst man etwas Fleischbrühe nach. Zum Schluss streicht man die Sauce durch ein Sieb, gibt die restliche Butter in den Bratfond und übergiesst die Haxen mit dieser Sauce.

PS: Eine besonders aparte und beliebte Variante dieses Gerichtes ergibt die Beifügung einer Cremolata, d. h. einer feingehackten Mischung aus Petersilie, Knoblauchzehe und der dünn geschnittenen Schale einer ungespritzten Zitrone. Sie wird erst fünf Minuten vor dem Ende der Kochzeit beigefügt.

Kalbshaxe als Ofenbraten

Es handelt sich um Kalbshaxen, und zwar nicht die klein geschnittenen, sondern die ganze, grosse Haxe. Ich brate sie bei mittlerer Hitze im Backofen mit Öl-Knoblauchbutter-Mischung langsam während $2\,^1/_2$–3 Stunden. Das Fleisch ist zwar immer sehr schmackhaft und schön weich; aber die Kruste wird zäh und lässt sich sehr schlecht schneiden, auch mit dem bestgeschliffenen Messer nicht. Was mache ich falsch?

Maria Rutishauser, Wil

Zuerst möchte ich Sie zu Ihrer Kalbshaxen-Zubereitung im Backofen beglückwünschen, die zu Unrecht etwas in Vergessenheit geraten ist. Bei der «glasierten Kalbshaxe» – so lautet der Fachausdruck – bleibt das Fleisch, wie Sie schreiben, ausgesprochen schmackhaft und saftig, die Kruste wird dagegen oft so knusprig, dass man beim Schneiden Schwierigkeiten hat. Da machen Sie gar nichts falsch. Ich würde diesen Nachteil einfach in Kauf nehmen. Im anderen Fall bleibt nichts anderes übrig, als die Haxe im zugedeckten Brattopf zu schmoren, in dem Sie zuvor etwas kleingeschnittenes Gemüse angedünstet und mit etwas Wein oder Fleischbrühe abgelöscht haben. Das ist dann aber eine Art Schmorbraten, dem das typische Ofenaroma der glasierten Haxe fehlt.

Weisses Kalbsvoressen (Blanquette de veau)

Ich lese Ihre Artikel immer mit grossem Interesse. Auch Ihr wunderbares Buch über Ihre Reisen in Italien habe ich gelesen. Meine Frage hat zwar nichts mit italienischer Küche zu tun, die ich besonders schätze, sondern ich hätte gern ein Rezept von Ihnen für ein Gericht, das ich nie in einem Schweizer Restaurant gefunden habe: ein französisches Blanquette de veau – wunderbares Kalbfleisch an einer weissen Sauce, die meines Wissens Kapern und ähnliches enthält. Denn Saucen sind immer etwas besonders Schwieriges.

Jürg Kieber, Zürich

Dass sich immer mehr Männer fürs Kochen interessieren, zeigt sich in den Briefen, die ich bekomme, sehr deutlich, und ich freue mich darüber.

Nun zur Blanquette de veau, dem weissen Kalbsvoressen, das einst auch in der bürgerlichen Küche der Schweiz beliebt war. Zur Eigenart der französischen Variante gehört, dass das Fleisch nicht geschmort, sondern gekocht wird. Das macht die Blanquette so besonders zart und leicht. Das Rezept, nach dem ich dieses auch preisgünstige Gericht zubereite, ist von Elisabeth Fulschers bewährtem Kochbuch inspiriert.

Zutaten für 4 Personen:
1 1/2 kg Kalbsbrust oder -laffe (mit Knochen), 1 1/2 l Wasser, Salz, 1 dl Weisswein, 1 besteckte Zwiebel (1 Nelke und ein Lorbeerblatt), 3 Karotten, 1 Lauch, Sellerieblätter oder 1/2 Sellerieknolle, 1 Sträusschen Petersilie.
Für die Sauce:
30 g Butter, 30 g Mehl, 2 Eigelb, 1 dl Rahm, Saft von 1 Zitrone.

Man setzt das gesalzene Wasser mit den Knochen und dem Gemüse aufs Feuer, bringt es zum Sieden, gibt das in 4 cm grosse Stücke geschnittene Fleisch dazu und lässt 1 Stunde auf kleinem Feuer kochen. Dann stellt man das Fleisch in einer vorgewärmten Servierschüssel an die Wärme und macht sich an die Zubereitung der Sauce. In einer Pfanne lässt man die Butter schmelzen, fügt das Mehl hinzu und schwitzt es unter Rühren blond, gibt nach und nach die heisse Fleischbrühe bei, wobei man mit einem Schneebesen die Sauce schlägt und dann einige Minuten kochen lässt. In einer Schüssel verrührt man die Eigelb mit dem Rahm, gibt unter ständigem Rühren etwas heisse Sauce dazu und fügt den Zitronensaft bei. Abseits vom Feuer giesst man den Inhalt der Schüssel zur Fleischbrühsauce, rührt alles gut um und giesst die heisse Sauce über das Fleisch.

Leberschnitten nach Friauler Art

Ihren Kochtip lese ich immer mit grossem Interesse – meist erfahre ich etwas Neues, das ich oft ausprobiere. Nun habe ich eine Frage: Ein Freund von mir schwärmt von süsssauren Kalbsleberli nach Friauler Art mit Polenta, in der Rosinen stecken. Können Sie mir mit einem Rezept aus Ihren italienischen Kochbüchern weiterhelfen?

Klara Brogli, Baden

Das Rezept, das Sie suchen, habe ich wie so oft, wenn es um regionale Spezialitäten geht, in dem über tausend Seiten dicken Kochbuch «Le ricette regionali italiane» von Anna Gosetti della Salda gefunden. Nicht unter den Rezepten des Friauls, sondern denjenigen der benachbarten Region Venetien.

Zutaten für 4 Personen:
600 g in Tranchen geschnittene Kalbsleber, 100 g Butter, Weissmehl, wenig Zucker, Paniermehl, 1 Zitrone oder aromatisierter Essig oder Aceto balsamico, 1 Ei, Salz.

Man verrührt das Ei mit etwas Salz in einem Suppenteller. Dann dreht man die Leberschnittchen im Mehl, dann im Ei und zum Schluss im Paniermehl. In einer Bratpfanne lässt man die Butter heiss werden, bis sie aufschäumt, und fritiert darin die Leberschnittchen auf beiden Seiten. Man schichtet sie auf eine Platte und begiesst sie mit dem Zitronensaft oder dem Essig, dem man zuvor etwas Zucker beigefügt hat. Die Polenta mit den Rosinen habe ich nirgends gefunden; doch kann ich mir gut vorstellen, dass eine Polenta, der man eine Handvoll eingeweichter Rosinen beifügt, sehr gut zu diesen Leberschnitten passt.

Paillard de veau

Mir gelingt die Kalbspaillard-Zubereitung nie, obwohl sie einfach ist. Die Paillard wird zu hart und zerreisst, wenn ich sie aus der Bratpfanne nehme. Ich wäre Ihnen sehr dankbar für einen Rat und möchte auch gern wissen, was das Wort Paillard eigentlich bedeutet.

Agnese Bernasconi, Vira

Paillard hiess der Besitzer eines berühmten Pariser Restaurants, das 1880 eröffnet wurde. Nach ihm nannte man die dünnen grillierten Kalbsschnitzel Paillard. Der Name wird heute in Frankreich nicht mehr verwendet; in Italien ist er dagegen in der Form Paillard oder Paillarde noch ziemlich verbreitet.

Damit die Paillard am Pfannenboden oder auf dem Grill nicht klebt, muss man sie beidseitig mit Öl bestreichen. Die Grill- oder Bratpfanne sollte auf dem Feuer gut erhitzt werden, bevor man die Kalbsplätzchen darauf gibt. Die Bratzeit ist sehr kurz, höchstens 1 Minute auf jeder Seite. Zum Wenden gebraucht man ein Bratschäufelchen, denn eine Gabel kann das Fleisch leicht zum Einreissen bringen.

Pferdefleisch

Als Welsche, die zwar seit langer Zeit in Zürich lebt, komme ich mit einem speziellen Anliegen: In meiner Jugend, im Welschland und später in Frankreich, haben wir häufig bei Bekannten und auch in Restaurants Pferdefleisch gegessen, immer mit Begeisterung. Hier, in der deutschen Schweiz, scheint hingegen die Abneigung recht gross zu sei, oder ist es eine Wohlstandserscheinung? Jedenfalls gibt es wenig Rossmetzgereien, und in Restaurants wird es mindestens nicht deklariert angeboten. Haben vielleicht Sie Erfahrung mit Pferdefleisch – worauf ist die Abneigung eigentlich zurückzuführen? Kennen Sie Orte, wo es angeboten wird, und worauf ist bei der Zubereitung vor allem zu achten?

Claudine Meier, Zürich

Die Abneigung gegen das Pferdefleisch hängt vermutlich in erster Linie damit zusammen, dass es billiger ist als Rind- oder Kalbfleisch und deshalb unter das Vorurteil fällt, dass etwas Billiges notwendigerweise auch von geringer Qualität ist. Anders lässt es sich meines Erachtens nicht erklären, dass die Kochbücher Pferdefleisch bis heute stets ignoriert haben, und das auch in Ländern, wo viel Pferdefleisch gegessen wird, wie zum Beispiel in

Frankreich, wo etwa jeder dritte Erwachsene Pferdefleisch isst.

Dass Pferdefleisch billig ist, hat aber nichts mit seiner Qualität zu tun – im Gegenteil: Pferdefleisch ist ein zartes, rotes Fleisch mit wenig Kalorien und Cholesterin –, sondern mit der Tatsache, dass Pferde nicht als Fleischlieferanten gezüchtet werden, da sie keine Wiederkäuer sind und ein Drittel mehr Gras brauchen als Schafe oder Rinder. Pferde wurden als Zugtiere für die Landwirtschaft und als Reittiere für den Krieg gezüchtet; zum Verkauf kam ihr Fleisch nur, falls sie verletzt oder getötet oder für die Zucht ausgeschieden wurden. Es war wegen seines niedrigen Preises bei den Armen sehr beliebt. Die reichen Leute assen dagegen prinzipiell kein Pferdefleisch, weil das Pferd seit dem frühen Mittelalter zu den Voraussetzungen der feudalen Rittergesellschaft gehörte und das einzige Tier war, dessen Genuss den Christen explizit verboten wurde: 732 n. Chr. bezeichnete Papst Gregor III. das Essen von Pferdefleisch als eine Sünde.

Dass Pferdefleisch heute in Frankreich und in Italien und dementsprechend auch im Welschland und im Tessin beliebter ist als im deutschen Sprachgebiet, hängt wahrscheinlich mit dem Lebensstandard zusammen. Ich selber kenne das Pferdefleisch vor allem von den Grottobesuchen im Tessin, wo das Filetto di puledro, das Fohlenfilet, zu den Standardgerichten gehört, genau wie der feine, fast fettfreie Salametti aus Pferdefleisch. Immerhin gibt es auch in Zürich sechs Pferdemetzgereien, und es macht allen Anschein, dass seit einiger Zeit eine Neubewertung des gesunden und von chemischen Zusätzen freien Pferdefleisches im Gange ist. Zum Beispiel werden auf den Zürcher Wochenmärkten Würste und Trockenfleisch vom Pferd verkauft, und Frischfleisch kann bestellt werden.

Zu Ihrer letzten Frage: Pferdefleisch wird wie Rindfleisch zubereitet.

Sizilianisches Rindfleisch

In der letzten Woche habe ich im Restaurant «Rosengarten» in Zürich-Hottingen sizilianisches Rindfleisch gegessen, das herrlich intensiv nach Kräutern schmeckte. Es handelte sich um hauchdünn geschnittene, marinierte Rindfleischplätzchen, die in der Pfanne angebraten waren. In italienischen Kochbüchern habe ich das Rezept leider nicht gefunden. Da Sie Spezialistin für Italien in verschiedenster Beziehung sind, vertraue ich auf Ihre Hilfe.

Iris Müller, Baden

Dass es sich bei diesem Gericht nicht um eine sizilianische Spezialität handelt, scheint mir fast sicher, da es in der sizilianischen Küche praktisch kein zartes Rindfleisch gibt. Aber die Zuschreibungen sind ja weniger wichtig als die Zubereitungen: Von meiner Schwester, die auch in besagtem Wirtschäftchen verkehrt, habe ich das folgende Rezept erhalten:

Zutaten:
Zartes Rindfleisch, vom Metzger wie für Carpaccio geschnitten.
Für die Marinade:
kaltgepresstes Olivenöl, Kräuter (1–2 Zweiglein Rosmarin, 1 Zweiglein Thymian, 1 zerriebenes Lorbeerblatt), 1 geschälte und in Scheiben geschnittene Knoblauchzehe.

Man legt das Fleisch schuppenartig aufeinander, giesst die Marinade darüber, bedeckt mit einer Folie und lässt im Kühlschrank 2–3 Tage marinieren. Die Kräuter sollen dabei auf keinen Fall schwarz werden. Dann nimmt man die dünnen Fleischtranchen aus der Beize und brät sie ganz kurz auf beiden Seiten in einer heissen Pfanne an, wobei man darauf achten muss, dass die Kräuter nicht anbrennen, salzt das Fleisch und richtet auf einem Teller oder einer Platte an, indem man den Jus darüberträufelt. Kocht man für mehrere Personen, muss man zwei Pfannen zum Braten verwenden oder das Fleisch im Backofen warmstellen.

Scaloppine al limone (Zitronenschnitzel)

In einem italienischen Restaurant hat man uns Zitronenschnitzel (Scaloppine al limone) vorgesetzt, die unter einer dicken Béchamelsauce versteckt waren. Auch der Zitronengeschmack fehlte. Daraus hat sich eine Diskussion über die richtige Zubereitung ergeben. Meine Freundin sagt, man müsse die Kalbsplätzli mindestens eine Stunde marinieren; mir genügt es, sie kurz zu braten und vor dem Servieren mit Zitronenscheiben zu belegen. Gibt es ein Originalrezept? Wenn nicht, möchten wir Sie um Ihr Rezept bitten.

Arlette Maglia, Bern

Wirkliche Originalrezepte gibt es kaum, weil im Bereich der Kochkunst kein Urheberrecht existiert; so weiss man halt auch nicht, wer zuerst auf die an sich naheliegende Idee kam, zartes Kalbfleisch mit Zitrone zu würzen.

Mein persönliches Rezept liegt ungefähr in der Mitte zwischen dem Ihrigen und dem Ihrer Freundin.

Ich wende kleine Kalbsschnitzel im Mehl, das ich mit etwas Salz vermischt habe und brate sie in Butter auf beiden Seiten in fünf Minuten goldbraun. Dann stelle ich sie an die Wärme, lösche den Bratsaft mit wenig Fleischbrühe ab, gebe etwas Butter, den Saft und die abgeriebene Schale einer unbehandelten Zitrone hinzu, lasse kurz aufkochen und giesse diese leichte und aromatische Sauce über die Schnitzel. Schön sieht es aus, wenn man das Fleisch mit hauchfeinen geschnittenen Zitronenrädchen dekoriert.

Zu einem guten Resultat führt sicher auch das Marinieren der Schnitzel in einer Mischung von 4 Esslöffeln Olivenöl und dem Saft einer Zitrone, wobei man in diesem Fall die Sauce aus der Marinade herstellt, die man zusätzlich mit etwas Zitronensaft würzt.

Scaloppine al marsala (Marsala-Schnitzel)

Haben Sie mir ein gutes Rezept für Marsala-Schnitzel? Ich lösche sie nach dem Rat einer Freundin mit Marsala ab und verfeinere dann mit etwas Rahm. Mein Mann findet diese Sauce zu mastig. Wissen Sie, wie man sie leichter zubereiten könnte?

Iris Gnädinger, Liestal

Die italienische Küche, aus der die Marsala-Schnitzel stammen, verwendet nie Rahm zu Fleischsaucen, sondern höchstens etwas Wein oder Fleischbrühe, um den Bratenfond aufzulösen. Damit die Scaloppine al marsala schön zart bleiben, wendet man sie vor dem Braten in etwas Mehl, das man gut anklopft. Dann würzt man sie mit Salz und Pfeffer, brät sie in heisser Butter goldbraun, löscht mit einem kleinen Glas Marsala ab und fügt ein wenig Fleischbrühe und ein Stück frische Butter dazu und serviert die Kalbsschnitzel mit der Sauce überzogen.

Misoxer Schmorbraten (Brasato)

Ich hatte im letzten Sommer Gelegenheit, bei Freunden im Misox den sogenannten «brasato mesolcinese» zu kosten, den ich nie vergessen konnte. Hier in Italien gibt es ja verschiedene «brasati», je nach Gegend oder Kochbuch, doch den Misoxer möchte ich auch einmal selbst zubereiten, denn unklar ist mir, ob letzten Sommer die persönliche Kunst des Kochens oder ein spezielles Rezept ausschlaggebend war. Wahrscheinlich beides. Kannst Du mir helfen? Und bitte nicht vergessen, dass ich eine unbegabte Köchin bin!

Alice Ceresa, Rom

Zum Misoxer Schmorbraten gehören, genau wie zum Misoxer Risotto, getrocknete Steinpilze. Und wohlverstanden: Die Misoxer verwenden ausschliesslich getrocknete Steinpilze – auch während der Pilzsaison –, weil sie einen viel intensiveren Geschmack haben als frische Pilze. Das Rezept bietet auch ungeübten Köchinnen keine Schwierigkeiten (unbegabte Köchinnen gibt es nach meiner Erfahrung nicht!).

Zutaten für 4 Personen:
1 kg gespicktes Rindfleisch mit Knochen und Markbein, 6–8 kleine Knoblauchzehen, Rosmarin, 50 g Fett, 1 kleiner Lauch, wenig Sellerieblätter, Petersilie, 2–3 Karotten, 6–8 kleine Zwiebelchen oder Schalotten, 1 Handvoll getrocknete Steinpilze, 1 Glas Rotwein, 3–5 dl Fleischbrühe.

Kleine Rosmarinzweiglein werden in die Löcher des Spickbratens an der Schmalseite des Bratens gesteckt. Die geschälten Knoblauchzehen drückt man in kleine Einschnitte, die man mit dem Küchenmesser auf der Oberfläche des Bratens macht. Dann Knochen und Markbein im heissen Fett dunkelbraun anbraten, herausnehmen, das Fleisch rundherum gut anbraten und zu den Knochen legen. Nun wird die Flamme ganz klein gestellt: Das

Fett muss abkühlen, damit man das feingeschnittene Gemüse darin andämpfen kann. Danach Fleisch und Knochen wieder in den Brattopf geben, die Flamme grösser stellen und mit dem Rotwein ablöschen. Die Steinpilze, die vorher 10 Minuten in lauwarmem Wasser eingeweicht wurden, gibt man samt der Einweichflüssigkeit zum Braten und fügt die heisse Fleischbrühe hinzu, so dass die Sauce immer weiterkocht. Sie soll knapp die Hälfte des Bratens bedecken. Nun dämpft man 2 bis $2\frac{1}{2}$ Stunden auf kleinstem Feuer und kehrt in dieser Zeit den Braten einmal. Eine Viertelstunde vor dem Anrichten wird der Braten tranchiert, die Sauce lässt man, falls sie zu dünn ist, noch etwas einkochen, legt die Bratentranchen wieder in die Sauce zurück und lässt sie zehn Minuten auf kleinstem Feuer weiterkochen, damit sie beim Auftragen ganz durchtränkt sind.

Schweinefleisch mit Muscheln (Alentejo-Art)

In Portugal habe ich einmal ein herrliches Gericht gegessen, das aus Schweinefleisch und Muscheln an einer feinen Sauce bestand. Den Namen weiss ich leider nicht mehr, noch weniger das Rezept. Ich weiss nur, dass nach dem Namen die Bezeichnung à l'alentejana oder à l'Alentejo stand. Wenn Sie das Rezept kennen, wäre ich Ihnen für dessen Zustellung ausgesprochen dankbar.

R. Östreicher, St. Gallen

Dieses Rezept ist mir seit vielen Jahren ein Begriff, allerdings nur in der Theorie. Damals führte ich mit dem Schriftsteller Hugo Loetscher in der NZZ einen Briefwechsel, der unter dem Titel «Kulinaritäten» auch in Buchform erschienen ist. Am 22. Februar 1975 schrieb mein Briefpartner: « ... dann suche ich mir ein Restaurant, wo es das zu essen gibt, auf was ich mich schon freue, nämlich Schweinefleisch auf Alentejo-Art, oder wenn Du es im Original haben willst: Carne de porco alentejana…» Man muss dafür das Schweinefleisch in kleine Stücke schneiden und in Weisswein einlegen. Danach brät man es mit viel Tomaten und Paprika, aber der Clou ist die Sauce. Denn das Fleisch wird mit einer Muschelsauce serviert, in die man viel Zitrone tut … Als dem Pass und der Zunge nach geborenem Binnenländer gefallen mir solche Gerichte besonders, weil sie etwas zusammenbringen, das wir bei uns streng trennen – das, was aus dem Wasser kommt, und das, was auf der Erde herumläuft. Die portugiesische, das heisst die iberische Küche aber tut Fisch und Vogel zusammen, Meertiere und Fleisch, wie eben bei der Carne de porco alentejana. Es ist das, was ich ein Amphibien-Essen nenne, und als Partnerin wäre logischerweise dafür am ehesten eine Nixe geeignet.»

Ein freundlicher Zufall will es, dass Hugo Loetscher vor kurzem wieder in Portugal war und mit einem Kochbuch zurückgekehrt ist, das er mir zur genauen Beantwortung Ihrer Frage ausgeliehen hat.

Das Rezept lautet: Man bestreicht 1 kg Schweinefleisch (Lendenstück) mit Salz, Pfeffer und drei zerstossenen Knoblauchzehen und lässt es kurze Zeit einwirken. Dann schneidet man das Fleisch in fingerdicke Stücke und brät sie in Schweineschmalz. In einer anderen Pfanne dünstet man eine Knoblauchzehe und zwei Zwiebeln, beides in Streifen geschnitten, in Schweineschmalz, gibt Petersilie und Peperoni dazu, fügt 1 kg gut gewaschene Muscheln bei und löscht mit Weisswein ab. Man deckt die Pfanne zu und schüttelt sie von Zeit zu Zeit. Sobald alle Muscheln offen sind, vermischt man sie mit dem gebratenen Fleisch und serviert das Gericht so heiss als möglich.

Vitello tonnato

Können Sie mir bitte das Originalrezept von Vitello tonnato zusenden?

Frau Toscano-Weiss, Igis

Vermutlich gibt es gar kein Originalrezept, sondern nur verschiedene Varianten der grundsätzlichen Kombination von kaltem Kalbfleisch mit einer Thonsauce. Nachstehend das Rezept, das ich meistens verwende.

Zutaten für 6 Personen:
1 kg Kalbfleisch (Schulter), 1 besteckte Zwiebel, 1 Dose Thon (abgetropft 170 g), 2 Sardellenfilets, 2 dl Olivenöl, 2 Eier, Saft von 1 Zitrone.

Man kocht das Fleisch mit der gespickten Zwiebel in Salzwasser auf kleinem Feuer, bis es gar ist, und lässt es im Sud erkalten. Man püriert den abgetropften Thon, die Sardellenfilets und 1 dl Sud des Kalbfleischs zu einer dickflüssigen Sauce. Aus den Eiern und dem Olivenöl rührt man eine Mayonnaise, die man mit Zitronensaft und Salz abschmeckt. Dann vermischt man die Thonsauce mit der Mayonnaise. Wenn nötig, verdünnt man die Sauce nochmals mit etwas Kochwasser. Nun nimmt man das kalte Fleisch aus dem Sud, schneidet es in feine Scheiben, setzt es wieder zu seiner ursprünglichen Form zusammen und legt es in ein nicht zu grosses, tiefes Gefäss. Man giesst die Sauce über das Fleisch und lässt es 1–2 Tage im Kühlschrank durchziehen. Zum Servieren richtet man die Fleischscheiben ziegelartig auf eine flache Platte an, rührt die Sauce gut durch und giesst sie über das Fleisch. Man dekoriert die Platte nach Lust und Laune mit Eivierteln, Salzgurken, Kapern oder auch Oliven.

Man kann übrigens auch Hühnerbrüstchen mit einer Thonmayonnaise überziehen, und vorzüglich schmecken auch Felchen- oder Forellenfilets an Thonsauce.

Vitello tonnato, kalorienarm

Wir essen in unserer Familie sehr gerne Vitello tonnato. Da mein Mann möglichst fettarm essen sollte, habe ich auf den Rat einer Freundin versucht, die Mayonnaise durch Joghurt zu ersetzen. Das Resultat hat niemandem geschmeckt. Haben Sie vielleicht einen besseren Tip?

Carola Senn, Kirchberg

Sie kommen mit Ihrer Anfrage genau im richtigen Moment. Vor einer Woche habe ich nämlich bei Freunden das beste Vitello tonnato meines Lebens gegessen. Und zugleich das magerste. Seine würzige Thonsauce war, wie mir die Gastgeberin verriet, mit der Brühe und den Gemüsen, in welcher das Fleisch gekocht hatte, zubereitet. Sie verwendet für ihren Sud Wasser, Weisswein, Karotten, ziemlich viele Zwiebeln, Knoblauch, 2–3 Sellerieblätter, Petersilie, 1 Lorbeerblatt, Gewürznelken, 1 Rosmarinzweiglein und reichlich Kalbsknochen, wenn möglich auch einen Kalbsfuss. Wenn das Kalbfleisch gekocht ist, lässt sie die Brühe mit dem Gemüse und den Knochen noch weiter einkochen und dann abkühlen, wobei sie geliert. Sie entfettet sie und gibt sie mit dem gekochten Gemüse in den Mixer. Dann vermischt sie die pürierte Sauce mit dem fein zerpflückten Thon, bindet mit ein wenig Fertigmayonnaise und würzt mit etwas Sardellenpaste. Ich werde mein nächstes Vitello tonnato auf jeden Fall nach dieser Methode zubereiten und nehme an, dass damit auch Ihr Problem gelöst ist.

Zitronenfleisch

In Paris wurde uns in einem kleinen griechischen Restaurant ein Kalbfleischragout vorgesetzt, dessen Namen wir vergessen haben. Die Fleischstücke waren vermutlich in Bouillon gekocht und an einer wunderbar sämigen Sauce, die stark nach Zitrone schmeckte. Ob in Ihrem umfangreichen Rezept-Archiv wohl dieses Wundergericht zu finden ist?

Hermann Winkler, Yverdon

Ich habe bei einer guten Freundin schon mehrmals ein Voressen gegessen, das sie als Zitronenfleisch bezeichnet, und glaube, dass es sich dabei um die von Ihnen gesuchte griechische Spezialität handelt. Ich gebe Ihnen nachstehend das Rezept, das sie mir am Telefon diktiert hat.

Zutaten für 4 Personen:
1 kg Kalbsvoressen, 3 grosse Zwiebeln, 1 Lorbeerblatt, 2 Gewürznelken. 1 l Fleischbrühe, 2 Eier, Saft von 1–2 Zitronen.

Man gibt die geschnittenen Zwiebeln und das Gewürz in die kochende Fleischbrühe und fügt, wenn die Flüssigkeit wieder aufkocht, das Fleisch bei, das man in ungefähr 45 Minuten weichkocht. Dann verklopft man die Eier tüchtig und vermischt sie mit dem Zitronensaft und einer Tasse heisser Brühe. Man giesst diese Mischung wieder zum Voressen zurück und erhitzt es dann langsam bis kurz vor den Siedepunkt, so dass die Sauce gut gebunden wird.

Wie der Braten saftig bleibt

Mein grosses Problem ist, dass mir der Braten immer trocken wird; ich kann ihn herstellen, wie ich will, es nützt nichts. Ich reibe ihn mit Senf ein und/oder Salz und Pfeffer. Könnten Sie mir bitte sagen, wo der Fehler liegt? Ich brate an und lösche mit Bouillon ab, je nach Rezept; vielleicht ist das falsch?

Ruth Galliker, Kriens

Wenn Sie mir schreiben, dass Sie das Fleisch anbraten und mit Bouillon ablöschen, so ist das auf den ersten Blick durchaus korrekt. Es kommt aber darauf an, wie man diese Operationen im einzelnen durchführt. Das A und O beim Braten ist, dass man das Fleisch in wirklich heisses Öl oder Fett gibt, damit sich die Poren sofort schliessen und der Braten saftig bleibt. Wichtig ist auch, dass das Bratenstück wirklich auf allen Seiten angebraten wird. Beim Ablöschen mit Bouillon ist Vorsicht geboten, wenn es sich nicht um einen Schmorbraten mit reichlich Sauce handelt; eigentlich geht es ja nur darum, den Bratenfond mit heissem Wasser aufzulösen und später, wenn nötig, noch etwas Wasser zuzugiessen. Auf diese Weise zubereitet, sollte ein Braten saftig werden. Wenn das nicht der Fall ist, würde ich das Fleisch vielleicht einmal bei einem anderen Metzger kaufen; denn das Resultat hängt natürlich davon ab, ob das Fleisch gut gelagert ist.

Zum Schluss ein Tip, der Ihnen das nächste Mal garantiert zu einem saftigen Braten verhelfen wird. Er lässt sich allerdings nur bei Schmorbraten praktizieren. Man tranchiert ihn eine Vietelstunde vor dem Anrichten, lässt die Sauce, falls sie zu dünn ist, noch ein wenig einkochen, legt die Bratentranchen wieder in die Sauce zurück und lässt sie zehn Minuten auf kleinem Feuer weiterkochen, damit sie beim Auftragen von Sauce durchtränkt sind.

Hackfleischgerichte

Bratwurst mit Apfelringen

Mein Mann schwärmte letzthin von der Bratwurst mit Apfelringen, die er bei seiner Grossmutter gegessen hat. Er weiss aber nicht, wie sie zubereitet wurden und ob auch Zwiebelringe dabei waren. Können Sie mir einen Tip für dieses alte Rezept geben?

Isa Werner, St. Gallen

Leider haben wir die pikanten Äpfel unserer einheimischen Kochtradition fast ganz vergessen und wissen kaum mehr, wie köstlich Apfelmus zu Blutwurst schmeckt, wie gut gebratene Apfelringe zu Leber oder Bratwurst passen und dass das Rotkraut sein ganzes Aroma nur entfaltet, wenn man in der letzten halben Stunde einen fein geschnittenen Apfel mitkocht. Dafür lassen wir uns im Restaurant Riz Casimir mit Ananas und roten Kirschen aus der Dose servieren und begeistern uns für den süss-sauren Fisch im chinesischen Restaurant. Und denken gar nicht daran, dass sich für diese feinen Kombinationen keine Frucht besser eignet als unser einheimischer Apfel. Man sollte aber eine festkochende Sorte verwenden, also keine Boskops.

Zutaten für 4 Personen:
4 Bratwürste, 40 g Kochbutter, 2 mittelgrosse säuerliche Äpfel.

Man schält die Äpfel, sticht das Kerngehäuse aus und schneidet sie in dünne Ringe. Man erhitzt die Butter in der Bratpfanne, legt die Würste hinein und brät sie auf kleinem Feuer, bis sie beidseitig schön braun sind. Nun richtet man sie auf einer Platte an, die man im Backofen warmstellt. In der restlichen Butter brät man die Apfelringe auf beiden Seiten kurz an und gibt sie zu den Bratwürsten auf die Platte.

Auch gebratene Leber schmeckt mit Apfelringen sehr fein. Man kann auch gebratene Zwiebel- und Apfelringe als Beigabe kombinieren.

Türkische Hackbeefsteaks

In unseren Ferien in der Türkei haben wir in einem kleinen Beizlein am Meer ganz herrliche Hackfleischbällchen gegessen. Der Kellner erklärte uns ihre Zubereitung; wir haben aber leider kaum etwas verstanden. Wir glauben, dass auch gekochter Reis dazu gehört. Und sicher auch Zwiebeln. Haben

Sie in Ihrem Archiv wohl ein Rezept für dieses feine und wie uns scheint sehr volkstümliche Gericht?

Erika Meister, Ramsen

Ich freue mich über Ihre Anfrage, weil ich selber auf Reisen immer wieder erlebt habe, dass sich der «Geist der Kochkunst» eines Landes am reinsten in seinen Hackfleischgerichten ausdrückt, da sie aus der Küche des Volks und nicht aus der genormten internationalen Hotelküche stammen. Die türkische Küche ist eine Fundgrube für köstliche und phantasievolle Hackfleischzubereitungen. Als Bindemittel für die Fleischmasse wird nicht wie bei uns eingeweichtes Brot, sondern, wie Sie festgestellt haben, fast immer gekochter Reis verwendet. Nachstehend ein ausgezeichnetes Rezept aus dem (vergriffenen) Kochbuch «Sesamkugeln, Kabillie und Borì-Borì», das 1989 von der Schweizerischen Zentralstelle für Flüchtlingshilfe im Werd Verlag herausgegeben wurde.

Zutaten für 4 Personen:
100 g Reis, 1 Zwiebel, 500 g Hackfleisch (Rind oder Schaf), 100 g Fetakäse, Salz, Pfeffer, 2 Eier, Mehl und Olivenöl zum Braten.

Man kocht den Reis im Salzwasser weich. Die Zwiebel wird fein gehackt und mit dem Reis, dem Fleisch, dem Feta und einem Ei gut gemischt und gewürzt. Die Masse sollte lange geknetet werden, bis sie ganz fein und zart ist. Dann formt man aus der Masse zitronengrosse Kugeln, die man flach drückt, im verklopften Ei und Mehl wendet und in heissem Olivenöl brät.

Hackbraten

Mein Hackbraten wird leider immer zu trocken. Schön wär's, wenn Sie dafür einen Geheimtip hätten – bzw. dagegen – nicht zuletzt meiner Freundin zuliebe, die zwar für Hackbraten schwärmt, nicht aber für jenen aus meinem Topf.

Beat Müller, Zürich

Ich finde es schön, dass es Männer gibt wie Sie, die ihre Freundin mit einem selbstfabrizierten Hackbraten verwöhnen. Dass dieser Hackbraten bisher zu trocken geriet, liegt wahrscheinlich daran, dass Sie ihn besonders gut machen wollen und fast nur (oder nur?) gehacktes Fleisch und zu wenig Brot verwenden. Denn das Geheimnis eines zarten und saftigen Hackbratens, der einem auf der Zunge sozusagen zerschmilzt, liegt weder am Fleisch noch am Gewürz, sondern am trockenen Brot (ohne Rinde), das man – in heisses Wasser eingeweicht und ausgedrückt – der Hackfleischmasse beigibt. In den Rezepten unserer gutbürgerlichen Kochbücher macht der Brotanteil höchstens ein Neuntel des Fleischgewichtes aus (die klassische Proportion ist 50 g Brotkrume auf 450 g Hack); in der spanischen, italienischen und griechischen Küche besteht die Hackfleischmasse dagegen aus

$^{1}/_{3}$ Brot und $^{2}/_{3}$ Fleisch. Was man aus dem Blickwinkel der Wohlstandsgesellschaft verächtlich als das «Strekken» des Fleisches bezeichnet, ist in Wirklichkeit eine kulinarische Weisheit und eines der vielen Beispiele, wo richtiges Sparen beim Kochen nicht nur dem Portemonnaie – sondern auch dem Gaumen zugute kommt. Das Brot nimmt den Saft und das Aroma des Fleischs und der Gewürze in sich auf und verhindert so das Trockenwerden des Hackbratens.

Zutaten für 4 Personen:
600 g gehacktes Rindfleisch (oder je 200 g Schweine-, Rind- und Kalbfleisch), 300 g altes Brot ohne Rinde, 1 Zwiebel, 1 Sträusschen Petersilie, 1 Ei, Salz, Pfeffer, Muskatnuss und 50 g Kochbutter.

Man weicht das Brot in heissem Wasser ein und drückt es von Hand gut aus. Zwiebel und Petersilie werden feingeschnitten und in wenig Butter kurz durchgedämpft. Dann vermischt man das gehackte Fleisch mit Brot, Zwiebel, Petersilie und dem Ei, würzt mit Salz, Pfeffer und Muskatnuss und knetet den Fleischteig mindestens fünf Minuten gut durch. Dann formt man ihn auf dem mit Paniermehl bestreuten Tisch zu einem Braten, den man in einen Brattopf legt, in dem man zuvor den Rest der Kochbutter flüssig gemacht hat, und schiebt ihn in den mittelheissen Backofen, wo er ungefähr $1^{1}/_{2}$ Stunden Backzeit hat. Man muss ihn alle zehn bis fünfzehn Minuten mit heisser Butter übergiessen. (Eine feine Variante ist, anstatt Zwiebeln feingehackten Knoblauch und geriebenen Parmesankäse zu verwenden, wie das in Italien üblich ist.)

Hackbraten-Varianten

Meiner Meinung nach wird der klassische Hackbraten mit viel frischer Petersilie und etwas gedünsteter Zwiebel zubereitet. Knoblauch hat darin nichts zu suchen. Mich nimmt wunder, ob Sie meine Meinung teilen.

René Keller, Rüti

Ich glaube nicht, dass man von einem «klassischen» Hackbraten reden kann, weil es sich dabei um ein schlichtes und volkstümliches Gericht handelt, das in vielen Ländern bekannt und beliebt ist. Der Hackbraten mit Petersilie und Zwiebeln ist für unsere Deutschschweizer Küche typisch, während im Tessin und in Norditalien der sogenannte Polpettone mit feinverwiegtem Knoblauch und geriebenem Parmesankäse gewürzt wird. In Griechenland gehören zerriebene Pfefferminzblätter zu den Hackfleischgerichten und in Sizilien Rosinen und Pinienkerne. In den Hackfleischgerichten drückt sich – so könnte man sagen – der «Geist der Kochkunst» eines Landes aus, weil sie aus der Küche des Volks und nicht aus der internationalen Hotelküche stammen.

Deshalb kann man den Hackbraten auch nach Lust und Laune oder den

Umständen entsprechend variieren. Wenn einem zum Beispiel die Petersilie fehlt, wie mir das letzthin passiert ist, kann man das Hackfleisch mit feingeschnittenem Lauch würzen, den man zuvor in etwas Öl gedünstet hat. Das schmeckt ausgezeichnet. Auch tiefgekühlte Erbsli, Champignons, Kapern, Schinkenwürfel und feingeschnittene Sardellenfilets eignen sich zum Experimentieren. Dabei braucht es allerdings auch Fingerspitzengefühl: Man darf nicht zu viele verschiedene Zutaten zusammenmixen.

Kalbfleisch-Hackbraten

Bei Freunden ist uns ein Hackbraten vorgesetzt worden, der uns mit diesem sonst eher ordinären Gericht versöhnt hat. Er war, wie die Gastgeberin verriet, aus gehacktem Kalbfleisch zubereitet und mit abgeriebener Zitronenschale gewürzt. Ich habe nicht die Gelegenheit gefunden, mich nach dem genauen Rezept zu erkundigen. Nun sehne ich mich nach diesem köstlichen Hackbraten und hoffe, dass Sie mir helfen können.

Irina Steffen, Burgdorf

Ich finde, dass ein sorgfältig zubereiteter Hackbraten nie ein ordinäres Gericht ist: es sei denn, man verwende dazu minderwertiges Restenfleisch. Denn wenn man es sich recht überlegt, bietet ja gehacktes Fleisch, das mit Gewürzen und anderen Zutaten vermischt wird, der Phantasie eines Koches viel grössere Kombinationsmöglichkeiten als ein Stück gebratenes Fleisch, dessen Geschmack sich höchstens mit Kräutern oder Sauce variieren lässt. Ein gutes Beispiel für den Variationsreichtum des Hackbratens ist das von Ihnen gesuchte Rezept mit Kalbfleisch. Nachstehend meine persönliche Variante.

Zutaten für 4 Personen:
800 g gehacktes Kalbfleisch, abgeriebene Schale von 1 Zitrone, 2–3 Schalotten, 1 Knoblauchzehe, 20 g Butter, 1 dl Sauerrahm, 2 Eier.

Man dünstet die Schalotten und die Knoblauchzehe, beides feingehackt, in der Butter und vermischt sie mit dem Hackfleisch, gibt die Zitronenschale, den Sauerrahm und die Eier dazu und knetet die Masse kurz durch, bevor man sie in eine ausgebutterte Cakeform gibt. Man gibt den Braten für 1 Stunde in den vorgeheizten Backofen (220–240 Grad). Aus dem Jus, der sich bildet, lässt sich eine feine Sauce zubereiten, indem man ihn abgiesst, mit etwas Sauerrahm aufkocht und mit feingehacktem Schnittlauch würzt. Man schneidet den Braten und gibt auf jede Tranche einen Löffel Sauce.

Kaninchen und Poulet

Hühnerleber-Pâté

Als wir letzthin in einem Restaurant Foie gras als Vorspeise serviert bekamen, erzählte mir mein Mann, seine Grosstante habe jeweils einen feinen Toastaufstrich aus Hühnerleber zubereitet, der ihm mindestens so gut geschmeckt habe wie die französische Delikatesse. Kennen Sie zufällig ein solches Rezept?

Maya Gerber, Alterswil

Der Pâté aus Hühnerleber gehört zu meinen Lieblingsspeisen. Er eignet sich als Vorspeise ebenso wie als leichtes Nachtessen, zu einem Brunch ebenso wie als Bestandteil eines Buffets. Die Hühnerleber ist eine Delikatesse, die viele Hausfrauen vergessen haben. Vielleicht weil Hühner heutzutage meist pfannenfertig ohne Innereien verkauft werden. Frische Hühnerleber wird an den Geflügelständen der Wochenmärkte und in manchen Metzgereien und Traiteurgeschäften angeboten. Sie hat einen angenehm kräftigen Geschmack, ist ausgesprochen billig und hat gegenüber Kalbs-, Rinds- und Schweinsleber den Vorteil, auch bei längerem Kochen nicht hart zu werden.

Der Brotaufstrich aus gebratener Hühnerleber, hartgekochten Eiern und Zwiebeln ist ein altes jüdisches Rezept. man brät 300 g Hühnerleber in Hühnerfett oder Butter gut an und hackt sie zusammen mit einer grossen Zwiebel und zwei hartgekochten Eiern mit dem Wiegemesser so lange, bis eine feine, streichfähige Masse entsteht, die man zum Schluss mit Salz und Pfeffer abschmeckt.

Kaninchenragout mit Peperoni

Ich halte selbst Kaninchen, und da gibt's im Vorwinter meist einige, die geschlachtet werden müssen. Jetzt aber folgt auch schon das Problem, denn mein Mann isst die Kaninchen nicht mehr so gern. Meist koche ich sie erst, nachdem ich sie vorher einen Tag in Weisswein habe marinieren lassen. Das akzeptiert er noch. Aber all die andern Rezepte, wo man ragoutartig vorgeht, isst er nicht gerne. Ich hoffe, dass Sie mir rassige Rezepte bekanntgeben können.

Ruth Galliker, Kriens

Ich verstehe Ihr Problem sehr gut. Da Kaninchenfleisch ausgesprochen zart und mager ist, kann es bei nicht ganz sachgemässer Zubereitung leicht trokken und fad schmecken. Darum eignet es sich besonders gut für Schmorgerichte, bei denen es das Aroma von Kräutern und Wein langsam aufnehmen kann. Dabei ist allerdings wichtig, dass man die Ragoutstücke nicht rasch und kräftig anbrät, sondern sie im kalten Öl oder in der nur eben zerlassenen Butter sanft anziehen lässt, bis sie nach und nach eine goldene Farbe bekommen. Dann steht dem Gelingen des Gerichtes nichts mehr im Weg. Nachstehend ein besonders rassiges Rezept.

Zutaten für 4 Personen:
1 Kaninchen, in Ragoutstücke zerlegt, 3 Peperoni, grün, rot und gelb, 10 Perlzwiebeln, 2 Tomaten, 3 Sardellenfilets, 2 Knoblauchzehen, gehackt, 1 Zweiglein Rosmarin, 1 Lorbeerblatt, Salz, Pfeffer, 2 1/2 dl Fleisch- oder Hühnerbrühe, Olivenöl.

Die Kaninchen in Olivenöl goldgelb braten. Herausnehmen und mit Salz und Pfeffer würzen. Nun die gehackten Sardellenfilets im Bratöl des Kaninchens dämpfen. Die Peperoni in Streifen schneiden und mitbraten, bis ihr Saft austritt. Die geschälten und zerkleinerten Tomaten mit dem Lorbeerblatt, dem Rosmarinzweiglein und den Perlzwiebeln beifügen und die Kaninchenteile wieder in die Pfanne zum Gemüse geben. Die Bouillon dazugiessen und in etwa 1 1/2 Stunden bei kleinem Feuer schmoren.

Sizilianisches Kaninchenragout

Im Kochbriefkasten haben Sie kürzlich geschrieben, dass Sie von einem sizilianischen Metzger ein feines Kaninchenrezept erhielten. Da wir gerne Kaninchenfleisch haben und ziemlich abwechslungsreich kochen, möchte ich Sie freundlich anfragen, ob Sie mir das genaue Rezept senden könnten.

Lydia Rohrbasser, Tafers

Ich gebe Ihnen mein feines sizilianisches Kaninchenrezept gern bekannt und bin überzeugt, dass Sie damit viel Erfolg haben werden. Es ist ein uraltes Familienrezept, das man in keinem gedruckten Kochbuch findet. Es schmeckt so besonders fein und zart, weil man das Kaninchenfleisch nicht, wie sonst allgemein üblich, kräftig anbrät, sondern nur leicht im Öl durchziehen lässt.

Zutaten für 6 Personen:
1 junges, zartes Kaninchen, Olivenöl, 2 Knoblauchzehen, 2–3 Karotten, 100 g grüne Oliven, 1 Stück scharfe Pfefferschote, 1 Zweiglein Pfefferminzblätter, 2 ausgepresste Zitronen, 1 Glas Rot- oder Weisswein, Salz.

Das Kaninchen schneidet man in Portionenstücke, die gut gewaschen und abgetrocknet werden. Dann gibt man sie in einen Kochtopf und lässt auf kleinem Feuer einen Teil des Wassers, das im Kaninchenfleisch enthalten ist, verdampfen. Darauf giesst man ein wenig Olivenöl in den Topf und lässt das Fleisch darin durchziehen, ohne es anzubräunen. Nun salzt man und fügt den Knoblauch, die in feine Stäbchen geschnittenen Karotten, die Oliven, die Pfefferminzblätter, die Pfefferschote, den Zitronensaft und das Glas Wein bei und lässt alles auf kleinem Feuer 1 1/4 Stunden zugedeckt schmoren. Wenn sich das Fleisch an den Knochen zurückzieht, ist es gar. Man gibt die Kaninchenstücke in eine Platte und serviert dazu die köstliche Sauce mit den Oliven und den Karotten in einer Saucière. Das ist auch für das Auge ein angenehmer Anblick. Man soll dieses Kaninchenragout, das fast keine Arbeit gibt und herrlich schmeckt, nicht ganz heiss essen; denn auch in Sizilien gilt die Weisheit der mediterranen Küche, dass die Hitze immer einen Teil des Geschmacks zerstört und der Reichtum eines Aromas sich nur entwickeln kann, wenn man ein Gericht abkühlen lässt.

Kokosnuss-Curry mit Pouletfleisch

Speisen werden in den Tropen nicht selten mit oder in der Flüssigkeit der Kokosnuss gekocht. Auf Menükarten und in Rezepten findet man für diese Flüssigkeit zwei Begriffe: «Kokoswasser» oder «Kokosmilch». Handelt es sich dabei um eine Flüssigkeit mit zwei Bezeichnungen oder um zwei verschiedene Flüssigkeiten?

Edith Stoll, Rüti ZH

Ich bin froh um Ihre klare Frage, weil mir hie und da Leserinnen schreiben, die nicht sicher sind, wie man mit dieser faszinierenden Tropenfrucht umgeht. Als erstes sei festgehalten, dass Kokoswasser und Kokosmilch nicht das gleiche sind. Das Kokoswasser, das kein Kokosaroma hat, ist nichts anderes als Wasser, das sich im Innern dieser Frucht befindet, vor allem wenn sie noch unreif und grün ist. Es ist vollkommen hygienisch und wird deshalb in tropischen Ländern als Erfrischung sehr geschätzt. Die Kokosmilch hingegen wird in einer ziemlich komplizierten Prozedur aus dem weissen Fruchtfleisch hergestellt, das man herausschneidet, raspelt oder mit dem Mixer zerkleinert. Dann übergiesst man es mit heissem Wasser und presst es anschliessend durch ein Tuch. Einfacher ist es, Kokosmilch in Dosen zu kaufen, wie das meine Nachbarin macht, die, seit sie in Thailand war, ihre Freunde mit thailändischen Spezialitäten verwöhnt. Hier als Anregung ihr Rezept:

Zutaten für 4 Personen:
3 Chilischötchen, 2 Knoblauchzehen, 1 Stück Ingwer, Koriandersamen, schwarze Pfefferkörner, 1 Teelöffel rote Thai-Curry-Paste, 1 Messerspitze Shrimp-Paste (in thailändischen oder indischen Geschäften erhältlich), 200 g geschnetzeltes Pouletfleisch, Sojasauce, Glutamat, Sherry, 2 Dosen Kokosmilch à 4 dl, Erdnussöl, Fleischbrühe, Fischsauce, 1 kleine Dose Ananas, evtl. etwas Maizena.

Die Zutaten zu diesem Rezept sind nur Annäherungswerte; mit Fischsauce und Shrimp-Paste muss man besonders vorsichtig sein, da sie für europäische Gaumen befremdlich schmecken. Man zerdrückt Chilischötchen, Knoblauch, Koriandersamen, Ingwer und Pfefferkörner im Mörser zu einer Paste, fügt Thai-Curry-Paste und Shrimp-Paste dazu und dünstet diese Mischung in einer Pfanne mit heissem Erdnussöl gut durch. Dann gibt man die Kokosmilch dazu und lässt alles zusammen heiss werden. Das Pouletfleisch, das man zuvor zusammen mit Sojasauce, Glutamat und Sherry mariniert hat, brät man in einer andern Pfanne im Öl an, löscht mit der heissen Kokosmilchmischung ab, fügt Bouillon und etwas Fischsauce bei und lässt auf kleinem Feuer 10 Minuten köcheln. Falls die Sauce zu dünn ist, mit Maizena binden. Zum Schluss mit Ananasstücken aus der Dose vermischen. Am besten schmeckt der Curry mit Parfüm-Reis.

Poulet in der Salzkruste I

Eine Freundin von mir erzählt, sie habe bei Freunden ein Poulet gegessen, das in einer mit Salz gefüllten Pfanne gebraten wurde. Es schmeckte wundervoll. Sie kennt aber das genaue Rezept nicht. Können Sie uns helfen?

Trudi Köberle, Elgg

Das Poulet in der Salzkruste gehört zu den einfachen und zugleich raffinierten Zubereitungen der Volksküche der Mittelmeerländer. Man braucht dazu nichts anderes als 3–4 kg grobkörniges Meersalz, das man im Reformhaus oder – preisgünstiger – in der Drogerie als Meersalz zum Baden kaufen kann. In einen gusseisernen Brattopf gibt man eine 2 cm hohe Salzschicht, legt das ausgenommene, mit frischgemahlenem schwarzem Pfeffer gewürzte Poulet darauf und schüttet Salz darüber, bis es vollkommen zugedeckt ist. Diesen Salztopf schiebt man nun für 1¼ Stunden in den heissen Ofen (250–280°). Das ist alles.

Zum Servieren stürzt man den Salzblock auf ein Brett und klopft ihn erst am Tisch mit einem Messerrücken auf. Das an der Haut klebende Salz lässt sich leicht entfernen. Das im Salz enthaltene Jod gibt diesem Poulet einen unvergleichlichen Geschmack und zartes und saftiges Fleisch. Der Versuch lohnt sich.

Auch für 1–2 kg schwere Meerfische wie Dorade oder Loup de mer (auch ein Felchen eignet sich) ist das Garen im Salzbett nach der Ansicht mancher Kenner die beste Kochmethode.

Poulet in der Salzkruste II

Ihr Rezept für das Poulet in der Salzkruste hat mich ganz besonders angesprochen, und ich habe es am Sonntag sofort ausprobiert, und zwar mit einem frischen Schweizer Poulet. Allerdings habe ich anstelle von Meersalz gewöhnliches Kochsalz genommen. Das Poulet wäre sehr, sehr gut gewesen, wenn … ja wenn ich das Salz hätte «abschütteln» können. Da es jedoch keine

Kruste gab, blieb das Salz an der Haut kleben, und das Ganze war nur einigermassen geniessbar ganz ohne Haut. Was habe ich wohl falsch gemacht? Lag das Malheur wirklich nur beim Salz? Ich möchte nicht so schnell kapitulieren und noch einen Versuch wagen.

Susanne Kopeinigg, Sirnach

Liebe Frau Kopeinigg, ich bin ganz Ihrer Meiung: Sie sollten den Versuch unbedingt wiederholen. Aber nicht mit gewöhnlichem Kochsalz, sondern mit Meersalz, das viel mehr Feuchtigkeit enthält und darum fähig ist, zusammen mit dem Dampf, der aus dem Poulet entweicht, eine feste Kruste zu bilden. Unser dehydriertes Kochsalz bleibt dagegen, wie Sie es anschaulich beschreiben, an der Haut kleben. Die einzige Methode, auch mit normalem Kochsalz zu einem befriedigenden Resultat zu kommen, hat mir kürzlich ein Freund verraten: Man bespritzt das Salz mit Wasser, am besten mit einem Plastiksprüher, den man für die Bügelwäsche verwendet. Diese Methode, die ich selbst noch nicht ausprobiert habe, ist auch billiger, weil Meerkochsalz doppelt so teuer ist. Und damit sie genug Salz einkaufen: Für ein mittleres Poulet benötigt man 3 Kilogramm.

Stubenküken

Wir haben während eines Weekends in Paris in einem einfachen Bistro Stubenküken an einer Senfrahmsauce gegessen, die unvergesslich gut schmeckte. Nach meiner Rückkehr suchte ich in allen meinen vielen Kochbüchern ein entsprechendes Rezept. Ich hatte keinen Erfolg und möchte darum Sie als letzten Ausweg anfragen, ob Sie mir helfen können.

Noemi Gleich, Zollikon

Das Hühnchen an einer Senfsauce gehört zu meinen Lieblingsrezepten, seit ich es einmal bei einer Freundin gegessen habe. Es ist ein Gericht, das nicht nur wunderbar schmeckt, sondern auch fast nichts zu tun gibt und immer gelingt. Als Zutaten braucht es neben dem Hähnchen – am besten eignen sich die kleinen Küken oder Coquelets – nur eine Tube scharfen Dijonsenf und ca. 2 dl Vollrahm (für 4 Personen). Man reibt das Hühnchen mit reichlich Senf ein und legt es in eine flache ausgebutterte Gratinform, die man in den vorgewärmten Ofen (220°) schiebt. Wenn es eine schöne braune Kruste hat, was ca. 20 Minuten dauert, wendet man es und lässt es nochmals 20 Minuten weiterbraten. Dann giesst man den Rahm in die Gratinform und verrührt ihn mit dem Senf, den man mit einem Löffel von der Oberfläche der gebratenen Hühnchen abstreift. Nun stellt man die Form nochmals für 10 Minuten in den heissen Ofen.

Zitronen-Huhn

In der Toskana haben wir im letzten Sommer ein gebratenes Hühnchen gegessen, das mit Zitronenscheiben und vermutlich auch Zitronensaft zubereitet war und herrlich schmeckte. Da ich keine erfahrene Köchin bin, erlaube ich mir, Sie um ein entsprechendes Rezept zu bitten.

Marisa Bauer, Zürich

Zitrone und Hühnerfleisch haben eine Affinität, die den Pollo al limone zu einer echten Delikatesse macht. Das nachstehende, einfache Rezept wird Ihnen bestimmt gelingen.

Zutaten für 4 Personen:
1 Huhn, ca. 1200 g, Salz, frischgemahlener weisser Pfeffer, 1 grosser Bund Petersilie, 3 naturreine Zitronen, 3 Esslöffel Olivenöl, 3 Knoblauchzehen, 1/4 l Würfelbrühe.

Man wäscht das Huhn, tupft es trocken und schneidet es in acht Stücke, die man mit Salz und Pfeffer einreibt. Die Petersilie wird gewaschen und gehackt und eine Zitrone in Scheiben geschnitten. Dann schmort man in einer Gusseisen-Kasserolle das Öl mit dem geschälten Knoblauch an, gibt einen Esslöffel Petersilie und die Zitronenscheiben dazu und brät die Hühnerstücke auf kleinem Feuer, bis sie goldbraun sind. Nun gibt man einen Deckel auf die Kasserolle und lässt das Huhn rund vierzig Minuten köcheln, indem man jeweils nach zehn Minuten etwas Brühe angiesst. Zuletzt gibt man den Saft der beiden anderen Zitronen und die restliche Petersilie bei und schmeckt die Sauce mit Salz und Pfeffer ab.

Als Beilage passt am besten Trockenreis oder frisches Landbrot.

Gemüse

Artischocken

Seit einiger Zeit fallen mir auf dem Markt und in italienischen Gemüseläden Artischocken auf, die ziemlich klein sind, einen langen Stiel und Blätter haben, die in einen grüngelben Dorn auslaufen. Eine Nachbarin behauptet, das seien Artischocken zum Rohessen. Stimmt das?

Elfie Holliger, St. Gallen

Ihre Nachbarin hat zum Teil recht: die spitzen kleinen Artischocken mit den dornbewehrten Blättern, die aus Sardinien oder Ligurien stammen, sind tatsächlich so zart, dass man den fleischigen untersten Teil ihrer Blätter und den Blütenboden – Artischocken sind ja Distelblüten – roh essen kann. Man mischt sie, fein geschnitten, unter den grünen Salat, dem sie ein wunderbar kräftiges und irgendwie schon frühlingshaftes Aroma verleihen. Fast so wichtig wie die Artischocken selber sind die langen kräftigen Stiele, mit denen sie angeboten werden, und Kenner lesen die Artischocken denn auch nicht nach ihrer Grösse, sondern nach der Länge ihrer Stiele aus. Man schält sie etwas dicker als Spargeln bis auf ihr zartes, hellgrünes Mark, das man, ebenfalls roh, in Stücke schneidet und dem Salat beimischt. Diese feinen Winterartischocken, die im Lauf des Monats März vom Markt verschwinden, schmecken aber nicht nur roh, sondern auch gekocht unvergleichlich. Man rüstet ihre Stiele wie oben erwähnt, zupft bei den Knospen die äussersten harten Blätter weg, schneidet den oberen Teil der Artischocken bis auf einen Drittel ab und teilt sie dann je nach ihrer Grösse in Hälften oder Viertel. Es ist wichtig, dass man beim Rüsten grosszügig vorgeht und nur die wirklich zarten Teile des Gemüses verwendet. In siedendem Wasser kocht man sie in zehn bis fünfzehn Minuten weich, bestreut sie mit gehackter Petersilie und übergiesst sie sparsam mit gutem Olivenöl. Diese Artischocken passen gut zu grilliertem Fleisch; sie werden aber auch als Vorspeise Ihre Familie und Ihre Gäste begeistern.

Artischockenkuchen

In einem Pariser Bistro haben wir im letzten Herbst einen salzigen Kuchen, der mit Artischockenherzen belegt war, als Vorspeise gegessen. Er schmeckte super. Nun möchte ich meinen Mann damit zu seinem Geburtstag überraschen. Kennen Sie wohl das Rezept?

Ursula Brenner, Tägerwilen

Da ich eine grosse Vorliebe für Gemüsekuchen habe, gibt es kaum ein Gemüse, mit dem ich nicht schon experimentiert habe. Den Artischockenkuchen mache ich allerdings erst, seit es tiefgekühlte Artischockenherzen gibt. Früher wäre mir das Rüsten dieses feinen Gemüses zu arbeitsintensiv gewesen. Mit dem Tiefkühlprodukt und einem fertigen Kuchenteig kann man diesen Kuchen fast als Schnellrezept einstufen.

Zutaten:
1 Portion Kuchenteig, 500 g tiefgekühlte Artischockenherzen, Olivenöl, Béchamelsauce aus 30 g Butter, 30 g Weissmehl, 5 dl Milch, Salz, Pfeffer, 2 Esslöffel geriebener Parmesan.

Man gibt die tiefgekühlten Artischocken in eine Bratpfanne mit Olivenöl und dünstet sie bei kleiner Hitze eine halbe Stunde. Aus Butter, Mehl und Milch bereitet man unterdessen eine feste Béchamelsauce, die man mit 2 Esslöffel geriebenem Parmesan und den Artischocken vermischt. Man streicht die Masse auf dem ausgewallten Kuchenteig aus und bäckt den Kuchen während 20 Minuten in dem auf 220 Grad vorgeheizten Ofen.

Auberginen-Gratin (Melanzane alla parmigiana)

Ich habe in Italien schon wiederholt Melanzane al forno (Auberginen überbacken) gegessen und schon des öfteren versucht, diese herrliche Speise zu kopieren. Leider ziemlich erfolglos. Nun setze ich sehr grosse Hoffnungen auf Ihre Erfahrung und würde mich freuen, wenn ich in einer der kommenden «annabelle»-Ausgaben dieses Rezept vorfände.

Monique Bochsler, Esslingen

Manchmal wäre ich froh, wenn die Leserinnen, die mir schreiben, die Gerichte, die sie nachkochen möchten, etwas genauer beschreiben würden. Es gibt in der italienischen Küche eine ganze Reihe von Rezepten für überbackene Auberginen: mit Fleisch, mit Käse, als gefülltes Gemüse etc. Nun vermute ich aber, dass Sie, liebe Frau Bochsler, sich nach dem berühmtesten aller Auberginen-Gratins erkundigen, der auch unter dem Namen Melanzane alla parmigiana bekannt ist.

Zutaten für 4 Personen:
4 mittelgrosse Auberginen, 1 Dose Pelati (geschälte Tomaten), Basilikum, 1 mittelgrosser Mozzarellakäse, 100 g Fontinakäse (evtl. Gruyère), 50 g geriebener Parmesan, Olivenöl, Salz.

Man schält die Auberginen und schneidet sie der Länge nach in dünne Scheiben, die man im heissen Olivenöl ausbäckt und auf Küchenpapier abtropfen lässt. Aus Pelati, Basilikum und Salz bereitet man eine fettlose Tomatensauce, die man eine Viertelstunde auf kleinstem Feuer köcheln lässt. Den Mozzarella- und den Fontinakäse schneidet man in dünne Scheiben. Eine flache feuerfeste Form streicht man mit Öl aus, gibt eine Schicht Auberginen hinein, belegt sie mit Mozzarella- und Fontinakäse, giesst ein paar Löffel Tomatensauce darüber und fährt so weiter, bis alle Zutaten verbraucht sind. Den Abschluss bildet Tomatensauce, die man mit dem geriebenen Parmesan bestreut. Man bäckt die Auberginen bei Mittelhitze in 40 bis 50 Minuten gar.

Die Melanzane alla parmigiana schmecken warm und kalt vorzüglich. Man kann sie als Vorspeise oder als

Beilage zu Fleisch servieren. Zusammen mit einem Salat kann man sie auch als vollständige Mahlzeit geniessen.

Marinierte Auberginen

Auf unserem Kreuzfahrtschiff in Ägypten und ein anderes Mal in Kairo haben wir von einem Salatbuffet ganz ausgezeichnete Auberginen gegessen, die wahrscheinlich eingelegt und/oder in einem feinen, sehr würzigen Sud gekocht waren. Die Auberginen vom Salatbuffet bei Mövenpick schmecken ähnlich, wenn auch nicht so gut. Kennen Sie das Rezept?

Heidi Schmidt-Rüsch, Lausanne

Es handelte sich vermutlich um marinierte Auberginen, deren Geheimnis darin besteht, dass sie zuvor im Olivenöl gebraten werden, wobei sie ihr intensives und köstliches Aroma erst richtig entwickeln. Das nachstehende Rezept reicht für 4 bis 6 Personen:

Zutaten:
2 mittlere Auberginen (ca. 400 g), Olivenöl zum Ausbacken, Salz, 2 Knoblauchzehen, 2 dl Weinessig, Petersilie, Origano (oder frische Pfefferminzblättchen).

Man schält die Auberginen und schneidet sie der Länge nach in Scheiben, die man im heissen Olivenöl hellbraun bäckt, lässt sie auf Küchenpapier abtropfen und legt sie in eine flache Schüssel. Dann mit Salz bestreuen und den in feine Scheibchen geschnittenen Knoblauch zugeben. Man kocht den Essig auf, giesst ihn darüber und gibt die gehackte Petersilie, den Origano oder die Pfefferminzblättchen bei. Falls die Auberginen nicht ganz von der Flüssigkeit bedeckt sind, noch ein wenig Essig nachgiessen und das Gericht mindestens einen Tag durchziehen lassen. Eine angenehme Schärfe bekommen diese Auberginen, wenn man im Essig ein Stückchen scharfe rote Pfefferschote mitkocht.

Brennesselgemüse

Ich habe gehört, dass Brennesseln sehr gesund sind, da sie Vitamin C und viele Mineralsalze enthalten und erst noch den Blutdruck senken. Deshalb mein Wunsch: ein gutes Rezept für Brennesselgemüse. Auch möchte ich fragen, ob man zarte Brennesselblätter auch roh essen kann, ohne dass sie auf der Zunge brennen?

Serena Melzer, Klagenfurt

Was die Brennessel als Heilkraut alles vermag, weiss ich nicht genau. Doch zweifle ich nicht daran, dass ein frisch gepflücktes Brennesselgemüse gesünder ist als Importgemüse, das während Tagen auf den Käufer wartet. Man sollte allerdings darauf achten, dass man die Pflanzen nicht am Strassenrand pflückt, sondern lieber auf einem Spaziergang an Waldrändern oder Flussufern. Dabei darf man auch die Handschuhe nicht vergessen. Das nachfolgende Gemüserezept stammt aus dem Buch «Die Jahreszeiten-Küche. Salate und Kräuter» von Susanna Krebs und Hildegard Loretan, das 1990 im Unionsverlag erschienen ist.

Zutaten für 4 Personen:
500 g Brennesseln, 250 g Spinat, 50 g Bärlauch oder 1 gehackte Knoblauchzehe, 20 g Butter, 1 gehackte Zwiebel, ein paar Tropfen Essig, Salz, Pfeffer, Muskatnuss, 1/2 dl Rahm

Man dämpft die gewaschenen Gemüse in der Butter auf kleinem Feuer, bis sie zusammenfallen. Dann gibt man den Essig und die Gewürze bei und lässt während 3 bis 5 Minuten schwach kochen. Vor dem Anrichten fügt man den Rahm bei.

Die jungen Triebspitzen der Brennnesseln mit ihren zarten Blättern kann man ohne weiteres unter einen Frühlingssalat mischen. Damit sie ganz sicher nicht brennen, schneidet man sie fein und lässt sie 5 bis 10 Minuten in der Salatsauce marinieren, so dass die Brennhaare welken.

Dörrbohnen

Mit gedörrten Bohnen kann ich nichts anfangen. Ich finde, sie schmecken nach Heu. Meinem Mann dagegen geht nichts über Speck mit Dörrbohnen. Ist das nicht reine Nostalgie, die auf die gedörrten Bohnen seiner Kindheit zurückgeht? Mich würde Ihre Meinung interessieren.

Lisa Egger, Kaiserstuhl

Liebe Frau Egger, Ihre Frage ist nicht ganz einfach zu beantworten, da unser Geschmacksempfinden durch Erinnerungen und Gefühle so stark beeinflusst wird, dass es auf diesem Gebiet kaum objektive Massstäbe gibt. Oder mit anderen Worten: Was dem einen wie Heu schmeckt, ist für den andern das unverwechselbare Aroma eines ländlichen Festessens. Ich persönlich habe das Aroma der Dörrbohnen sehr gern, auch wenn es, wie Sie sagen, von fern an Heu erinnert. Denn es schmeckt ja nicht nur nach Heu, sondern bekommt durchs Trocknen einen eigenartig intensiven Geschmack, der mit dem delikaten Aroma der gartenfrischen grünen Bohnen kaum etwas gemeinsam hat. Ähnlich intensiv ist ja auch der Geschmack der gedörrten Pilze im Vergleich zu frischen Pilzen. Und auch das Birnbrot hat seinen besonderen Geschmack nicht von frischen, sondern von gedörrten Birnen. Ich finde auch die Kombination von gedörrten Bohnen und Speck besonders harmonisch, was vermutlich damit zusammenhängt, dass beides Naturkonserven sind.

Erbsen mit Kopfsalat

In einem Pariser Bistro haben wir im letzten Sommer zarte grüne Erbslein gegessen, die zusammen mit Kopfsalat gekocht waren und herrlich schmeckten. Können Sie mir das Wunderrezept verraten?

Charles Meyer, Herzogenbuchsee

Das einfache Gemüse aus Erbsen und Kopfsalat gehört zu den grossen Klassikern der französischen Küche. Man rechnet auf 500 g ausgehülste Erbsen einen Kopfsalat oder einen Lattich, 8–10 kleine, geschälte Zwiebeln und ein Sträusschen Petersilie. Das alles lässt man in einem Kochtopf mit einem Glas Wasser und 40 g Butter, Salz und Pfeffer auf kleinem Feuer zugedeckt 20–30 Minuten köcheln. Am Ende der Kochzeit sollen die Erbsen und die Salatblätter so weich sein, dass sie auf der Zunge vergehen. Vor dem Anrichten nimmt man die Petersilie heraus und vermischt das Gemüse mit 20 g Butter. Wirklich delikat schmeckt dieses Gemüse nur mit frisch ausgehülsten Erbsen, die leider von unseren Märkten fast verschwunden sind. Für vier Personen rechnet man 1½ kg Erbsenschoten.

Florentinischer Fenchel (Fenchel an Spinatsauce)

Meine Schwester erzählt, dass sie in Florenz ein herrliches Gemüse gegessen hat, das aus Fenchel an einer Spinatsauce bestand. Kennen Sie das Rezept dieses Gemüsegerichtes, das ich mir nicht recht vorstellen kann?

Ingeborg Stendar, Zürich

Ich habe diese eigenartige und sehr wohlschmeckende Kombination von Fenchel und Spinat selber einmal in einer toskanischen Trattoria in Rom gegessen. Mit grossem Genuss. Ich hatte keine Gelegenheit, nach dem Rezept zu fragen, und habe das Gemüse dann einfach aus der eigenen Erfahrung nachzukochen versucht. Ich hoffe, dass das aparte Gericht Ihnen ebenso schmecken wird wie mir.

Zutaten für 4 Personen:
1 kg Fenchel, 2 dl Rahm, 100 g gekochter und abgetropfter Spinat, 20 g Butter, 1 geschälte Knoblauchzehe, Salz, schwarzer Pfeffer aus der Mühle.

Man kocht den in Viertel oder Sechstel geteilten Fenchel im Salzwasser al dente und lässt ihn abtropfen. In einer Bratpfanne erhitzt man die Butter mit der Knoblauchzehe, die man am Ende wieder entfernt. Man gibt den Fenchel dazu und dünstet ihn vorsichtig, was etwa drei Minuten dauert. Dann stellt man ihn an die Wärme, gibt den Spinat in die gleiche Pfanne, dünstet ihn, würzt ihn mit Salz und Pfeffer und gibt den Rahm bei. Wenn das Ganze ein wenig eingekocht ist, gibt man den Spinat in den Mixbecher und püriert ihn zu einer homogenen grünen Sauce. Man legt den Fenchel sternförmig in eine flache runde Schüssel und übergiesst ihn mit der grünen Spinatsauce.

Griechisches Gemüse

Bei einer Einladung bekamen wir als Vorspeise einen Salat aus gekochten Artischocken, Fenchel, Champignons etc., der ganz toll schmeckte. Es soll eine griechische

Spezialität sein. Haben Sie davon schon gehört?

Werner Jacques, Trient

Das Gemüse auf griechische Art (à la grecque) bezeichnet Gemüse, das in einer duftenden Marinade aus Wein, Kräutern, Öl und Gewürzen gekocht und dann in eine Servierschüssel schön angerichtet und kühl gestellt wird. Es eignet sich sehr gut als Vorspeise, da man es im voraus zubereiten kann. Es hält sich 2–3 Tage: Die Gemüse werden in der Marinade immer würziger. Man kann ein Mischgemüse oder einzelne Gemüse wie Champignons, Blumenkohl oder Lauch auf griechische Art kochen.

Zutaten für 4–5 Personen:
2 Artischocken, 200 g Champignons, 3 kleine Zucchetti, 2 Karotten, 1 Fenchel, 1 grosser Lauch, 100 g schwarze Oliven, 2 dl Olivenöl, 2 dl Weisswein, Salz, Pfeffer, 2 Knoblauchzehen, Basilikum, $^1/_2$ Teelöffel Korianderkörner, Cayennepfeffer oder Tabasco, 1 Esslöffel Ketchup oder Tomatenpüree.

Man dämpft das gewaschene und gerüstete Gemüse (die Artischocken von allen holzigen Blättern befreit, Karotten und Zucchetti in Rondellen, Fenchel in Streifen geschnitten) im Öl, fügt den ausgepressten Knoblauch, die Oliven und die übrigen Gewürze bei, giesst den Wein dazu und lässt alles 30 Minuten kochen. Dann gibt man das Gemüse in eine flache Schüssel und serviert es abgekühlt.

Gurkengemüse

Kennen Sie ein Rezept für ein gutes Gurkengemüse? Meine Familie hat Gurken sehr gern; aber mein Mann hat seit einiger Zeit mit dem Gurkensalat Schwierigkeiten, weil er ihm schwer auf dem Magen liegt. Darum möchte ich es einmal mit dem Gemüse versuchen. Gerne würde ich auch wissen, ob man die Gurken wirklich zum Stiel hin schälen sollte, damit sie nicht bitter werden, was eine Freundin von mir sagt. Meine Gurken sind nie bitter, obwohl ich beim Schälen nicht auf die Richtung schaue.

Maria Baars, Siegershausen

Ihre Freundin hat recht; nur gibt es heute kaum mehr bittere Gurken, so dass diese alte Regel in Vergessenheit geraten ist. Sie beruht auf der einfachen Tatsache, dass die Bitterstoffe der Gurken vor allem im Stielansatz sitzen: Schält man die Früchte von der Spitze zum Stiel, können sie sich nicht über die ganze Frucht verteilen. Gurken, die nicht bitter sind, braucht man gar nicht zu schälen. Gutes Waschen genügt.

Es gibt verschiedene Möglichkeiten, Gurken als Gemüse zuzubereiten. Mir schmecken sie am besten in wenig Butter geschmort und mit Dill oder Pfefferminze und etwas Rahm verfeinert.

Zutaten für 4 Personen:
2 grosse oder 4 kleine Gurken ($1^1/_2$ kg), 30 g Butter, Salz, Pfeffer, 1 dl Rahm, frische Pfefferminzblätter oder Dill.

Man schneide die Gurken der Länge nach durch, schabt mit einem Löffel die Kerne heraus und schneidet die Gurken in Streifen oder Würfel. Man lässt die Butter in einem Topf zergehen und schmort darin die Gurken unter gelegentlichem Schütteln in etwa fünfzehn Minuten gar. Man würzt mit Salz und Pfeffer, giesst den Rahm dazu und lässt ihn ein wenig einkochen. Dann vermischt man das Gemüse mit gehacktem Dill oder mit feingeschnittenen Pfefferminzblättchen.

Was den nicht ganz leichtverdaulichen Gurkensalat betrifft, so kann man diesem Nachteil abhelfen, indem man ihn nicht knackig frisch isst, sondern 20–30 Minuten ziehen lässt. Dabei wird die Salatsauce durch den austretenden Gurkensaft allerdings etwas flüssig. Um das zu vermeiden, kann man auch die feingeschnittenen Gurken mit Salz bestreuen, eine Stunde durchziehen lassen und den Saft abgiessen, bevor man sie mit der Sauce vermischt.

Kürbis-Soufflé

Seit längerer Zeit bin ich auf der Suche nach einem Kürbis-Soufflé.

Agnes Rufener, Seedorf

Ich habe Anfang dieses Jahres für Freunde ein Kürbis-Soufflé mit einem Kaninchenragout kombiniert und dafür viel Lob bekommen. Dieses Soufflé ist sehr einfach in der Herstellung, da es nicht mit Eierschnee, sondern einfach mit den zerquirlten Eiern vermischt wird und deshalb nicht besonders luftig aufgehen muss.

Zutaten für 4 Personen:
800–1000 g Kürbisfleisch, 2 Eier, 1/2 dl Rahm, 1–2 Teelöffel Maizena, Salz und Pfeffer, geriebener Parmesankäse.

Man schneidet den Kürbis in gleich grosse Stücke, kocht ihn im Salzwasser weich und gibt die beiden Eier, den Rahm und je nach der Konsistenz des Kürbisfleisches 1–2 Teelöffel Maizena bei und würzt die Masse gut mit Salz und Pfeffer. Dann gibt man sie in eine ausgebutterte Souffléform, bestreut mit geriebenem Parmesan und bäckt das Soufflé während 20–30 Minuten in dem auf 220° vorgeheizten Backofen.

Mangold

Von einer Nachbarin bekam ich einige Blätter Mangold geschenkt; da ich dieses Gemüse noch nie gegessen oder gekocht habe, suchte ich meine ganzen Rezeptbücher und Sammelrezepte durch, leider ohne ein Rezept für Mangold zu finden. Ich wäre Ihnen sehr dankbar, wenn Sie mir sagen könnten, wie man es zubereitet und wozu man es essen kann!

Helga Meyer-Piening, Küsnacht

Ihre Frage hat mir bewusst gemacht, dass Mangold zu den sozusagen vergessenen Gemüsen gehört, die heute nur noch in Privatgärten angepflanzt werden. Er ist vom Spinat verdrängt worden, obwohl der Geschmack von Mangold würziger ist als derjenige von Spinat. Zudem ist der sogenannte Schnittmangold ein robustes Kraut, das – im Gegensatz zum Spinat – grosse Wärme gut verträgt und vom Frühsommer bis zum Spätherbst ständig frisch geschnitten werden kann. In Italien heisst Mangold Bietola und wird wie Spinat zu vielen feinen Gerichten verarbeitet; z. B. zusammen mit Ricotta und Parmesan zu rassigen Füllungen für Ravioli und Tortellini. Sie können jedes Spinatrezept auch mit Mangold zubereiten, müssen nur beachten, dass die Mangoldblätter etwas weniger rasch weich sind als die Spinatblätter.

Pastinaken

Auf dem Markt sind mir letzthin die Pastinaken aufgefallen, die ähnlich wie Rettiche aussehen. Die Bäuerin hat mir gesagt, dass sie wie Karotten zubereitet werden. Ich möchte Sie fragen, ob das richtig ist und ob Sie mir vielleicht ein speziell feines Pastinakenrezept empfehlen können. Und wissen Sie, woher dieses Gemüse stammt?

Siegrid Müller, Brugg

Die Pastinaken wurden schon von den Römern angepflanzt und waren im Mittelalter in ganz Europa verbreitet. Das Aufkommen der Kartoffel und der Karotte haben sie Ende des 17. Jahrhunderts in den Hintergrund gedrängt. Nur in England und in manchen Regionen Frankreichs konnte sich dieses interessante Gemüse halten, das gegenwärtig daran ist, die Feinschmecker Nord- und Mitteleuropas erneut für sich zu gewinnen. Die Pastinake ist winterhart und entfaltet ihren vollen süssen Geschmack erst nach dem ersten Frost. Roh schmeckt sie leicht nussig, gekocht wie eine Mischung aus Karotte und Sellerie. Sie kann denn auch wie Karotten oder Sellerie zubereitet werden.

Sehr gut schmecken zum Beispiel Pastinaken und Karotten, die man in Salzwasser zusammen mit einem Stück Speck oder einem Saucisson kocht. Eine englische Spezialität, die gut zu grilliertem Fleisch passt, ist das Pastinakenpüree, das man aus gekochten und durchpassierten Pastinaken zubereitet, die mit Salz, Pfeffer und Muskatnuss gewürzt und mit etwas Butter vermischt werden. Wie die Karotten kann man die Pastinaken auch roh als Salat geniessen: Man raffelt sie in eine Sauce aus Rahm, Zitronensaft und Salz oder in eine klassische Salatsauce aus Essig, Öl, Salz und Pfeffer. Besonders fein schmeckt dieser Salat, wenn man einen säuerlichen Apfel mitraffelt.

Radicchio-Gemüse (Salatgemüse mit Speckwürfeln)

In einem Restaurant in Mailand haben wir als Beilage zu grilliertem Kalbfleisch ein bitteres dunkelgrünes Gemüse mit knusprigen Speckwürfeln gegessen, das uns sehr gut schmeckte. Der Kellner sagte, das

Gemüse heisse Radicchio und werde auch als Salat gegessen. Kennen Sie diesen aparten Radicchio und haben Sie vielleicht auch ein entsprechendes Rezept für das Gemüse?

Irmgard Seelhofer, Bern

Radicchio oder Cicorino verde gehört wie der bei uns bekanntere kugelförmige Cicorino rosso zur Familie der Zichoriengewächse. Man findet ihn auch bei uns in italienischen Gemüseläden: im Winter meist in Form dunkelgrüner Rosetten, im Frühling als hellgrüne längliche Blätter, die mit Faden zu kleinen Sträussen zusammengebunden sind. Diese hellgrünen Blätter sind in Norditalien und auch im Tessin der beliebteste und verbreitetste Salat, der normalerweise in ganz feine Streifchen geschnitten und mit Öl, Essig, Salz und eventuell etwas Knoblauch angemacht wird. Er schmeckt, wie Sie in Mailand festgestellt haben, auch als Gemüse ausgezeichnet. Wer für Bitteres nichts übrig hat, kann anstelle von Radicchio auch Lattich oder Cicorino rosso verwenden.

Zutaten für 4 Personen:
1 kg Radicchio, Cicorino rosso oder Lattich, Olivenöl, Salz, Pfeffer, 50 g Speckwürfel.

Man brate die Speckwürfel im heissen Olivenöl glasig, gibt das gewaschene Gemüse dazu (den Lattich und den Cicorino rosso halbiert man), würzt mit Salz und Pfeffer, stellt die Hitze ganz klein, deckt die Pfanne zu und dämpft das Gemüse in zehn bis fünfzehn Minuten weich.

PS: Dass geräucherter Speck auch eine Affinität zu festem, leicht bitterem Salat hat, zeigt ja auch die in Frankreich übliche Zubereitung des Löwenzahnsalates, der im Frühling mit ausgelassenen Speckwürfeln, wenig Essig und Salz angemacht wird. Die gleiche Sauce passt auch ausgezeichnet zu Radicchio, Lattich und Cicorino rosso.

Randenpüree

In Lyon haben wir Lammkoteletts mit einem köstlich roten Püree gegessen, das wir nicht zu definieren vermochten. Der Kellner sagte, es seien Randen. Ich möchte nun gern das Rezept dieser phantastischen Gemüsebeilage erfahren.

Marco Aellig, Estavayer

Vermutlich handelt es sich um ein Püree von rohen Randen, das mit Sauerrahm verfeinert wird. Ich gebe Ihnen nachfolgend ein Rezept, das ich selbst schon mit Erfolg ausprobiert habe.

Zutaten für 4 Personen:
800 g Randen, 1 Zwiebel, 50 g Butter, Salz und Pfeffer, 1 Teelöffel Zucker, 1 dl Sauerrahm, Dill oder Petersilie.

Man reibt die rohen Randen durch die Bircherraffel. In der heissen Butter dünstet man die feingeschnittene

Zwiebel an, gibt die Randen dazu, würzt mit Salz, Pfeffer und Zucker und lässt das Püree zehn Minuten auf kleinstem Feuer köcheln. Dann fügt man den Sauerrahm bei und lässt nochmals fünf Minuten leicht durchziehen. Das fertige Püree bestreut man mit feingehacktem Dill oder Petersilie.

Rosenkohl

Mein Mann hat Rosenkohl über alles gern. Mir schmeckt dieses Gemüse zu intensiv nach Kohl, obwohl ich es in Salzwasser abwelle, bevor ich es in Butter dämpfe. Wissen Sie mir einen Rat gegen den scharfen Geschmack?

Ellen Meyer, Oberwil

Beim Dämpfen entwickelt sich der penetrante Kohlgeschmack sehr stark. Wenn Sie milden Rosenkohl lieber haben, blanchieren Sie ihn zuerst zehn Minuten in reichlich kochendem Wasser, lassen ihn abtropfen und kochen ihn dann wieder in viel Salzwasser unbedeckt weich, was 10–15 Minuten dauert. Nun lässt man den Rosenkohl auf einem Sieb abtropfen und brät ihn in einer Pfanne in reichlich Butter rundum hellbraun und würzt mit Pfeffer und einer Messerspitze Muskatnuss. Vor dem Servieren bestreut man ihn mit feingehackter Petersilie. Auf diese in Frankreich übliche Weise zubereitet, schmeckt Rosenkohl angenehm und ist leicht verdaulich.

Glasierte Rüebli (Karotten)

Da ich vergeblich in verschiedenen Kochbüchern nach einem Rezept von glasierten Rüebli suchte, hoffe ich, dass Sie mir mit einem Rezept weiterhelfen können.

Monica Leuenberger, Oftringen

Glasierte Rüebli sind für das Auge und den Gaumen eine Delikatesse. Die jungen zarten Frühlingskarotten kann man dazu ganz verwenden; grössere Karotten schneidet man in dünne Scheiben. Man gibt sie, knapp mit Wasser bedeckt, in einen Kochtopf. Auf $^{1}/_{2}$ l Wasser rechnet man 1 Prise Salz, 1 gestrichenen Teelöffel Zucker und 60 g Butter. Man kocht sie zugedeckt in 20–45 Minuten weich. Am Ende der Kochzeit soll die Flüssigkeit nahezu verdampft sein. Die Butter hat sich mit dem ausgetretenen Gemüsesaft zu einer sirupartigen Flüssigkeit verbunden, in der man die Karotten schwenkt und schüttelt, bis sie sich vollkommen mit einer leuchtenden Schicht überzogen haben. Man bestreut sie mit feingehackter Petersilie.

Salat als Gemüse

Im Sommer haben wir im Garten so viel Salat, dass wir weder mit Essen noch mit Verschenken nachkommen. Eine Bekannte hat mir letzthin gesagt, man könne den Salat auch als Gemüse zubereiten. Was ist Ihre Meinung? Zerstört man dabei nicht die kostbaren Vitamine?

Odette Weber, Zürich

Ich weiss nicht, woran es liegt, dass bei uns der gekochte oder gedämpfte Salat so wenig bekannt und beliebt ist, ganz im Gegensatz zu Frankreich oder Italien, wo man grünes Blattgemüse sowohl frisch als auch gekocht zu geniessen weiss. Dass manchen Vitaminen (vor allem dem Vitamin C) der Kochprozess nicht bekommt, ist kein Argument gegen das Kochen, weil die Versorgung mit Vitamin C im Sommer sowieso gewährleistet ist und auch gekochte Salate noch viele wertvolle Vitamine und Mineralstoffe enthalten.

Die einfachste Methode ist, den Salat – handle es sich nun um Lattich, Kopfsalat, Endivie, Zuckerhut oder Schnittsalat – in wenig Salzwasser in ein paar Minuten weichzukochen, das Wasser abzugiessen und das Salatgemüse lauwarm zu servieren, indem man es mit etwas Zitronensaft und gutem Olivenöl würzt. (In Salzwasser blanchierter Salat lässt sich übrigens auch tiefkühlen; so kann man einen Teil des sommerlichen Überflusses in den Winter hinüberretten.) Dieses schlichte und köstliche Salatgemüse ist vor allem in Italien sehr beliebt. Man nennt es Verdura – Grünzeug – und isst es vor allem im Sommer zusammen mit Mozzarellakäse, der ebenfalls mit Öl beträufelt wird, als gesundes und leichtes Mittagessen. Noch eine Spur aromatischer schmeckt der zusammen mit Zwiebel oder Knoblauch in Butter gedämpfte Salat, der mit etwas Fleischbrühe abgelöscht und am Schluss mit Sauerrahm verfeinert wird.

Berühmt sind auch die Laitues braisées der französischen Küche, ein Lattichgericht mit Zwiebeln und Speck, das im Bratofen geschmort wird. Ebenfalls aus Frankreich stammen die mit Hackfleisch gefüllten Laitues farcies. Der Kochphantasie sind kaum Grenzen gesetzt.

Sauerkraut

Obwohl ich sehr gern Sauerkraut esse, ist es mir und meiner Familie meistens ein bisschen zu sauer. Gibt es wohl einen Trick, um seine Säure zu mildern? Eine Freundin hat mir kürzlich geraten, das Sauerkraut länger zu kochen und mit Mehl zu binden. Sind Sie auch dieser Ansicht, oder haben Sie mir einen andern Rat?

Vreni Moser, Baar

Um die Schärfe des Sauerkrautes zu mildern, kann man es, wie Ihre Freundin vorschlägt, mit Mehl binden, indem man ca. 20 Minuten vor dem Anrichten 10 g Mehl (auf 3/4 kg Sauerkraut) in 1 dl Milch auflöst, glattrührt, unter das Kraut mischt und mitkochen lässt. Die gleiche mildernde Wirkung hat auch die Beigabe einer roh geriebenen Kartoffel.

Diese Methode ist typisch für die deutsche Küche, während in Frankreich das Sauerkraut zur Entschärfung vor dem Kochen stets sorgfältig gewaschen wird. Man gibt es in ein Sieb, lässt kaltes Wasser darüber fliessen, spült es rasch ab und pflückt es dabei mit den Fingern auseinander. Dann lässt man es abtropfen und drückt es gut aus, um das Wasser herauszupressen. Manche Hausfrauen legen es dann auf sauberen Küchentüchern aus und warten, bis es an der Luft getrocknet ist. Sehr scharfes Sauerkraut kann man auch ein zweites Mal in warmem Wasser waschen und wieder gut abtropfen lassen.

Gewaschenes Sauerkraut schmeckt wunderbar mild; es verliert dabei allerdings einen Teil seiner natürlichen gesunden Milchsäurebakterien. Ich nehme diesen Verlust aber gern in Kauf, weil mir saures Sauerkraut auch nicht schmeckt.

Schwarzwurzeln

Mein Mann ist ein grosser Fan von Schwarzwurzeln, und darum möchte ich Sie fragen, ob Sie mir einen guten Tip bekanntgeben können, wie man dieses Gemüse am besten schält. Das letzte Mal habe ich den schwarzen klebrigen Saft nämlich kaum mehr von meinen Händen gebracht.

Alexandra Kruif, Zürich

Der beste Schutz beim Schälen roher Schwarzwurzeln sind Plastikhandschuhe. Einen anderen Rat hätte ich Ihnen bis vor kurzem nicht geben können. Nun habe ich aber das Kochbuch «Gemüse» entdeckt, das Susanna Krebs und Hildegard Loretan 1987 im Unionsverlag Zürich herausgegeben haben. Darin werden die «geschwellten» Schwarzwurzeln propagiert, •lie sich problemlos schälen lassen. Man kocht die Wurzeln wie Schalenkartoffeln zwanzig Minuten im Dampf und serviert sie mit Meerrettichquark, Roquefortcreme oder Käsemayonnaise, wobei sich jeder Esser seine Schwarzwurzeln selber schält. Aber auch andere Schwarzwurzelgerichte – beispielsweise Salat – lassen sich aus den ungeschälten Wurzeln mühelos herstellen. In der Einführung zum Schwarzwurzelkapitel, das auch viel Wissenswertes über die Geschichte und den Nährwert des feinen Gemüses enthält, finden sich die beherzigenswerten Sätze: «Nicht umsonst werden Schwarzwurzeln auch ‹Winterspargeln› genannt. Richtig zubereitet, können sie es durchaus mit den weissen Sprossen aufnehmen. Warum im Winter nicht Schwarzwurzeln kaufen statt aus Südafrika eingeflogenen Spargeln?»

Spargelmousse

In einem Restaurant in Lyon haben wir letztes Jahr ein leckeres Hors-d'œuvre gegessen, das im wesentlichen aus Spargelmousse und Brunnenkressesalat bestand. Die Mousse war fabelhaft: ganz zart, hellgrün und aromatisch, von intensivem Spargelgeschmack. Wissen Sie wohl, wie man eine solche Mousse zubereitet? Ich vermute, dass es sich um ein Rezept der Nouvelle cuisine handelt, habe es aber in keinem meiner vielen Kochbücher gefunden.

Astrid Werfel, Rheinfelden

Ich habe die Spargelmousse bei einer Freundin in Genf gegessen und von ihr auch das Rezept bekommen, das ich Ihnen gerne weitergebe. Die Mousse ist einfach herzustellen und beeindruckt jeden Feinschmecker.

Zutaten für 4 Personen:
1 kg grüne Spargeln, 100 g Butter, $1^1/2$ dl Rahm, Salz, Pfeffer.

Man kocht die Spargeln etwas weicher als üblich, lässt sie erkalten und presst sie in einem sauberen Küchentuch trocken. Dann treibt man sie durchs Passe-vite und vermischt sie mit Hilfe einer Gabel mit der weichen Butter zu einer Crème. Zum Schluss zieht man den steifgeschlagenen Rahm darunter. Man lässt die Mousse mindestens zwei Stunden im Kühlschrank stehen, sticht sie dann mit zwei Löffeln ab und arrangiert sie zusammen mit dem Salat auf den Tellern.

Steinpilzgemüse

Als langjährige Abonnentin der «annabelle» – ich lese den Kochbriefkasten ganz besonders gerne – möchte ich Ihnen für Ihre wertvollen Tips und die Suche nach gewünschten Rezepten herzlich danken. Ich wäre Ihnen sehr dankbar, wenn Sie mir ein Rezept für getrocknete Pilze ausfindig machen könnten. Mein Mann hat in diesem Herbst fast täglich von seinen Waldspaziergängen Pilze mitgebracht, die ich einfach nicht täglich auf den Tisch bringen konnte. Es sind vor allem Stein- und Eierpilze, die wir dann trockneten. Nun stehen volle Gläser da, und ich wage es nicht, schon der Menge wegen, etwas daraus zu kochen, weil Pilze sehr schwer verdaulich sind. Meine Frage lautet also: Wie lange müssen sie eingeweicht werden und was für eine Menge darf ich für zwei Personen kochen?

Gritli Obex-Burri, Reith

Ihre gedörrten Pilze scheinen Ihnen mehr Sorge als Freude zu machen. Das begreife ich nur bei den Eierschwämmen, die sich zum Trocknen eigentlich nicht eignen, da sie sich nicht mehr richtig aufweichen lassen. Gedörrte Steinpilze sind hingegen etwas vom Köstlichsten, was man unter seinen Kochvorräten haben kann. Um sie zum Kochen vorzubereiten, wäscht man sie in lauwarmem Wasser und legt sie dann eine Stunde in kaltes Wasser ein, damit sie aufquellen können. Sie sind fast so etwas wie eine Universalwürze, die sehr viele Gerichte reicher und schmackhafter macht. Sie sind nicht nur ein wichtiger Bestandteil des zartgelben Safranrisottos, wie man ihn im Tessin zubereitet; sie machen auch einen einfachen Schmorbraten zur Delikatesse; eine gewöhnliche Fleischbrühe mit Fideli, in der man ein paar Steinpilze kocht, wird zum gastronomischen Kunstwerk, und mit getrockneten Steinpilzen kann man auch ein Zwiebelgemüse, ein Kalbsvoressen, die Füllung von Fleischvögeln oder eine Spaghettisauce verfeinern. Pilze sollten eigentlich nie als Hauptgericht gegessen werden, sondern vielmehr als würzende Beilage. Dann fällt die Tatsache, dass sie eher schwer verdaulich sind, kaum ins Gewicht. Sehr gut schmeckt auch ein Gemüse aus getrockneten Steinpilzen, das man als Vorspeise auf Croûtons (siehe S. 17) serviert.

Zutaten für 2 Personen:
40 g gedörrte Steinpilze, 20 g Butter, 2 Esslöffel Olivenöl, 1 Knoblauchzehe, 1/2 Sträusschen Petersilie, 1 dl heisse Fleischbrühe, Pfeffer und Salz, 1 Esslöffel Rahm.

Man wäscht die Pilze und legt sie eine Stunde lang in kaltes Wasser ein. Dann drückt man sie aus und dünstet sie in einer Mischung von heissem Öl und Butter gut durch, gibt Petersilie und Knoblauch – beides zusammen fein verwiegt – dazu, dünstet weiter, löscht mit Fleischbrühe ab, pfeffert und salzt und lässt sie 20–30 Minuten auf kleinstem Feuer kochen, bis die Flüssigkeit ganz eingedämpft ist. Dann vermischt man sie mit dem Rahm, würzt wenn nötig nach und serviert das Gemüse auf Croûtons (kleine Brotscheiben, die man in der Bratpfanne mit wenig Butter goldbraun gebacken hat). Dieses Steinpilzgemüse schmeckt auch gut auf Polentaschnitten und zu gegrilltem Fleisch. Wenn Sie einmal angefangen haben, mit Ihren Steinpilzen zu kochen, so werden Sie ganz sicher Ihre Vorräte aufgebraucht haben, bevor die neue Ernte beginnt!

Tomatenbrot

Auf einer Reise durch die Toskana haben wir in der Bar oft zum Chianti ein saftiges Tomatenbrot gegessen, das uns besser schmeckte als die meist faden Sandwiches. Können Sie mir einen Tip für ihre Zubereitung geben?

Dorothea Bachmann, Herzogenbuchsee

Tomatenbrot, wie man es in der Toskana und auch in Süditalien zubereitet, gehört zu den einfachen ländlichen Spezialitäten, die blitzschnell zubereitet sind und eine kleine Mahlzeit darstellen, die alles enthält, was der Mensch zum Leben braucht. Man benötigt dazu 1–2 cm dicke Scheiben von gutem, nicht zu frischem Hausbrot, reife Tomaten, Salz, Pfeffer und gutes Olivenöl. Man schneidet die Tomaten, je nach ihrer Grösse in Hälften oder Viertel, die man aufs Brot drückt, so dass ihr Saft seine Oberfläche befeuchtet. Dann legt man die Tomatenstücke aufs Brot, bestreut mit Salz und Pfeffer und giesst sparsam oder reichlich Olivenöl darüber.

Zucchetti-Kuchen

In unserem Garten wuchern die Zucchetti, dass wir kaum nachkommen mit dem Einsammeln. Da wir jetzt aber den Rat unseres italienischen Nachbarn befolgen und die Zucchetti nicht mehr armgross, sondern klein, fest und frisch pflücken, haben wir noch mehr Freude an diesem dankbaren Sommergemüse bekommen und möchten Sie herzlich um ein paar neue

Rezepte bitten. Jene für Zucchettisalat, Zucchettigemüse und gefüllte Zucchetti kennen wir bereits.

Daniela Schläpfer, Wohlen

An Zucchettirezepten hat es mir tatsächlich nie gefehlt. Und letzthin habe ich sogar am Fernsehen eine Zucchetti-Kochsendung geschaut, an welcher Minister Joschka Fischer als grüner Gast-Esser teilnahm. Mit echt deutscher Gründlichkeit drang man über die kalte Zucchettisuppe, die gemischten Zucchetti-Spaghetti und vielfältig gefüllte Zucchetti bis zum Dessert vor, das aus fritierten Zucchettiblüten und einem Klacks Erdbeerpüree bestand. Dieses Finale habe ich gern nur am Bildschirm zur Kenntnis genommen, und da meine Leserinnen wissen, dass mir beim Kochen nichts über Mass und Einfachheit geht, möchte ich Ihnen nun zum Schluss nur das für mich neue Rezept eines einfachen und feinen Zucchettikuchens verraten, den mir letzthin eine Freundin aus der Romandie gebacken hat.

Zutaten:
1 Portion gesalzener Kuchenteig, 300 g Zucchetti, 30 g geriebener Parmesan oder Sbrinz, Pfeffer, Salz, Paprika, 2 Esslöffel Olivenöl.

Man gibt den dünn ausgewallten Teig in eine gefettete Backform und belegt sie mit nur einer Schicht von gewaschenen Zucchettirondellen, würzt mit Salz, Pfeffer und Paprika (eventuell mit einem Spritzer Sojasauce), beträufelt mit dem Olivenöl und bäckt den Kuchen bei 250 Grad in der Mitte des Ofens in 10 bis 15 Minuten. Das ist kein sättigendes Gericht, sondern eine appetitanregende Vorspeise, zu der ein kühler Weisswein am besten passt.

Zwiebelgemüse (Oignons confits)

Als Zugabe zu Fleisch oder Geflügel bekam ich in der Provence ein süss-säuerliches Zwiebelgemüse, das wie gekochtes Rotkraut aussah. Gerne würde ich den entsprechenden Namen sowie das Rezept erfahren. Können Sie mir helfen?

Alice Gudit, Apples

Ich habe das Zwiebelgemüse, das sie beschreiben, letzthin bei einer Geburtstagseinladung zum ersten Mal gegessen. Es wurde zu Fisch serviert und schmeckte mir so gut, dass ich die Gastgeberin um das Rezept gebeten habe. Sie verwies mich auf Fredy Girardets «La cuisine spontanée», und in diesem wunderbaren Kochbuch, das übrigens auch auf deutsch erschienen ist, figuriert es unter der Bezeichnung Oignons confits.

Ich fasse es kurz zusammen, weil ich überzeugt bin, dass es auch andere Leserinnen interessiert und weil man jetzt auf den Märkten und in Gemüsegeschäften die grossen, milden Gemüsezwiebeln bekommt, die sich besonders gut für dieses Gericht eignen.

Zutaten für 4 Personen:
600 g Zwiebeln, 1 dl Rotweinessig, 5 dl Rotwein, 5 dl Wasser, 40 g Butter, 70 g Honig, Salz, Pfeffer, 1 Schuss Essig.

Man gibt die in Streifen geschnittenen Zwiebeln in einen Kochtopf, giesst Essig und Wein dazu, bis sie ganz bedeckt sind und lässt sie 30–45 Minuten auf kleinem Feuer kochen, bis die Zwiebeln alle Flüssigkeit aufgesaugt haben. Dann gibt man das Wasser dazu und lässt nochmals eine halbe Stunde kochen, bis auch das Wasser verdampft ist. Es ist ratsam, von Zeit zu Zeit umzurühren. Nun rührt man die Butter und den Honig unter die Zwiebeln, würzt mit Salz und Pfeffer und stellt sie bis zum Gebrauch warm. Man kann sie auch vor dem Servieren langsam wieder erhitzen und mit einem Schuss gutem Weinessig ablöschen.

Wie man Randen kocht

In meinem Hausgarten säe ich jedes Jahr Randen, rote Rüben, weil wir sie so gerne essen. Gelegentlich, wenn ich in die Schweiz komme, nütze ich die Gelegenheit und esse Randensalat, der meist am Salatbuffet angeboten wird. Bei mir sind die gekochten Randen zu weich oder innen noch hart. Nun zu meinem Problem: Bitte helfen Sie mir, einer altgedienten Hausfrau: Welchen Trick muss ich anwenden, dass ich keine matschigen oder halbrohen Randen im Salat habe?

Lisbeth Kern, Leingarten

Ich vermute, dass Ihnen das Missgeschick mit den Randen passiert, weil Sie rote Rüben von ganz verschiedener Grösse miteinander kochen; die einen werden dann zu weich, während die andern innen noch hart bleiben. Man muss darauf achten, dass alle Randen ungefähr gleich gross sind. Ein zweites Problem ist die sehr unterschiedliche Kochzeit bei diesem Gemüse. Frische Sommerranden sind in 30–40 Minuten gar; ältere und vor allem grosse Randen haben 2–3 Stunden, bis sie weich sind. Da hilft nichts als aufmerksame Kontrolle, indem man mit einem scharfen Messer prüft, ob die Randen bis innen weich genug sind.

Vor dem Kochen schneidet man das Kraut etwa 2 cm über den Knollen ab und achtet beim Waschen darauf, dass die Haut nicht verletzt wird, da sonst der rote Saft austritt. Man setzt die Randen kalt auf in leicht gesalzenem Wasser, das sie ganz bedecken muss. Wenn Sie diese Regeln befolgen, sollte Ihnen das Randenkochen in Zukunft gelingen.

Salate

Artischockensalat

Ich habe in New York in einem italienischen Restaurant einen «Artischockensalat mit Parmesansauce» gegessen. In einem andern italienischen Restaurant habe ich den gleichen wieder gesehen – er scheint eine Spezialität zu sein. Die Artischocken waren roh (in Scheibchen), und ich glaube, es war nur der innerste Teil. Wie rüstet man die rohen Artischocken? Die Sauce (sämig) schien aus Parmesan, Olivenöl und Zitronensaft zu bestehen. Kennen Sie vielleicht ein etwas genaueres Rezept?

S. Stucky, Basel

Den Artischockensalat, den Sie beschreiben, habe ich noch nie gegessen. Ich kann mir aber gut vorstellen, dass er ausgezeichnet schmeckt. Käse und Gemüse oder Salate ergänzen sich ja in vielen Gerichten sehr harmonisch: Ich denke zum Beispiel an den Salat aus Mozzarella- und Tomatenscheiben, an den griechischen Salat mit Fetakäse oder auch an die Roquefort-Salatsauce, die besonders gut zu Chicorée- und Eisbergsalat passt. Sie beschreiben diesen verlockenden Artischockensalat so präzis, dass ich nicht weiss, warum Sie ein «genaueres Rezept» suchen. Es gehört doch zum Reiz des Kochens, dass man etwas ausprobiert und in Ihrem Fall eine Sauce so lange ausbalanciert und abschmeckt, bis sie der eigenen Idealvorstellung entspricht. Ausser Olivenöl, Zitronensaft und geriebenem Parmesan würde ich vielleicht noch eine Prise Salz und schwarzen Pfeffer aus der Mühle beimischen. Die einzigen Artischocken, die man roh essen kann, sind die blaugrünen aus Sardinien, deren Blätter in einem gelben Dorn enden. Man verwendet den fleischigen untersten Teil der Blätter, das Herz des Gemüses und das Mark der langen Stiele. Ich bin aber überzeugt, dass auch gekochte Artischocken an dieser Parmesansauce gut schmecken.

Caesar Salad

Ich bin eine treue Leserin Ihrer Tips. Heute gelange ich mit einem Wunsch an Sie: In Amerika fanden wir mehr oder weniger auf jeder Speisekarte einen Caesar Salad. Können Sie mir sagen, wie man diesen Salat zubereitet. Bekannt ist mir, dass man ihn mit Käse serviert. Nimmt man dazu einen speziellen Käse? Und wie setzt sich die Sauce zusammen? Ich würde mich sehr darüber freuen, wenn Sie mir das Rezept verraten würden.

Catherine Bahnmüller, Teufen

Zuerst habe ich in meinen Kochbüchern vergeblich nach dem Caesar Salad gefahndet und dann meine Freunde und Bekannten mit Amerikaerfahrung um Auskunft gebeten. Alles ohne Erfolg. Dann telefonierte ich mit dem Schriftsteller Jürg Federspiel, der eben wieder einmal aus New York nach Zürich zurückgekehrt war, und er sagte: «Sei unbesorgt; übermorgen hast du das Rezept.» Und zwei Tage später bekam ich tatsächlich ein Fax von seiner amerikanischen Agentin mit drei Varianten des Salates, von denen ich Ihnen nachstehend diejenige mitteile, die mir am besten gefallen hat.

Zutaten für 6 Personen:
1 gehackte Knoblauchzehe, 1/2 Tasse Olivenöl oder anderes Salatöl, 1 Tasse Croûtons, 1 grosser Lattich- oder Zuckerhutsalat, Salz und Pfeffer, 1 Teelöffel Worcestersauce, 1 Ei, 1 Esslöffel Zitronensaft, 3–4 Sardellenfilets, 1/4 Tasse geriebener Parmesankäse.

Man vermischt das Öl mit dem gehackten Knoblauch und lässt das Gemisch ein paar Stunden stehen. Dann gibt man einen Esslöffel Knoblauchöl in eine Teflonpfanne und brät darin die Croûtons knusprig. Man schneidet die Salatblätter in breite Streifen, würzt sie in der Schüssel mit Salz und Pfeffer und giesst das restliche Knoblauchöl und die Worcestersauce darüber. Das Ei gibt man für eine Minute in siedendes Wasser, schneidet einen Deckel ab und gibt das Eigelb mit dem leicht fest gewordenen Eiweiss auf den Salat, beträufelt mit dem Zitronensaft und vermischt alles sorgfältig. Zum Schluss fügt man gehackte Sardellenfilets, geriebenen Parmesan und Croûtons bei. Man kann diesen Salat auch mit Eisbergsalat, Chicorée, Endivie oder Frisée zubereiten.

Champignonsalat

Ich habe an einem Salatbuffet einen Champignonsalat gegessen, der Spitze war. Als mögliche Zutaten konnte ich nur Zitrone, Olivenöl, Salz und Pfeffer ausmachen. Haben Sie mir wohl eine Anleitung, wie man das einfache Wunderwerk herstellt?

Hedi Meyer, Solothurn

Von einer italienischen Freundin weiss ich, dass das Geheimnis dieses Champignonsalates darin liegt, dass man die Pilze im Zitronensaft marinieren lässt. Man rechnet ein Pfund Pilze für vier Personen, wäscht sie, lässt sie abtropfen und schneidet sie in dünne Lamellen, die man in eine flache Platte legt und mit dem Saft einer Zitrone beträufelt. Nach einer Stunde lässt man sie abtropfen und trocknet sie mit Küchenpapier. Man beträufelt sie mit 2 Esslöffeln gutem Olivenöl und würzt mit Salz und Pfeffer. Gut schmeckt dieser Salat auch, wenn man mit dem Sparschäler etwas Parmesan darüberhobelt oder ein paar gehackte Baumnüsse darüberstreut.

PS: Man kann diesen Salat aus weissen oder braunen Champignons zubereiten. Die weissen sind schöner fürs Auge, die braunen Champignons sind würziger im Geschmack.

Fenchelsalat mit Käse

An einem Salatbuffet habe ich einen Fenchelsalat gegessen, der vermutlich mit kleinen Käsewürfeln vermischt war. Es war eine Art weisse Symphonie (auch die Sauce war weiss). Können Sie mir sagen, wie man diesen leckeren Salat zubereitet?

Susi Tognola, Bolligen

Frischer Käse – ob es sich nun um griechischen Feta, Mozzarella, französischen Brie oder auch einfach Hüttenkäse handelt – ist eine feine und nahrhafte Zutat zu vielen Salaten. Kombiniert man ihn mit rohem Fenchel, muss man vor allem darauf achten, die Knolle in sehr feine Streifchen zu schneiden, die nicht dicker als 2–3 mm sein sollten. Für vier Personen würde ich 100 g frischen Ziegen- oder Schafkäse rechnen und für die Sauce eine Mischung aus 2 Esslöffeln Essig, 2 Esslöffeln Sonnenblumenöl und 4 Esslöffeln Rahm, die man mit dem Schneebesen so lange verrührt, bis sie luftig und sämig ist. Man kann diesen Salat auch mit feingehacktem Fenchelkraut bestreuen; dabei verliert er allerdings seinen aparten Ton-in-Ton-Charakter.

Gemüsesalate

Am liebsten esse ich Gemüse, und im Sommer mache ich alle Arten von Gemüsesalaten. Gibt es aus Wintergemüsen etwas dieser Art, was nicht einfach der übliche Selleriesalat mit Äpfeln ist? Vielleicht auch mit (leicht) gekochten Gemüsen.

Franziska Aebi, St. Gallen

Ich bin wie Sie eine grosse Liebhaberin von Gemüsesalaten. Ob Lauch, Blumenkohl, Broccoli, Artischocken, Karotten oder Spinat – am besten schmecken mir alle diese Gemüse, wenn man sie in Dampf oder in wenig Salzwasser gart, etwas abkühlen lässt und dann mit ein paar Tropfen Zitronensaft oder Aceto balsamico und gutem Olivenöl anmacht. Auf diese einfache und gesunde Art werden in Italien ja praktisch alle Gemüse zubereitet. Auch grüner Blattsalat – Kopfsalat, Lattich, Endivie oder Rucola – schmeckt auf diese Weise vorzüglich.

Diese gekochten Gemüsesalate eignen sich auch sehr gut als Vorspeise. Ich denke da zum Beispiel an knapp gekochte Zucchetti und Karotten, die mit Peterli bestreut und mit Zitronenschnitzen und Olivenöl serviert werden. Eine andere gute Kombination ist gekochter Lauch an einer Vinaigrette aus Essig, Öl, Kapern, einer Salzgurke, Petersilie, einer kleinen Zwiebel und einem hartgekochten Ei. Und zum Schluss möchte ich noch auf einen rohen Gemüsesalat hinweisen, der herrlich schmeckt und bei uns viel zu wenig bekannt ist: Man schneidet einen gewaschenen und geputzten Fenchel in sehr dünne Scheiben, die man in einer flachen Schüssel nebeneinanderlegt, mit Olivenöl und Zitronensaft beträufelt und mit Salz und frischgemahlenem schwarzem Pfeffer aus der Mühle würzt.

Gerstensalat mit Kresse

In letzter Zeit habe ich, weil mir die Pasta- und Risottoküche verleidet war, angefangen, Gerstotto zu kochen. Bei Migros gibt es das aus dem Päckli. Dennoch überkommen mich nun ökologische Zweifel, schon wegen des exzessiven Verpackungsmaterials. Könn-

ten Sie mir etwas über Gerste verraten, wo man sie kauft, wie man sie zubereiten kann? Und vielleicht auch, wie eine klassische Gerstensuppe zubereitet wird?

Ursula Vischer, Zürich

Ich finde es erfreulich, dass die moderne Nahrungsmittelindustrie uns mit Hirsotto und Gerstotto die vergessenen Getreidesorten der Vergangenheit wieder in Erinnerung ruft.

Die Gerste ist eine ganz besonders gesunde und leicht verdauliche Getreideart, die viele Vitamine und Mineralstoffe, vor allem Kalium, Kalzium und Phosphor enthält. Rollgerste – so nennt man die geschälten und polierten Gerstenkörner – wird in jedem Lebensmittelgeschäft verkauft; ganze Gerstenkörner findet man vor allem in Bioläden oder Reformhäusern. Gerste lässt sich auf viele Arten zubereiten: vom Gerstotto, der wie Risotto zubereitet wird, aber 45–60 Minuten Kochzeit hat, über die Bündner Gerstensuppe bis zum pikanten oder süssen Gerstensalat. Da die klassische Gerstensuppe eher bekannt ist, schicke ich Ihnen das Rezept privat und schlage Ihnen und den Leserinnen dieses Briefkastens einen sommerlichen Gerstensalat vor.

Zutaten für 4 Personen:
200 g Gerstenkörner oder 100 g Rollgerste, 1 kleine Zwiebel, 100 g Gartenkresse, 1 grosse oder 2 kleine Tomaten, 1/4 Gurke, 2 Esslöffel Weissweinessig, 4 Esslöffel Olivenöl, Salz und Pfeffer.

Man lässt 4 dl Wasser aufkochen, gibt die Gerstenkörner bei und lässt sie 40 Minuten bei kleinster Hitze kochen, indem man von Zeit zu Zeit umrührt. In einer Schüssel vermischt man Essig, Öl, Salz und Pfeffer zu einer Sauce und fügt am Schluss die gewaschene und abgetrocknete Kresse bei. Sehr fein schmeckt auch ein süsser Gerstensalat, den man an einer Sauce aus Zitronensaft, Zucker und Joghurt zubereitet und mit reichlich frischen Saisonfrüchten vermischt.

Insalata mista di mare

Mein Wunsch betrifft die italienische Vorspeise Insalata frutti di mare misti. Können Sie mir bitte folgende Fragen beantworten: Welche Sorten Meeresfrüchte und Fische? Wie werden sie vorbereitet und gekocht? Welche Salatsauce passt dazu? Gibt es ein Rezept?

Claire Sturzenegger, Goldach

Es gibt vermutlich keinen Fisch und keine Meerfrüchte, die sich nicht zu einem delikaten Salat verarbeiten lassen, dessen Grundzutaten Zitronensaft und gutes Olivenöl sind. Der Phantasie der Köchin sind da praktisch keine Grenzen gesetzt. Man kann auch Resten von gekochtem oder gebratenem Fisch haltbar machen, indem man sie mit Zitronensaft oder feinem Weinessig übergiesst, in den Kühlschrank stellt und am nächsten Tag als Salat anmacht.

Die Insalata mista di mare, die in

vielen italienischen Restaurants eine klassische Vorspeise ist, wird meistens aus drei verschiedenen recht preiswerten Meerfrüchten zubereitet: aus Tintenfisch (it. calamari), Pulp oder Krake (it. pulpo) und aus Crevetten. Für vier Personen rechnet man 1 Pfund der drei Sorten. Wenn man mit «Kopffüssern», zu denen Tintenfische und Pulpi gehören, keine Erfahrung hat, überlässt man das Reinigen am besten dem Fischhändler. Man kocht alle drei Sorten im Salzwasser 20–30 Minuten, lässt sie abtropfen und schneidet sie dann in 3–4 cm lange Stücke; die Crevetten werden nur geschält. Man macht den Salat 1–2 Stunden vor dem Essen mit Zitronensaft, Olivenöl und Pfeffer an und bestreut ihn mit feingehackter Petersilie.

Kabissalat

Ihre Kochtips lese ich jedesmal mit grossem Interesse und hoffe, dass Sie mir für einen meiner Lieblingssalate, nämlich Kabissalat, einen Tip geben können. Es scheint eigentlich ganz einfach, doch habe ich trotz Konsultieren aller meiner Kochbücher keinen wirklich exzellenten Kabissalat zustande gebracht. Es muss an der Zusammensetzung und Wahl des Essigs, eventuell des Öls liegen. (Am besten schmeckt er mir ohne Speck mit viel Kümmel.)

Alice Gerlach, Dübendorf

Ein guter Kabissalat muss frisch zubereitet, aber mürbe sein. Das erreicht man in erster Linie, indem man das Gemüse so fein wie möglich schneidet oder hobelt. Den geschnittenen Salat gibt man in eine tiefe Schüssel, übergiesst ihn mit kochendem Salzwasser und lässt ihn nach zehn Minuten auf einem Sieb abtropfen, wobei man ihn von Hand noch etwas ausdrückt. Darauf vermischt man den Salat mit einer Sauce, zu der man milden Essig und kaltgepresstes Öl (Oliven-, Sonnenblumen- oder Maiskeimöl) im Verhältnis 1:2 mischt und je nach Geschmack mit feingehackter Zwiebel, Kümmel oder frisch gemahlenem Pfeffer abschmeckt. Vor dem Auftragen lässt man den Kabissalat mindestens eine Viertelstunde durchziehen.

Linsensalat mit Brunnenkresse

Können Sie mir ein Rezept für Linsensalat vermitteln? Ich habe ihn bei einer Geburtstagseinladung zum ersten Mal gegessen, wo es ein Salatbuffet gab.

Alma Feininger, Baden

Linsensalat ist wirklich etwas Feines, und ich sehe mit Freude, dass man heutzutage wieder anfängt, die schlichten Hülsenfrüchte in neuen und delikaten Varianten vorzuschlagen. Sehr gut schmeckt nach meiner Erfahrung

100 g Brunnenkresse, 150 g rote Linsen, 1/2 Esslöffel Butter, 1/2 Lauchstengel (nur das Weisse), fein geschnitten, 1 Zweiglein Thymian, 1 dl Rotwein, ca. 3 dl Wasser, Salz, schwarzer Pfeffer, 2 Esslöffel Rotweinessig, 4 Esslöffel Olivenöl.

Man dünstet den Lauch in der Butter, gibt die Linsen und den Thymian bei, löscht mit dem Rotwein ab, lässt etwas einkochen und giesst das Wasser dazu. Dann werden die Linsen auf kleinem Feuer 15–20 Minuten zugedeckt gekocht und danach gesalzen. Aus Rotweinessig, Olivenöl und frisch gemahlenem schwarzem Pfeffer bereitet man eine Salatsauce, die man mit den heissen Linsen vermischt und 15 Minuten durchziehen lässt. Kurz vor dem Servieren wird die gewaschene und leicht zerpflückte Brunnenkresse unter die Linsen gemischt. Man kann anstelle von Brunnenkresse auch Petersilie verwenden.

Löwenzahnsalat

Können Sie mir sagen, wie man Spinatsalat und Löwenzahnsalat klassisch zubereitet? Ich weiss auch nicht, ob der gebleichte hellgelbe Löwenzahn besser oder gesünder ist als das frische grüne Kraut. Ich hoffe, dass Sie mir aus Ihrer grossen Erfahrung raten können.

Patrizia Gerber, St. Gallen

Der gebleichte Löwenzahn ist vor allem in Frankreich und in der Westschweiz beliebt; er ist zarter und weniger bitter und wird den ganzen Winter hindurch angeboten. Im Frühling würde ich die wildwachsenden Wiesenrosetten vorziehen, vor allem, wenn man sie bei einem Spaziergang auf ungedüngten Wiesen sucht.

Man kann den Löwenzahnsalat wie jeden andern grünen Salat anmachen; zur klassischen Zubereitung, die aus der französischen Küche stammt, gehören gebratene Speckwürfel aus gesalzenem (nicht geräuchertem) Speck. Man brät sie in einer Bratpfanne langsam knusprig, so dass das Fett austreten kann, und streut sie über den Salat. Dann nimmt man die Pfanne vom Feuer, löscht mit drei Esslöffeln Rotweinessig ab, rührt auf kleiner Hitze gut um und giesst die Sauce an den Salat. Schön sieht es aus, wenn man ihn mit einem durchs Sieb gedrückten harten Eigelb dekoriert.

Spinatsalat ist kein «klassischer» Salat; ich vermute, dass Hausfrauen auf die gute Idee kamen, das eisenreiche grüne Gemüse auch als Salat zu verwenden. Man kann ihn genau wie den Löwenzahnsalat zubereiten oder aber an einer leichten Sauce aus Zitronensaft und Olivenöl, Salz und Pfeffer.

Breslauer Randen-Kartoffel-Salat

An einem sommerabendlichen Salatbuffet gab es anstelle der langweiligen Kartoffel-, Mais- oder Reissalate einen nahrhaften und wohlschmeckenden Salat, der mir durch seine sensationelle rotviolette Farbe auffiel. Vermutlich enthielt er Randen, vielleicht auch Kartoffeln; er zeichnete sich auch durch eine angenehme Nuance des Süss-Sauren aus. Die Gastgeberin sagte, es sei eine russische oder polnische Spezialität. Ob Sie mir wohl zu diesem Rezept verhelfen können?

Edmeé Jaeger, Wallisellen

Ich habe bei einer Freundin in Breslau einmal einen Salat gegessen, der demjenigen, den Sie suchen, vermutlich sehr ähnlich ist. Ich habe von ihr kein genaues Rezept bekommen: doch hat sie mir die Zubereitung so geschildert, dass ich seither diesen osteuropäischen Randen-Kartoffel-Salat schon oft mit Erfolg ausprobiert habe. Die nachstehenden Mengenangaben sind nur Annäherungswerte, da ich die Zutaten nicht abwäge. Wichtig ist nur, dass man mehr Randen als Kartoffeln verwendet.

Zutaten für 6 Personen:
750 g gekochte Randen, 500 g gekochte und erkaltete Kartoffeln, 1–2 Zwiebeln, 3–4 milde Salzgurken, 3 hartgekochte Eier, Essig, Öl, Mayonnaise, Senf, Salz und Pfeffer.

Man schneidet Randen und Kartoffeln, Salzgurken und Eier in Würfelchen und hackt die Zwiebeln fein. In einer grossen Schüssel rührt man Essig, Öl, Salz, Pfeffer Senf und Mayonnaise zu einer sämigen Sauce, die man darauf sorgfältig mit den Salat-Zutaten vermischt.

Rettichsalat

Von einem Salat-Buffet habe ich einen Rettichsalat gegessen, der mir wunderbar schmeckte, obwohl ich Rettich, weil zu scharf, eigentlich nicht mag. Vielleicht lag es an der weissen Quark- oder Joghurtsauce. Auch Rahm war vielleicht beigemengt. Der weisse Salat war mit einem mir unbekannten, feingehackten grünen Kraut bestreut, das kräftig schmeckte. Und es sah auch sehr schön aus. Ich möchte auch einmal einen solchen Rettichsalat machen. Können Sie mir helfen?

Renée Huber, Horgen

Eine Quark- und Joghurt-Sauce mildert die Schärfe des Rettichs auf angenehme Weise; da bin ich ganz mit Ihnen einverstanden. Ich würde Ihnen raten, für vier Personen 4 Esslöffel Joghurt, 1 Esslöffel Vollmilchquark und 1 Esslöffel Olivenöl und ein wenig Salz gut zu vermischen und 500 g Rettich mit einer groben Raffel in die Sauce zu reiben und umzurühren. Als Gewürzkraut würde ich gehackten Kerbel verwenden oder auch gehackte Rettichblätter. Viele Schweizer Hausfrauen wissen gar nicht, dass die Blätter des Rettichs, wenn sie frisch sind, ausgesprochen gut schmecken, sowohl als Beigabe zum Rettichsalat als auch separat als eigenständiger Salat oder mit andern grünen Blattsalaten gemischt. Wer scharfen Rettich nicht schätzt, sollte möglichst jungen Rettich kaufen. Heute findet man auf dem Markt aber auch mildere Sorten, z. B. den erfrischenden roten Rettich.

Rüeblisalat (Karottensalat)

Meine Freundin sagt, roher Rüeblisalat sei gesünder als gekochter, weil das (für die Augen) wichtige Vitamin A beim Kochen zerstört würde. Ich esse lieber Salat von ge-

kochten Rüebli und frage Sie jetzt, ob ich auf rohen Rüeblisalat, der mir zu hart ist, umstellen muss.

Yvonne Schweiger, Köniz

Ich bin überzeugt, dass es nicht sinnvoll ist, etwas zu essen, nur weil es gesund ist, in Ihrem Fall also von gekochtem auf rohen Rüeblisalat umzustellen. Denn was einem gut schmeckt, wird vom Körper auch gut aufgenommen. Und der Sinn der Kochkunst liegt schliesslich darin, Nahrungsmittel so appetitlich zuzubereiten, dass man sie mit Lust zu sich nimmt. Bleiben Sie also beim gekochten Rüeblisalat; achten Sie aber darauf, dass die Rüebli in wenig Salzwasser nicht zu weich gekocht werden oder noch besser: kochen Sie dieses Gemüse im Dampf. Ein Fachmann hat mir erklärt, dass der Carotingehalt der rohen Rüebli höher ist als derjenige der gekochten; dafür kann das Carotin der gekochten Rüebli (über die Verbindung mit Fett) besser vom Körper aufgenommen werden. Zum Schluss möchte ich aber doch noch anmerken, dass roher Rüeblisalat nur hart schmeckt, wenn er zu grob geraffelt wird, was leider häufig geschieht. Versuchen Sie es doch einmal mit einer feinen Raffel, vielleicht sogar mit der Bircherraffel!
Und machen Sie eine Salatsauce aus Zitronensaft und Olivenöl oder Joghurt, die Sie mit frisch gemahlenem schwarzem Pfeffer abschmecken.

Salat aus dem Beutel

Meine Tochter ist fürs Biologische und will den Salat, den ich manchmal gerüstet und gewaschen im Beutel kaufe, nicht essen. Als berufstätige Hausfrau habe ich aber nicht viel Zeit zum Kochen und profitiere deshalb gern von praktischen Angeboten, die mir helfen, Zeit zu sparen. Es würde mich interessieren, Ihre Meinung in dieser Angelegenheit zu erfahren.

Renée Schryber, Rheinfelden

Ich halte es wie Ihre Tochter und kaufe keinen gewaschenen Salat im Beutel. Ich kaufe Gemüse und Obst wenn möglich nicht abgepackt, sondern offen und mag auch gewaschene Karotten oder Kartoffeln nicht, weil ich überzeugt bin, dass eine Hausfrau diese Gemüse viel schonender wäscht als eine industrielle Grosswaschanlage. Und das gilt natürlich noch viel mehr für den gesunden und delikaten Salat; denn es ist ja kein Zufall, dass im Beutel nur zwei oder drei ganz besonders robuste Salatsorten angeboten werden. Und Hand aufs Herz: Um einen Lattich- oder Eisbergsalat zu waschen und zu schneiden, brauchen Sie höchstens ein paar Minuten länger, als um den Beutel zu öffnen und seinen Inhalt vorschriftsgemäss nochmals in frischem Wasser durchzuspülen. Ich glaube, dass die Zeit, die man sich einräumt, um in Ruhe eine Mahlzeit zu kochen, keine verlorene Zeit ist, keine Zeit, die man eigentlich einsparen sollte, sondern Zeit, die durchaus sinnvoll verwendet wird.

Salat vor oder nach dem Hauptgang

Persönlich geniesse ich den Salat am liebsten zum Essen. Ich möchte aber gerne wissen, ob man ihn bei einer Einladung eher vor oder nach der Hauptmahlzeit serviert und ob er je nachdem anders, d. h. reicher oder einfacher zubereitet werden soll.

E. Wyler, Zürich

Liebe Frau Wyler, Sie tönen die Antwort, die ich Ihnen geben möchte, bereits in Ihrer Frage an. Ein einfacher grüner Salat, der mit Essig, Öl und Salz angemacht wird, eignet sich vorzüglich zum Abschluss und zur Abrundung einer Mahlzeit, vermutlich dank der Säure des Essigs, die auf angenehme Art anregend wirkt. Eine reichere Salatmischung dagegen – z. B. Nüsslisalat mit gehacktem Ei, Endiviensalat mit gebratenem Speck und Croûtons oder Salat aus Artischockenherzen, Oliven und Spinatblättern – serviert man eher als leichte Vorspeise. Feste Regeln lassen sich da meiner Ansicht nach nicht aufstellen, denn wie Sie schreiben, schmeckt Salat ja auch sehr gut als erfrischende Beilage zu grilliertem Fleisch, Fisch oder zu Eiern.

Was ich bedaure, ist aber, dass heute Salat – vor allem in Restaurants – fast nur noch als Vorspeise serviert wird, was dem rein praktischen Zweck dient, dem Gast die Wartezeit bis zum Hauptgang zu verkürzen. Vor allem die grossen Salatteller, die in vielen italienischen Restaurants vor dem Essen serviert werden, finde ich eine Unsitte, weil sie einem den Magen füllen und den Appetit auf den Hauptgang nehmen. In der echten Tradition der italienischen und der französischen Küche wird der frische Blattsalat immer nach dem Hauptgang gereicht.

Selleriesalat

Ab und zu komme ich in die Lage, eine grössere Menge rohen Selleriesalat machen zu müssen, als Beitrag zu einem Seepicknick unter Freunden zum Beispiel. Leider bleibt der Salat trotz schnellem Beifügen von Zitronensaft während des Raffelns mit der Moulinex nie ganz so schneeweiss wie der, den man in Delikatessläden kaufen kann.

Man sagt mir, diese Läden kaufen den Sellerie in grossen Büchsen. Ob er von der Fabrik geschwefelt wird? Oder sonst irgendwie behandelt? Ich habe schon Versuche gemacht, den geraffelten Sellerie ganz kurz zu blanchieren, doch das Resultat ist nicht befriedigend. Tatsache ist, dass selbstgemachter Salat, auch wenn er nicht schneeweiss bleibt, wesentlich besser schmeckt als gekaufter, und sei der vom besten Traiteur. Wenn ich aber das Geheimnis wüsste, die Farbe stabil zu halten, würde mich das freuen.

Margot H. Hess, Winterthur

Damit der Selleriesalat schön weiss bleibt, ist es ratsam, zuerst die Salatsauce (z. B. 2 Esslöffel Zitronensaft, 6 Esslöffel Rahm und Salz oder eine mit Zitronensaft verdünnte Mayonnaise) anzurühren, den Sellerie direkt in die Sauce zu raffeln und immer von neuem mit ihr zu vermischen, damit er nicht anlaufen kann. Das Beträufeln mit Zitronensaft genügt nicht. Ob die Farbe des Salats aber so wichtig ist, wage ich zu bezweifeln. Wichtig ist doch in erster Linie, dass der hausgemachte Selleriesalat, wie Sie zu Recht schreiben, am besten schmeckt. Wenn meiner Mutter, die eine ausgezeichnete Köchin war, ein Kuchen oder ein Pudding nicht perfekt gelang, so sagte sie jeweils fröhlich: «Dafür sieht man, dass er home made ist». Ich meine, das sollte auch für den Selleriesalat gelten.

Teigwarensalat

An einem kalten Buffet habe ich von einem aparten Teigwarensalat mit Kräutern probiert. Leider konnte ich in meinen italienischen Kochbüchern kein entsprechendes Rezept finden. Darf ich von Ihnen Hilfe erwarten?

Andy Stamm, Bern

Dank einem Zufall kann ich Ihnen ein gutes Rezept für Teigwarensalat verraten. In diesem Sommer habe ich in einem Grotto im Misox einen Koch aus Amalfi kennengelernt, der uns von den herrlichen, leichten, ungekochten Teigwarensaucen seiner Heimat vorschwärmte. Zum Beispiel eine Sauce aus Olivenöl, Zitronensaft, feinverwiegtem Knoblauch und gehackter Petersilie. Ich probierte sie aus und war nicht besonders begeistert. Beim nächsten Grottobesuch berichtete ich dem Koch von meiner Enttäuschung und entdeckte, dass ich ihn falsch verstanden hatte: diese Sauce wird in Amalfi nur für kalte Teigwaren verwendet, die man vor allem im Sommer gern als Antipasto serviert. Ich habe dann nochmals einen Versuch gemacht mit kleinen Rigatoni (eine Art grosse Hörnli) und war ganz begeistert. Mit dieser Salatsauce kann man auch experimentieren, z. B. Pfeffer beifügen oder den Knoblauch durch Schalotte ersetzen. Auch eine Mischung von Peterli und Basilikum schmeckt sicher gut. Wichtig scheint mir auch, dass man mit dem Zitronensaft eher sparsam umgeht.

Zitronensalat

Seit Jahren bin ich eine eifrige «annabelle»-Leserin. Von Ihren guten Tips habe ich schon öfters profitiert. Doch heute komme ich mit einer eher aussergewöhnlichen Frage zu Ihnen. Mich interessieren jegliche Formen von Zitronenrezepten, von Lemon-Pie, Lemon-Icecream, Lemon-Sauce for fish and meat, Lemon-Marmelade, Lemon-Dessert, weil wir demnächst einen grossen Zitronenbaum haben und ich Verwendung suche für all die vielen Zitronen.

Rita Babiczky, Zürich

Ich beneide Sie fast ein wenig um Ihren zukünftigen Zitronenbaum und stelle es mir schön vor, die reifen Früchte vom eigenen Baum zu pflücken. Aus diesen reifen Zitronen können Sie zum Beispiel einen erfrischenden Zitronensalat zubereiten, der zu grilliertem Fleisch oder Fisch sehr gut passt.

Zutaten für 4 Personen:
4 mittelgrosse Zitronen, 1 Teelöffel Weinessig, 2 Esslöffel Olivenöl, Pfeffer und Salz, evtl. 1 Teelöffel Senf.

Man schält die Zitronen sorgfältig und schneidet sie dann in feine Scheiben. Die übrigen Zutaten vermischt man zu einer Salatsauce, die man mit den Zitronen vermischt. Man lässt den Salat vor dem Servieren mindestens eine Stunde lang ziehen.

PS: Auf die gleiche Art kann man einen köstlichen pikanten Orangensalat herstellen. Eine weitere Möglichkeit wäre, Orangen und Zitronen zu mischen. Oder durch Beifügen von feingeschnittenen Fenchelknollen, Kapern oder Oliven den Salat zu variieren.

Zitronensaft lässt sich gut tiefkühlen. Am besten im Eiswürfelfach.

Essig und Öl

Aceto balsamico

Als Jurist mit grossem romanistischem Interesse möchte ich gerne wissen, was es mit dem Aceto balsamico auf sich hat. Ich hatte letzthin bei einer Einladung Gelegenheit, ein Fläschchen davon in die Hand zu bekommen, eine wahrlich preziöse Sache. Wie wird der Aceto hergestellt? Wozu verwendet?

Fredi Senn, Zürich

Der Aceto balsamico ist tatsächlich ein Spitzenprodukt der italienischen Gastronomie. Fast so kostbar wie echte Trüffel und eher schwieriger aufzutreiben. Im Handel ist nur Verschnitt zu haben, das gilt auch für den ausgezeichneten Balsamico der Firma Fini in Modena, von dem 2½ Deziliter vierzig Franken kosten. Die Glasfläschchen dagegen mit der echten dunkelflüssigen Essenz, die man Ihnen gezeigt hat, tragen die amtliche Bezeichnung «Aceto Balsamico Tradizionale di Modena» und kosten über hundert Franken.

Man gewinnt ihn aus dem unvergorenen Saft der weissen Trebbianotraube, die in der Umgebung der Stadt angebaut wird. Dieser Traubenmost wird zuerst stark eingekocht und macht dann während seiner Lagerung in Kastanien-, Maulbeerbaum-, Wacholder- und Eichenholzfässern einen langsamen Gärungsprozess durch, während dem er den Wohlgeschmack der Hölzer aufnimmt. Zum Geheimnis seiner Herstellung gehört nicht nur ein Alterungsprozess von mindestens zwölf Jahren, sondern vor allem auch das Umgiessen in Fässer, die schon Balsamico enthielten, so dass eine ständige Durchmischung stattfindet. Seinem Preis entsprechend wird der Balsamico sehr sparsam verwendet, sozusagen mit dem Tropfenzähler. Man braucht ihn für milde aromatische Salatsaucen, und er ist darüber hinaus auch eine fabelhafte Würze für grilliertes Fleisch, für Fisch oder Kalbsleber. Auch manchen Saucen kann man mit zwei Tropfen Aceto balsamico den letzten Schliff geben.

Braten mit Olivenöl

In unserer Familie brauchen wir zum Kochen und für den Salat sowieso meistens Olivenöl. Natürlich aus erster kalter Pressung. Immer wieder kommen im

Freundeskreis die Diskussionen darüber auf, ob man Olivenöl stark erhitzen kann, d. h. zum Braten gebrauchen kann. Ich meine ja, andere meinen nein. Und Sie?

Regina Glocker, Zürich

Bei meinem letzten Rom-Aufenthalt hatte ich Gelegenheit, Ihre Frage einer Lebensmittelchemikerin vorzulegen, die beim Fernsehen als Konsumentenberaterin arbeitet. Sie hat mir bestätigt, dass das, was Sie und ich in der Küche praktizieren - d. h. das Braten mit Olivenöl – auch vom ernährungswissenschaftlichen Standpunkt aus sinnvoll ist. Kaltgepresstes Olivenöl erträgt das Erhitzen besser als zum Beispiel Erdnuss- oder Maiskeimöl; es enthält Antioxidantien, welche nicht nur die Oxidation des Öls verhindern, sondern auch die Vitamine beschützen. Dass es Leute gibt, die das kostbare Olio extra vergine nur für den Salat empfehlen, hat seinen Grund wohl vor allem darin, dass es relativ teuer ist. Ich bin der Meinung, dass es sich lohnt, mit erstklassigen Grundzutaten zu kochen und lieber einmal fleischlos zu essen.

Hausgemachter Essig

Vor einigen Jahren war es mir gelungen, eine Essigmutter zu züchten. Ich hatte auch Erfolg mit gutem Essig. Mit der Zeit bildete sich aber statt Essig fast immer mehr Essigmutter, so dass die Ausbeute an Essig nur noch gering war. Obschon ich alle Jahre den Topf sowie die Essigmutter gereinigt und sie auch reduziert habe, glaube ich doch, bei der Pflege etwas falsch gemacht zu haben, da sie zu schimmeln begann. Kennen Sie eventuell Literatur zur Essigmutterpflege? Über die Herstellung habe ich schon öfters etwas gefunden, aber leider nicht über die Pflege und keine Tips dazu.

Anna Liechti, Bern

Die Essigzubereitung im Haushalt ist keine exakte Wissenschaft; drum gibt es auch keine Literatur darüber. Im Gegensatz zur industriellen Essigherstellung, bei welcher der Wein mit speziellen Essigbakterien geimpft wird, hängt die Bildung und Entwicklung einer Essigmutter von Mikroorganismen ab, die sich in der Luft oder im Wein befinden, den man zugiesst. Wenn eine Essigmutter nicht mehr funktioniert oder gar schimmelt, wirft man sie am besten weg und beschafft sich eine neue Mutter. Man kann sie selbst aus gutem Weinessig gewinnen, den man in einer halbvollen und nicht verschlossenen Flasche stehen lässt. Man kann sie sich aber auch von Bekannten schenken lassen oder bei der Mosterei Muri im Kanton Aargau bestellen. Die einzige Regel, die für die Pflege des hausgemachten Essigs uneingeschränkt gilt, ist, dass er an einem warmen Ort (mindestens 18 Grad) stehen soll. Der Wein, den man zugibt, sollte möglichst wenig geschwefelt und keinesfalls pasteurisiert sein. Die Flasche mit der Essigmutter darf höchstens zu drei Vierteln aufgefüllt werden, da die Essigbakterien zur Vergärung des Alkohols Sauerstoff benötigen. Man verschliesst sie mit einem lockeren Wattebausch oder einer feinen Gaze.

Flaschen, in die man den fertigen Essig abzieht, sollte man nicht zu lange an der Wärme aufbewahren, sondern in den Keller stellen. Es lassen sich auch Weissweinresten verwenden, allerdings nicht zu häufig, da der Essig sonst zu hell wird. Es lohnt sich auch, einen separaten Weissweinessig anzusetzen. Die Essigmutter wird einmal im Jahr, im allgemeinen im Frühling, entweder gründlich ausgewaschen oder halbiert, damit sie ihre Wirksamkeit bewahrt. Um zu entscheiden, wann der Essig reif ist, muss man ihn probieren. Mild und zugleich kräftig schmeckt er, wenn man ihn abzieht, bevor der ganze Alkohol des Weins in Essigsäure umgewandelt ist.

Milder Essig

Könnten Sie vielleicht eine Empfehlung für den Gebrauch von Essig geben? Ich suche einen milden Essig. Der Himbeeressig schmeckt stark nach Beeren, so dass man ihn kaum für die Salatsauce gebrauchen kann. Ich habe kürzlich eine Salatsauce mit einem Kräuteressig gemacht – also das hat richtig in der Kehle gebrannt. Mir kamen fast die Tränen. Es kommt hinzu, dass ich im Moment keine Milchprodukte verwenden darf. Deshalb kann ich die Salatsauce beziehungsweise den Essig auch nicht auf diese Weise mildern. Haben Sie mir vielleicht ein entsprechendes Salatsauce-Rezept? Oder spielt das Öl, was ich zwar kaum glaube, auch eine Rolle, dass die Sauce mild wird?

Sylvia Nicolai Stähli, Basel

Wenn der Essig vor allem mild sein soll, kauft man besser keinen Beeren- oder Kräuteressig, weil der Säuregehalt dieser Produkte sehr unterschiedlich ist. Im allgemeinen enthält ein guter französischer oder italienischer Weinessig mit kräftigem Aroma 67% Essigsäure. Damit er mild schmeckt, muss man ihn in erster Linie sparsam verwenden; das ist das einfache und doch viel zu wenig bekannte Geheimnis eines guten Salates. Es ist ja auch kein Zufall, dass es in Italien und Frankreich ein Sprichwort gibt, nach dem man beim Salatanmachen für den Essig einen Geizigen, fürs Öl einen Verschwender und fürs Salz einen Weisen braucht. In romanischen Ländern ist es auch üblich, Essig, der zuviel Schärfe hat, zu mildern, indem man ihn mit etwas Wein (nicht Wasser) verdünnt. Milder als Weinessig ist Obstessig; sein Geschmack ist aber nicht jedermanns Sache.

Holunderessig

Letztes Jahr kaufte ich auf dem Zürcher Bürkliplatz-Markt Holunderessig. Da ich diesen nun selber herstellen möchte, bitte ich Sie, mir das Rezept zuzustellen resp. zu veröffentlichen. Auf dem Markt be-

zahlte ich für ½ Liter 8.50 Fr., was doch ein ansehnlicher Betrag ist.

K. Widmer-Meienberg, Forch

Ich bin ganz Ihrer Meinung: Es lohnt sich, einen guten Holunderessig selbst herzustellen. Die Zubereitung ist denkbar einfach: Man legt 50–100 g Holunderbeeren in 5–7 dl Weissweinessig ein, verschliesst die Flasche und lässt sie 1–2 Wochen an einem warmen hellen Ort ziehen. Dann giesst man den Essig durch ein feines Sieb oder durch einen Papierfilter in eine saubere Flasche. Nach der gleichen Methode stellt man auch Kräuter- und Gewürzessig her, wobei man auf das Abgiessen und Filtrieren verzichten kann.

Kräuteressig

Gibt es Rezepte für Rot- und Weissweinessig bezüglich Würzen und spezielle Verwendung? Wie lange soll und kann man diesen Essig aufbewahren bzw. lagern?

Monica Spinas, Zürich

Das Herstellen von Kräuteressig ist ein überaus reizvolles und dankbares Gebiet zum Experimentieren. Anstatt Estragon-, Dill- oder gar Himbeeressig für teures Geld im Spezialgeschäft zu kaufen, kann man im Frühling und im Sommer seine Lieblingskräuter in kleine Flaschen mit gutem Weissweinessig stecken und im Laufe der Zeit herausfinden, welcher Essig einem am besten zusagt und zu welchen Salaten die verschiedenen Kräuteressige am besten passen. Abraten würde ich von Kräutermischungen, da sich die verschiedenen Aromen häufig aufheben oder sogar beeinträchtigen.

Praktisch kann man mit allen frischen Gartenkräutern einen aromatischen Essig herstellen: man nimmt z. B. auf einen halben Liter Weinessig 10–15 Basilikumblätter oder 2 Zweiglein frische Pfefferminze oder einen Zweig Estragon. Man wäscht die Kräuter, tupft sie mit Küchenpapier trocken, gibt sie in die Flasche mit dem Essig und lässt sie zwei bis drei Wochen an einem warmen, hellen Ort ziehen. Nach dieser Zeit kann man den aromatischen Essig in Gebrauch nehmen.

Es gibt Hausfrauen und Köche, die gefilterten Essig vorziehen; ich finde aber den Anblick der ganzen Kräuter im Essig so schön, dass ich aufs Absieben verzichte.

Man kann diese Essige eigentlich unbeschränkt aufbewahren; mit der Zeit wird aber das Kräuteraroma schwächer, so dass es ratsam ist, keine zu grossen Mengen von Kräuteressig anzusetzen.

Rotweinessig ist nur für Knoblauch empfehlenswert: man rechnet auf ½ Liter Essig 2–3 geschälte und halbierte Knoblauchzehen. Mit diesem köstlichen Essig wird man jeden Knoblauchverachter bekehren.

Peperoncini-Öl (Olio santo)

Ich hätte gerne gewusst, wie man Peperoncini in Öl einlegt. Man kocht sie zuerst in Essig und legt sie dann in feines Olivenöl ein. Ich mache aber irgend etwas falsch, denn das Öl beginnt bei mir nach einiger Zeit zu schimmeln. So nahm ich sie nach etwa einer Woche aus dem Öl und musste sie wegwerfen. Meiner Meinung nach sollte man Peperoncini und Öl etwa ein Jahr lang aufbewahren können. Für einen Tip wäre ich dankbar, denn wir lieben dieses Öl und verwenden es oft.

Daria Basile-Trezzini, Lugano

Um Olivenöl zu aromatisieren, verwendet man am besten getrocknete Kräuter oder Pflanzenteile. Die scharfen Peperoncini werden deshalb nicht im Essig gekocht, sondern getrocknet, bis sie keine Flüssigkeit mehr enthalten. Auf diese Weise können die Schötchen ihr Aroma besser ans Öl abgeben, als wenn sie durch zu grosse Feuchtigkeit abgeschirmt sind. In den meisten italienischen Gemüsegeschäften werden sie übrigens auch getrocknet verkauft. Das Rezept ist ganz einfach. Man gibt trockene Schötchen in eine kleine Flasche und füllt den Rest mit Olivenöl auf. Das herrlich scharfe Öl, das nach zwei Wochen zum Gebrauch bereit ist, heisst in den Abruzzen Olio santo – heiliges Öl – und muss vorsichtig dosiert werden.

Wie man Olivenöl lagert

Wie lange kann man Olivenöl aufbewahren? Meine italienische Nachbarin sagt, nicht länger als 1–2 Jahre; ich bin der Meinung, dass es mehrere Jahre gut bleibt, d. h. nicht ranzig wird. Ich bin neugierig, wie Sie diese Frage beurteilen.

Lisa Mächler, Wallisellen

Ich neige eher zur Ansicht Ihrer Nachbarin. Olivenöl ist wie Baumnüsse, Kartoffeln oder weisse Bohnen ein Saisonprodukt, das man bis zur neuen Ernte einkauft und aufbewahrt. (Das gilt übrigens auch für getrocknete Kräuter und Pilze, die man nicht jahrelang behalten sollte, da ihr Aroma immer schwächer wird.) Allerdings: Wenn man das Öl gut verschlossen an einem dunklen und kühlen Ort aufbewahrt, bleibt es sicher 2–3 Jahre gut. Es verliert aber einen Teil seines köstlichen Geschmacks, ohne dass es deswegen ranzig würde.

Kartoffeln

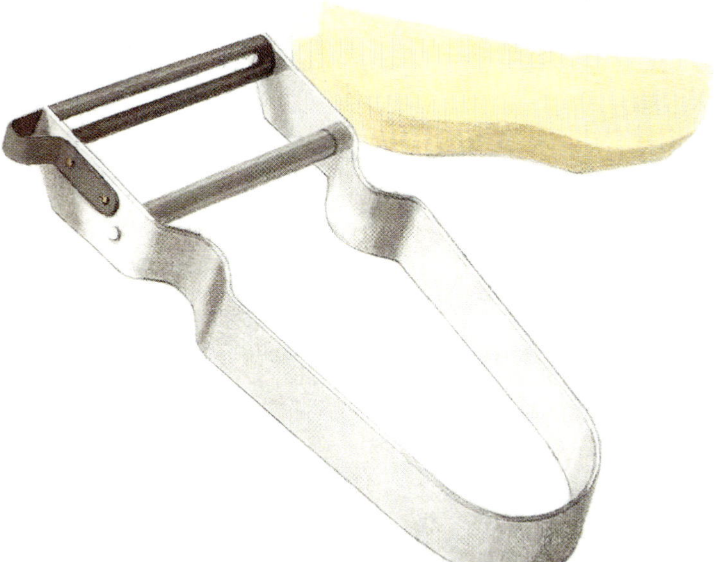

Gratin dauphinois

Ich lasse mich beim Kochen gerne von meiner Intuition leiten; am Gratin dauphinois (ohne Käse und Ei) scheitern meine Kochkünste. Meine Gratinkreationen sind entweder zu feucht oder zu trocken. Auch möchte ich den Kartoffelauflauf nicht ständig überwachen müssen, sondern würde ihn gerne nach beendigter Backzeit in der gewünschten Konsistenz aus dem Ofen nehmen können. Nun meine Fragen: a) Wie ist das Verhältnis von Kartoffeln und Flüssigkeit (Milch und Rahm)? b) Wie lange bleibt der Gratin im Ofen? (Eine Lage Kartoffeln.)

Erika Bresch, Birmensdorf

Es gibt in Ihrem Brief, liebe Frau Bresch, einen Satz, der mir sofort erklärt hat, warum Ihnen der Gratin dauphinois nicht gelingt. Sie schreiben: «Auch möchte ich den Kartoffelauflauf nicht ständig überwachen müssen, sondern würde ihn gerne nach beendigter Backzeit in der gewünschten Konsistenz aus dem Ofen nehmen.» So gut ich diesen Wunsch verstehe, so einfach geht es beim Kochen meistens nicht. Ganz sicher nicht beim Gratin dauphinois, der zu den Gerichten gehört, die man überwachen muss, sonst kann er, wie Sie es erfahren haben, zu trocken oder zu feucht werden. Das heisst nicht, dass es auf Ihre klaren und logischen Fragen keine Antwort gibt; nur sind diese Antworten mit Vorsicht aufzunehmen und durch eigene Erfahrung zu überprüfen, weil die Art des Backofens, die Grösse und das Material der Gratinform und schliesslich die Qualität der Kartoffeln alles Faktoren sind, welche den Ablauf des Backprozesses von Fall zu Fall beeinflussen.

Im allgemeinen rechnet man auf 1 kg rohe, geschälte Kartoffeln (in sehr dünne Scheibchen geschnitten) 7–8 dl Milch oder 4 dl Milch und 3 dl Vollrahm. Man gibt die Kartoffelscheibchen in eine Gratinform, die man vorher mit einer Knoblauchzehe ausgerieben und mit Butter bestrichen hat. Werden die Kartoffeln wirklich dünn geschnitten, muss man sie lagenweise einfüllen und oben 1 cm Rand freilassen, damit die Milch nicht überkocht. (Das Bestreuen der Kartoffellagen mit geriebenem Gruyèrekäse (50–100 g) ist fakultativ, der Käse gibt dem Gratin ein köstliches Aroma, aber auch zusätzliche Kalorien.) Man verquirlt Milch, Rahm, Salz, Pfeffer und Muskat und begiesst damit die Kartoffeln, die ganz in der Flüssigkeit liegen müssen. Man belegt den Gratin mit Butterflöckchen und lässt ihn während ca. 90 Minuten gar und goldbraun werden. Falls die Flüssigkeit stark einkocht, gibt man während der Backzeit etwas Milch oder Rahm zu. Wenn nach 90 Minuten noch zuviel Flüssigkeit vorhanden ist, bedeckt man den Gratin mit einer Alufolie und lässt noch 15–20 Minuten weiterbacken. Die Hitze im Backofen sollte 180–200° betragen. Ich hoffe, dass Ihnen der nächste Gratin nach diesen Angaben gelingen wird.

Kartoffelgratin

Meine Familie hat so gern Gratin dauphinois, dass alle anderen Kartoffelgerichte wenig Anklang finden. Mir ist aber diese Beilage zu Fleisch fast etwas zu mastig, und ich möchte deshalb einmal einen Gratin savoyard herstellen.

Eine Freundin hat mir gesagt, dass dieser anstatt mit Milch und Rahm nur mit Fleisch- oder Gemüsebouillon zubereitet wird.

Elfriede Keller, Grenchen

Ich habe in meinen französischen Kochbüchern festgestellt, dass auch der Gratin savoyard eine ziemlich üppige Angelegenheit ist, weil zu seinen Zutaten reichlich Gruyère-Käse (200 g auf 1 kg Kartoffeln) und Butterflöcklein gehören. Ich rate Ihnen deshalb, es einmal mit dem einfachsten Kartoffelgratin der Welt zu versuchen, den ich selber seit Jahren als Beilage zu Fleisch gebe. Er ist nicht nur kalorienarm, sondern auch narrensicher.

Zutaten für 4 Personen:
1 kg Kartoffeln, Salz, Pfeffer, 1 Knoblauchzehe, 50 g geriebener Parmesan.

Man schält die rohen Kartoffeln und schneidet sie in sehr feine Scheibchen, die man in eine ofenfeste Form schichtet, wobei man jede Lage gut salzt und pfeffert. Auf einer Lage verteilt man die fein gehackte Knoblauchzehe, die man eventuell mit etwas Salz zerdrücken kann. Dann giesst man etwa zwei Fingerbreit Wasser in die Form, bestreut die Kartoffeln mit dem geriebenen Parmesan und bäckt den Gratin in neunzig Minuten bei 175° im Ofen. Falls die Oberfläche zu braun wird, deckt man sie mit Alufolie ab.

Kartoffelgratin mit Mozzarella

In einem Zeitungsbericht von Enzo Siciliano über die Zeit, als Pasolini nach lebte, war die Rede von den Sommermonaten, die die Kulturszene jeweils am Meer von Fregene, Ostia oder Sabaudia verbrachte. Bei Laura Betti habe es oft einen phantastischen Auflauf von Kartoffeln und Mozzarella gegeben. Bevor ich mich daran mache, mit den genannten Ingredienzien herumzuexperimentieren, möchte ich Dich fragen, ob Du das Rezept vielleicht kennst. Handelt es sich wohl um eine italienische Variante des Gratin dauphinois? Und als Zusatzfrage: Welche Mozzarella von denen, die man bei uns bekommt, ist die beste?

Barbara Villiger Heilig, Genf

Die Idee eines Gratins aus Kartoffeln und Mozzarella hat mich so fasziniert, dass ich mich nach vergeblicher Suche in meinen Kochbüchern ans Improvisieren machte. Ich gab lagenweise Scheiben von gekochten Kartoffeln und Mozzarella in eine Gratinform, würzte mit Salz, Pfeffer und Origano und bestreute zum Schluss die Oberfläche mit geriebenem Parmesan. Das Ergebnis war passabel, nicht phantastisch. Den entscheidenden Tip bekam ich dann von Max, dem Koch, den Du auch kennst. Man gibt Mozzarellascheiben und Kartoffelscheiben (in der Schale gekocht) dachziegelartig in eine flache feuerfeste Form, würzt sie nach Belieben mit Salz, Pfeffer und Kräutern und beträufelt sie mit gutem Olivenöl. Man gibt sie für eine halbe Stunde in den auf 200 Grad vorgeheizten Backofen. Nimmt man sie heraus, sind die Kartoffeln knusprig braun und die Mozzarella ist geschmolzen. Die beste Mozzarella kommt nicht aus der Plastikhülle, sondern wird direkt aus italienischen Käsereien importiert. Sie ist ein erstklassiges, etwas teures Naturprodukt und der Fabrikmozzarella italienischer und schweizerischer Provenienz weit überlegen.

Kartoffelkuchen

Kennen Sie das Rezept für den Gâteau parmentier? Ich habe vor kurzem ein Stück dieser delikaten Kartoffelspeise als Beilage zum Hauptgericht in einem Hotel serviert bekommen. In meinem dicken Fülscher-Kochbuch kann ich dieses Rezept nicht finden.

Ursula Hochstrasser, Zürich

Auf diese Frage bekam ich von Frau Eva Geiser aus Winterthur das folgende Rezept:

Zutaten:
1 kg Kartoffeln, 150 g geriebener Käse, 150 g Speckwürfeli, Muskatnuss, Paniermehl.

Man kocht die Kartoffeln mit der Schale. Man schält sie und zerdrückt sie, solange sie noch warm sind. Man lässt die Speckwürfeli in einer Bratpfanne anziehen und vermischt sie zusammen mit dem geriebenen Käse, Salz und Muskatnuss mit den Kartoffeln. Man gibt die Masse auf ein Wähenblech von 30 cm Durchmesser, das man zuvor ausgebuttert und mit Paniermehl bestreut hat. Man bäckt den Kuchen 20–30 Minuten bei Mittelhitze.

Kartoffelsalat I

Seit Jahren ist die Zubereitung eines schmackhaften, saftigen Kartoffelsalates, der dennoch tadellos aussieht, für mich ein Problem. Da Sie selber Wert auf einfache, aber sorgfältig zubereitete Gerichte legen, hoffe ich, von Ihnen einen entsprechenden Hinweis oder Tip zu erhalten. Die festkochende Kartoffelsorte spielt sicher eine Rolle, genügt aber nicht. Bitte schreiben Sie mir detailliert, wie Sie vorgehen – es werden Ihnen viele Leute dafür dankbar sein.

Gertrud Maier, Sisikon

Ich beantworte Ihre Frage sehr gern; denn ein guter Kartoffelsalat gehört meiner Meinung nach zu den kleinen kulinarischen Meisterwerken des Alltags, die verraten, ob in einem Haushalt mit Liebe und Sorgfalt gekocht wird.

Das beginnt bei der Wahl der Kartoffeln, die, wie Sie anmerken, fest bleiben sollen. Ich würde allerdings hinzufügen: nicht allzu fest, nicht speckig, oder mit anderen Worten: keine typischen Röstikartoffeln, wie beispielsweise die rötliche Urgenta, weil diese Sorte die Salatsauce zuwenig absorbiert. Meistens verwende ich Bintjekartoffeln.

Der zweite wichtige Punkt ist, dass man den Kartoffelsalat aus frischen, noch warmen Schalenkartoffeln zubereiten muss. Man schält die Kartoffeln so heiss als möglich und schneidet sie in 2 bis 3 Millimeter breite Scheiben, die man in eine Schüssel gibt, mit 1 dl kochender Fleischbrühe übergiesst und mindestens zehn Minuten stehen lässt. Dann bereitet man die Salatsauce aus einem Teil Essig und zwei Teilen Öl, Salz, feingehackter Zwiebel oder Schalotte und eventuell etwas feingeschnittenem Schnittlauch oder Petersilie.

Entscheidend für das Gelingen ist das gute Vermischen der Kartoffelscheiben mit der Salatsauce, so dass jede Scheibe rundum mit der Sauce in Berührung kommt. Mit dem Salatbesteck ist das nicht ganz einfach, weil die Kartoffelscheiben leicht zerfallen. Eine Haushaltlehrerin gab mir den Rat, den Kartoffelsalat langsam und vorsichtig von einer Schüssel in die andere umzuleeren und diese Operation 2 bis 3 Male zu wiederholen. Das funktioniert gut, ist aber ein bisschen umständlich. Den besten Tip habe ich von einem Freund, der seinen exzellenten Kartoffelsalat von Hand und nicht mit dem Besteck mit der Sauce vermischt.

Soviel ist klar: Beim Mischen riskiert man immer, dass der Salat etwas von seinem schönen Aussehen einbüsst; ich finde das aber nicht so wichtig, denn ein hausgemachter Kartoffelsalat muss in erster Linie gut und nicht schön sein. Und zum Schluss: Vor dem Essen soll man den Salat unbedingt eine halbe Stunde durchziehen lassen.

PS: Manchmal mische ich ein Eigelb zur Sauce, was dem Salat einen angenehmen gelben Glanz verleiht.

Kartoffelsalat II

Von Herrn Manuel R. Bernhard aus Oberrieden habe ich einen Brief bekommen, der mir so gut gefiel, dass ich ihn meinen Leserinnen und Lesern nicht vorenthalten möchte. Herr Bernhard schreibt übers Kochen so genau und sachkundig, dass ich ganz sicher bin, dass sein Kartoffelsalat grossartig schmeckt. Ich werde ihn bei nächster Gelegenheit ausprobieren und rate meinen Lesern, das gleiche zu tun. Und nun zum Brief:

Es liegt mir fern, Ihr Rezept zu kritisieren. Vielmehr möchte ich Ihnen meine Methode mitteilen – mit der Empfehlung, diese Variante einmal auszuprobieren. Da die Kartoffeln ein sehr zartes, leicht erdiges Aroma haben, verwende ich keine Bouillon. Damit würde das edle Bouquet übertönt – es entstehen Maggi-Kartoffeln (und auch die Gefahr des Übersalzens). Meine bevorzugte Kartoffelsorte für Salat ist die

Stella, ungewaschen. Ich koche die Kartoffeln nicht allzu weich auf relativ schwachem Feuer (sie platzen dabei weniger). Nicht zu früh und nicht zu häufig anstechen! Anschliessend auf einem Rost usw. ausbreiten und auf Zimmertemperatur abkühlen lassen (niemals kalt stellen). Dies alles sollte mindestens 5 Stunden vor dem Essen passieren (jedoch am gleichen Tag). Die Kartoffeln zerfallen nun beim Schneiden nicht mehr – es entsteht kein Brei –, und sie verbinden sich noch im richtigen Mass mit der Sauce. Ungefähr 2 Stunden vor dem Servieren schäle und schneide ich die Kartoffeln in genau 4 mm dicke Scheiben (nicht dicker!) und lege sie schichtweise in eine flache Schüssel mit Rand, welche vorgängig mit etwas Sauce abgedeckt wird. Auf jede Lage Kartoffeln wenig Sauce geben und zuoberst mit Sauce gut abdecken. Noch nicht mischen! Ca. 1/4 der Sauce zurückbehalten. Kartoffelsalat und Sauce mit Folie abdecken und bei Zimmertemperatur ziehen lassen (bei heisser Witterung im Keller, nie im Kühlschrank).

Unmittelbar vor dem Servieren restliche Sauce darübergiessen und vorsichtig mit zwei flachen, grossen Holzkellen (Bratkellen) durchmischen und in eine saubere Schüssel anrichten, garnieren – fertig! Manchmal braucht es noch etwas mehr Sauce, die am Schluss nach Bedarf zubereitet wird.

Sauce für 1,2 kg Kartoffeln

3 Esslöffel Sonnenblumenöl, kaltgepresst, 6 Esslöffel Kräuteressig, 250 g Magermilchquark, 180 g saurer Halbrahm, 1 Esslöffel Senf, wenig Kräutersalz, weisser Pfeffer, gemahlen, nach Belieben (oder pikanter: Cayenne-Pfeffer), je eine Prise Selleriesalz, Muskatpulver (Vorsicht!) und Origanopulver, Knoblauchpulver (nicht Knoblauchsalz) nach Belieben.

Alles mit dem Schwingbesen gut verrühren. Keine Zwiebeln! Sie machen süss und gären zusammen mit der Kartoffelstärke sehr schnell und sind zu kräftig für das feine Kartoffelaroma. Dasselbe gilt für Schnittlauch und Peterli: Man soll sie nicht in die Sauce geben, sondern lediglich beim Anrichten frisch gehackte Peterli über den Kartoffelsalat streuen und nach Wunsch garnieren: z. B. halbierte Cherry-Tomaten, aufgeschnittene Radiesli, verschiedene Oliven, Streifen von Essiggurken und Peperoni, Eierscheiben usw. Auf diese Weise erhält man einen sehr «leichten», schmackhaften und saftigen Kartoffelsalat.

Peperoni-Kartoffel-Gemüse

Eine Spezialität, die meine Familie und meine Freunde besonders gern essen, ist der Hackbraten, dessen Rezept ich von Ihnen habe, das heisst aus Ihrem Büchlein «Aschenbrödels Küche». Nun möchte ich wissen, was Sie zu diesem Hackbraten als Beilage geben: Risotto, Nudeln, Kartoffeln oder Gemüse? Was passt am besten?

Cornelia Schmidt, Wädenswil

Weil der klassische Hackbraten kaum Sauce gibt, passt dazu eine Beigabe, die etwas Flüssigkeit enthält, zum Beispiel Risotto, Peperonata oder ein Kartoffelgratin. Auch Gemüse wie Karotten, Lattich, Bohnen oder Kefen passen vorzüglich. In der Jahreszeit der Peperoni ist meine Lieblingsbeilage aber ein Gemüse aus Kartoffeln und Peperoni, das fein schmeckt und einfach zuzubereiten ist.

Zutaten für 4 Personen:
1 grosse Zwiebel, 6 mittelgrosse Peperoni, (grün, rot und gelb), 3 mittlere Kartoffeln, Salz und Pfeffer, 4–5 Esslöffel Olivenöl.

Man halbiert die Peperoni, nimmt die Samen heraus und schneidet sie in feine Streifen. Die geschälten Kartoffeln schneidet man in kleine Würfel, und die Zwiebel hackt man nicht allzu fein. Dann erhitzt man das Öl in einem Kochtopf, dünstet zuerst die Zwiebel an, gibt dann die Peperoni und die Kartoffeln bei und dünstet alles zusammen kurze Zeit, bis die Peperoni etwas Saft ziehen. Dann würzt man mit Salz und Pfeffer und lässt das Gemüse zugedeckt eine halbe Stunde auf kleinem Feuer weiter dämpfen.

Pommes boulangère (Kartoffelgratin mit Zwiebeln)

Meine Familie hat den Gratin dauphinois sehr gern, der mir nach dem Rezept, das Sie letztes Jahr in Ihrem Briefkasten veröffentlichten, tadellos gelingt. Nun finde ich aber diesen Gratin fast etwas zu üppig, vor allem als Beilage zu Fleisch, und möchte Sie deshalb fragen, ob man ihn nicht auch mit Magermilch und eventuell ohne Käse machen könnte.

Elisabeth Stapfer, Werthenstein

Liebe Frau Stapfer, auf die Frage, ob man die Kalorien einer Speise reduzieren könnte, indem man den Rahm durch Halbrahm, Butter durch Margarine, Zucker durch künstlichen Süssstoff ersetzt, antworte ich fast immer, dass es viel sinnvoller ist, von dieser guten Speise einfach weniger zu essen. Ein Gratin dauphinois schmilzt einem nur auf der Zunge, wenn man dazu Vollmilch oder noch besser Vollrahm verwendet und auch mit Käse nicht spart. Von Magermilch rate ich entschieden ab.

Dafür mache ich Ihnen einen anderen Gratin-Vorschlag: ein Gericht, das in der französischen Küche Pommes boulangère heisst. Es hat nicht nur weniger Kalorien, sondern ist auch rascher als der Gratin Dauphinois.

Man vermischt 1 kg rohe Kartoffelscheiben mit 250 g gedämpften Zwiebeln, füllt sie in eine ausgebutterte Gratinform, giesst bis zur halben Höhe Fleischbrühe dazu und belegt mit Butterflöcklein. Man bäckt den Gratin in einer knappen Stunde im 200° warmen Backofen knusprig goldbraun.

Rösti

Immer wieder werde ich unsicher, wie das Schweizer Nationalgericht, die sogenannte Rösti, zubereitet wird. Bei uns in Norddeutschland setzt es sich nämlich an Parties zu einer richtigen Mode durch; es gibt bereits Rösti-Buffets, wo man Speck-, Pilz-, Zwiebel-, Käse- (von Emmentaler bis Gorgonzola), Wurst- und Lachsrösti anbietet. Das ist wahrscheinlich alles nur nordisch (obwohl gut); wie aber ist das Grundrezept der Kartoffelzubereitung? Stimmt es, dass man die Kartoffeln eigentlich roh raffeln und braten müsste? Und ist es richtig, dass man vor dem Anrichten mit etwas Milch zu Ende brät? Vielen Dank für Ihre Hilfe.

Martina Meyer, Lübeck

Die traditionelle Rösti wird aus gekochten Kartoffeln zubereitet; denn sie ist ursprünglich ein Restegericht, zu dem man Kartoffeln verwendet, die am Vortag in der Schale gekocht wurden und als sogenannte Gschwellti (Pellkartoffeln) zusammen mit Käse gegessen wurden.

Das Grundrezept der Rösti ist einfach: Für 4 Personen reibt man 1 Kilo nicht zu weich gekochte Kartoffeln vom Vortag durch eine grobe Raffel, die in der Schweiz Röstiraffel heisst und in jedem Haushaltgeschäft erhältlich ist. Man kann die Kartoffeln aber auch von Hand in feine Scheiben schneiden. In einer grossen, glatten Bratpfanne erhitzt man 2 Esslöffel eingesottene Butter oder eine Mischung von Öl und Butter, gibt die Kartoffeln, die man mit wenig Salz vermischt hat, dazu und presst sie mit der Bratschaufel zu einem Kuchen. Nach Berner Tradition beträufelt man sie mit 2 Esslöffeln Milch, weil das der Rösti eine besonders schöne Kruste gibt, und deckt die Pfanne mit einem schweren Deckel zu. Sobald die Kartoffeln brutzeln, stellt man das Feuer ganz klein und lässt die Rösti während dreissig Minuten langsam braten, wobei sich eine goldbraune Kruste bildet. Beim Anrichten stürzt man die Rösti auf den Deckel und lässt sie dann auf eine Platte gleiten, so dass die knusprige Seite nach oben kommt.

Von diesem einfachen Grundrezept gibt es allerdings auch lokale Varianten, je nachdem ob man zum Braten Butter, Öl oder Schweinefett verwendet, ob man die Rösti nur auf einer Seite oder auf beiden Seiten knusprig brät, und schliesslich gibt es auch Hausfrauen, die überzeugt sind, dass man aus rohen Kartoffeln die beste Rösti zubereitet.

Rösti aus rohen Kartoffeln

Ich bin ein Junggeselle, dem das Essen in Kantinen und Restaurants verleidet ist. Ich kann Spaghetti, Spiegeleier und gebratene Schnitzel und Salat zubereiten, habe aber Lust auf etwas mehr Vielfalt. Kann man Rösti (mein Lieblingsgericht!) auch für eine Person zubereiten, und wenn ja, wie muss ich vorgehen?

René Gerber, Liestal

Ihr Lieblingsgericht Rösti ist ein ideales Gericht für eine Portion. Man verwendet dazu mit Vorteil rohe Kartoffeln. Am besten wird diese Rösti, wenn man die geschälten Kartoffeln nicht auf der klassischen Röstiraffel, sondern auf der etwas feineren Sellerieraffel reibt und anschliessend mit Küchenpapier trocknet. Ein Esslöffel Erdnussöl genügt für 250 g Kartoffeln. Man lässt es in einer Teflon- oder in einer gewöhnlichen Bratpfanne heiss werden, verteilt die Karoffeln flach darin und würzt mit Salz und Pfeffer. Man brät die Rösti auf der einen Seite bei kleiner Hitze zehn Minuten; dann setzt man einen Deckel auf die Pfanne, kippt diese und lässt die Rösti vom Deckel wieder in die Pfanne gleiten, wo sie auf der anderen Seite nochmals zehn Minuten gebraten wird. Man würzt mit Salz und gibt zum Verfeinern einen Teelöffel Butter bei. So entsteht ein herrlich knuspriger und aromatischer Röstikuchen.

Sellerie-Kartoffel-Püree

Wir haben in einem Pariser Bistro als Beilage zu gefülltem Truthahn ein Sellerie-Kartoffel-Püree gegessen, das unbeschreiblich gut war: viel besser als jedes Kartoffelpüree, weil viel würziger und leichter. Der Wirt sagte, da gebe es gar kein Geheimnis, man vermische einfach halb Selleriepüree, halb Kartoffelpüree. Ich weiss nun aber doch nicht genau, wie ich dabei vorgehen soll, und möchte Sie um das Rezept bitten.

Inge Lynn, Basel

Obwohl der Wirt Ihnen das Verhältnis halb zu halb angab, finde ich das Püree besser, wenn man dazu 1/3 Kartoffeln und 2/3 Sellerie verwendet. Man kann es übrigens auch nur aus Sellerie zubereiten, sein Geschmack ist dann allerdings sehr intensiv.

Was Ihnen der Wirt nicht gesagt hat, ist, dass die weichgekochten und durch ein Sieb gestrichenen Knollenselleriescheiben zuviel Flüssigkeit enthalten und deshalb getrocknet werden müssen, indem man sie bei Mittelhitze mit einem Spachtel gut umrührt. Dann vermischt man sie mit den zerstampften oder durchgetriebenen Kartoffeln, rührt neben dem Feuer 50 g Butter (auf 400 g Sellerie und 150 g Kartoffeln) darunter, stellt den Topf auf die kleinste Hitze verdünnt das Püree mit Milch oder Rahm, unter kräftigem Rühren mit dem Schwingbesen, zur richtigen Konsistenz.

Wie man Kartoffelstock aufwärmt

Liebe Briefkastentante, da esse ich doch letzthin bei einer Freundin einen deliziösen Kartoffelstock und frage nach dem Rezept. Sie lacht und teilt mir mit, dass dies kein frischer Kartoffelstock sei, sondern aufgewärmter. Unmöglich, rufe ich aus, Kartoffelstock lässt sich nicht so wärmen, dass er diese Bezeichnung noch verdient. Die Freundin lächelt und anstatt mir ihr Verfahren zu erklären, meint sie, ich solle doch «annabelle» fragen. Was ich hiermit tue!

Georg Sütterlin, Rapperswil

Mein lieber Neffe, was soll die Provokation? Mein System ist ganz einfach: Ich stelle den Kochtopf mit dem restlichen Stock auf die kleinste Flamme, giesse Milch dazu und erwärme den Kartoffelstock langsam, indem ich rühre und noch mehr Milch zugiesse und ein Stücklein Butter beifüge. Dann gebe ich einen Deckel auf den Topf und lasse den Kartoffelstock während ungefähr zehn Minuten warm werden, wobei ich aufpasse, dass er nicht anbrennt.

Einem geduldigen Koch wie Dir kann das nicht misslingen. Lade die Freundin ein, lass Dich loben, und schreib mir bald wieder.

Teigwaren

Auberginen-Tomaten-Sauce (Pasta con le melanzane)

In einem einfachen Restaurant in Bologna haben wir wunderbare Teigwaren an einer Tomaten-Auberginen-Sauce gegessen. Mein Mann wollte aber nicht, dass ich nach dem Rezept frage. Und nun weiss ich nicht, wie ich diese köstliche Speise selber herstellen kann. Ich hoffe, Sie können mir mit einem Ihrer Rezepte aushelfen.

Tina Stüssi, St. Gallen

Ich bin wie Sie ein Fan der Pasta con le melanzane und beschreibe Ihnen ihre einfache Zubereitung mit Vergnügen. Die köstliche Sauce besteht aus einer gewöhnlichen Tomatensauce und Auberginenscheiben, die – was etwas zeitraubend ist – im Öl gebraten werden.

Zutaten für 4 Personen:
400 g Spaghetti, Maccaroni oder Rigatoni, 4 Auberginen, 1 mittlere Dose Pelati, 2 Knoblauchzehen, 50 g frisch geriebener Parmesan, Olivenöl, Salz, Basilikum, 1 kleiner Peperoncino.

Damit die ungeschälten Auberginen ihre Bitterkeit verlieren, schneidet man sie in etwa 1 cm dicke Scheiben, die man mit Salz bestreut und eine halbe Stunde ziehen lässt. Dann wäscht man den ausgetretenen Saft ab und trocknet die Scheiben mit einem Tuch. Man brät sie portionenweise im heissen Olivenöl beidseitig und legt sie zum Abtropfen auf Haushaltpapier. Den Knoblauch dünstet man im Öl, gibt die Pelati dazu, würzt mit Salz und Peperoncino und lässt alles 10 Minuten köcheln. Zum Schluss gibt man den geschnittenen Basilikum dazu. Die Teigwaren kocht man al dente, lässt sie in einem Sieb abtropfen und vermischt sie mit der Tomatensauce und den gebratenen Auberginenscheiben. Anstatt die Auberginen zu braten, kann man sie auch bei kleinster Hitze beidseitig grillieren und im Dampf fertig garen. Der delikate Geschmack des feinen Gemüses kommt bei dieser fettlosen Zubereitung sogar noch besser zur Geltung.

Bami goreng

Letzte Woche habe ich in der Kantine Bami goreng gekostet. Leider ist das Rezept in meiner Kochbücherbibliothek noch nicht vorhanden. Können Sie mir bitte ein Rezept dieses Nudelgerichtes zukommen lassen?

Karin Maier, Schaffhausen

Zu meiner Überraschung habe ich die Rezepte für Bami goreng und Nasi goreng – das eine ein Nudel-, das andere ein Reiseintopf – in Schweizer Kochbüchern gefunden (z. B. im Fülscher-Kochbuch), was zeigt, wie beliebt und verbreitet diese indonesische Spezialität bei uns ist. Während bei den indonesischen Rezepten Crevetten eine wichtige Zutat sind, kommen die schweizerischen Varianten meist mit geschnetzeltem Pouletfleisch aus.

Zutaten für 4 Personen:
200 g gekochte chinesische Nudeln, 2 Esslöffel Öl, 400 g geschnetzeltes Pouletfleisch, 2 Zwiebeln, 2 Knoblauchzehen, 1/2 Peperoni, 1/2 Teelöffel Salz, 1–2 Teelöffel Curry, 1/2 Teelöffel Sambal Oelek, 1 Esslöffel Sojasauce, 100 g Schinken, evtl. 1 Teelöffel Kokosflocken oder 2 Esslöffel Erdnüsse.

Man brät das Pouletfleisch auf grosser Stufe kurz an und nimmt es heraus, Zwiebeln, Knoblauch und Peperoni, alles fein geschnitten, werden auf kleinem Feuer gedämpft. Man gibt die Gewürze bei, fügt den würflig geschnittenen Schinken, das Pouletfleisch und die knapp weichgekochten Nudeln hinzu und brät alles zusammen ungefähr 10 Minuten gut durch. Man bestreut das Bami goreng mit Kokosflocken oder mit Erdnüssen, die man hellbraun geröstet hat. Nach Lust und Laune serviert man dazu Mango-Chutney, sauersüsse Früchte, gebratene Bananenviertel und Ananasschnitzchen. Statt Schinken lassen sich auch gekochte Crevetten verwenden.

Bigoli in salsa (Spaghetti mit Zwiebeln und Sardellen)

Mein Schwager schwärmt von den Bigoli in salsa, die er in Südtirol gegessen hat. Kennen Sie das Rezept dieser Teigwaren-Spezialität?

Maja Ruckstuhl, Olten

Eigentlich ist das eine Spezialität der Nachbarprovinz Venetien: Es handelt sich um hausgemachte Spaghetti (häufig aus Vollmehl) an einer Sauce aus Zwiebeln und Sardellen. Für 4 Personen dünstet man 200 g Zwiebeln im Öl, löscht mit etwas Wasser ab, bedeckt die Pfanne und lässt die Zwiebeln unter häufigem Umrühren ganz weich kochen. Dann gibt man zwei Sardellen aus dem Salz bei, die man vorher gewaschen, von den Gräten befreit und zerhackt hat, und zerdrückt sie mit der Gabel, bis sie sich in der Zwiebelsauce aufgelöst haben. Zu diesem volkstümlichen Gericht wird kein Parmesan serviert.

Fleischfüllung für Teigwaren

Ich mache gern alles selber. Bei der Fleischfüllung für Ravioli oder Tortellini jedoch ist die Füllung immer etwas trocken. Ich nehme verschiedene Plätzli (Schwein, Rind, Poulet, Trutenbrust), Salami oder Mortadella, Rüebli, lasse alles gut gewürzt garkochen und treibe es durch den Wolf. Diese Fleischmasse binde ich mit einem Ei und etwas Paniermehl. Was mache ich falsch? Oder wissen Sie ein unkompliziertes Rezept für Fleischfüllung?

Susanna Cipolla, Bassersdorf

Wenn eine Füllung zu trocken ist, fehlt es vermutlich an Ei und Käse, welche der Masse den guten Zusammenhalt geben. Paniermehl, das an sich trocken ist, würde ich nicht verwenden. Nachstehend gebe ich Ihnen das klassische Rezept der Fleischfüllung für Ravioli oder Tortelloni:

Zutaten für 6 Personen:
100 g mageres Schweinefleisch, 100 g Truthahnbrust, 100 g Rindermark, 30 g Butter, 75 g Parmaschinken, 100 g Mortadella, 3 Esslöffel gehackte Petersilie, 150 g Parmesan, Muskatnuss, frisch gemahlener Pfeffer, Salz, 3 Eier.

Man hackt das Fleisch und das Mark grob, erhitzt die Butter, brät Fleisch und Mark darin an und verarbeitet es anschliessend mit dem Parmaschinken und der Mortadella im Cutter zu einer homogenen Farce. Man kann das Fleisch auch durch den Wolf treiben. Zum Schluss vermischt man die Masse mit dem frischgeriebenen Parmesankäse und den leicht verquirlten Eiern und würzt mit Salz, Pfeffer und Muskat. Vor der Verwendung sollte man diese Füllung 1–2 Stunden zugedeckt stehenlassen.

Gorgonzola-Sauce

Wir haben in einem Tessiner Grotto Gnocchi al gorgonzola gegessen, die uns herrlich mundeten. Der Wirt sagte, dass es für die Sauce nur Gorgonzolakäse, etwas Butter und ein halbes Glas Rahm brauche. Ich notierte mir das und weiss nun aber doch nicht recht, wie ich aus diesen Zutaten eine Gorgonzolasauce zubereite. Z. B.: muss man den Käse im Wasserbad zum Schmelzen bringen?

Carmen Rust, Gerlafingen

Man lässt wenig Butter in einer Bratpfanne flüssig werden, fügt den in Streifen geschnittenen Gorgonzola bei (50 g pro Person) und gibt einen Deckel drauf, damit der Käse bei kleinster Hitze schmelzen kann. Dann gibt man den Rahm dazu, lässt kurz aufkochen und vermischt die gekochten und abgetropften Teigwaren oder Gnocchi mit dieser Sauce. Ich gebe der flüssigen Butter ganz am Anfang zwei Salbeiblätter bei, die das Aroma des Gorgonzola angenehm bereichern.

Italienische Hackfleischsauce

Eine Bekannte, die oft in Italien weilt, hat mir kürzlich gesagt, dass eine echte Fleischsauce alla bolognese nicht zuerst im Öl angedünstet, sondern von Anfang an im Wasser gekocht wird. Stimmt das und, wenn ja, können Sie mir das entsprechende Rezept mitteilen?

Olga Stapfer, Basel

Bei der echten Fleischsauce alla bolognese, die in Bologna unter der Bezeichnung Ragù bekannt ist, werden Gemüse und Fleisch in Butter angeröstet. Daneben gibt es aber viele andere Methoden, einen Sugo di carne – so heisst die Hackfleischsauce in Italien allgemein – zuzubereiten; ja ich glaube, es gibt kaum zwei Italienerinnen, die ihren Fleischsugo genau gleich kochen. In der Lombardei ist die von Ihnen erwähnte Zubereitung weit verbreitet: Hackfleisch und Gemüse werden in einen grossen Kochtopf gegeben, mit genügend

Wasser bedeckt, auf ein kleines Feuer gestellt und dann während drei bis vier Stunden sich selbst überlassen. Es lohnt sich, diese köstliche Fleischsauce für mindestens acht Personen zuzubereiten, weil man sie gut aufwärmen kann.

Zutaten für 4 Personen:
je 300 g Schweins- und Rindsragout, vom Metzger frisch gehackt, 1 Markbein, 3 Karotten, 1/2 Sellerie, 1 grosse Zwiebel, Basilikum und Petersilie, 1/2 Zimtstengel, 2–3 dl Wasser, 1 Fleischbrühwürfel, 1 Esslöffel Olivenöl, 2 grosse Dosen Pelati (geschälte Tomaten), Salz und Pfeffer, 50 g Butter.

Karotten, Sellerie und Zwiebel werden geschält, gewaschen und in würfelgrosse Stücke geschnitten. Petersilie und Basilikum verhackt man ganz fein, das Markbein wird kalt abgespült. Man gibt das Hackfleisch, das Markbein, Gemüse und Kräuter, den Zimtstengel, den Fleischbrühwürfel, Olivenöl, Pelati und das Wasser in eine genügend grosse Pfanne, rührt mit der Holzkelle alles gut durcheinander und lässt zuerst stark kochen. Nach einer halben Stunde dreht man die Hitze auf die kleinste Stufe und lässt 3–4 Stunden weiterköcheln. Hie und da sollte man umrühren, damit sich das Kochgut nicht am Pfannenboden festsetzt. Vor dem Anrichten wird der Knochen herausgehoben und das Mark gut in der Sauce verteilt. Erst ganz am Schluss wird die Sauce mit Salz, Pfeffer und Butter abgeschmeckt, da beim Einkochen das Aroma so kräftig wird, dass man sich sonst im Salz leicht verrechnen kann.

Kürbisfüllung für Tortelli und Ravioli

Ich habe vor einiger Zeit in Zürich in einem italienischen Restaurant sensationelle Ravioli respektive Tortellini, gefüllt mit Kürbis, gegessen. Die Kürbisfüllung hatte einen leicht süsslichen Geschmack. Bisher konnte ich noch nirgends ein annähernd ähnliches Rezept finden. Da momentan gerade Kürbiszeit ist, können Sie mir vielleicht weiterhelfen?

Cristina Schaulin, Reinach

Die feinen Tortelli di zucca stammen aus Mantova, wo man sie ursprünglich als fleischloses Gericht für den Heiligen Abend zubereitete. Den süsslichen und doch pikanten Geschmack geben ihnen die Amaretti und die eingelegten Senffrüchte (Mostarda di frutta), die man dem pürierten Kürbis beifügt. Hier das Rezept der klassischen Füllung.

Zutaten für 6 Personen:
1 1/2 kg Kürbis, 150 g Amaretti, 150 g eingelegte Senffrüchte (Mostarda di frutta), 150 g geriebener Parmesan, Muskat, Salz, Pfeffer.

Man schneidet den Kürbis in Stücke, entfernt die Samen, legt die Stücke dann samt der Schale auf ein Blech und lässt sie im Backofen bei 200 Grad garen, bis das Kürbisfleisch weich ist. Dann püriert man es im Mixer oder treibt es durchs Passevite, vermischt es mit den zu Staub zerdrückten Amaretti und den Senffrüchten, die man in kleine Würfelchen geschnitten hat. Man gibt den frisch geriebenen Parmesan dazu und schmeckt mit Muskat, Salz und Pfeffer ab. Am besten schmeckt diese Füllung, wenn man sie schon am Vortag zubereitet hat.

Dann knetet man aus 6 Eiern und 600 g Mehl einen Nudelteig, den man dünn auswallt und in Rechtecke von 4 x 8 cm Grösse schneidet. In die Mitte jedes Tortello setzt man ein nussgrosses Stück Füllung, klappt die Teigtaschen zusammen und drückt die Ränder fest zusammen. Man kocht sie in gesalzenem Wasser in 4 bis 5 Minuten al dente und serviert sie mit Parmesan und flüssiger Butter.

Lachsnudeln

Ich möchte gern einmal Lachsnudeln kochen. Kann ich dazu eine weisse Sauce machen und Lachs dazu geben? Den Lachs, den man in Scheiben geschnitten kaufen kann?

M. Stalder, Emmenbrücke

Teigwaren mit Räucherlachs gehören seit ein paar Jahren zu den Modegerichten der italienischen Küche, die man in den klassischen italienischen Kochbüchern nicht findet. Es ist eine feine Kombination, die man auf verschiedene Arten zubereiten kann.

Wenn man von der Überzeugung ausgeht, dass der Lachs schon auf dem kleinsten Feuer sein köstliches Aroma verlieren könnte, kocht man eine Sauce aus Rahm, einem Schuss trockenem Wermut und etwas abgeriebener Zitronenschale, die man während zehn Minuten leise ziehen lässt. Dann mischt man geriebenen Parmesan darunter, würzt mit Dill, Salz und weissem Pfeffer und vermischt die Sauce mit den heissen Teigwaren. Erst ganz am Schluss gibt man den in Streifen geschnittenen Lachs dazu.

Bei einem italienischen Freund habe ich vor kurzem Nudeln mit Lachs gegessen, die wunderbar leicht und würzig schmeckten. Dabei habe ich zu meinem grossen Erstaunen erfahren, dass der streifig geschnittene Lachs in der Sauce gekocht war – in einer Sauce übrigens, die aus feingeschnittenen Zwiebeln bestand, die in Butter langsam gedünstet und dann mit Cognac abgelöscht wurden. Die abgetropften Nudeln kamen in die Pfanne mit der Lachssauce, wurden mit ihr gut vermischt, mit etwas Rahm verfeinert und zum Schluss mit Pfeffer und Worcestersauce abgeschmeckt. Obwohl im allgemeinen die Regel gilt, dass zu Teigwaren mit Fisch kein Parmesan passt, wurde zu den Lachsnudeln Parmesan gereicht. Die Kombination war so harmonisch, dass es sich wohl um die Ausnahme handelt, die die Regel bestätigt.

Nudeln al forno

In einem italienischen Ristorante haben wir in den Ferien einen Nudelgratin gegessen, der ganz ähnlich schmeckte wie Lasagne al forno. Falls Sie über ein entsprechendes Rezept verfügen, wäre ich Ihnen dafür sehr dankbar.

Paola Irniger, Kradolf

Ich kann Ihnen dieses Rezept verraten, weil ich es vor kurzem selber zum ersten Mal ausprobiert habe. Es stammt von einer italienischen Freundin, der ich letzthin klagte, der Arbeitsaufwand für echte Lasagne al forno sei für mich einfach zu gross. Sie hat mir geraten, anstelle der grossen Lasagne-Teigblätter, die man nacheinander kochen und dann auf feuchten Handtüchern ausbreiten muss, einfach Nudeln zu verwenden. Dadurch wird das Rezept entscheidend vereinfacht. Ich beschreibe Ihnen im folgenden die Zubereitung des Gratins, der meinen Gästen ebensogut, wenn nicht sogar besser als echte Lasagne geschmeckt hat.

Man bereitet eine gute Hackfleischsauce zu, die mindestens 45 Minuten auf kleiner Hitze köcheln muss. Die Béchamelsauce kann man, wie meine Freundin mir geraten hat, aus dem Beutel zubereiten; es gibt aber nicht viel mehr Arbeit, wenn man sie nach allen Regeln der Kunst aus Butter, Mehl und Milch herstellt. Dann kocht man genügend Nudeln knapp weich, lässt sie abtropfen und vermischt sie in einer grossen Schüssel mit einem Drittel der Fleischsauce. Nun belegt man eine ausgebutterte Auflaufform mit der Hälfte der Nudeln, gibt Fleischsauce und dann Béchamelsauce darüber, bestreut mit geriebenem Parmesan und bedeckt mit dem Rest der Nudeln. Über diese zweite Lage gibt man nochmals Fleischsauce, Béchamelsauce und geriebenen Parmesan, belegt anschliessend mit Butterflöcklein und lässt den Gratin im vorgeheizten Backofen bei mittlerer Hitze (200°) zu goldgelber Farbe backen.

Nudeln mit Orangensauce

Ich habe im September einige Tage in Florenz verbracht und eines Abends in einem Restaurant Tagliatelle an einer Orangensauce mit frischer Pfefferminze gegessen. Das hat uns so wunderbar geschmeckt, dass ich Sie gerne um dieses Rezept bitten möchte. Ich konnte dieses Rezept in keinem meiner Kochbücher finden.

Elisabeth Ruggle, Mont-sur-Rolle

Das Rezept für die Nudeln mit Orangensauce habe ich in einem deutschen Teigwaren-Kochbuch, das 1986 im Heyne-Verlag herausgekommen ist, gefunden. Sein Titel lautet «Pasta! Pasta!! Pasta!!!» und seine Autorin heisst Rotraud Degner.

Zutaten für 4 Personen:
400 g Nudeln, 1 ungespritzte Orange, 100 g Butter, 3 Esslöffel Weisswein, 2 1/2 dl Rahm, 1 Messerspitze Cayennepfeffer, Salz, 50 g frisch geriebener Parmesan.

Man reibt die Schale der gewaschenen Orange an einer feinen Raffel und gibt sie in einen Kochtopf, in dem man vorher die Hälfte der Butter flüssig gemacht hat. Man lässt die Schale eine Minute auf kleinem Feuer schmoren, giesst dann den Wein dazu und lässt aufkochen. Nun fügt man den Rahm hinzu und lässt während einigen Minuten gut einkochen. Danach mit Salz und Cayennepfeffer abschmecken.

Die unterdessen al dente gekochten Nudeln werden in einem Sieb abgetropft und dann gründlich mit der Sauce vermischt. Zum Schluss nimmt man den Kochtopf vom Feuer und fügt die restliche Butter, den frisch geriebenen Parmesan und eventuell ein paar Tropfen Orangensaft bei.

Man kann diese Nudeln auch, wie Sie es in Florenz erlebt haben, mit fein verwiegten Pfefferminzblättchen vermischen. Mir leuchtet diese Kombination allerdings nicht besonders ein; ich finde, dass Pfefferminze ein Modegewürz geworden ist, das von der Suppe bis zum Sorbet viel zu viel verwendet wird.

Nudeln alla panna

Schon lange versuche ich Spaghetti con panna zu machen. Aber so richtig schmekken sie dann doch nicht. Kürzlich haben wir diese Teigwaren (an dicker Rahm-Käse-Sauce nehme ich an) mit Zitrone serviert und abgeschmeckt bekommen. Ein solches Rezept würde mich sehr interessieren.

Astrid Juillerat, Therwil

Viel besser als Spaghetti schmecken Nudeln an einer Rahmsauce, die ihre breitere Oberfläche mit einer glänzenden und aromatischen Schicht überziehen können. Den richtigen Schmelz bekommt die Rahmsauce durch die Beigabe von Butter und Käse. Für 4 Personen rechnet man 80 g Butter, 2 dl Rahm und 80 g geriebenen Parmesan, die man in einer Schüssel gut verrührt und dann mit den abgetropften heissen Nudeln vermischt. Durch geriebene Zitronenschale verleiht man dieser Rahmsauce eine besonders aparte Note.

Pappardelle sulla lepre (Nudeln mit Kaninchenragout)

In Arezzo waren wir im letzten Herbst anlässlich einer grossen Antiquariatsmesse und haben bei dieser Gelegenheit in einem Restaurant Nudeln an einem superlässigen Sugo gegessen, der wie eine Bratensauce schmeckte, in welcher kleine Fleischstücke waren. Der Kellner sagte, es sei Kaninchenragout. Kennen Sie vielleicht diese toskanische Spezialität und verraten Sie uns netterweise das Rezept?

Jean Voellmy, Erlenbach

Diese Nudeln sind tatsächlich eine Spezialität von Arezzo und werden ursprünglich nicht mit Kaninchen-, sondern mit Hasenfleisch zubereitet und heissen deshalb auf italienisch Pappardelle sulla lepre. Es ist das einzige Teigwarengericht, das in der Toskana beliebt ist, und es stellt eine vollständige Mahlzeit dar, weil es den Teigwarengang mit dem Fleischgang vereinigt. Da die Toskaner leidenschaftliche Jäger sind, ziehen sie Wild allem andern Fleisch vor und essen ihre Lieblingsnudeln nicht nur mit Hasenfleisch, sondern auch mit Wildschwein- oder Wildentenragout. Nachstehend das Rezept mit Kaninchenfleisch, das man das ganze Jahr hindurch kochen kann.

Zutaten für 4 Personen:
1 Pfund Nudeln. 1 mittleres Kaninchen, 1 Flasche Chianti (7dl), 1 Zwiebel, 1 Stück Stangensellerie, Pfefferkörner, Thymian, 1 Lorbeerblatt, 100 g Butter, 1 Prise Muskatnuss, Salz, Pfeffer, 1 Esslöffel Mehl, 2 dl Rahm.

Man gibt das in Ragoutstücke geschnittene Kaninchen zusammen mit der geschnittenen Zwiebel, dem halbierten Stangensellerie und den Gewürzen in eine enge Schüssel, giesst den Wein darüber und lässt es über Nacht stehen. Dann giesst man die Flüssigkeit vom Fleisch und bewahrt die Marinade samt Zwiebel und Sellerie auf. Man tupft das Fleisch mit Küchenpapier trocken und brät es in 30 Gramm Butter schön goldbraun. Man würzt mit Salz und Pfeffer und giesst nach und nach die Marinade samt dem Gemüse dazu und lässt alles im zugedeckten Brattopf während ungefähr zwei Stunden weichschmoren.

Nun gibt man das Ragout in ein Sieb und bewahrt die Sauce auf. In der Bratpfanne zerlässt man 30 Gramm Butter, röstet darin das Mehl, löscht mit der durchgesiebten Sauce ab, gibt den Rahm dazu und lässt alles eine Viertelstunde auf kleinem Feuer köcheln. Man schmeckt mit Salz, Pfeffer und Muskatnuss ab. Dann löst man das weiche Fleisch von den Knochen und gibt es zum Schluss in die Sauce. Man kocht die Nudeln al dente, giesst das Wasser ab und vermischt sie in einer vorgewärmten Schüssel mit 30 Gramm Butterflöcklein und etwas Kaninchensauce. Man bringt die Nudeln und das Ragout getrennt auf den Tisch und gibt auf jeden Teller zuerst die Nudeln und darauf einen Löffel Kaninchenfleisch und Sauce.

Die Freundin, von der ich dieses vorzügliche Rezept habe, kombiniert dazu eine sinnvolle Vorspeise, indem sie die Kaninchenleber in Scheiben schneidet, die sie in Butter kurz anbrät und zusammen mit Nüssli- und Champignonsalat auf Teller anrichtet, was nicht nur gut schmeckt, sondern auch schön aussieht.

Pesto

Von einer Freundin erhielt ich ein Gläschen Pesto, der uns zu den Spaghetti ausgezeichnet schmeckte. Der Pesto wurde in einem Spezialitätengeschäft der Gastrag Basel gekauft. Ich möchte gerne während der kommenden Küchenkräutersaison für uns und für Geschenke selbst Pesto zubereiten. Im Prospekt, der dem Glas beigelegt war, steht folgende Zusammensetzung:

Olivenöl, Schafkäse, Parmesan, Knoblauch, Zwiebeln, Basilikum, Gewürze(???), Kochsalz.

Meine Frage: Können Sie mir die Menge der Zutaten und das Vorgehen angeben, um einen guten Pesto herzustellen? Gibt es vielleicht noch andere Varianten? Wie lange ist der Pesto gekühlt und gut verschlossen haltbar?

Grety Schenker, Solothurn

Liebe Frau Schenker, Pesto ist tatsächlich eine der besten Spaghettisaucen, die es gibt. Und wenn man ihn selber mit frischem Basilikum herstellt, schmeckt er natürlich noch viel besser als aus dem Glas.

Die beiden Grundzutaten dieser aus Genua stammenden Kräutersauce sind Basilikum und Knoblauch; alles übrige ist fakultativ.

Für 4 Personen braucht man ein Sträusschen Basilikum und 2–3 Knoblauchzehen, die auf einem Holzbrett fein gewiegt werden, was Geduld und ein Wiegemesser braucht. In zehn Minuten ist die Mischung so weit, dass man sie in den Mörser geben kann, wo man sie zu einer homogenen Paste zerstösst («pestare» heisst «zerstossen» und «pesto» das «Zerstossene»). Dann fügt man tropfenweise (unter gutem Rühren) ein paar Esslöffel gutes Olivenöl bei – und der Pesto ist fertig. (Man kann Knoblauch, Basilikum und Öl auch zusammen im Mixer pürieren; die Sauce schmeckt dann allerdings nicht ganz so aromatisch wie aus dem Mörser.)

Wenn die Spaghetti al dente gekocht sind, nimmt man sie aus dem Kochtopf, vermischt sie mit dem Pesto, etwas frischer Butter und frisch geriebenem Parmesankäse und trägt sie auf. (Der ganz echte genuesische Pesto wird mit Pecorino sardo gewürzt. Ich persönlich ziehe diesem scharfen sardischen Schafkäse aber den milden Parmesan vor.)

Da der Duft des Basilikums so intensiv ist, kann man dieses Kraut auch mit etwas Peterli strecken. In Genua fügt man der Sauce auch Pinienkerne bei, die mit den Kräutern zusammen im Mörser zerstossen werden und das Ganze etwas dicklicher machen. Mir schmeckt aber der Pesto ohne Pinienkerne besser.

Der Pesto schmeckt ganz frisch am feinsten; man kann ihn zwar dank der konservierenden Wirkung des Olivenöls ziemlich lange aufbewahren; er verliert aber jeden Tag etwas von seinem köstlichen Aroma.

Der Pesto eignet sich nicht nur zum Würzen der Spaghetti; er ist auch eine herrliche Zugabe zur Minestrone oder – statt Kräuterbutter – zu Fleisch.

Pesto siciliano

Ich weiss, dass der Pesto eine Spaghettisauce ist, die ihre Heimat in Ligurien hat. Doch behauptet nun ein Freund von unserem Stammtisch, dass es auch einen sizilianischen Pesto gibt. Wir bitten Sie, die Streitfrage zu entscheiden.

Heiner Trachsel, Trimmis

Dass Männer zusammen am Stammtisch über Kräutersaucen diskutieren, finde ich ein gutes Zeichen für die Kochkultur in Trimmis und wahrscheinlich auch anderswo. Essen ist ein Gesprächsthema geworden wie Mode, Musik, Architektur und andere Aspekte unserer Kultur. Zur Sache: Ihr Freund hat recht, in der Provinz Marsala gibt es eine Sauce, die «Mataroccu» heisst und dem Pesto sehr ähnlich ist. Ausser Basilikum, Knoblauch, Pinienkernen und Olivenöl enthält sie aber auch Sellerieblätter, Petersilie und ein wenig Tomaten. Eine andere Variante der gleichen Sauce ist der provenzalische Pistou, eine Mischung aus Knoblauch, Basilikum und Olivenöl, die man in die Suppenschüssel gibt und dann mit der heissen Gemüsesuppe übergiesst und gut verrührt, eine Zubereitung, die auch in Ligurien bekannt ist. Meine Erfahrung hat mir übrigens gezeigt, dass es sich lohnt, mit dieser Sauce etwas zu experimentieren. Ich habe sie bei einem Freund kennengelernt, der sie lediglich aus Knoblauch, Basilikum und Petersilie herstellt und zerstossene Pinienkerne sowie geriebenen Pecorino als zu schwer ablehnt. Ich bin bis heute bei dieser Variante geblieben.

Spaghetti alla carbonara

In Italien muss es so etwas wie eine kulinarische «questione della panna» geben: Oft herrscht Uneinigkeit darüber, wo zum Verfeinern Rahm verwendet werden soll, wo nicht. Als ich in einem gestylten Mailänder Restaurant Tiramisù mit einer Rahmhaube (samt darin steckendem Papierschirmchen) bekam, wurde das als «modisch» (das heisst nicht traditionsgemäss) taxiert. Wie steht es aber mit den Spaghetti alla carbonara? Köhler (carbonari) sind doch arme Leute, die sich nicht mit luxuriösen Rahmgerichten verwöhnen! Nun habe ich in einer italienischen Zeitschrift ein Rezept gesehen, das neben Ei, Speck und Käse auch Rahm vorschreibt. Was ist richtig?

Ursula Biondi, Rabius

Sie haben natürlich recht, echte Spaghetti alla carbonara werden ohne Rahm zubereitet. Nicht nur, weil diese Spaghetti aus der Küche armer Leute stammen, sondern auch, weil der Rahm bis zur Mitte dieses Jahrhunderts in Mittel- und Süditalien praktisch nicht zum Kochen verwendet wurde; in diesen Regionen werden bis heute fast nur Schafe gezüchtet. Rahm und Butter sind typisch für die norditalienische Küche, während man von der Toskana bis nach Sizilien mit Olivenöl kocht und die Pasta mit geriebenem Pecorino (Schafkäse) würzt. Heute sind diese regionalen Unterschiede am Verschwinden, da man dank der modernen Technologie in ganz Italien Butter und Rahm kaufen kann.

Ich bin nicht der Meinung, dass man in dieser Situation kategorisch an Originalrezepten festhalten muss; aber ich finde die Spaghetti alla carbonara, die man zuerst mit gebratenen Speckwürfeln und dann mit zerschlagenen Eiern und geriebenem Käse vermischt, so gut, dass ich nicht einsehe, wieso man diesem nahrhaften Gericht mit Rahm noch mehr Kalorien beifügen sollte. Ähnliches gilt auch für das Tiramisù, das man aus Mascarpone, einem Doppelrahmkäse, herstellt. Eine Dekoration mit Schlagrahm ist auch hier zuviel des Guten und Nahrhaften.

Grüner Speck für Spaghetti carbonara

Ein Freund sagte mir, für Spaghetti alla carbonara verwende man «grünen Speck». Was heisst das und warum sollen sie mit grünem Speck besser werden als mit gewöhnlichen Speckwürfeli?

Erika Mathis, Zürich

Ich bin froh, dass Sie mir Gelegenheit dazu geben, das Lob des grünen Specks anzustimmen, der bei uns Schweizer Hausfrauen viel zu wenig bekannt ist. Grüner Speck ist Speck, der während 8–10 Tagen in einer Salzlake mit verschiedenen Gewürzen haltbar gemacht wurde und einen sehr milden und zartwürzigen Geschmack hat, viel milder auf jeden Fall als der geräucherte Speck, den wir normalerweise in der Küche verwenden. So gut dieser geräucherte Speck mit seinem intensiven Geschmack zu gedörrten oder frischen Bohnen und Sauerkraut passt, gibt es doch auch viele Gerichte, wo man ihn mit Vorteil durch grünen, d. h. gesalzenen Speck ersetzt, den man in jeder Metzgerei kaufen kann. Eine Minestrone zum Beispiel schmeckt meiner Meinung nach viel besser, wenn man im Öl oder in der Butter, die man zum Andämpfen der Gemüse verwendet, gesalzene und nicht geräucherte Speckwürfeli auslässt.

Es ist ja auch kein Zufall, dass in der italienischen und in der französischen Küche geräucherter Speck praktisch unbekannt ist: sein Aroma ist so dominant, dass es harmonische Geschmackskombinationen stört. So soll man, was viele Hausfrauen nicht wissen, zu einem Coq-au-Vin auf gar keinen Fall geräucherte Speckwürfeli verwenden, und auch bei den Spaghetti alla carbonara verlangt das Originalrezept gesalzenen oder grünen Speck.

Spaghetti mit Fleischragout

Ich habe letzthin Spaghetti mit einer wunderbaren Fleischsauce gegessen und möchte sehr gerne das Rezept. Es hatte grössere Fleischstücke dabei (ähnlich wie Siedfleisch) und eine Tomatensauce sowie Kräuter, die ich nicht kenne. Haben Sie wohl so ein Rezept?

Eva Wirth, Wallisellen

Im allgemeinen kennt man bei uns nur die klassischen Spaghetti bolognese mit der Hackfleischsauce und weiss nicht, dass es in Italien noch viele andere

Teigwarenrezepte gibt, bei denen die Sauce aus einem würzigen Fleischragout besteht. Berühmt sind zum Beispiel die toskanischen Pappardelle sulla lepre, die Eiernudeln mit Hasenragout (siehe S. 134f.). Ebenfalls sehr gut schmecken die Spaghetti oder Makkaroni an einer Schweinefleischsauce, deren Rezept Sie nachstehend finden. Man kann sie auch als Hauptgericht servieren.

Zutaten für 4 Personen:
1 Zwiebel, 100 g Butter, 3 Esslöffel Olivenöl, 1 Lorbeerblatt, 250 g Schweinefleisch, in kleine Würfel geschnitten, 1 Zweiglein Rosmarin, 1 Zweiglein Thymian, 250 g abgetropfte Pelati (geschälte Tomaten aus der Dose), 2 dl Fleischbrühe, 1 Gewürznelke, 1 Prise Muskatnuss, Salz, Pfeffer, 500 g Spaghetti.

Man lässt die feingehackte Zwiebel zusammen mit dem Lorbeerblatt in 2 Esslöffel Butter und im Olivenöl anziehen, fügt das Fleisch bei und dünstet ein paar Minuten weiter. Dann gibt man die Pelati, die Kräuter und die Gewürze dazu, lässt aufkochen, verdünnt mit der Fleischbrühe und lässt dann zugedeckt bei kleinster Hitze während einer Stunde schmoren. Vor dem Anrichten würzt man mit Salz und Pfeffer.

Die gekochten Spaghetti – es können auch Nudeln oder Makkaroni sein – vermischt man mit der restlichen Butter und dem Fleischragout. Separat serviert man frischgeriebenen Parmesankäse.

Spaghetti al limone (Zitronenspaghetti)

Eine Bekannte hat in Sizilien Spaghetti al limone gegessen. Da sie so begeistert davon war, versuchte sie nun zu Hause diese Spaghetti nachzukochen, was ihr jedoch mit Zitronensaft und -schale nicht annähernd gelang. Da Sie in der italienischen Küche so versiert sind, haben Sie bestimmt das richtige Rezept.

Silvia Meyer, Gachnang

Zitronenspaghetti haben für meinen Geschmack etwas Exotisches, um nicht zu sagen Extravagantes. Da man aber auch in der Küche hie und da Lust auf Überraschendes hat, gebe ich Ihnen nachstehend das Rezept.

Zutaten für 4 Personen:
400 g Spaghetti, 40 g Salz, 1 ungespritzte Zitrone, 100 g Butter, 3 Esslöffel Weisswein, 2 1/2 dl Rahm, 1 Messerspitze Cayennepfeffer, 50 g frisch geriebener Parmesan.

Man reibt die Schale der gewaschenen Zitrone auf einer Bircherraffel. In einem Topf lässt man die Hälfte der Butter zergehen, fügt die abgeriebene Zitronenschale bei und giesst nach ungefähr 1 Minute den Wein dazu und lässt aufkochen. Dann gibt man den Rahm in die Pfanne und lässt ihn bei leichter Hitze während einigen Minuten gut einkochen. Man schmeckt mit Cayennepfeffer ab. Die al dente gekochten und abgetropften Spaghetti gibt man in den Topf mit der Rahmsauce und vermischt alles gründlich und lässt eine Minute bei leichter Hitze durchziehen. Dann fügt man die restliche Butter, den frisch geriebenen Parmesan und ein paar Tropfen (wenig!) Zitronensaft bei und mischt nochmals alles.

Spaghetti mit Meerfrüchten

Ich habe letztes Jahr die Herbstferien in Sizilien verbracht. Dabei haben es mir ganz speziell die Spaghetti frutti di mare angetan, die ich in einem Restaurant am Meer gegessen habe. Die verwendeten Meerfrüchte waren Miesmuscheln, Crevetten und Scampi. Das Gericht war nicht mit einer Tomatensauce gemacht, sondern nur ganz leicht feucht, möglicherweise auf Basis von Weisswein und eventuell Fischsud, mit Zwiebeln, Knoblauch und Kräutern. Ich könnte natürlich ein bisschen «pröbeln», aber die Spaghetti haben so gut geschmeckt, dass ich sie originaltreu «reproduzieren» möchte. Falls Sie mir zu einem etwas genaueren Rezept oder mindestens zu ein paar Tips verhelfen könnten, wäre ich Ihnen sehr dankbar.

Susi Dingetschweiler, Schlieren

Das sizilianische Originalrezept der Spaghetti mit Meerfrüchten kenne ich leider nicht und habe es auch in meinen Kochbüchern nicht gefunden. Doch kann ich mir ungefähr vorstellen, wie sie zubereitet werden. Ihr köstliches Aroma stammt von der Flüssigkeit der Miesmuscheln, die für die Sauce verwendet wird. Hier also mein Rezeptvorschlag:

Zutaten für 4 Personen:
400 g Spaghetti, 40 g Salz, 600 g Miesmuscheln, 200 g ausgelöste Crevetten, 200 g ausgelöste Scampischwänze, 6 Esslöffel Olivenöl, 2 Knoblauchzehen, 1 Esslöffel gehackte Petersilie, Salz, schwarzer Pfeffer.

Man gibt die gründlich geputzten und gewaschenen Muscheln in eine Pfanne, in der man einen Esslöffel Olivenöl erhitzt hat, und dünstet sie darin unter Schütteln, bis sie sich geöffnet haben. Dann schüttet man sie auf ein Sieb und löst das Muschelfleisch aus den Schalen. Das Muschelwasser hebt man auf und giesst es durch ein feines Sieb, damit der Sand zurückbleibt. Dann erhitzt man das restliche Öl in einer Pfanne, dünstet darin die in Scheibchen geschnittenen Knoblauchzehen hellgelb und fügt das Muschelwasser bei. Kurz bevor die Spaghetti in Salzwasser al dente gekocht sind, gibt man die vorgekochten Crevetten und Scampischwänze (in Stücke geschnitten) bei, erhitzt sie gut und gibt zum Schluss die Muscheln dazu. Nun kann man die abgetropften Spaghetti und die Petersilie beifügen und alles bei starker Hitze kurz vermischen und vorsichtig mit Salz und herzhaft mit frisch gemahlenem Pfeffer abschmecken.

Spaghetti col pesto alla genovese

Ich mache oft Ferien in Ligurien und esse dort immer gern Trenette al pesto. Nun habe ich irgendwo gehört, dass zum echten genuesischen Rezept dieser Teigwaren auch

Kartoffeln und grüne Bohnen gehören. Mir ist dieses Gericht so zubereitet aber noch nie in einem Restaurant vorgesetzt worden. Für Deine Auskunft und vielleicht ein Rezept wäre ich dankbar.

Barbara Villiger Heilig, Zürich

Ich habe mich über Deine interessante Frage sehr gefreut. Die meisten Ligurien-Touristen wissen tatsächlich nicht, wie echte Spaghetti oder Trenette al pesto in der Genueser Familienküche zubereitet werden, weil sie nur in ein paar wenigen traditionsbewussten Restaurants noch auf der Speisekarte stehen. Ihr einfaches Geheimnis besteht darin, dass man zusammen mit den Spaghetti oder den Trenette Kartoffelwürfel und grüne Bohnen kocht, die man in ein paar Stücke schneidet. Die Kombination von stärkehaltigen Nahrungsmitteln gehört zu den Kennzeichen der volkstümlichen Küche auf der ganzen Welt: Im Tessin nennt man Reis und Kartoffeln an einer Knoblauchschweize «Riso in cagnone», und in der Innerschweiz sind die «Älpler-Makronen», eine Mischung aus Teigwaren und Kartoffeln, beliebt. Eine italienische Freundin hat mir dagegen erklärt, dass die Beimischung von Kartoffeln vor allem eine kochtechnische Bedeutung hat: Die Kartoffeln geben im Kochwasser Stärke ab, die sich wie ein Film um die Spaghetti legt und bewirkt, dass die Basilikum-Knoblauch-Sauce besser haftet. Auf jeden Fall schmeckt das nachstehende Rezept vorzüglich.

Zutaten für 4 Personen:
400 g Spaghetti, 100 g zarte grüne Bohnen, 2 mittlere Kartoffeln, Pesto (aus frischem Basilikum, Knoblauch, Pinienkernen, geriebenem Pecorino und Olivenöl), geriebener Pecorino.

Man schneidet die geschälten Kartoffeln in kleine Würfel und lässt sie fünf Minuten im Salzwasser kochen. Dann gibt man die Spaghetti und die in Stücke zerteilten Bohnen bei und lässt alles zusammen kochen, bis die Teigwaren al dente sind. Nun giesst man das Wasser ab, vermischt die Spaghetti mit dem Pesto, damit der Käse schmilzt und der Pesto sein Aroma an die Spaghetti, die Kartoffeln und die Bohnen weitergibt. Gereicht wird dazu geriebener Pecorino. Man kann zusammen mit den Bohnen auch Zucchettischeiben beigeben.

Spinatgnocchi

Wie macht man eigentlich die zartschmelzenden Gnocchi aus Spinat und Ricotta? Eine italienische Freundin, bei der ich die Gnocchi ass, erklärte mir – all'italiana – in Blitzesschnelle, welche Zutaten, wieviel davon und so weiter man braucht und wie man die Gnocchi herstellt. Alles schien einfach, aber genau habe ich nicht verstanden, wie's funktioniert. – Und: Ist die Ricotta, die man bei Migros kauft (in Plastikdosen) gut? Ich misstraue ihr, weil sie relativ lange Verkaufsdaten hat, und Ricotta sollte doch ganz frisch sein!

Sabina von Niederhäusern, Amriswil

Leider haben Sie recht: Die Ricotta vom Supermarkt ist ein Industrieprodukt, das von der echten mageren Ricotta, die nicht lange haltbar ist, abgeleitet wurde. Sie enthält Stabilisatoren und, was mich noch mehr stört, einen Zusatz von Rahm, der sie ganz überflüssigerweise nahrhafter macht. Man kann sie aber trotzdem für die Spinatgnocchi verwenden, wenn man im Käsegeschäft keine echte Ricotta findet.

Zutaten für 4 Personen:
250 g Spinat, 300 g Ricotta, Salz, 150 g Weissmehl, 100 g frisch geriebener Parmesan, 3 Eier, 3 Eigelb, 50 g Butter, Salbeiblätter, 50 g frisch geriebener Parmesan.

Man gibt den gewaschenen Spinat tropfnass und zugedeckt in einen Kochtopf, lässt ihn aufkochen, bis er zusammenfällt, drückt ihn dann aus und schneidet ihn mit dem Wiegemesser sehr fein. Die Ricotta vermischt man mit Salz, Mehl, Parmesan und Spinat und fügt dann nach und nach die Eier und das Eigelb bei. Auf einem leicht bemehlten Brett formt man aus dem Teig daumengrosse Röllchen, die man in 1 bis 2 Zentimeter lange Stücke schneidet. Ist der Teig zu weich, kann man mit zwei Teelöffeln Klösschen abstechen. In einem halbhohen Topf bringt man reichlich Wasser zum Kochen und lässt die Gnocchi darin in etwa 3 Minuten garziehen. Man hebt sie mit einem Schaumlöffel aus dem Kochwasser, gibt sie in eine vorgewärmte Schüssel, übergiesst sie mit zerlassener Butter, in der man Salbeiblätter geröstet hat, und reicht frisch geriebenen Parmesan dazu.

Teigwaren mit Broccoli

Als grosser Broccoli-Fan bin ich auf der Suche nach dem Rezept für die exzellente Spaghettisauce, die hauptsächlich aus Broccoli besteht. Dieses feine Gericht kenne ich aus der ETH-Mensa, wo es ab und zu – leider viel zu selten! – auf dem Menüplan steht. Können Sie mir mit dem Rezept für diese Spaghetti mit Broccoli weiterhelfen?

Susanne Vogel, Zürich

Ihre Frage beantworte ich ausgesprochen gern; denn im Gegensatz zur ETH-Mensa sind die Broccoli-Spaghetti auf meinem Speisezettel ein Dauerbrenner. Nicht nur weil sie mir – wie Ihnen – vorzüglich schmecken, sondern auch weil man die Zutaten – Teigwaren, Broccoli (tiefgekühlt), Sardellen, Öl und Knoblauch immer vorrätig haben kann. Dazu kommt, dass dieses Gericht rasch zubereitet ist und in der harmonischen Ausgewogenheit von Teigwaren, Gemüse und etwas Fisch eine vollständige Mahlzeit darstellt. Ich verwende allerdings nicht Spaghetti, sondern Conchiglie: Dabei handelt es sich um kleine Teigmuscheln, welche die Gemüsesauce besser als die Spaghetti aufnehmen können.

Zutaten für 4 Personen:
500 g Teigmuscheln oder Spaghetti, 500 g Broccoli, 1 dl Olivenöl, 2 Knoblauchzehen, 1/2 Teelöffel zerstossene rote Pfefferschote (Peroncino), 1 kleine Dose Sardellen.

Man zerteilt die Broccoli in Röslein und gibt sie zusammen mit den Teigmuscheln ins kochende Salzwasser, wo sie in gut 10 Minuten weichgekocht sind. (Tiefgekühlte Broccoli, die rascher weich sind, gibt man erst nach etwa fünf Minuten bei, der Kochprozess der Teigwaren wird dabei für kurze Zeit unterbrochen, was auf die Qualität des Gerichts keinen Einfluss hat.) Unterdessen erhitzt man in einer Pfanne das Öl, gibt die feingewiegten Knoblauchzehen, die Pfefferschote und die Sardellen bei, die man mit einer Gabel zerdrückt hat. Man vermischt die abgetropften Muscheln und die Broccoli mit der Sauce und serviert sie ohne geriebenen Käse.

Das Gericht kann auch «einheimisch» zubereitet werden: Anstelle der Broccoli kann man ohne weiteres auch frischen oder tiefgekühlten Blumenkohl verwenden.

Teigwarengratin mit Auberginen

Kennen Sie vielleicht das Rezept von Penne alla siciliana, dem feinen Gratin mit Auberginen, Tomaten, Mozzarella?

Anita Sahli, Genf

Der Teigwarengratin mit Auberginen ist eines der berühmtesten sizilianischen Teigwarengerichte und heisst auf der Insel Pasta 'ncaciata al forno. Man bereitet ihn meist mit Makkaroni zu. Hier eine leicht vereinfachte Variante, ohne Kalbfleisch, Hühnerleber, Salami und ausgelöste Erbsen, die ursprünglich zu diesem Festgericht gehörten.

Zutaten für 4 Personen:
4 Auberginen, Salz, Pfeffer, 1 dl Olivenöl, 400 g Makkaroni oder Penne, 1 Zwiebel, 2 Knoblauchzehen, 1 Dose Pelati (400 g), 1 Mozzarellakäse, Basilikum, 100 g Pecorino oder Parmesan.

Die Auberginenscheiben im Öl beidseitig hellgelb ausbraten, salzen und pfeffern. Teigwaren al dente kochen. Aus Zwiebel, Knoblauch, Pelati eine Tomatensauce zubereiten. Dann eine Auflaufform mit Butter bestreichen und lagenweise abgetropfte Teigwaren, dünne Mozzarellascheiben, Basilikumblätter, geriebenen Käse, Auberginenscheiben und Tomatensauce einfüllen. Mit geriebenem Käse bestreuen und bei 200 Grad im Ofen etwa 15 bis 20 Minuten backen.

Einfache Tomatensauce

Ich bin Vegetarierin und mag Spaghetti napoli über alles. Leider wollen mir die Tomatensaucen, die ich ausprobiere, nie recht gelingen. Ich suche nun ein möglichst einfaches Rezept, das gut schmeckt. Vielleicht haben Sie auch einige Tips zum Variieren?

Marlis Germann, Zürich

Für eine gute Tomatensauce ist vor allem die Qualität der Tomaten wichtig. Und an dieser Qualität hapert es nördlich der Alpen fast das ganze Jahr hindurch, wenn man nicht das Glück hat, einen eigenen Garten zu besitzen. Darum würde ich Ihnen raten, für die Sauce italienische Tomaten in Dosen zu verwenden, die sogenannten Pelati, das sind geschälte Tomaten, die klein, reif und fleischig sind und ohne jeden Zusatz – es sei denn ein Zweiglein Basilikum – in Dosen abgefüllt werden. Aus diesen Tomaten kann man eine einfache und gute Sauce zubereiten, die auf jeden Fall schmeckt.

Zutaten für 4 Personen:
2–3 Esslöffel Olivenöl oder 20–30 g Butter, 1–2 Knoblauchzehen, 1 Dose geschälte Tomaten (Pelati), Salz und Pfeffer, 1 Prise Zucker, Basilikum oder Origano, frisch oder getrocknet.

Man erhitzt das Olivenöl oder die Butter in einer Pfanne, gibt die in Scheiben geschnittenen oder fein verwiegten Knoblauchzehen bei, röstet sie leicht an und fügt die Pelati bei, würzt mit Salz, Pfeffer und dem Zucker und lässt auf kleinstem Feuer 15–20 Minuten köcheln. Ein paar Minuten bevor man die Sauce vom Feuer nimmt, vermischt man sie mit dem gehackten Basilikum oder Origano.

Sehr fein schmeckt auch die Tomatensauce, welche die italienischen Hausfrauen mit Gemüse und Kräutern aromatisieren und dann durchs Passe-vite treiben. Sie wird erst am Schluss mit ein paar Löffeln kaltem Olivenöl vermischt oder zusammen mit einem Stück frischer Butter unter die Spaghetti gemischt.

Tomatensauce mit Gemüse

Zutaten für 4 Personen:
1 Dose Pelati, 1 Zwiebel, 1 Karotte, 1 Stück Bleichsellerie, 1 Sträusschen Petersilie, Salz, Pfeffer, 2–3 Esslöffel kaltgepresstes Olivenöl oder 40 g frische Butter.

Man gibt die geschälten Tomaten in eine Pfanne, fügt das feingeschnittene Gemüse bei und lässt eine halbe Stunde auf kleinstem Feuer köcheln. Dann treibt man die Sauce durchs Passe-vite und würzt sie mit Salz und Pfeffer.

Anstatt am Schluss Butter oder Öl beizugeben, kann man diese fettfreie Tomatensauce auch mit ein paar Esslöffeln Rahm verfeinern: das macht sie ausgesprochen mild und ist bei schweizerischen Spaghetti-Liebhabern besonders beliebt. Die Italiener verwenden für ihre Tomatensauce nie Rahm – sie würzen sie hingegen gerne mit einem scharfen Pfefferschötchen.

Ungekochte Tomatensauce

Unser Zeltnachbar an der Adria war ein Wirt aus Foligno. Seit acht Jahren verbringt er die Ferien auf dem gleichen Zeltplatz. Eines Tages lud er seine mittlerweile

130 Freunde vom Campeggio zu einem Spaghettiessen ein. Den ganzen Nachmittag sah man Mario, den Gastgeber, vergnügt herumsitzen, diskutieren, Kaffee trinken – von Sugokochen oder sonstigen Vorbereitungen keine Spur! Nun, am Abend waren die Spaghetti in einer Riesenpfanne schnell gekocht und irgendwelche hilfreichen Geister bereiteten dazu einen Sugo crudo. Dieser wird, wie es der Name sagt, nicht gekocht, sondern eben roh an die heissen, abgetropften Spaghetti gegeben. Sie schmeckten köstlich! Leider verpasste ich es, Mario um das Rezept zu bitten. Kennen Sie es?

Ruth Schifferli, Bertschikon

Wenn es frische, reife, aromatische Tomaten gibt, sollte man die Gelegenheit wirklich nicht versäumen, aus ihnen einmal eine Sauce zuzubereiten, die nicht zu kochen braucht. Das Rezept ist ganz einfach: Man häutet die Tomaten, indem man sie eine Minute in kochendes Wasser taucht, schneidet sie in Viertel und entfernt die Kerne und den Saft, so dass nur das feste Fleisch zurückbleibt. Dieses Fleisch zerdrückt man mit einer Gabel oder noch besser mit einem Holzstössel zu einem dicken Mus, das man mit fein verwiegter Zwiebel, Salz, Pfeffer, etwas gutem Olivenöl und reichlich in Streifen geschnittenen Basilikumblättern würzt. Damit ist die Sauce bereit, die man nur noch mit den abgetropften Spaghetti zu vermischen braucht, die – wie Sie schreiben – so heiss als möglich sein sollten. In Italien wird zu dieser Tomatensauce geriebener Parmesan serviert; ich esse sie ohne Käse, um das köstliche Aroma von Tomaten und Basilikum voll zu geniessen. Sehr gut schmeckt auch die halbwarme Variante dieser rohen Sauce, die man auf kleinstem Feuer langsam erwärmt, so dass sich die verschiedenen Zutaten etwas inniger vermischen als beim Originalrezept.

Trüffelfüllung für Tortellini oder Ravioli

Ich habe neulich in einem italienischen Restaurant in Bad Aibling (in der Nähe von Rosenheim in Bayern) Trüffel-Tortellini gegessen, welche hervorragend geschmeckt haben. Bisher habe ich umsonst nach einem Rezept danach gesucht. Könnten Sie mir behilflich sein?

Sandra Huber, Frauenfeld

In Italien ist es eigentlich nicht üblich, die Tortellini oder Ravioli mit Trüffeln zu füllen, vor allem nicht mit den weissen Tartufi von Alba, die ihr herrliches Aroma am besten entwickeln, wenn man sie roh über die Teigwaren hobelt. Für eine Trüffelfüllung würde ich schwarze Trüffel aus Umbrien verwenden oder vielleicht noch besser Trüffelöl, das einem auch ausserhalb der Saison zur Verfügung steht. Trüffelöl guter Qualität ist tatsächlich das Nächstbeste nach frischen Trüffeln. Man kann damit eine Fleischfüllung alla bolognese würzen, noch besser kommt der Trüffelgeschmack aber bei einer schlichten Ricottafüllung zur Geltung.

Zutaten für 4 Personen:
300 g Ricotta, 2 kleine Eier, 60 g geriebener Parmesan, 2 Esslöffel feingehackte Petersilie, Salz, 1–2 Esslöffel Trüffelöl.

Man verarbeitet die Ricotta mit den Eiern, dem Parmesan und der Petersilie zu einer glatten Paste, die man sorgfältig mit Salz und Trüffelöl abschmeckt.

Zucchettisauce

Bei einer italienischen Freundin in Rom habe ich wunderbare Rigatoni an einer Zucchettisauce gegessen, die wie ein hellgrünes Püree die Teigwaren einhüllte. Wir haben an jenem Abend so viel diskutiert, dass ich ganz vergass, sie nach dem Rezept zu fragen. Ob Sie mir weiterhelfen können?

Susanne Reichlin, Andeer

Auch ich habe diese schlichte grüne Zucchettisauce zum ersten Mal in Rom gegessen. Ihr Geheimnis ist ihre Einfachheit: Ihre einzigen Zutaten sind Zucchetti, Olivenöl und etwas Knoblauch. Für vier Personen rechnet man 600 Gramm Zucchetti, die man, in Stücke geschnitten, aber ungeschält, im heissen Olivenöl zusammen mit einer Knoblauchzehe kurz anbrät, salzt und dann auf kleiner Flamme, zugedeckt in 20 Minuten gart. Dann setzt man das Salzwasser für die Pasta auf und kocht darin kurze Teigwaren wie Rigatoni, Penne oder Müscheli al dente. Die Zucchetti zerdrückt man mit einer Gabel zu einem Püree, das man mit etwas Teigwarenwasser und Öl zur richtigen crèmigen Konsistenz verdünnt, mit frisch geriebenem Parmesan oder Pecorino würzt und dann in einer vorgewärmten Schüssel mit der Pasta tüchtig vermengt. Die crèmige Konsistenz bekommt diese Sauce nicht nur vom geriebenen Käse, sondern vor allem vom Teigwarenwasser, das die italienischen Hausfrauen nämlich fast allen ihren Saucen beifügen.

Zucchettisauce zu Makkaroni

Im Herbst haben wir in einem Bistro in Lausanne Maccaroni aux courgettes gegessen, die mit einer feinen, crèmigen Sauce angemacht waren. Der Kellner kannte das Rezept nicht auswendig; der Koch hatte leider keine Zeit, mit uns zu reden, so dass Sie meine letzte Rettung sind, damit ich die Zubereitung dieser vorzüglichen Teigwarensauce lerne.

Ida Ferrari, Zürich

Es gibt viele Möglichkeiten, Zucchetti mit Teigwaren zu kombinieren; eine der feinsten ist tatsächlich das Zucchettipüree, das man nicht mit Spaghetti, sondern mit dickeren Teigwaren wie Makkaroni, Rigatoni oder Penne serviert. Es bringt das zarte Aroma dieses Gemüses in idealer Weise zur Geltung.

Zutaten für 4 Personen:
400 g Makkaroni, 1 kg Zucchetti, 2–3 Knoblauchzehen, 1 kleine Zwiebel, 4–5 Esslöffel Olivenöl, Salz und Pfeffer, 1 dl Halbrahm, 30 g geriebener Parmesankäse.

Man schneidet Zwiebel und Knoblauch ganz fein und dünstet sie im Olivenöl leicht an, gibt die ungeschälten, in Würfel geschnittenen Zucchetti dazu, würzt mit Salz und lässt das Gemüse in 20–30 Minuten sehr weichschmoren. Dann püriert man das Ganze mit dem Mixstab, fügt den Halbrahm bei und vermischt das Püree mit dem geriebenen Parmesan und reichlich schwarzem Pfeffer aus der Mühle. Unterdessen kocht man die Makkaroni in reichlich Salzwasser al dente und vermischt sie kurz vor dem Servieren innig mit der feinen, crèmigen Zucchettisauce.

Welches Mehl man für Teigwaren verwendet

Als Kennerin der italienischen Küche nehmen Sie sich sicher hin und wieder Zeit für selbstgemachte Teigwaren. Rezepte dazu findet man überall. Mein Problem ist die Qualität des Mehls. Italienische Teigwaren sind gemäss italienischem Lebensmittelgesetz aus Hartweizengriess hergestellt, unser käufliches Weissmehl ist, soviel ich weiss, ein Weichweizen- oder Mischweizenmehl. Spielt das überhaupt eine Rolle? Und die übrigen Zutaten: ganze Eier oder nur Eigelb, mit oder ohne Ölzugabe, evtl. ohne Wasser nur mit Eiern? Herzlichen Dank im voraus für Ihr erprobtes Standardrezept.

Alice Meier, Beinwil a. S.

Wie wichtig die Qualität des Mehls für Teigwaren ist, hat die italienische Regierung demonstriert, als sie den Import von deutschen Spaghetti aus Weichweizenmehl verboten hat, weil in Italien, wie Sie mir schreiben, nur Teigwaren aus «grano duro» zugelassen sind. Dieser Hartweizen, der in Apulien und Sizilien wie auch in Kanada angebaut wird, ist besonders eiweissreich; d. h., er hat mehr sogenannten Kleber, was den Teigwaren ihre Festigkeit gibt. Das wissen auch die italienischen Hausfrauen, die in der Schweiz leben, und sie kaufen, wenn immer möglich, das Mehl zur Teigwaren- oder Pizzazubereitung in Italien ein. Es gibt übrigens seit einiger Zeit auch bei uns italienische Lebensmittelgeschäfte, die Hartweizenmehl führen.

Was den Streitfall zwischen der italienischen Regierung und der deutschen Firma betrifft, so war später aus einer Zeitungsnachricht zu erfahren, dass das EG-Gericht der deutschen Firma das Recht zugesprochen hat, ihre Weichweizenteigwaren in Italien zu verkaufen. Ich vermute, dass diese Firma nicht allzu gute Geschäfte machen wird; denn wenn es um die «pasta al dente» geht, sind die Italiener sehr qualitätsbewusst. Für Eierteigwaren spielt nach meiner Erfahrung die Qualität des Mehls eine kleinere Rolle, vermutlich, weil man ihnen «klebendes» Eiweiss zufügt. Ich verwende auf 100 g Mehl 1 Ei. Falls die Eier ausgesprochen klein sind, kann etwas Wasser zugefügt werden.

Wie man Teigwaren kocht

Als ich letzthin mit einer Freundin zu später Stunde Pasta essen wollte, waren wir uns über die Zubereitung uneinig – und wurden uns immer uneiniger. Zuerst ging es ums Wasser: während ich überhaupt nicht einsah, wieso literweise Wasser erhitzt werden soll, beharrte sie darauf, dass die Spaghetti sonst niemals gelingen würden. Ich kenne diese Regel, doch leuchtet sie mir nicht ein, denn ich befolge sie schon lange nicht mehr und bringe alleweil Pastasciutta zustande, die auch von Italienern ohne Wimpernzucken gegessen wird. Zweiter Streitpunkt: das Öl. Meine Freundin schüttete teures Olivenöl ins Wasser, weil sie das besonders italienisch fand. Ich behauptete, ein ganz gewöhnliches sei genug, denn das Öl wird ja mit dem Wasser abgeschüttet, lässt kaum Geschmacksspuren zurück. Könnte man darauf nicht auch verzichten?

Cécile Hug, Buchs

Es gibt goldene Kochregeln, die die Töchter von den Müttern übernehmen und die in allen Kochbüchern figurieren, ohne jemals in Frage gestellt zu werden: zu ihnen gehört die Vorschrift, dass man Teigwaren in sehr viel Salzwasser kochen muss, oder, um es genau zu sagen, dass es zum Weichkochen von hundert Gramm Spaghetti einen Liter Wasser braucht. Das ist, wie Sie zu Recht bemerken, viel zu viel und braucht auch unnötig viel elektrischen Strom oder Gas. Das ist mir zum ersten Mal bewusst geworden, als ich vor Jahren sah, wie meine Freundin aus Apulien ihre selbstgemachten Makkaroni in einem Topf kochte, in dem das siedende Wasser nur zwei Finger über den Teigwaren stand. Das Ergebnis war tadellos. Gute Teigwaren aus Hartweizenmehl kleben nämlich nicht aneinander: es genügt, sie am Anfang des Kochprozesses mit einer Gabel ein paarmal durchzurühren und zu lockern.

Sinnlos ist es auch, dem Kochwasser teures oder billiges Öl beizugeben, um das Kleben der Teigwaren zu verhindern, und ich könnte mir gut vorstellen, dass der Erfinder dieses verbreiteten Hausfrauentricks ein schlauer Ölfabrikant war.

Die einzige vernünftige Massnahme gegen das Aneinanderkleben von Teigwaren ist, dass man sie gleich nach dem Abtropfen mit etwas Butter, Öl oder Sauce vermischt, auch wenn man die Sauce getrennt serviert. So überziehen sie sich mit einem Film und können auch beim Erkalten nicht mehr kleben.

Risotto
und Polenta

Artischocken-Risotto

In einem Restaurant in Pisa habe ich neulich ein köstliches Reisgericht gegessen: Risotto mit Artischocken. Nun bin ich auf der Suche nach diesem Rezept. Können Sie mir Auskunft geben?

Theres Zacher, Adliswil

Wenn man in Italien Risotto isst, staunt man immer wieder über die Vielfalt seiner Zubereitungen. Man hat den Eindruck, dass es im Meer und auf dem Lande keine Delikatesse gibt, die sich nicht zu einem Risotto verarbeiten lässt. So eignen sich fast alle Gemüse zur Kombination mit Reis; ganz besonders fein schmecken aber natürlich die zarten Frühlingsgemüse wie Spargeln, Erbsen und Artischocken. Artischocken-Risotto kann man nur mit den kleinen italienischen Artischocken zubereiten, die man grosszügig rüsten muss, damit sie keine holzigen Stellen haben und zart schmecken.

Zutaten für 4 Personen:
6 junge, zarte Artischocken, Zitronensaft, 80 g Butter, 50 g Rohschinken, 1 ¹/4 l Fleischbrühe, 400 g Reis, Salz, Pfeffer, 50 g geriebener Parmesankäse, 1 Esslöffel gehackte Petersilie.

Man rüstet die Artischocken gut, befreit sie von den äussern Blättern und schneidet sie in Viertel, die man in Wasser mit Zitronensaft gibt, damit sie nicht schwarz anlaufen. Man erhitzt die Hälfte der Butter und brät in ihr den in feine Streifen geschnittenen Rohschinken glasig. Die gut abgetropften Artischockenviertel werden unter Wenden in der Butter angebraten und mit ein paar Löffeln Fleischbrühe abgelöscht. Wenn diese verdampft ist, gibt man den Reis dazu und röstet ihn kurz an. Nach und nach gibt man die kochende Fleischbrühe bei. Nach ca. 20 Minuten Kochzeit, wenn der Reis al dente ist, nimmt man den Topf von der Kochstelle, würzt mit Salz und Pfeffer und vermischt den Risotto mit der restlichen Butter, dem Parmesan und der Petersilie. Man lässt ihn vor dem Auftragen wenige Minuten stehen, damit Butter und Käse schmelzen können.

Brennessel-Risotto

Vor vielen Jahren habe ich in einem Gasthaus im Mendrisiotto in einem ländlichen Garten Nudeln an Brennesselsauce gegessen. Sie schmeckten recht gut, und die verachteten Pflanzen wuchsen wie ein Teppich über den Abhang neben dem Tisch. Meine Frage: Wie bereiten Sie Nudeln oder Reis mit Brennesseln zu, damit sie auch Ihnen als Feinschmeckerin mit Neigung zum Ursprünglichen und Einfachen zusagen?

Alice Meier, Dietikon

Brennesseln gehören wirklich zu den feinsten und gesundesten Wildkräutern der Natur, und es ist kein Wunder, dass die Soupe d'orties, die Brennesselsuppe, selbst in der feinen französischen Küche einen Ehrenplatz hat.

Die von Ihnen erwähnten Nudeln kenne ich leider nicht; ich nehme mir aber vor, sie gelegentlich auszuprobieren. Dafür habe ich in diesem Frühling zum erstenmal einen Brennnessel-Risotto gekocht, der fabelhaft schmeckte. Sein einfaches Rezept stammt von einer Freundin, die mit der französischen und der italienischen Küche gleichermassen vertraut ist.

Man pflückt die zarten Brennesselknospen mit Handschuhen (im Frühling kann man die ganzen Pflanzen nehmen), kocht sie in wenig sprudelndem Salzwasser weich, bereitet dann aus Butter, feingehackter Zwiebel, Reis und Fleischbrühe einen Risotto zu, dem man nach zehn Minuten das Kochwasser der Brennesseln beifügt. Nach fünfzehn Minuten gibt man die zerschnittenen Brennesseln bei und verfeinert am Schluss den Risotto mit einem Stück Butter und frisch geriebenem Parmesan. Das wird auch für einen verwöhnten Risottoliebhaber eine echte kulinarische Überraschung sein.

Champagner-Risotto

Zum Thema Champagnerrisotto habe ich so viele Leserzuschriften bekommen, dass ich hier gerne nochmals darauf zurückkommen möchte. Zu den Risottoliebhabern, die finden, dass es schade sei, ein so teures und delikates Getränk wie Champagner zum Kochen zu verwenden, gehört Frau Claudia Bazzi aus Locarno, die in ihrem Kochbuch «L'arte culinaria nel Ticino» geschrieben hat:

«Es gibt wenige Gerichte wie den Risotto, der auch der schöpferischen Phantasie der Hausfrau so viel Spielraum lässt wie dieses köstliche Reisgericht ... weshalb wir auch eine grosse Zahl der verschiedenartigen Risottorezepte zusammengetragen haben, wobei allerdings der snobistische Champagnerrisotto, der heute in den Luxusrestaurants auch im Tessin zelebriert wird, absichtlich nicht aufgeführt wurde.»

Frau Bazzi spricht mir aus dem Herzen. Eine Ausnahme sollte vielleicht für jenen Risotto gelten, der erst nach dem Kochen mit einem Glas Champagner vermischt wird, so wie es Frau Eva Dick-Furrer aus Safnern beschreibt:

«Auch wir haben einmal in Lugano einen solchen Risotto gegessen und waren begeistert. Die Zubereitung ist ganz einfach. Es handelt sich um einen ganz normalen weissen Risotto (ohne Safran etc.), der kochendheiss im Topf zum Tisch gebracht und erst dort mit einem Schuss Champagner verfeinert wird. Der Geschmack wird also nicht durch das Kochen beeinträchtigt.»

Kiwi-Risotto

Während eines Italienaufenthaltes habe ich kürzlich Risotto al Kiwi gegessen. Er schmeckte ausgezeichnet. Können Sie mir vielleicht ein Rezept dazu geben, oder wird einfach am Schluss noch eine Kiwi beigefügt?

Katharina Imboden, Feldmeilen

Ihre Vermutung ist richtig: die Kiwistücklein werden dem Risotto erst ganz am Schluss beigefügt; sonst würden sie ihren eigenartig sanften Geschmack verlieren. Darf ich Ihnen aber zu Vorsicht raten? Nicht immer schmecken Gerichte, die man in guter Ferienlaune genossen hat, beim Nachkochen zu Hause auch wieder gut. Ich könnte mir gut vorstellen, dass Sie vom Kiwi-Risotto nördlich der Alpen enttäuscht sein werden. Risotto mit Früchten – eine früher undenkbare Kombination – gehört ins Repertoire der Nuova cucina italiana, welche die traditionelle italienische Küche mit viel Phantasie aufzulockern und zu erneuern strebt. Ich finde nach wie vor Experimente mit verschiedenen Gemüsesorten – von den Artischocken über die Erbsen bis zu den Zucchetti – sinnvoller. Auch Risotti mit Hühnerleber, Geflügelfleisch, Fisch oder Crevetten sind Delikatessen, die hierzulande viel zu wenig bekannt sind.

Kürbis-Risotto

Letzte Woche kaufte ich im Reformhaus einen schönen, dunkelorangen Kürbis, um daraus einen Kürbisrisotto zu kochen, wie ich ihn vor ein paar Wochen in Cremona gegessen hatte. Zu Hause bin ich dann aber plötzlich unsicher geworden, weil ich nicht wusste, ob man den Kürbis einfach in Butter oder Öl dünstet oder ob er im Salzwasser vorgekocht wird. Meine Kochbücher gaben mir keine Auskunft, und so sind Sie, liebe Frau Vollenweider, denn meine letzte Hoffnung.

Giovanna Brigger, Adetswil

Ich verstehe Ihr Zögern sehr gut: Kürbis kann man tatsächlich nicht wie Pilze, Lauch oder Zucchetti bloss in Butter dünsten, bevor man den Reis beifügt; sein Fleisch ist so fest, dass man es vorerst unter Zugabe von Wasser oder Fleischbrühe (manche Rezepte verwenden auch Milch) weichdämpfen muss.

Zutaten für 4 Personen:
350 g Vialone- oder Carnaroli-Reis, 500 g Kürbisfleisch, 1 l Fleischbrühe, 80 g Butter, 1 kleine Zwiebel, Salz und Pfeffer, 1 Prise Muskatnuss, 80 g frisch geriebener Parmesankäse.

Man wäscht den Kürbis, entfernt die Schale und die Kerne und schneidet ihn in Würfel. Im Kochtopf erhitzt man 50 g Butter, dünstet die feingeschnittene Zwiebel hellgelb und gibt die Kürbisstücke hinzu, die man dann unter Zugabe von wenig Fleischbrühe oder Wasser weichschmort. Das Kürbisfleisch muss so weich sein, dass man es mit der Holzkelle zu einem Püree zerstossen kann. Dann gibt man den Reis bei und kocht den Risotto unter Zugabe der heissen Fleischbrühe und unter fleissigem Rühren, bis er al dente ist.

Zum Schluss würzt man mit Salz, Pfeffer und einer Prise Muskatnuss, mischt die Hälfte des geriebenen Parmesans und 30 g Butter darunter und serviert den Kürbis-Risotto zusammen mit dem Rest des Parmesans.

Lauch-Risotto

Bei meiner Schwägerin in Mailand haben wir kürzlich einen Lauchrisotto gegessen, der fabelhaft mundete. Er schmeckte sehr zart und gar nicht penetrant, wie ich Lauch oft finde. Ein bisschen Rohschinken war auch dabei. Kennen Sie dieses Risottorezept? Ich würde meinen Mann gern damit überraschen.

Elsy Bretscher, Zug

Um einen zartschmeckenden Lauchrisotto zuzubereiten, verwendet man nur das Weisse des Lauchs (150 g für 4 Personen und 300 g Reis), das man fein schneidet, in 30 g Butter andünstet, mit 2 dl Milch ablöscht und auf kleinstem Feuer köcheln lässt, bis die Milch aufgesogen und der Lauch zu Püree verkocht ist. Dann gibt man den Reis bei, dünstet ihn zusammen mit dem Lauch und bereitet einen klassischen Risotto zu, der fortwährend gerührt sein will. Ist der Reis al dente, zieht man ihn vom Feuer und vermischt ihn mit 30 g geriebenem Parmesan, 30 g Butter und Würfelchen aus einer 50 g schweren Tranche Rohschinken (ohne Fettrand).

Risotto mit Cicorino rosso

In einem Restaurant in Mailand haben wir Risotto al radicchio gegessen, der dunkelrot war und ein zartbitteres Aroma hatte: fabelhaft! Laut Auskunft des Kellners wird er mit rotem Radicchio-Salat zubereitet. Können Sie mir genau sagen, was das für ein Salat ist, und eventuell auch das Rezept bekanntgeben?

Ines Soldini, Brugg

Radicchio oder Cicorino rosso heisst der beliebte italienische Wintersalat, dessen rote Blätter rundliche Köpfe bilden. In Italien kennt man daneben auch den roten Radicchio di Treviso, dessen gerade längliche Blätter vor allem als Gemüse zubereitet werden, weil sie ein intensiveres Aroma haben. Für den Risotto al radicchio rosso kann man beide Spielarten verwenden.

Zutaten für 4 Personen:
300 g roter Cicorino, 2 Esslöffel Olivenöl, 1 Esslöffel Butter, 400 g Reis, 1 1/2 dl Milch, Fleischbrühe, 1 dl Rahm, 5–6 Esslöffel geriebener Parmesan.

Man erhitzt die Butter und das Öl im Kochtopf, lässt darin die gehackte Zwiebel gelb werden und fügt den Cicorino bei, den man in feine Streifen geschnitten hat. Man dünstet das Gemüse, bis es zusammenfällt, gibt den Reis dazu, den man unter kräftigem Rühren anröstet und dann mit der Milch ablöscht, die das kräftige bittere Aroma des Cicorino mildert. Dann giesst man nach und nach heisse Fleischbrühe dazu, wobei man ständig rührt und immer wieder wartet, bis die Flüssigkeit ganz aufgesogen ist. Nach ungefähr zwanzig Minuten, wenn der Reis al dente ist, gibt man den Rahm und den Parmesan bei und lässt den Risotto vor dem Anrichten zugedeckt 2–3 Minuten stehen, damit sich alles gut verbindet.

Risotto al salto

In meinem Single-Haushalt koche ich gern die doppelte Portion eines Gerichts; so muss ich es am nächsten Tag nur noch aufwärmen. Leider findet man in den Kochbüchern keine Anleitungen zum Aufwärmen, obwohl dieses Recycling ein wichtiges ökologisches Problem ist. Als Kochlaie bin ich da manchmal ziemlich ratlos. Zum Beispiel weiss ich nicht, wie man einen Risotto mit Steinpilzen am besten aufwärmt und ob man ihn überhaupt aufwärmen soll. Ich habe es gestern versucht, indem ich ein Glas Bouillon beifügte und den Risottorest auf kleinem Feuer rührte. Das Ergebnis war ziemlich angebrannt. Was habe ich falsch gemacht?

Christian Hegglin, Zug

Ich habe mich über Ihren Brief sehr gefreut und teile Ihre Ansicht, dass die Resteverwertung ein Problem ist, das in Kochbüchern und Kochkursen viel zu wenig beachtet wird. Dabei gehört es zu den wichtigsten und alltäglichsten Aufgaben jeder Hausfrau und jedes Hausmannes, Speiseresten sachgemäss und appetitlich aufzubereiten. Dazu braucht es keinen Mikrowellenherd; ein paar Grundkenntnisse, Sorgfalt und etwas Kochphantasie genügen, um aufgewärmte Speisen in Gerichte zu verwandeln, die neu und köstlich schmecken.

Ein gutes Beispiel dafür ist der Risotto, der aufgewärmt so gut mundet, dass er unter der Bezeichnung Risotto al salto in vielen Mailänder Restaurants auf der Speisekarte zu finden ist. Er ist ganz einfach herzustellen: Man formt aus dem Risotto faustgrosse Kugeln, die man flach drückt und in einer Bratpfanne in wenig zerlassener Butter auf kleinem Feuer beidseitig anbrät, wobei eine schöne hellbraune Kruste entsteht.

Steinpilzrisotto kann man ohne Bedenken aufwärmen, wenn man den Rest im Kühlschrank aufbewahrt hat.

Tessiner Risotto

Eine Bekannte lädt uns jeweils zu Tessiner Risotto ein. Dieser ist mit Safran gemacht und von schöner gelber Farbe. Als wir im Maggiatal Risotto bestellten, war dieser weiss, sonst allerdings, so wie wir es wünschten, mit getrockneten Steinpilzen angereichert. Nun würde mich interessieren, ob Safranrisotto die übliche Risottoart ist im Tessin und wenn ja, warum hier dieses Gewürz so beliebt ist. Würde Safran zu Risotto ai funghi übrigens nicht auch passen?

Ursina Gehrig, Herrliberg

Der im Tessin so beliebte Safranrisotto stammt wie fast alle Tessiner Spezialitäten aus der Lombardei, wo der Reis seit dem 16. Jahrhundert angebaut wird. Der Safran, der – wie übrigens auch der Reis – von den Arabern nach Sizilien gebracht wurde, spielte in der europäischen Küche des Mittelalters eine grosse Rolle, man denke nur an die Zürcher oder die Basler Zunft zur Safran. Der klassische safrangelbe Risotto alla milanese wird zum ersten Mal in einem Festmenü aus dem Jahr 1551 erwähnt. In den armen Tessiner Tälern war der importierte Reis dagegen so teuer, dass der Risotto lange Zeit das Weihnachtsgericht war; später wurde er das Sonntags- und Festgericht par excellence, wie das auch beim fasnächtlichen Risottokochen in vielen Tessiner Ortschaften zum Ausdruck kommt. In den Bergtälern Italienisch-Bündens, wo es viele Steinpilze gibt, erfand man das Safranrisotto mit Steinpilzen: eines der köstlichsten Gerichte, die ich kenne. Daneben gibt es auch den Pilzrisotto ohne Safran, wie Sie ihn im Maggiatal gegessen haben. Er ist nicht typisch für die Tessiner Tradition und weist eher ins Piemont, zu dem die Täler des Locarnese geographisch ja auch gehören.

Zucchettiblüten-Risotto

Letzten Sommer habe ich in Rom in einem Restaurant einen Risotto mit Zucchiniblüten gegessen. Es war bei weitem der beste Risotto, den ich kenne. Vielleicht können Sie mir mitteilen, wie man einen solchen Risotto zubereitet. Die Blüten kann man nur während einer kurzen Zeit im Jahr kaufen, nicht wahr?

Teresa Mandola, Zürich

Zum Glück gehören die Zucchini zu den Pflanzen, die den ganzen Sommer hindurch blühen und Früchte geben, wenn man sie fleissig erntet. Auf dem Markt kann man deshalb von Ende Mai bis Ende September Zucchiniblüten finden.

Einen Risotto mit Zucchiniblüten habe ich selber noch nie gegessen; ich kann mir aber gut vorstellen, wie man ihn zubereitet. Man kocht aus Butter, feingehackter Zwiebel, Reis und heisser Fleischbrühe einen weissen Risotto und vermischt ihn vor dem Anrichten mit geriebenem Parmesankäse und den Blüten, die man in halb Öl, halb Butter in fünf Minuten leicht knusprig gebraten hat. Für vier Personen würde ich 8–12 Blüten rechnen, die man vom Stiel befreit und der Länge nach durchschneidet.

Was für einen Reis man für Risotto braucht

Risotto ist eines meiner Erfolgsgerichte, und ich frage mich schon seit geraumer Zeit, weshalb keine Reissorte erhältlich ist, die von der Kochzeit unabhängig macht und dennoch körnig bleibt wie beispielsweise Uncle Ben's für den Trockenreis. Ich kenne zwar Ratschläge «grosser» Köche zum Vorbereiten des Risotto; sie überzeugen mich nicht restlos. Ein präparierter Risottoreis – wäre das ein Vorschlag an die

Lebensmittelindustrie –, und was meinen Sie dazu?

Alice Meier, Beinwil

Ich habe für Sie eine gute Nachricht: Der ideale Risottoreis, den Sie sich wünschen, ist im letzten Jahrzehnt in der Poebene herangezüchtet worden. Er heisst Carnaroli und wird von der Firma Riso Principe in der Umgebung von Pavia angebaut. Es ist ein Reis, der in der Pfanne nicht «anhockt» und, wenn er al dente gekocht ist, nicht zerfällt, sondern seine Körnigkeit bis zu zehn Minuten über den richtigen Kochpunkt hinaus bewahrt. Die guten Köche Norditaliens schwören heute alle auf ihn. Er ist auch bei uns in Spezialgeschäften erhältlich.

Granoturco

In Italien heisst der Mais granoturco. Können Sie mir erklären, woher diese Bezeichnung kommt und was für geschichtliche Hintergünde da im Spiel sind?

Hans Manz, Zürich

Dass die Italiener den Mais als «granoturco», als «türkisches Korn», bezeichnen, obwohl er wie die Kartoffel und die Tomate aus Südamerika stammt, ist nur überraschend, wenn man das «türkisch» als geographische Bezeichnung nimmt. Im sechzehnten Jahrhundert, als der Mais in Italien auftauchte, wurde das Adjektiv «turco» oder «turchesco» aber auch als Synonym von «fremd, exotisch» verwendet, und so nannte man die ungewohnte imposante Halmfrucht halt «grano turchesco» und später «granoturco» oder «granturco». Dieser Name wurde auch ins Deutsche übernommen, wo der Mais mancherorts Türkenkorn, türkischer Weizen heisst.

Polenta mit Gorgonzola

Letzthin habe ich in einem Restaurant Polenta mit Gorgonzola überbacken gegessen. Ich esse den Käse gern und die Polenta auch. Aber ich war enttäuscht. Irgendwie war es dem Koch nicht gelungen, Geschmack und Pfiff in das Gericht zu bringen. So geht es ebenfalls mit vielen anderen Teiggerichten. Ist es tatsächlich so schwer, diese schmackhaft zu kochen? Zum Beispiel: Älpler-Makkaronen, Hörnli, überbacken etc. Könnten Sie mir für das erste Gericht einmal sagen, wie man es richtig macht. Und ausserdem ein Kochbuch für Teigwarengerichte empfehlen?

Jürgen Zorn, St. Gallen

Polenta und Gorgonzola ist eine so einfache und klassische Kombination, dass dabei eigentlich nichts fehlgehen sollte. So klassisch, dass viele Tessiner den Gorgonzola auch zum Dessert lieber mit einer Scheibe kalter Polenta essen als mit einem Stück Brot. Nachstehend ein Rezept:

Zutaten für 4 Personen:
270 g Maisgriess, 1,3 l Wasser, Salz, 50 g Butter, 200 g Gorgonzola, 100 g geriebener Parmesan.

Man kocht aus Maisgriess, Wasser und Salz eine Polenta, die man auf ein Holzbrett stürzt, etwas abkühlen lässt und dann in 1 cm dicke Scheiben schneidet. Den Boden einer gut ausgebutterten, feuerfesten Form bedeckt man mit Polentascheiben und verteilt darüber Gorgonzolascheibchen, geriebenen Käse und Butterflocken. Man fährt schichtweise so weiter und gibt als letzte Schicht Polenta, die man mit Butterflocken belegt. Man überbäckt die Polenta eine halbe Stunde im heissen Backofen. Sehr fein schmecken übrigens auch gebratene Polentaschnitten, die man mit einer Paste bestreicht, die aus zwei Dritteln Gorgonzola, einem Drittel Butter, etwas Paprika und ein paar Tropfen Cognac zusammengemixt wird. Ein sehr gutes Teigwarenbuch, allerdings nur für italienische Rezepte, stammt von Rotraud Degner und heisst «Pasta! Pasta!! Pasta!!!» (Heyne-Verlag).

Tessiner Polenta

Wir haben kürzlich in einem Tessiner Restaurant in Zürich Schmorbraten und Polenta bestellt und waren erstaunt, dass die Polenta nicht in festen Schnitten, sondern als dickflüssiger Brei serviert wurde. Auf unsere Nachfrage erklärte uns der Wirt, das sei eben die echte Tessiner Polenta. Was sagen Sie dazu?

Margrit Stüssi, Zumikon

Mit diesem Wirt hätte ich eine Flasche Merlot del Ticino gewettet, dass er sich täuscht. Im Tessin kocht man die Polenta wie in der ganzen Lombardei so fest, dass sie kein Brei mehr ist, sondern mit dem Messer in Scheiben geschnitten werden kann. Das Rühren dieser Polenta ist eine anstrengende Arbeit, drum ist es in der Lombardei im allgemeinen Sitte, dass die Männer ihren Frauen das Rühren abnehmen, zumindest in den letzten Minuten, während im Veneto, wo die Polenta wie in der deutschen Schweiz flüssig zubereitet wird, das Polentakochen Frauensache ist.

Eine echte Tessiner Polenta zuzubereiten ist übrigens keine Hexerei. Für sechs Personen rechnet man 1 Pfund gewöhnlichen feinen Mais, den man in feinem Strahl in 1½ Liter kochendes Salzwasser schüttet. Dabei rührt man ständig mit einer Holzkelle. Nach ungefähr einer Dreiviertelstunde ist die Polenta fertig und löst sich von der Kelle und von der Pfanne. Man stürzt sie auf ein Holzbrett und verwendet zum Schneiden ein Messer oder noch besser ein Stück Faden (gewöhnlichen weissen Nähfaden). Das hat nichts mit Folklore oder Nostalgie zu tun; es ist einfach praktisch, weil der Faden die Polentamasse ganz mühelos und scharf zerteilt.

Weisse Polenta

Den Auftakt eines mehrgängigen Menüs machte bei einem Bekannten kürzlich eine weisse Kugel, umrundet von grünem Spargel und nappiert mit einer köstlichen Sauce.

Nicht Griess war's, wie sich herausstellte, sondern weisse Polenta. Ich kannte bisher die gelbe und die «schwarze». Für eine sachkundige Aufklärung wäre ich sehr dankbar.

Esther Scheidegger, Zürich

Neben dem allgemein bekannten gelben Mais gibt es auch eine Maissorte, deren Körner beim Reifen weiss bleiben. Sie wird heute vor allem in Norditalien, in den Bergtälern Venetiens, angepflanzt. Weissen Mais findet man auch in Zürcher Lebensmittelgeschäften; mein Gemüsehändler sagt allerdings, der Konsum sei in den letzten Jahren stark zurückgegangen. Er schmeckt, wie Sie festgestellt haben, sehr fein, ähnlicher dem Weizengriess als dem gelben Mais.

Was die «schwarze» Polenta betrifft, so handelt es sich dabei nicht um eine besondere Maissorte, sondern um einen Brei aus Buchweizengriess, der eine graubraune Farbe hat und in manchen Tessiner Grotti zum Schmorbraten serviert wird. Im Mendrisiotto war diese Polenta negra früher am Allerseelentag obligatorisch, weil an diesem Tag, in Einklang mit der allgemeinen Trauer, auch die Polenta eine dunkle Farbe haben musste.

Das Wort Polenta, das wir automatisch mit gelbem Maisgriess in Verbindung bringen, hat nämlich mit Mais nichts zu tun, sondern bezeichnet einfach einen Brei aus zerstossenen Getreidekörnern und Wasser. Ursprünglich wurde die Polenta der Tessiner aus Hirse zubereitet, später aus Buchweizen und erst seit dem Beginn des 19. Jahrhunderts aus Mais.

Desserts

Crèmes, Puddings, Mousses

Arrak-Crème

Ich habe eine Flasche Arrak geschenkt bekommen und bin nun unsicher, wie man diesen Schnaps verwendet. Kann man ihn wie Grappa und Cognac zum Kaffee servieren?

Heini Stehle, Basel

Der Arrak ist ein hochprozentiger Schnaps, aus Reis oder Palmsaft destilliert. Am bekanntesten ist in Europa der Batavia-Arrak aus Java, der seine hellgoldene Farbe durch die Lagerung in Eichenfässern bekommt. Heute ist er durch den Rum weitgehend verdrängt worden. Man kann ihn pur wie Cognac trinken, zur Zubereitung von Grog und Punsch verwenden und zum Parfümieren von Desserts. Ich habe einen Freund, in dessen Familie die Arrak-Crème zu den wohlgehüteten Familienrezepten gehörte. Es ist noch nicht lange her, seit er mir verraten hat, dass diese wunderbar luftige und zarte Crème aus Eigelben besteht, die man mit Zucker sehr schaumig schlägt, mit einem Gläschen Arrak verrührt und dann mit steifgeschlagenem Rahm sorgfältig vermischt.

Blancmanger

Kürzlich habe ich den berühmten Blancmanger serviert bekommen, einen zarten Pudding mit Mandelgeschmack. Davon möchte ich gern ein Rezept, und zwar ein möglichst einfaches.

Brigitte Scheidegger, Meilen

Der Blancmanger ist ohne jeden Zweifel die traditionsreichste und älteste Nachspeise der mitteleuropäischen Küche. Man findet ihn als Albus cibus (weisse Speise) schon in den handgeschriebenen lateinischen Rezeptsammlungen des 13. Jahrhunderts, und noch heutzutage gibt es in Italien, Frankreich, Deutschland oder der Schweiz kein Standardwerk der Küche, in dem er fehlt. Dass sich diese Mandelsulz über Jahrhunderte auf der Speisekarte halten konnte, hängt vermutlich damit zusammen, dass es sich um ein ausgesprochen feines und leichtes Gericht handelt, dem man nicht nur aus Traditionsbewusstsein die Treue gehalten hat.

Mein Blancmanger-Rezept stammt aus der von Andreas Morel bearbeiteten «Basler Kochschule», wo es im Kapitel der alten Basler Rezepte figuriert. Es ist gar nicht kompliziert und geht von bereits geschälten Mandeln aus. Dazu möchte ich allerdings sagen, dass man diese geschälten Mandeln in einem guten Lebensmittelgeschäft kaufen und die Packung erst vor dem Mahlen öffnen soll. Bereits gemahlene Mandeln eignen sich nicht; einerseits, weil sie nicht geschält sind, was die weisse Farbe des Puddings beeinträchtigen würde, anderseits, weil die gemahlenen Mandeln ihr zartes Aroma rasch verlieren.

Zutaten für 6 Personen:
7 dl Rahm, 250 g geschälte Mandeln, 125 g Zucker, Bittermandelessenz, 12 g Gelatine.

Man mahlt die Mandeln fein und setzt sie mit dem Zucker und dem Rahm aufs Feuer und bringt sie unter Rühren langsam zum Sieden. Abseits vom Feuer löst man die Gelatine, die man zuvor in kaltem Wasser eingeweicht hat, in der heissen Flüssigkeit auf, gibt ein paar Tropfen Bittermandelessenz bei und lässt sie erkalten. Nun kann man den Mandelrahm durch ein Sieb in die mit Wasser ausgespülte Puddingform passieren, die man daraufhin zum Festwerden einige Stunden in den Kühlschrank stellt. Um den Blancmanger zu stürzen, löst man den Rand mit einem Messer und taucht die Form eine Minute in heisses Wasser. Am besten schmeckt zum Blancmanger eine Sauce, die man aus pürierten Erdbeeren, Himbeeren oder Aprikosen herstellt.

Caramelcrème (Gebrannte Crème)

An einem Taufessen haben wir vor einiger Zeit in einem Landgasthof eine wunderbare «Prännti Crem» genossen. Kennen Sie das Rezept dieser alten Zürcher Spezialität?

Elvira Gsell, Hüntwangen

«Prännti Crem» ist, da bin ich mit Ihnen einig, ein wunderbares Dessert; eine Zürcher Spezialität ist sie aber nicht, auch wenn sie in modischem Zürichdeutsch auf der Speisekarte figuriert, sondern eine traditionsreiche mitteleuropäische Süssspeise, die man schon in den ältesten französischen, englischen und spanischen Kochbüchern findet. Der Name «Prännti Crem» ist ja nichts anderes als eine Übersetzung des französischen Crème brûlé, wie die Caramelcrème ursprünglich wegen des gebrannten Zuckers hiess.

Zutaten für 4 Personen:
80 g Zucker, 3 Esslöffel heisses Wasser, 1/2 l Milch, 4 Eigelb.

Man röstet den Zucker haselnussbraun und löscht ihn vorsichtig mit dem heissen Wasser ab. Dann erhitzt man die Milch, gibt ihr das flüssige Caramel bei und lässt aufkochen. Nun verklopft man in einer Schüssel die Eigelb mit zwei Esslöffeln kalter Milch, die man vorher zurückbehalten hat, giesst die Caramelmilch unter kräftigem Schlagen dazu und lässt zum Schluss das Ganze im Kochtopf unter beständigem Schlagen bis kurz vor den Siedepunkt kommen. Man serviert die Crème kalt, nach Belieben mit etwas Schlagrahm.

Caramelköpfli

Italien, Griechenland und Spanien offerieren als Dessert immer sehr gute Caramelköpfli. Dieses Rezept hatte ich früher einmal, habe es aber leider verloren. Jetzt will es mir beim besten Willen nicht mehr gelingen, diese feste Masse hinzubekommen. Auch nach diversen Rezepten, die ich versuchte, werden die Köpfli immer zu leicht, ähnlich denen der Fertigpackungen. Könnten Sie mir vielleicht weiterhelfen?

Ninette Guyé, Basel

Ich verrate Ihnen mein Rezept, nach dem ich seit vielen Jahren Caramelköpfli zubereite, die nie missraten. Es stammt aus dem Kochbuch der Haushaltungsschule Zürich.

Zutaten für 6 Personen:
5 Eier, 6 dl Milch, 150 g Zucker, abgeriebene Zitronenschale.

Man röstet 100 g Zucker zu Caramel und füllt ihn rasch in eine Timbalform, die man so dreht, dass sich Boden und Wand mit Zucker überziehen. Man verklopft die Eier mit dem restlichen Zucker, gibt die abgeriebene Zitronenschale und die Milch dazu und füllt die Eiermasse in die Timbalform bis zu $^3/_4$ Höhe. Dann lässt man den Pudding zugedeckt im Wasserbad im Ofen während einer Stunde garziehen. Das Wasser darf nur ziehen, nicht kochen.

Man lässt den Pudding erkalten und stürzt ihn erst kurz vor dem Servieren auf eine Platte, indem man ihn eine Minute in heisses Wasser stellt oder über die Gasflamme hält. So löst sich der Caramel am Boden der Form. Um ganz sicher zu sein, dass die Eiermasse schön fest wird, kann man ihr zusätzlich 2 Eigelb beifügen.

Caramelköpfli, das beim Stürzen zusammenfällt

Ich habe jetzt schon ein paarmal nacheinander ein richtiges Caramelköpfli im Wasserbad im Ofen hergestellt. Leider gelingt es mir nicht, sie zu stürzen. Der Pudding, der an sich gut schmeckt, fällt beim Anrichten unweigerlich zusammen. Was mache ich für einen Fehler?

Franziska Rupp, Chur

Ich vermute, dass Ihnen nur ein wenig Geduld fehlt. Das Caramelköpfchen muss vollkommen erkalten, bevor man es auf eine Platte stürzen kann. Man sollte es also früh genug zubereiten und, sobald es abgekühlt ist, am besten noch für 1–2 Stunden in den Kühlschrank stellen. Damit sich das Caramel von der Form löst, stellt man sie in ein Gefäss mit heissem Wasser oder dreht sie über einer Gasflamme. Dann lässt sich der Pudding problemlos stürzen.

Ich habe schon zweimal versucht, ein Caramelköpfli nach Ihrem Rezept herzustellen. Es schmeckt sehr gut, zerfällt aber beim Stürzen. Die Schuld liegt vermutlich beim Wasserbad, das auch auf der kleinsten Flamme meines Gasherdes unweigerlich zum Sieden kommt. Was meinen Sie?

Elfriede Kunz, Tegerwilen

Ihre Vermutung ist zweifellos richtig. Ein siedendes Wasserbad beeinflusst den Kochvorgang des Caramelköpfchens ungünstig: es können Löcher oder Risse entstehen, die den Zusammenhalt des Puddings gefährden. Das Sieden können Sie verhindern, indem Sie von Zeit zu Zeit etwas Wasser zugiessen. Noch besser ist es, das Wasserbad in den Backofen zu stellen, wo man die Temperatur des Wassers leichter tiefhalten kann als auf der kleinsten Gasflamme. Man stellt zu diesem Zweck die offene Timbalform in eine Gusspfanne, in die man heisses Wasser bis gut zur halben Höhe der Form einfüllt. Im knapp mittelwarmen Ofen lässt man das Wasser zum leichten Ziehen kommen. Ich habe den Eindruck, dass auch die gleichmässige Wärme des Backofens den Garprozess begünstigt. Der Pudding erhält dabei oben ein leichtes Krüstlein, das beim Stürzen auf den Plattenboden kommt und gut schmeckt.

Caramelköpfli mit Löchern

Ich bin auf der Suche nach einem Rezept für echt italienische Caramelköpfli. Ich habe schon verschiedene Rezepte versucht, doch gelingen mir die Caramelköpfli mit den Löchli, so wie man sie in Italien vorgesetzt erhält, einfach nicht. Können Sie mir helfen?

Katrin Lais, Luzern

Löcher bekommt der Caramelpudding, wenn man ihn in einem Wasserbad kocht, das brodelt, anstatt nur leise zu ziehen. Diese Löcher beweisen aber natürlich auch, dass man den Pudding selbst hergestellt hat, im Gegensatz zum Beutelpudding, dessen Konsistenz gleichmässig glatt ist. So ist denn paradoxerweise dieser Schönheitsfehler zum Qualitätszeichen des Hausgemachten avanciert. So ändern sich die Zeiten.

Crema catalana

Ich hoffe, dass Sie mir weiterhelfen können, denn bei Ihrer Rubrik scheint kein Rezept unmöglich zu sein. In Conegliano (Italien) im Restaurant «Al Salisa» haben wir herrlich getafelt. Auch ein Dessert haben wir uns noch erlaubt, nämlich eine Crema catalana. Soviel ich weiss, wird diese Nachspeise nur mit Eigelb und ??? im Wasserbad gegart. Ich habe nun schon einige Male in der Schweiz nach dieser Süssspeise gefragt, in den italienischen Spezialitätenrestaurants aber immer nur Achselzucken geerntet. Deshalb frage ich Sie: Könnte es sich dem Namen nach eventuell um ein spanisches Gericht handeln?

Marlis Zimmermann, Bischofszell

Die Crema catalana ist in der Tat eine katalanische Spezialität, die mit unserem Caramelköpfli verwandt ist. Sie wird aus Eiern, Milch, Zucker, Weizenstärke, Zimt und Vanille in der Pfanne gekocht. Vor dem Servieren bestreut man sie mit Zucker, den man dann mit einem glühenden Eisenstab karamelisiert. Dabei entsteht eine feste Caramelschicht, die in angenehmem Kontrast zur weichen kühlen Crème steht. Ich glaube nicht, dass man diese Caramel-Eisen bei uns kaufen kann, und vermute auch, dass das Brennen der Crème viel Geschick und Übung braucht.

Kaffeecrème

An einem Taufessen im Elsass haben wir eine Kaffeecrème zum Dessert gegessen, die uns viel besser schmeckte als jeder Eiscafé. Ich habe in allen meinen Kochbüchern vergebens nach einem Rezept gesucht und schreibe Ihnen in der Hoffnung, dass Sie mir helfen können, wie Sie so vielen Leserinnen stets helfen.

Astrid Leuenberger, Schwarzenburg

Wahrscheinlich wären Sie in Ihren Kochbüchern fündig geworden, wenn Sie unter Mokkacrème nachgeschaut hätten, da in der Küche alles, was mit Kaffee zu tun hat, unter dieser etwas altväterischen Bezeichnung läuft. Mit Mokka bezeichnete man früher das, was man heute Espresso nennt; d. h. einen besonders starken Kaffee. (Mokka ist der Name einer jemenitischen Hafenstadt, die früher für die Kaffeeausfuhr wichtig war.)

Ich habe in meinem Rezeptmäppchen für den privaten Gebrauch seit langem ein Kaffeecrème-Rezept, das ich immer wieder mit Erfolg für meine Gäste zubereite.

Zutaten für 4 Personen:
$^1/_4$ l starker Kaffee, 120 g Zucker, 6 Blatt weisse, eingeweichte und ausgedrückte Gelatine, 1 Schuss Cognac, $^1/_4$ l steifgeschlagenen Rahm, Kaffeebohnen zum Verzieren.

Man verrührt den starken Kaffee mit dem Zucker und erhitzt ihn nicht ganz bis zum Kochpunkt. Dann nimmt man ihn vom Herd und rührt die Gelatine ein. Man verfeinert die Creme mit dem Cognac und stellt sie kalt.

Wenn sie anfängt zu gelieren, zieht man den steifgeschlagenen Rahm darunter. Man richtet die Kaffeecrème in einer Schüssel oder in Gläsern an und dekoriert mit Kaffeebohnen. Dann lässt man sie bis zum Servieren im Kühlschrank stehen.

Kapuzinerklösse

Ich möchte Sie bitten, mir das Rezept «Versoffene Kapuziner» anzugeben. Es handelt sich vermutlich um ein italienisches Dessert. Trotz intensiver Suche wurde ich nicht fündig.

Paul Gorbach, Eggersriet

Die «Versoffenen Kapuziner» kommen nicht aus Italien, sondern aus einer ehrwürdigen deutschen Tradition: Man findet sie, meist unter der etwas höflicheren Bezeichnung «Kapuzinerklösse», in alten deutschen, österreichischen und schweizerischen Kochbüchern. Sie gehören wie «Vogelheu» oder «Fotzelschnitten» zu den Restengerichten aus altbackenem Brot. Was sie jedoch von den Fotzelschnitten und auch von den verwandten «Armen Rittern» unterscheidet, ist der Wein, in den die harten Brotschnitten vor dem Backen getaucht werden. Der Wein wurde vom Volksmund mit den Mönchen oder Priestern in Verbindung gebracht, wie auch andere Namen ähnlicher Gerichte zeigen, z. B. Kartäuserklösse oder Pfaffenbrot.

Nachstehend ein Rezept aus Susanna Müllers «Das fleissige Hausmütterchen», das 1886 in Zürich erschienen ist:

«Man schneidet 1 Tag alte, nach Belieben abgeriebene Brötchen in vier Teile, taucht die Stücke in versüssten Rotwein oder in versüsste Eiermilch, lässt sie wohl vertropfen, taucht sie in zerschlagenes Ei, wälzt sie in der abgeriebenen Brötchenrinde oder in Brösmeli und bäckt sie in recht heissem Fett hübsch braun. Die heissen Klösse wälzt man in einer Mischung von Zucker und Zimmet. Man gibt sie warm mit heissem versüsstem Wein oder mit Weinsauce begossen. Die Schüssel sieht zierlich aus, wenn die Klösse regelmässig mit Mandelstiftchen besteckt werden.»

Marquise Alice (Erdbeer-Charlotte)

Kennen Sie das Dessert Marquise Alice? Ich möchte eine Freundin, die wie Sie Alice heisst, damit überraschen.

André Galto, Basel

Vor Ihrem Brief hatte ich keine Ahnung von der Existenz der Marquise Alice. Was ich an weiblichen Namen im Bereich der Kochkunst kannte, beschränkte sich auf die Coupe Belle Hélène, die Crêpes Suzette und auf die verschiedenen Charlotten. Aus dem altbewährten Fülscher-Kochbuch habe ich nun erfahren, dass die Marquise Alice eine Erdbeer-Charlotte ist.

Zutaten für 6 Personen:
Für die Crème: 2–3 Eigelb, 100 g Zucker, 2 dl Milch, wenig Vanille, 5–6 Blatt Gelatine; zum Verfeinern: 500 g Erdbeeren, wenig Zitronensaft, 3 dl geschlagener Rahm; für die Form 100 g Löffelbiskuits.

Man bereitet aus den Zutaten eine Crème, der man, solange sie noch heiss ist, die gewaschene Gelatine beigibt, die man vorher für 10 Minuten in kaltes Wasser eingelegt hat. Dann lässt man die Crème abkühlen, aber nicht steif werden, indem man sie immer wieder tüchtig umrührt. Die Hälfte der Erdbeeren streicht man durch ein Sieb oder püriert sie im Mixer (man sollte 2 dl Püree erhalten), die übrigen schneidet man in feine Scheibchen, beides wird unter die noch weiche Crème gemischt zusammen mit dem Zitronensaft und dem geschlagenen Rahm.

Schliesslich setzt man eine Springform auf eine Tortenplatte und legt sie innerhalb des Randes mit den Löffelbiskuits aus, so dass keine Zwischenräume bleiben. Nun wird die Crème in die Form gefüllt und für 1–2 Stunden in den Kühlschrank gestellt. Kurz vor dem Servieren garniert man sie mit Schlagrahm und schönen Erdbeeren.

In der Hoffnung, dass sich Ihre Freundin Alice über die gleichnamige Marquise freuen wird, verbleibe ich mit den besten Grüssen – gewissermassen von Alice zu Alice.

Marronimousse

Kürzlich assen wir im Tessin zum Dessert eine Marronimousse mit Brombeerglace. Ich möchte Sie gerne fragen, ob Sie ein solches Rezept kennen.

Barbara Tschudin, Zürich

Marronimousse ist für mich ein Blitzdessert, weil ich dazu tiefgefrorenes Kastanienpüree verwende. Für vier bis sechs Personen rechnet man zwei Pakete Kastanienpüree, die man über Nacht im Kühlschrank auftauen lässt. Man vermischt das Püree mit einem Gläschen Cognac, zweieinhalb Deziliter geschlagenem Rahm und dem Schnee von zwei Eiweiss, den man mit 50 Gramm Zucker vermischt hat. Man sticht die Mousse mit zwei Löffeln ab und serviert sie zusammen mit einer Kugel Brombeerglace. Man kann sie aber auch in eine Schüssel füllen, deren Boden man mit zerbröckelten Marrons glacés belegt. Diese Mousse kann man zusätzlich mit geraffelter Schokolade bestreuen oder – als ausgesprochen üppige Variante – mit einer Schokoladensauce servieren.

Meringue-Glace

Kennen Sie wohl das Rezept der feinen Meringue-Glace, die ich in der französischen Schweiz schon mehrmals genossen habe? Ich möchte meine Familie damit überraschen, der nichts über Glace geht.

Elda Meyerbeer, Basel

Ob die Meringues eine französische, italienische oder schweizerische Spezialität sind, wage ich nicht zu entscheiden; die luftige Süssigkeit ist auf jeden Fall in allen drei Ländern sehr beliebt. Meringue-Glace habe ich zum erstenmal bei meiner Wohnungsnachbarin gegessen, die – vielleicht ist das doch kein Zufall – aus Lausanne stammt. Sie hat mir das Rezept skizziert, ohne genaue Mengenangaben, die bei der einfachen Zubereitung auch nicht nötig sind. Man schlägt Rahm steif und vermischt ihn mit zerbröckelten Meringueschalen, die man mit etwas Rum beträufelt hat. Im Tiefkühlabteil lässt man die Masse gefrieren. Eine Viertelstunde vor dem Servieren sollte man die Meringue-Glace herausnehmen.

PS: Zur Abwechslung kann man der Meringue-Glace auch grobgehackte Baumnusskerne beifügen.

Panna cotta (gesulzter Rahm)

Letzte Woche habe ich in drei verschiedenen Restaurants in der Toskana ein herrliches Dessert gegessen. Seine Bezeichnung: Panna cotta. Ich besitze einige italienische Kochbücher, habe aber vergeblich nach diesem Rezept gesucht. Seit Jahren lese ich mit grossem Interesse Ihre Rubrik und hoffe, dass Sie vielleicht auch für mich auf eine Lösung stossen.

Pia Raselli, Belmont

Wenn mich nicht alles täuscht, hat die Panna cotta als Modedessert das Tiramisù abgelöst. Immer mehr Bekannte fragen mich nach dem Rezept dieses mit Gelatine gesulzten Rahmköpfchens, das aus dem Piemont stammt, wo viel mit Rahm und Butter gekocht wird. Nachstehend das Rezept der Panna cotta, die ich letzthin bei Freunden gegessen habe.

Zutaten für 8 Personen:
1 l Rahm, 2 Esslöffel Puderzucker, 3 Vanillestangen, 5 Blätter Gelatine, 80 g Zucker, Amarettolikör.

Man lässt den Rahm mit dem Puderzucker und dem Mark der Vanillestengel aufkochen, zieht dann die Pfanne vom Feuer, lässt den Rahm etwas abkühlen und vermischt ihn unter kräftigem Rühren mit der Gelatine, die man in lauwarmem Wasser aufgelöst hat. Dann lässt man den Zucker in einer Pfanne karamelisieren, giesst damit Portionenförmchen aus und füllt den Rahm ein. Damit das Caramel gut aufgesogen wird, sollte man die Förmchen einen halben Tag in den Kühlschrank stellen. Zum Anrichten taucht man die Förmchen rasch in heisses Wasser und stürzt sie auf einen Teller, auf den man zuvor einen Teelöffel Amarettolikör gegeben hat.

Man kann die Panna cotta auch mit frischen Walderdbeeren oder Himbeeren servieren; in diesem Fall lässt man Caramel und Amarettolikör weg.

Rhabarbermousse

In einem vegetarischen Restaurant Zürichs habe ich eine Rhabarbermousse an einer Erdbeersauce gegessen, die ich als «sublim» bezeichnen möchte. Über ihre Zubereitung konnte ich nur erfahren, dass sie nicht wie die Mousse au chocolat mit Eischnee zubereitet wird. Meine Frage an Sie: Haben Sie ein Rezept für Rhabarbermousse?

Dina Ruchti, Zollikon

Die Bezeichnung Mousse ist wie so viele kulinarische Ausdrücke ein ziemlich dehnbarer Begriff. Im allgemeinen versteht man darunter eine süsse oder pikante Speise von crèmiger und luftiger Konsistenz: es gibt Fisch-, Geflügel- oder Gemüsemousses, die im Wasserbad gegart werden, neben

Mousses, die man nur in den Kühlschrank zu stellen braucht. Was die Mousses luftig macht, ist Eischnee oder steifgeschlagener Rahm oder beides wie im folgenden Rezept. Bei den Mousses, die aus Früchten zubereitet werden, braucht es auch Gelatine, um den Fruchtsaft zu binden.

Zutaten für 6 Personen:
500 g Erdbeer-Rhabarber, Saft einer halben Zitrone, 2 Esslöffel Zucker, 100 g Puderzucker, 4 Blatt Gelatine, 2 Eier, 1 dl Rahm.

Man schneidet den Rhabarber in Würfel, fügt Zucker und Zitronensaft bei und kocht ihn weich, siebt ihn ab, püriert ihn ohne Flüssigkeit und kocht diese auf 2 Esslöffel ein. Die Gelatine, die man kurz in kaltem Wasser eingelegt hat, lässt man abtropfen und mit der eingekochten Rhabarberflüssigkeit im Wasserbad flüssig werden. Dann mischt man sie unter das Rhabarberpüree und stellt die Schüssel ca. 10 Minuten ins kalte Wasser, bis die Masse nur am Rand leicht fest ist. Nun rührt man alles glatt. Man verrührt die Eigelbe mit 70 g Puderzucker, bis die Masse hell wird, und mischt das Rhabarberpüree darunter. Dann schlägt man den Rahm steif und mischt ihn unter die Mousse. Aus den Eiweissen schlägt man steifen Schnee, den man mit 30 g Puderzucker vermischt, weiterschlägt und zum Schluss sorgfältig unter die Mousse zieht. Man füllt sie in eine Schüssel und stellt sie für mindestens 4–5 Stunden in den Kühlschrank. Zum Servieren sticht man die Mousse mit zwei Löffeln sorgfältig ab und gibt etwas Erdbeersauce dazu.

Die Erdbeersauce bereitet man aus 400 g Erdbeeren, die man mit 2–3 Esslöffeln Zucker und 1 Esslöffel Zitronensaft vermischt und im Mixer püriert. Will man die Sauce ganz fein machen, streicht man sie zusätzlich durch ein Sieb.

Riz à l'Impératrice (Reisköpfchen)

Mein Mann hat mir schon oft von dem köstlichen Riz à l'Impératrice erzählt, den er in seiner Kindheit bei einer Grosstante zum Nachtisch bekam. Ich würde ihn damit gern einmal überraschen, kann aber das Rezept in meinen Kochbüchern nicht finden. Darf ich auf Ihren guten Rat hoffen?

Afra Meyer, Schwyz

Der Riz à l'Impératrice gehört zu den klassischen Desserts der französischen Küche; er hat nur den Nachteil, etwas zu üppig zu sein. Darum schlage ich Ihnen das Rezept eines Reisköpfchens vor, das Sie mit ein paar Zutaten mehr in einen Kaiserinnen-Reis verwandeln können.

Zutaten für 6 Personen:
150 g Caroliner- oder Camolinoreis, 7 dl Milch, 1 Prise Salz, 1/2 Vanillestengel, 60 g Zucker, 3 Blatt Gelatine, 3 dl Rahm.

Man kocht den Reis zugedeckt in der

Milch, der man das Salz und die aufgeschlitzte Vanilleschote beigefügt hat. Man muss dabei aufpassen, dass er nicht anbrennt. Nach ungefähr 40 Minuten, wenn der Reis körnig weich und die Milch fast eingekocht ist, nimmt man ihn vom Feuer und gibt den Zucker sowie die in kaltem Wasser eingeweichte und ausgedrückte Gelatine bei und rührt sorgfältig, bis sie sich ganz aufgelöst hat. Dann lässt man den Brei erkalten, aber nicht fest werden und zieht den steif geschlagenen Rahm sorgfältig darunter. Man füllt die Masse in eine kalt ausgespülte Form und lässt sie im Kühlschrank fest werden, was etwa eine Stunde dauert. Zum Anrichten stürzt man das Köpfchen auf eine Platte, indem man die Form zuvor kurz in heisses Wasser taucht. Am besten schmeckt dazu eine Sauce aus Beeren oder Früchten.

Dieses Köpfchen wird zum Riz à l'Impératrice, wenn man den Zucker mit 2–3 Eigelb schaumig rührt, bevor man ihn dem Reis beigibt, und den geschlagenen Rahm mit 60–80 g kandierten Früchten anreichert, die man würflig geschnitten hat. Ein Gläschen Maraschino und 1–3 Tropfen Bittermandelöl geben den letzten Schliff. Man garniert mit Schlagrahm und kandierten Früchten.

Russische Crème

In einem sympathischen Beizlein in Locarno gab es zum Dessert Crema russa von zartgelber, schöner Farbe und luftigster Konsistenz. Mein Mann behauptet nun, es habe auch Wodka drin gehabt; ich bin der Meinung, dass die Crème nach Rum schmeckte. Nun möchten wir von Ihnen wissen, ob es ein klassisches Rezept der russischen Crème gibt, und wenn ja, ob dazu Wodka, Rum oder etwas anderes verwendet wird.

Gerlinde Bode, Zürich

Der Einfluss der russischen auf die europäische Küche geht auf die grossen französischen Köche zurück, die wie Antonin Carême und Urban Dubois im letzten Jahrhundert am Zarenhof tätig waren und Spezialitäten wie Borschtsch, Kalbskotelett Pojarski, Bœuf Stroganoff, russischer Salat, Charlotte russe und Crème russe mit nach Hause gebracht haben. Das Rezept der russischen Crème figuriert schon in einem Schweizer Kochbuch aus dem Jahr 1876. Das köstliche Aroma dieser Crème aus Eiern, Zucker und Schlagrahm kommt aber nicht vom russischen Wodka, der ja sehr wenig Eigengeschmack hat, sondern vom Rum, den man laut manchen Rezepten auch durch Cognac oder Kirsch ersetzen kann.

Zutaten für 6 Personen:
4 Eier, 100 g Zucker, 4 Esslöffel Rum, 6 dl Rahm.

Man rührt die Eigelbe und den Zucker in einer grossen Schüssel schaumig, schlägt das Eiweiss in einer kleineren Schüssel steif und zieht es dann unter die Eigelb-Zucker-Mischung. Nun schlägt man den Rahm steif und vermengt ihn sorgfältig mit der Crème, die man darauf 1–2 Stunden kalt stellt. Den Rum gibt man erst unmittelbar vor dem Servieren bei.

Schiiterbiig

Ein feiner Nostalgie-Dessert soll «Schiiterbiig» heissen und mit Vanillesauce aufgetragen werden. Können Sie mir dieses alte Rezept ausfindig machen?

Maria Scherr, Wädenswil

Die «Schiiterbiig» gehört zu den nahrhaften und feinen Brotgerichten, die wie die Fotzelschnitten und die Kartäuserklösse in Kochbutter schwimmend gebacken werden, bis sie goldbraun und knusprig sind. Sie eignen sich als Dessert nach einem leichten Mahl oder als Abendessen für grosse und kleine Kinder.

Zutaten für 5 Personen:
1 Toastbrot, 3 dl Milch, 30 g Zucker, 1 Messerspitze Zimt, 2 Eier, Kochbutter.

Man entrindet das Toastbrot, schneidet es in 2 cm dicke Scheiben und diese in 2 cm dicke Stengelchen. Man vermischt die Milch mit Zucker und Zimt und weicht die Stengel darin ein. Dann wendet man sie im verklopften Ei und backt sie halbschwimmend in der Omelettenpfanne. Man schichtet sie, wie der Name andeutet, wie eine Scheiterbeige aufeinander und reicht dazu Vanillesauce, die man aus 4 dl Milch, 1 aufgeschlitzten Vanilleschote, 5–10 g Kartoffelmehl oder Maizena, 1–2 Eigelb und 30 g Zucker zubereitet. Man bringt diese Zutaten unter stetem Rühren auf kleinem Feuer bis vors Kochen und lässt sie dann unter häufigem Rühren erkalten.

Schokoladepudding mit Schokoladesauce

Häufig erzählt mein Mann vom warmen Schokoladepudding, den er als Kind bei einer Tante gegessen hat. Es habe dazu eine Schokoladesauce gegeben; das sei der grösste Hit gewesen. Ich hatte bisher keine Lust, ihm eine solche Kalorienbombe zu kochen. Nun möchte ich ihn aber doch einmal mit dieser Speise aus der Kindheit überraschen. Da Sie auch auf extravagante Fragen eine Antwort wissen, erlaube ich mir heute, Sie um ein entsprechendes Rezept zu bitten.

Maya Gwerder, St. Gallen

Ich danke Ihnen für Ihr Vertrauen, liebe Frau Gwerder, und freue mich, Ihnen nachstehend das Rezept des feinen Schokoladepuddings mitteilen zu können. Die Kombination mit der Schokoladesauce ist schon ein bisschen üppig; doch passt die warme Sauce wirklich hervorragend zu der relativ leichten und luftigen Puddingmasse.

Zutaten für 4–6 Portionen:
80 g Crémantschokolade; 80 g Butter; 80 g Zucker; 1/2 Briefchen Vanillezucker; 5 Eier,

80 g gemahlene Mandeln; 20 g Paniermehl; Puderzucker.

Man rührt Butter, Zucker, Vanillezucker und 5 Eigelb schaumig und gibt die gemahlenen Mandeln und das Paniermehl bei. Dann fügt man die Schokolade hinzu, die man vorher im Wasserbad schmelzen liess. Zum Schluss zieht man die zu steifem Schnee geschlagenen Eiweisse unter die Puddingmasse. Kleine Timbalformen oder Tassen buttert man aus, bestäubt sie mit Puderzucker und füllt die Puddingmasse $^3/_4$ hoch ein. Man stellt sie in den auf 180 Grad vorgeheizten Backofen und lässt sie im Wasserbad während 25–30 Minuten fest werden.

Für die Sauce löst man eine zerbröckelte Crémantschokolade in einem Pfännchen mit wenig Wasser auf und vermischt sie dann mit ein paar Löffeln Halbrahm. Die warmen Puddings löst man mit einem Messer vom Rand der Förmchen und stürzt sie auf den Teller. Man giesst die Schokoladesauce darüber und serviert eventuell etwas Schlagrahm dazu, weil der Kontrast zwischen der warmen Schokoladespeise und dem kühlen Schlagrahm optisch und geschmacklich sehr reizvoll ist.

Schokoladensoufflé

Ich möchte meinem Bruder, der für Schoggidesserts schwärmt, eine Überraschung bereiten. Hätten Sie mir vielleicht ein ausgefallenes Rezept, also keine Schoggitorte oder Mousse au chocolat?

Cornelia Schnebel, Pfäffikon

Ich habe vor einiger Zeit bei einem Freund ein Schokoladensoufflé gegessen, das fabelhaft schmeckte. Er hat mir das Rezept geschenkt, und darum kann ich Ihnen aus eigener Erfahrung berichten, dass dieses Soufflé nicht nur gut schmeckt, sondern auch einfach herzustellen ist. Es braucht nur 12 Minuten Backzeit, so dass man es ohne weiteres nach dem Hauptgang zubereiten kann. Dazu kommt, dass man seine Zutaten jederzeit vorrätig haben kann.

Zutaten für 4–5 Personen:
200 g Lindt extrafin, 3 gestrichene Esslöffel Zucker, 1 Esslöffel Milch, 3 Eigelb, 6 Eiweiss, 20 g Butter, 1 Prise Salz.

Man löst die Schokolade in der Milch bei kleinster Hitze auf und gibt die Hälfte der Butter und die Eigelbe zu. Man schlägt die Eiweisse und das Salz steif, vermischt sie sorgfältig mit der Schokolademasse und gibt alles zusammen in die ausgebutterte Souffléform. Man heizt den Backofen auf 230 Grad vor und bäckt das Soufflé während 11–12 Minuten.

Das Soufflé ist so rasch gebacken, weil es kein Mehl enthält. Sein besonderer Reiz liegt im Kontrast zwischen der leicht krustigen Oberfläche und dem noch halbflüssigen, crèmigen Inneren.

Spuma di castagne (Kastaniendessert)

Als Abonnentin der «annabelle» und Leserin Ihrer Bücher möchte ich mich an Sie wenden, da ich ein italienisches Rezept suche. Ich habe schon in mehreren italienischen Kochbüchern nachgeschaut, es aber nicht gefunden. Es handelt sich um ein Dessert, das sich Spuma di castagne nennt. Ich habe es in der Deutschschweiz in einem Restaurant gegessen. Es wird in einer festen Form (fester fast als eine Mousse) mit zerbröckelten Amaretti und Amarettolikör serviert. Da es eher fest ist, nehme ich an, dass es sehr viel Rahm enthält.

K. Haefeli, Balsthal

Im Mai dieses Jahres habe ich, liebe Frau Haefeli, die obenstehende Anfrage mit einem Rezept französischer Herkunft beantwortet. Durch einen glücklichen Zufall bin ich inzwischen auf das echte Tessiner Rezept gestossen, das Spuma di castagne heisst, und möchte es Ihnen und allen übrigen Leserinnen mitteilen, da nichts auf der Welt besser schmeckt als ein Marronidessert aus selbstgesammelten Kastanien. Falls Sie in einem Tessiner Dorf Herbstferien machen, sollten Sie allerdings nie vergessen, bei den Nachbarn, in der Bar oder im Gemeindehaus zu fragen, ob und wo freies Kastanieneinsammeln erlaubt ist.

Zutaten:
2 kg Kastanien, 250 g Butter, 250 g Zucker, 200 g Amaretti, $1^1/2$ dl Rum, 1–2 dl Rahm, Kirschen, in Grappa eingelegt.

Die Kastanien kochen, schälen und durchs Passevite treiben. Zucker und weiche Butter schaumig rühren und das Kastanienpüree darunterziehen. Die Amaretti im Rum tränken, den zurückbleibenden Rum zur Kastanienmischung geben. Eine Puddingform bebuttern, mit Amaretti auskleiden, die Kastanienmasse einfüllen und mit den restlichen Amaretti bedecken. 6 bis 8 Stunden kühlstellen. Stürzen, mit steifgeschlagenem Rahm und den Kirschen garnieren.

Süssmostcrème

Die Süssmostcrème gehört zu meinen schönen Kindheitserinnerungen. Wir bekamen sie bei der Grossmutter häufig zum Dessert. Heute weiss kein Mensch mehr, wie gut das schmeckt. Können Sie mir das Rezept bekanntgeben?

Iris Meister, Basel

Von der Süssmostcrème kenne ich zwei Varianten: eine einfache Crème und eine Schaumcrème, die nach dem Prinzip der klassischen Zabaione zubereitet wird.

Einfache Süssmostcrème

Zutaten für 4 Personen:
2 Esslöffel Maizena, 6 dl Süssmost, 2 Esslöffel Zucker, 2 Eier, 1–2 dl Rahm.

Man gibt das Maizena in die Pfanne, rührt es mit dem Süssmost an und gibt dann den Zucker und die Eier dazu. Unter ständigem Schwingen bringt man die Crème bis zum Kochen und richtet sie in eine Schüssel an. Ist sie gut ausgekühlt, mischt man den steif geschlagenen Rahm sorgfältig darunter.

Süssmost-Schaumcrème

Zutaten für 6 Personen:
5 dl Süssmost, 4 Eier, 120 g Zucker, etwas abgeriebene Zitronenschale.

Man verrührt die Eier und den Zucker in der Pfanne und fügt den Most und die Zitronenschale bei. Auf kleinem Feuer wird diese Mischung während ca. zehn Minuten tüchtig geschwungen, bis die Crème doppelt so hoch und durch und durch schaumig ist. Beim ersten Aufkochen zieht man sie vom Feuer und lässt sie etwas abkühlen.

Tiramisù

Ich schreibe Ihnen im Auftrag von einem halben Dutzend kochbegeisterten Frauen. Wir sind auf der Suche nach dem besten Rezept eines Tiramisù. Und da Ihre Rezepte und Beiträge immer wieder begeistern, haben wir eben an Sie gedacht …

Ursula Gröbly-Steffen, Aeugst am Albis

Liebe kochbegeisterte Leserinnen, Ihre Tiramisù-Anfrage kommt genau im richtigen Augenblick. Ich habe kürzlich bei einer Freundin ein Tiramisù gegessen, das mir viel besser geschmeckt hat als dasjenige nach meinem eigenen Rezept. Ein Freund der Gastgeberin, der in Norditalien aufgewachsen ist, hatte diese köstliche Mascarponecrème für acht Personen zubereitet. Er hat mir sein Rezept gegeben, und ich habe es für vier Personen umgerechnet.

Zutaten:
200 g Löffelbiskuits (wenn möglich frische aus der Bäckerei), 200 g Mascarpone, 100 g Zucker, 3 Eier, 2 Esslöffel Marsala, 2 Esslöffel Malzwhisky, 1–2 dl starker, gesüsster Kaffee, Schokoladepulver oder geraffelte dunkle Schokolade.

Man legt eine flache Schüssel mit den Löffelbiskuits aus und beträufelt sie mit dem erkalteten Kaffee. Dem mit dem Zucker schaumig geschlagenen Eigelb gibt man den Mascarpone bei, mischt alles gut und rührt Marsala und Malzwhisky unter die Masse. Nun schlägt man das Eiweiss zu steifem Schnee und zieht es sorgfältig unter die Crème, mit der man nun die Löffelbiskuits ganz zudeckt. Schlussendlich wird die Crème mit dem Schokoladepulver oder mit der geraffelten Schokolade bestreut.

Sie können die Crème auch mit Cognac aromatisieren, obwohl mein Gewährsmann Franco auf die Mischung von Marsala und Malzwhisky schwört.

Tiramisù, das zerläuft

Mein Tiramisù ist immer so weich! Ich kann es nicht schneiden und im Teller anrichten, es läuft gleich zusammen. Ich habe schon etliche Tricks angewendet, bei der Zubereitung und nachher. Zum Beispiel habe ich's mit Gelatine versucht, ich habe die Eimasse stärker geschlagen im Wasserbad oder sie weggelassen, und ich habe alles leicht angefroren – ohne Erfolg. In den Restaurants sehen Tiramisù immer aus wie Torten und zerlaufen nicht. Welcher Trick steckt dahinter?

M. Stalder, Emmenbrücke

Manchmal frage ich mich, warum so viele Frauen sich beim Kochen die Restaurantküche zum Vorbild nehmen, ihren Gästen komplizierte Pasteten, exotische Suppen und ausgefallene Sorbets vorsetzen, anstatt die einfachen und guten Gerichte der Familienküche, die man im Restaurant nicht bekommt! Warum möchten Sie, liebe Frau Stalder, ein Tiramisù zubereiten, das sich wie eine Torte schneiden lässt und genau so aussieht wie dasjenige im Restaurant, obwohl das echte, hausgemachte Tiramisù eine weiche crèmige Masse ist, die sich nur mit dem Löffel schöpfen lässt? Warum sind Sie nicht stolz auf Ihr hausgemachtes Dessert? Es schmeckt ja vermutlich sogar viel besser als das tortenähnliche Gebilde im Restaurant, das mit grösster Wahrscheinlichkeit als Fertigprodukt eingekauft wurde. Ich möchte allen kochenden Frauen etwas mehr Selbstbewusstsein wünschen; ihre Arbeit ist meiner Meinung nach für die Gesundheit der kommenden Generationen viel wichtiger als alle Kunst der Dreisternköche.

Vermicelles

Ich würde sehr gerne mal Vermicelles selbst zubereiten (also nicht nur als Block kaufen und «Würmli» drehen). Haben Sie dafür ein Rezept? Und wie kann man am einfachsten die typischen «Würmli» herstellen?

Sylvia Nicolai Stähli, Basel

Ihr Vorhaben hätte ich vor ein paar Monaten noch skeptisch beurteilt und bezweifelt, ob die selbstgemachten Vermicelles wirklich so viel besser schmecken, dass sich der grosse Arbeitsaufwand lohnt. Seit ich aber im letzten Herbst bei Giorgio Orelli in Bellinzona den köstlichen Dessert hausgemacht bekam – mit Kastanien, welche der Tessiner Dichter selber gesammelt hatte –, habe ich da keine Zweifel mehr: So gut Vermicelles aus tiefgekühltem Kastanienpüree auch schmecken mögen, dem Vergleich mit dem Aroma von frischen Vermicelles halten sie nicht stand. Ich habe Mimma Orelli nach ihrem Rezept gefragt und kann Ihnen nun verraten, wie die Vermicelles in der Südschweiz zubereitet werden, wo die Kastanien einst zum täglichen Brot gehörten.

Zutaten für 6 Personen:
1 kg Kastanien, 150–200 g Zucker, 1 Vanillestange, 1/2–1 l Milch, 2 Esslöffel Rum, 1/2 l Schlagrahm.

Mimma sagt, die einfachste Art, die Kastanien zu schälen, sei, die Kastanien auf der gewölbten Seite einzuschneiden und dann in einen Topf mit kochendem Wasser zu geben. Daraufhin zieht man sie vom Feuer und wartet zehn Minuten. Nun lassen sich die äussere harte Schale und das innere braune Häutchen der Kastanien gut entfernen, was allerdings immer noch ziemlich viel Zeit braucht. Die geschälten Kastanien gibt man zusammen mit 4–5 dl Milch, einer Prise Salz und der Vanilleschote in einen Topf (am besten mit Teflonboden, damit nichts anbrennt) und kocht sie auf kleinem Feuer unter häufigem Rühren, bis sie weich sind, was 20–30 Minuten dauert. Dann passiert man sie durchs Passevite.

Nun gibt man das ziemlich trockene Kastanienpüree nochmals in den Topf und fügt auf kleiner Hitze den Zucker und Milch – 1 dl aufs Mal – bei, bis eine homogene Masse entsteht, welche die Konsistenz eines geschmeidigen Kuchenteigs hat. Man muss in Rechnung stellen, dass sie beim Abkühlen noch etwas fester wird. Man bewahrt das Kastanienpüree im Kühlschrank auf und treibt es erst vor dem Anrichten durch eine kleine Vermicelles-Presse, die man in jedem Haushaltgeschäft kaufen kann.

Zimtcrème

Vor kurzem habe ich in einem Restaurant zum Dessert eine feine schaumige Zimtcrème gegessen. Leider kann ich nirgends ein entsprechendes Rezept finden. Kennen Sie eines?

A. Lütolf, Zürich

Auch ich habe in meinen Kochbüchern kein Rezept für eine Zimtcrème gefunden, vermutlich, weil dieses feine Gewürz erst in den letzten Jahren in Mode gekommen ist. Die Lösung scheint mir jedoch einfach: Man stellt eine klassische Vanillecrème her, der man statt Vanille Zimtpulver beigibt. Das Rezept lautet dann:

Zutaten für 4 Personen:
1 Esslöffel Maizena, 6 dl Milch, 3 Esslöffel Zucker, 2 Eier, 1/2–1 Teelöffel Zimtpulver.

Man rührt das Stärkemehl mit der Milch in einem Kochtopf an, fügt den Zucker und die Eier und das Zimtpulver bei, vermischt alles gut und bringt die Crème unter ständigem Rühren zum Kochen. Man lässt sie in einer Schüssel auskühlen, indem man von Zeit zu Zeit umrührt, damit sich keine Haut bildet. Damit die Crème besonders luftig wird, verwendet man die Eier getrennt und schlägt am Schluss das zu Schnee geschlagene Eiweiss unter die heisse Crème. Zum Verfeinern kann man zusätzlich 1–2 dl steif geschlagenen Rahm unter die kalte Crème mischen.

Zimtglace

Ich suche ein Zimtglace-Rezept. Können Sie mir vielleicht helfen?

C. Degiaconi, Wetzikon

Ich verrate Ihnen gern mein Rezept für Zimtglace. Es stammt von meiner

Nachbarin Cathrine, deren Eisspezialitäten in ihrem Freundeskreis berühmt sind.

Zutaten:
1 dl Wasser, 50 g Zucker, 3–4 Zimtstangen, 1 1/4 dl Rahm, 2 Eigelb.

Man gibt Wasser, Zucker und die Zimtstangen in ein Pfännchen und reduziert die Flüssigkeit auf kleinstem Feuer bis auf einen Esslöffel. Man passiert den Zimtsirup durch ein Sieb und lässt ihn auskühlen. Dann vermischt man ihn mit den beiden Eigelb und schlägt die Masse schaumig. Zum Schluss gibt man den steifgeschlagenen Rahm bei und stellt die Glace für mindestens sechs Stunden ins Gefrierfach.

Zitronenmousse

Ich möchte gerne Zitronenmousse zubereiten. Bin aber keine erfahrene Köchin und brauche ein ganz genaues Rezept. Und ich möchte auch fragen, was man zu dieser Mousse geben kann. Rahm oder einfach Biskuits?

Muriel Taylor, Capolago

Die Zitronenmousse ist ein erfrischendes Dessert, das auch Anfängern gelingt.

Zutaten für 6 Personen:
1 1/2 dl Wasser, 2–4 Zitronen, 7 Esslöffel Zucker, 4 Blatt Gelatine, 2 dl Rahm, 2 Eiweiss.

Man gibt das Wasser, 5 Esslöffel Zucker und die abgeriebene Schale einer Zitrone in ein Pfännchen, lässt alles aufkochen und nimmt es vom Feuer. Dann gibt man unter Rühren die Gelatine zu, die zuvor kurz in kaltes Wasser gelegt wurde. Nun fügt man den Zitronensaft (1 1/2 dl) bei, giesst alles durch ein Sieb in eine Schüssel, die man eine Stunde in den Kühlschrank stellt, bis die Masse leicht fest ist. Man rührt die Flüssigkeit glatt und gibt den steifgeschlagenen Rahm darunter. Die Eiweisse schlägt man mit einer Prise Salz zu Schnee, mischt 2 Esslöffel Zucker bei, schlägt kurz weiter und mischt den Schnee unter die Mousse. Man füllt sie in eine Schüssel und lässt sie im Kühlschrank 4–5 Stunden fest werden. Als Beigabe schlage ich eine Erdbeersauce vor: 400 g Erdbeeren werden halbiert, mit 2–3 Esslöffeln Zucker und einem Esslöffel Zitronensaft vermischt, püriert und durch ein Sieb gestrichen.

Zuppa inglese

Wäre es Ihnen wohl möglich, mir zu dem Rezept des Desserts Zuppa inglese (möglichst das Original, sehr gerne aber auch zusätzliche Varianten) zu verhelfen? Ich weiss nur, dass es aus einem Biskuit, das mit einem seltsamen roten Likör getränkt ist, und aus Schokoladen- und Vanillepudding (oder -crème?) besteht. Im Tessin habe ich es auch schon mit kandierten Früchten und/oder mit Schlagrahm gegessen. Nachdem ich schon unzählige italieni-

sche Kochbücher durchgesehen und nichts gefunden habe, hoffe ich sehr, dass Sie nun meine Glücksfee sind und mir dieses Rezept vermitteln können.

Cornelia Speckert, Klingnau

Dass diese berühmte und populäre Nachspeise ausgerechnet als Zuppa inglese bezeichnet wird, mag auf den ersten Blick überraschen. Wer sich in der Fachsprache der Konditorei aber etwas auskennt, weiss, dass eine nur mit Eigelb angedickte Crème sozusagen international als englische Crème bekannt ist. Ferner muss man wissen, dass das italienische Wort «zuppa» ursprünglich nicht «Suppe» bedeutet, sondern das Brot, das man in die Fleischbrühe taucht. Und wenn man Biskuitscheiben in eine Crema inglese taucht, so entsteht dabei eben eine Zuppa inglese. Es gibt in Italien, wie Sie andeuten, verschiedene Rezepte für Zuppa inglese, je nachdem, ob sie in Rom, in Neapel oder in Norditalien zubereitet wird: Man verwendet dazu Vanillecrème oder halb Vanille-, halb Schokoladecrème; man richtet sie flach oder in Kuppelform an und garniert sie mit Schlagrahm oder überbackener Meringuemasse. Alchermes, ein feuerroter, würziger Kräuterlikör, den man bei uns in Spezialgeschäften findet, gehört immer dazu, um das Biskuit zu tränken. Man kann diesen aber sehr wohl durch einen andern Likör nach persönlichem Geschmack ersetzen. Das folgende Rezept habe ich in Rom schätzengelernt.

Zutaten für 4 Personen:
1 Biskuit, Alchermes-Likör, Rum. Für die Crème: 3 Eigelb, 80 g Zucker, abgeriebene Zitronenschale, 50 g Mehl, 1/2 l Milch, 200 g kandierte Früchte. Für die Meringuemasse: 2 Eiweiss, 90 g Zucker.

Man schneidet das Biskuit in 1/2 cm dicke Scheiben und tränkt die Hälfte davon mit Alchermes, die andere Hälfte mit Rum. Für die Crème verrührt man die Eigelbe mit dem Zucker zu einer schaumigen Masse, fügt nach und nach das Mehl, die Milch und die Zitronenschale hinzu und bringt die Crème bei schwacher Hitze bis knapp zum Kochen. Dann nimmt man sie von der Kochstelle und rührt sie, bis sie kalt ist. In eine Springform gibt man ein paar Löffel Crème und belegt sie dann mit den mit Alchermes getränkten Biskuitscheiben. Man bedeckt sie mit dem Rest der Crème, die man mit den gewürfelten kandierten Früchten vermischt hat. Darauf folgt eine Schicht von mit Rum getränkten Biskuitscheiben. Zum Schluss schlägt man das Eiweiss sehr steif, fügt den Zucker bei und schlägt nochmals ungefähr drei Minuten weiter. Nun bestreicht man die Zuppa inglese mit der Meringuemasse und überbäckt sie im vorgeheizten Backofen während 15–20 Minuten bei schwacher Hitze, bis das Eiweiss hellgelb ist. Vor dem Servieren sollte man dieses feine Dessert mindestens eine Stunde in den Kühlschrank stellen.

Obstgerichte

Apfeldessert mit Streusel (Apple Crumble)

Kennen Sie ein Rezept, das Apple Brown Betty oder so ähnlich heisst? Es handelt sich um feingeschnittene, leicht säuerlich schmekkende Apfelscheibchen, die ziegelartig in einer Gratinform geschichtet waren. Das Ganze war bedeckt mit einer Art gerösteten Guetsli-Krümelmischung und duftete stark nach Zimt. Serviert wurde dieses spezielle Dessert noch leicht warm mit geschlagenem Rahm und schmeckte herrlich. Ich vertraue fest auf Ihre Hilfe.

Irene Schwab, Zürich

Das feine Apfeldessert, das Sie suchen, habe ich bei einer Freundin schon einmal gegessen, und sie hat mir das Rezept dazu aus ihrem englischen Dessertkochbuch fotokopiert und geschickt. Es trägt den Namen Apple Crumble.

Zutaten für 4 Personen:
4–5 Äpfel, 1/2 Glas Weisswein, 1/2 Beutel Mandelblättchen, 2 Esslöffel Zimt-Zucker-Mischung, 80 g Butter, 100 g Mehl, 80 g Zucker.

Man gibt die geschälten und in dünne Scheiben geschnittenen Äpfel in eine ausgebutterte Pyrexform, bestreut sie mit dem Zimt-Zucker und den Mandelblättchen und giesst den Weisswein dazu. Dann vermischt man Butter, Mehl und Zucker zu einem bröseligen Teig, den man zerkrümelt über die Äpfel streut. Darauf gibt man die Pyrexform in den vorgeheizten Ofen und lässt während 30 Minuten bei 200–220 Grad backen, bis der Streusel knusprig und goldbraun ist. Serviert wird diese Nachspeise, wie Sie schreiben, lauwarm, mit Schlagrahm oder einer Vanillesauce.

Apfelmus

Ich habe einen grossen Vorrat an Apfelmus in meinem Tiefkühler. Nun würde mich interessieren, ob Sie Rezepte kennen, z. B. diverse Desserts, bei denen man Apfelmus verwenden kann.

Sylvia Leu, Hemmental

Ich freue mich sehr über Ihre Frage und beantworte sie ausführlich, weil ich gerade im Winter ein Apfelmusdessert viel sinnvoller finde als fade Mangofrüchte aus dem Orient oder blaue Trauben mit riesigen glänzenden

Beeren, die aussehen, als wären sie aus Kunststoff.

Eine Zubereitung aus Urgrossmutters Küche ist gebranntes Apfelmus. Früher bestreute man das fertige Apfelmus in der Kompottschale mit viel Zucker, den man mit einem glühenden Eisenschäufelchen zu Karamel brannte. Zu einem ähnlichen Resultat kommt man, indem man Zucker in einer Pfanne zu Karamel röstet und damit das Apfelmus übergiesst.

Eine andere feine Zubereitung ist meringuiertes Apfelmus. Man füllt das Apfelmus in eine Gratinform und bestreicht es mit einer Meringuemasse, die man aus 2–3 steifgeschlagenem Eiweiss und 80–120 g Zucker hergestellt hat. Man überbäckt bei guter Oberhitze zu zartgelber Farbe.

Ein harmonisches Winterdessert lässt sich aus Apfelmus und Kastanienpüree kombinieren.

Kastanientorte mit Apfelmus

Zutaten:
1 Paket tiefgekühltes Kastanienpüree, Apfelmus, 4–6 Blatt Gelatine, 1–2 dl Rahm.

Man streicht das Kastanienpüree auf der Tortenplatte mit Hilfe eines Springformrandes 1 cm dick aus (am Rand etwas höher). Man erwärmt das Apfelmus, mischt die Gelatine, die man in drei Esslöffeln heissem Wasser aufgelöst hat, darunter und bedeckt den Kastanienboden mit dem dicken Apfelmus, lässt auskühlen und garniert mit dem steifgeschlagenen Rahm.

Avocadocrème

Meine Frage nach dem Rezept einer Avocado-Crème hat mir einen ganzen Berg von Briefen beschert. Nicht nur aus allen Landesteilen der Schweiz, sondern auch aus Deutschland, Österreich, Holland und sogar aus Sri Lanka haben mir die Leserinnen geschrieben.

Unter anderem habe ich erfahren, dass die Avocadocrème aus der brasilianischen Küche stammt, in welcher diese Früchte ausschliesslich gesüsst verwendet werden. Allerdings müssen die Avocados, wie fast alle Leserinnen betonen, dazu ganz reif und weich sein.

Nachstehend das Rezept von Frau Katrin Reik aus Kirchzarten aus der Bundesrepublik:

Da ich als zehnjähriges Mädchen für ein Jahr in Brasilien gelebt habe und dort die gefragte Crème meine Leib- und Magenspeise darstellte, will ich gern versuchen, die Zubereitung dieser Köstlichkeit weiterzugeben. Leider fehlen mir dazu genaue Angaben, da es immer auf die Beschaffenheit der Avocado, die Säure der Limetten und nicht zuletzt auf den individuellen Geschmack des Geniessers ankommt. So ging ich immer folgendermassen vor:

2 Avocados aufschneiden, Kerne entfernen und das Fruchtfleisch in einen tiefen Teller geben. Mit einer Gabel zerdrücken (man kann auch den Mixer zu Hilfe nehmen, für meinen Geschmack wird die Crème dann zu fein). Diesen Brei nun mit ca. 2–3 Esslöffeln Zucker bestreuen. Den

Saft von ca. 4 Limetten darübergeben und nun alles vermischen. Je nach Geschmack mehr Zucker oder Limettensaft zufügen. Fertig. (Ich persönlich mag es eher sauer.)

Mit diesem schlichten Grundrezept stimmen die meisten Leserinnen überein, die das Rezept aus persönlicher brasilianischer Erfahrung kennen. Anstelle des Limetten (Limes)-Saftes kann man auch Zitronensaft verwenden, und zum Pürieren brauchen die meisten Leserinnen den Stabmixer.

Eine Variante dieser Crème, die auch in Brasilien bekannt ist, verwendet als weitere Zutat Milch, die das Avocado-Püree etwas flüssiger macht. In manchen Rezepten wird auch Rahm erwähnt, was mich weniger überzeugt, da die Avocado an sich schon eine fettreiche Frucht ist.

Diese einfache Crème, die ganz auf der Harmonie der Naturzutaten beruht, lässt sich vielfältig abwandeln und würzen: Man kann Bananen, Erdbeeren etc. zusammen mit den Avocados pürieren und die Crème mit Orangenschale, Cointreau, Kirsch oder Rum parfümieren; der Phantasie sind nur die Grenzen des guten Geschmackes gesetzt. Besonders gefallen hat mir der folgende Vorschlag von Frau Hildegard Lübke aus Stuttgart:

Eine reife Avocado schälen, grob würfeln, Saft einer Zitrone und Puderzucker mit dem Schneidstab pürieren. In Scheibchen geschnittene frische Erdbeeren oder noch besser frische Himbeeren leicht zuckern und mit einem Aprikosen- oder Pfirsichlikör leicht parfümieren. Rahm steifschlagen.

Anrichten: auf einem grossen, flachen Teller ein Häufchen der roten Beeren, daneben einen grossen Klacks grüne Avocadocrème, daneben einen Klacks (weissen) Schlagrahm. Rot, Weiss, Grün – ein Farbakkord – schnell gemacht, kühl serviert, und alle sind glücklich!

Bananen in Folie

Seit längerer Zeit schon lese ich Ihren Kochbriefkasten und bin immer erstaunt, wieviel ich dabei lernen kann! Nun möchte ich Sie etwas fragen. Ich gehöre noch zur Generation, die als Kinder keine Bananen bekam oder nur ganz selten: Es war ein unerhörter Luxus, solche Südfrüchte zu essen. (Heute können wir uns das wieder vorstellen, nachdem beim Fall der Mauer viele Ostdeutsche im Westen zuerst Bananen wollten.) – Deshalb haben für mich Bananen noch heute einen grossen Reiz. Nur, immer die gleichen Desserts damit zu machen ist nicht so vergnüglich: flambierte Bananen, caramelisierte, gebratene ... Was ich nicht besonders mag (es ist wie Bananen-Split auch eher eine ganze Mahlzeit als ein Nachtisch) sind Schokoladepuddingspeisen mit Bananen darin. Das ist etwas für meine Enkelkinder. Kennen Sie wohl etwas Spezielles, Besonderes aus Bananen? Und eine «ökologische» oder «politische» Frage dazu: Welche Bananen soll man kaufen, um nicht ausbeuterische Tendenzen zu unterstützen?

Lisette Steiner, Biel

Das beste und zugleich einfachste Bananen-Dessert, das ich kenne, sind Bananen, die man in einer Alufolie im Backofen weichbrät.

Zutaten für 4 Personen:
4 Bananen, 4 rechteckige Stücke Alufolie, Saft von 2 Zitronen, 1 Glas Weisswein, 2 Esslöffel Honig oder Zucker.

Man legt die geschälten Bananen auf die Alufolie, deren Ränder man hochdrückt, bevor man die Bananen mit Zitronensaft und Wein beträufelt, so dass etwas Flüssigkeit in der Folie stehenbleibt. Dann bestreicht man die Bananen mit dem Honig, drückt die Folie zusammen und bäckt sie drei viertel Stunden bei 200–220 Grad im vorgeheizten Backofen. Man öffnet die Folie auf dem Dessertteller und isst die Banane nach Belieben mit etwas flüssigem oder halbgeschlagenem Rahm.

Man kann die Bananen auch ungeschält aufs Backofengitter legen und in ihrer Schale weichbraten lassen. Dabei werden sie aussen ganz schwarz. Zum Essen legt man sie auf den Teller, schlitzt sie mit dem Messer auf, würzt sie mit Zitronensaft und Zucker und löffelt sie aus der Schale.

In Drittweltläden bekommen Sie sicher Bananen aus Betrieben mit kontrollierten Produktionsverhältnissen.

Brotauflauf mit Früchten

Ich wäre Ihnen sehr dankbar für (ein) Rezept(e) für den guten alten Auflauf. Aus altem Brot und (eingemachten) Früchten ist er, und feucht muss er sein – so viel weiss ich noch von meinem England-Aufenthalt.

Katharina Steffen, Zürich

Ich habe mich über Ihre Anfrage sehr gefreut und mich sogleich auf die Suche nach den Aufläufen gemacht, die zusammen mit Vogelheu und Apfelrösti in meinen gastronomischen Kindheitserinnerungen einen wichtigen Platz haben. Dabei habe ich festgestellt, dass in den Kochbüchern dieses schöne alte Wort kaum mehr benützt wird; man hat es durch das modische Soufflé ersetzt. Das nachfolgende Rezept für den Brotauflauf mit Früchten stammt – mit ein paar kleinen Veränderungen – aus dem Zürcher Kochbuch von Susanne Müller, dessen 15. Auflage 1901 erschien.

Zutaten für 4 Personen:
200 g zerkleinerte Brotresten, 3–5 dl heisse Milch, 50 g Butter, 60 g Zucker, 1 Prise Salz, 3 Eier, 50 g geriebene Haselnüsse oder Mandeln, 50 g gewaschene Sultaninen, Schale und Saft einer halben Zitrone, 300 g rohe Früchte, zum Beispiel Kirschen, zerkleinerte Aprikosen oder Apfelscheibchen.

Man übergiesst das Brot mit der heissen Milch, lässt es etwas stehen und zerdrückt es mit einer Gabel oder einem Stössel so fein als möglich. Man rührt Butter, Zucker und Eigelb schaumig, gibt das Salz, die Nüsse und die Sultaninen, Zitronensaft und abgeriebene Zitronenschale und die zerkleinerten Früchte bei und vermischt alles mit dem Brot. Zuletzt schlägt man die Eiweisse zu Schnee und zieht sie sorgfältig unter die Auflaufmasse, die man in eine bebutterte Form einfüllt und im vorgewärmten Ofen bei Mittelhitze 50–60 Minuten bäckt. Statt frische Früchte kann man auch eingemachtes Obst verwenden, das man gut abtropfen lässt.

Caramelbirnen

Mein Mann schwärmt oft von den Caramelbirnen, die er als Kind bei der Grossmutter gegessen hat. Kennen Sie wohl dieses alte Rezept?

Stefanie Jans, Basel

Die Caramelbirnen gehörten früher zu den klassischen Winterdesserts. Sie sind leicht zuzubereiten und schmekken ausgezeichnet. Für vier Personen rechnet man 4 Esslöffel Zucker, den man röstet, bis er schäumt, mit 3 dl Wasser ablöscht und aufkocht. Dann gibt man 4 gewaschene, geschälte und halbierte Birnen bei, die man auch vom Kerngehäuse befreit hat, und lässt sie auf kleiner Hitze zugedeckt kochen, bis sie weich sind, was 15 bis 20 Minuten dauert. Man richtet sie ohne Sauce, mit der Wölbung nach oben in einer Glasschüssel an. Nun rührt man 1 Esslöffel Maizena mit 2 Esslöffeln Wasser an und gibt es unter ständigem Rühren dem heissen Caramelsirup bei, lässt einmal aufkochen und dann erkalten. Zum Schluss vermischt man die Sauce mit 1 dl Rahm und überzieht die Birnen damit.

Besonders gut schmecken kleine Birnen, die man ganz lässt und mit dem Stiel nach oben anrichtet.

PS: Die fleissigen Grossmütter warfen die Birnenschalen nicht weg, sondern kochten sie 10 Minuten im Wasser aus und verwendeten das abgesiebte Wasser mit dem kräftigen Birnenaroma zum Ablöschen des gerösteten Zuckers. Das kann man heute allerdings nur noch mit Birnen vom Bio-Bauern machen.

Clafoutis mit Birnen

Auch ausserhalb der Beerenzeit möchte ich mein Vorhaben doch endlich ausführen und Sie nach dem Rezept des Clafoutis fragen. Ich ass ihn seinerzeit in Paris, und er hatte Stachelbeeren drin.

Silvia Scheurer, Nidau

Der klassische Clafoutis limousin aus der Umgebung der Stadt Limoges ist ein ländlicher Kuchen aus Kirschen, die mit einem Omelettenteig vermischt und im Ofen gebacken werden. Man isst ihn, mit Zucker bestreut, lauwarm oder kalt. Im Winter kann man anstelle der Kirschen Birnen, Äpfel oder gedörrte Aprikosen verwenden.

Zutaten:
4 reife Williamsbirnen, 125 g Weissmehl, 100 g Zucker, 1 Prise Salz, 3 Eier, 4–5 dl Milch, 1 Esslöffel Butter.

Man schält die Birnen und schneidet sie in dünne Scheibchen, die man in eine gut ausgebutterte Gratinform gibt. In eine Teigschüssel schüttet man das Mehl, macht in der Mitte eine Vertiefung, in die man Zucker, Salz und die Eier gibt. Nach und nach alles mit dem Mehl vermischen. Dann fügt man die Milch hinzu und rührt den Teig, bis er glatt ist. Anschliessend giesst man ihn vorsichtig über die Birnen und lässt den Kuchen im vorgeheizten Ofen bei 250 Grad eine halbe Stunde backen.

Für den Kirschkuchen mit den gleichen Zutaten rechnet man 500 Gramm schwarze Kirschen, die nicht entsteint werden.

Dörrzwetschgen in Cognac

Bei einem Dessertbuffet ist mir letzthin ein Kompott aus Dörrzwetschgen aufgefallen, das wunderbar intensiv schmeckte. Wie wird dieses wohl hergestellt? Ich vermute, dass ein Schuss Cognac dabei war.

Verena Meyer, Rüti

Vermutlich handelt es sich um die Zwetschgen in Cognac, deren Rezept ich von meiner Schwester bekommen habe. Es gehört – neben den Feigen im Portwein – zu meinen liebsten Winterdesserts.

Zutaten:
250 g steinlose Dörrzwetschgen, 1 dl Cognac, 50 g Zucker, 1 Teelöffel Vanillezucker, 2 Esslöffel Wasser.

Man gibt die Dörrzwetschgen zusammen mit 1 dl Cognac in ein Gefäss und lässt sie 1–2 Tage im Kühlschrank stehen. Dann kocht man sie zusammen mit dem Zucker, dem Vanillezucker und dem Wasser auf, lässt sie abkühlen und gibt noch etwas Cognac bei. Man kann dieses einfache, feine Kompott nature essen oder zusammen mit Vanilleglace oder flaumig geschlagenem Rahm servieren.

Feigen in Portwein

Ich habe bei einer Party ein Dessert gegessen, das aus Feigen bestand, die an einer Portweinsauce serviert wurden. Auf meine Frage nach dem Rezept dieser guten Speise bekam ich eine ausweichende Antwort. Können Sie mir helfen?

Daisy Wegner, Ebnat-Kappel

Auch ich habe die Feigen im Porto zum erstenmal an einer Party gegessen, und zwar an einer Geburtstagsparty, an der jeder Eingeladene ein Gericht zum Essen beizusteuern hatte. Das Feigendessert, das grosse Begeisterung auslöste, war das Werk eines Musikers, dem niemand ein so feines kulinarisches Kunstwerk zugetraut hätte. Er hat mir sein Rezept mit Stolz und Freude berichtet. Die Portofeigen sind seither eines meiner liebsten Winterdesserts. Sie eignen sich auch als Mitbringsel, da sie sich im Kühlschrank 3–4 Wochen aufbewahren lassen. Man nimmt 1 kg getrocknete Feigen von der letzten Ernte, wäscht sie, schneidet den Stielansatz ab und legt sie für eine halbe Stunde in eine Schüssel mit lauwarmem Wasser. Dann stellt man aus ½ l Wasser, einem Pfund Zucker, 1 Zimtstengel, der abgelösten Schale einer halben Zitrone, 2–3 Gewürznelken und einer aufgeschlitzten Vanilleschote einen Sirup her, in dem man die abgetropften Feigen aufkocht. Das Ganze vom Feuer ziehen und, halb erkaltet, mit einem Glas Portwein übergiessen. Sobald das Kompott ganz erkaltet ist, giesst man die Hälfte der Flüssigkeit ab und ersetzt sie durch die gleiche Menge Portwein. Man stellt die Feigen über Nacht in den Kühlschrank und serviert sie mit Schlagrahm.

Winter-Fruchtsalat

Ich lese Ihren Kochtip sehr gern, obwohl ich gar nicht kochen kann. Wenn ich Freunde zu mir einlade, gibt es Gschwellti mit Käse, Beefsteak Tatar oder manchmal auch ein gebratenes Poulet vom Metzger und Pommes chips. Und zum Dessert Obst. Gern würde ich einmal einen Fruchtsalat machen. Können Sie mir beschreiben, wie man dabei vorgeht, ohne exotische, tiefgekühlte oder in Dosen eingemachte Früchte zu verwenden?

Yvette Münger, Bern

Ihre Anfrage hat mich sehr gefreut, weil sie zeigt, dass man seine Freunde zum Essen einladen kann, ohne aufwendige Menüs zu kochen. Die einfachste Mahlzeit wird zum Fest, wenn man sie in angenehmer Gesellschaft geniesst. Auch was die Zutaten zu einem Fruchtsalat betrifft, bin ich mit Ihnen einig. Obwohl einem heute Früchte aus allen Erdteilen zur Verfügung stehen, hat ein klassischer Salat aus Äpfeln, Orangen und Bananen, den man mit getrockneten Feigen und Rosinen bereichert, eine unvergleichliche Harmonie.

Zutaten für 4–6 Personen:
2 Äpfel, 3 Bananen, 5 Orangen, 150 g geschälte Baumnüsse, 200 g getrocknete Feigen, 50 g Rosinen, ½ Glas Rum, 1 Glas Wasser, 100 g Zucker, 1–2 Zitronen.

Am Vorabend schneidet man die Feigen in Viertel und legt sie zusammen mit den Rosinen in eine flache Schale. Man übergiesst sie mit Wasser und Rum und 50 g Zucker und stellt sie in den Kühlschrank. Am nächsten Tag schält man die Bananen und schneidet sie in Scheibchen, die man in eine Schüssel legt und mit Zitronensaft beträufelt, damit sie schön hell bleiben. Die Äpfel schält man und schneidet sie ebenfalls in Scheibchen, die man mit Zitronensaft behandelt. Drei Orangen schält man mit einem scharfen Messer so tief, dass auch die weisse Haut entfernt wird, schneidet sie in Scheiben und gibt sie zusammen mit den grobgeschnittenen Nüssen und dem Rest des Zuckers zu den übrigen Früchten. Zum Schluss bedeckt man sie mit den Feigen, den Rosinen, dem Rum und dem Saft von zwei ausgepressten Orangen. Vor dem Servieren stellt man den Fruchtsalat mindestens eine Stunde in den Kühlschrank, ohne umzurühren.

Fruchtsalat und Zucker

Der Fruchtsalat meiner Mutter ist viel zu süss. Finden Sie nicht auch, dass man zu einem Fruchtsalat aus reifen Früchten gar keinen Zucker braucht?

Ella Ackermann, Schaffhausen

Vermutlich handelt es sich da um ein Generationenproblem. Gesundheitsbewusste junge Leute tendieren mit Recht dazu, ihren Zuckerkonsum zu reduzieren. Das geht allerdings in manchen Fällen auf Kosten des feinen Aromas, z. B. beim Fruchtsalat. Zucker und Zitronensaft intensivieren nämlich den Geschmack auch reifer Früchte wunderbar. Ich ärgere mich auch hie und da über den faden Fruchtsalat, den man dem gesunden Trend entsprechend in vielen Restaurants vorgesetzt bekommt. Wenn man schon auf Zucker und Zitrone und eventuell ein Gläschen Maraschino verzichten will, finde ich es konsequenter, frisches Obst zu essen.

Holunder-Desserts

Seit Tagen betört mich ein riesiger Holunderbusch vor dem Fenster, ich verdanke ihm im wahrsten Sinne des Wortes «süsse Träume», so stark ist sein Duft. Als ich das vor kurzem einer Freundin erzählte, sagte sie, dass man die Holunderblüten essen könne, und zwar hatte sie in der Gegend von Verona etwas bekommen, was ihrer Beschreibung nach klang wie Holunderblüten im Ausbackteig. Ist das möglich? Von anderer Seite habe ich vernommen, dass man in der Westschweiz etwas Ähnliches mit Akazienblüten macht. Vielleicht finden Sie etwas über die fritierten Blumensträusse heraus, damit ich sie nächstes Jahr meiner Frau servieren kann. Und bei der Gelegenheit wäre ich froh zu erfahren, ob es kompliziert ist, Holundersirup herzustellen, und wie man es macht. Ich danke Ihnen und hoffe, meine Küche bald um diese originellen Gerichte bereichern zu können.

Marcel Kundert, Liestal

Ich habe mich, lieber Herr Kundert, über Ihre Fragen sehr gefreut, weil aus ihnen die Entdeckerfreude und die Phantasie sprechen, die das Kochen erst zum spannenden Abenteuer machen.

Die Verwandlung duftender Holunderblüten in einen Leckerbissen ist in der Tat etwas Reizvolles. Das wussten schon unsere Vorfahren: Das Fritieren von Früchten, Gemüsen, Kräutern und Blüten ist eine sehr alte kulinarische Tradition, die sich in den Mittelmeerländern bis heute gehalten hat: zum Beispiel bei den ausgebackenen Zucchettiblüten, die als Vorspeise gegessen werden, oder beim Fritto misto, zu dem je nach der Region auch Apfelschnitze und Blumenkohlröslein gehören. In der regionalen Küche der Schweiz hat sich diese Fritiertradition gehalten; es sei da nur hingewiesen auf die Aargauer «Chriesitütschli», die aus fünf bis sechs Kirschen bestehen, die man an den Stielen zu Büschelchen bindet, in den Teig taucht, schwimmend im Fett bäckt und in Zucker und Zimt wendet. Ähnlich verfährt man an vielen Orten mit Birnen- und Apfelschnitzen, mit Erdbeeren, Holunderblüten, Petersilie und Spinat. Auch Salbeiküchlein findet man in fast allen alten Schweizer Kochbüchern; in Zürich heissen sie «Müslichüechli», weil die Stiele der Salbeiblätter an Mausschwänze erinnern.

Nachstehend ein Rezept für:

Holderchüechli

Zutaten:
8–12 Holderblüten (Dolden!), 150 g Mehl, 2 dl Milch, 1 Teelöffel Salz, 1 Eigelb, 1 Eiweiss, Öl zum Fritieren, Puderzucker zum Bestreuen.

Man rührt aus Mehl, Milch, Salz und Eigelb einen Omelettenteig, den man eine Stunde stehen lässt. Dann zieht man das steifgeschlagene Eiweiss darunter, fasst die Holderblüten beim Stiel, zieht sie durch den Teig und bäckt sie schwimmend im heissen Öl und bestreut sie mit Puderzucker.

Anstelle von Holderblüten kann man auch Dolden mit reifen Beeren verwenden.

Auch Holundersirup ist eine echte Köstlichkeit. Vor allem wenn man ihn nicht aus dem Saft der reifen Beeren (gleiches Vorgehen wie bei Himbeer- oder Johannisbeersirup!), sondern aus den duftenden Blüten herstellt.

Holundergratin

Zutaten:
200 g Äpfel, 200 g Holunderbeeren, 2 Eigelb, 3 Esslöffel Zucker oder Birnendicksaft oder Honig, 1 Prise Nelken, 1 Prise Zimt, 1 Prise Kardamom, 2 Eiweiss.

Man schneidet die Äpfel in Achtel und dann in feine Scheiben, vermischt sie mit den Holunderbeeren und füllt sie in die ausgebutterte Gratinform. Dann rührt man die Eigelbe mit dem Zucker und den Gewürzen schaumig, zieht die steifgeschlagenen Eiweisse darunter und giesst die Masse über die Früchte. Man bäckt den Gratin im vorgewärmten Ofen bei 250 Grad 10 bis 15 Minuten.

Kompott aus Dörrfrüchten

Ich habe an einem Buffet ein dekoratives Kompott aus verschiedenen gedörrten Früchten (Aprikosen, Zwetschgen, Birnen, Pfirsichen etc.) gegessen, zu dem es auch eine Vanillesauce gab. Ob Sie wohl beschreiben können, wie man diesen Nachtisch zubereitet?

Edvige Neri, Fribourg

Ein gemischtes Dörrobstkompott ist tatsächlich eines der feinsten Desserts, mit denen man im Winter die Familie und die Freunde verwöhnen kann. Das Aroma der einheimischen Dörrfrüchte ist ja viel köstlicher und intensiver als dasjenige der meisten exotischen Früchte, mit denen wir unseren winterlichen Fruchtsalat aufputzen. Wichtig ist, die gedörrten Früchte in kaltem Wasser 1 bis 2 Tage stehenzulassen, da sie durchs Einweichen feiner im Aroma, schöner in der Form und ausgiebiger werden. Die Zwetschgen und Aprikosen können meist ungekocht serviert werden. Um sie jedoch etwas zu versüssen, kocht man ihr Einweichwasser mit ein wenig Zucker auf und begiesst sie damit. Apfel und Birnen müssen zwischen 10 und 30 Minuten im Zuckersirup gekocht werden. Als Gewürze eignen sich Zimtrinde und Zitronenschale. Helle und dunkle Früchte sollte man wegen der Farbe getrennt einweichen.

Man richtet die Früchte in einer flachen Glasschüssel kranzförmig an und achtet auf die Abwechslung der Farben und Formen. Man serviert das Kompott kalt, mit Vanillesauce oder Schlagrahm.

Kompott aus gedörrten Aprikosen

Ich habe die Nahrungsmittelvorräte einer Freundin übernommen, die ins Ausland zieht, darunter mehr als zehn Beutel gedörrte Aprikosen, die in unserer Familie niemand essen mag. Mein Mann sagt, man könne daraus Kompott machen wie von Dörrzwetschgen. Falls das stimmt, möchte ich Sie um das Rezept bitten.

Stefania Beutler, Ellikon

Das Kompott aus gedörrten Aprikosen ist eine echte Delikatesse. Ich habe es zum ersten Mal bei einer Einladung gegessen, an der es sonst nichts als Austern gab, Austern nicht als Vorspeise, sondern zum Sattessen. Als Dessert wurde Kompott aus gedörrten Aprikosen mit Schlagrahm gereicht.

Die Zubereitung ist ganz einfach. Für 4 Personen rechnet man 200–300 g gedörrte Aprikosen, die man in lauwarmem Wasser 8–12 Stunden einweicht. Man setzt die Aprikosen mit dem Einweichwasser aufs Feuer, gibt 40–80 g Zucker und einen aufgeschlitzten Vanillestengel bei und lässt die Aprikosen 10–15 Minuten köcheln, bis sie schön weich und glänzend sind. Man serviert sie gut gekühlt mit Schlagrahm. Ich glaube, Sie werden wie ich zur Ansicht kommen, dass Kompott aus gedörrten Aprikosen feiner und aparter schmeckt als frisches Aprikosenkompott.

Gedörrte Zwetschgen im Burgunder

In italienischen Restaurants gibt es auf dem Dessertwagen oft Kompott aus gedörrten Zwetschgen, das ich eigentlich einen Hit finde und gern selber kochen würde. Können Sie mir ein entsprechendes Rezept vermitteln? Ich vermute, dass die Zwetschgen im Wein gekocht werden.

Nelly Hasler, Baar

Kompott aus Dörrobst – sei's aus Feigen, Aprikosen oder Pflaumen – ist eine Delikatesse, die bei uns zu Unrecht in Vergessenheit geraten ist. Vermutlich weil heute das ganze Jahr hindurch frische Früchte aus aller Welt zur Verfügung stehen. Dabei gewinnt unser einheimisches Obst durch den Dörrprozess einen ganz neuen und ganz exzellenten Geschmack, der besonders intensiv zur Geltung kommt, wenn man es als Kompott kocht und mit einem passenden Wein kombiniert. Zum Beispiel die Feigen im Portwein (siehe Seite 183f.).

Das folgende Rezept für Zwetschgen im Rotwein ist eine französische Kompottkreation und stammt vom berühmten Bocuse. Es wird mit den fast ebenso berühmten Pruneaux d'Agen zubereitet, doch kann man dazu natürlich auch ganz gewöhnliche hiesige Dörrzwetschgen verwenden.

Zutaten für 6 Personen:
1 kg gedörrte Zwetschgen, 1/2 l Burgunder Rotwein, 150 g Zucker, 1 Zimtstange, 1 Orange, 1 Zitrone (beides ungespritzte Früchte).

Man legt die Zwetschgen einige Stunden zum Quellen in kaltes Wasser. Dann lässt man sie abtropfen und gibt sie mit dem Wein, dem Zucker, dem Zimt sowie den in Scheiben geschnittenen Zitrusfrüchten in einen Kochtopf. Nach kurzem Aufkochen nimmt man sie zum Abkühlen vom Herd und serviert sie in einer flachen Schüssel.

Melonenspeise

Ich finde Wassermelonen herrlich erfrischend zum Rohessen, könnte mir aber vorstellen, dass man diese dekorative Frucht mit der grünen Schale und dem roten Fleisch auch zu Desserts oder Vorspeisen verwenden könnte. Wissen Sie mir ein Rezept?

Gaby Trösch, Birsfelden

Der Zufall will es, dass ich vor kurzem eine herrliche Melonenvorspeise gegessen habe, die ich Ihnen sehr empfehlen kann. Sie bestand – raffiniert und schlicht zugleich – aus einem Melonensalat, zu dem drei verschiedene Melonensorten gehören: Schnitzchen von gelben Cavaillonmelonen, von roten Wassermelonen und von hellgrünen Honigmelonen. Sie wurden, wie mir der Gastgeber erzählte, eine Stunde vor dem Essen ohne jede andere Beigabe in eine Schüssel gelegt, wo sie Saft zogen. Wichtig ist, dass man sie nicht kühl stellt; die Mischung kann nur bei Zimmertemperatur ihr feines Aroma entwickeln. Dazu wurde Porto oder Sherry serviert – ich wählte trockenen Sherry –, den man separat trinken oder über die Melonen giessen konnte.

Quarkauflauf mit Äpfeln

Ich erinnere mich noch genau, wie gut der Quarkauflauf meiner Mutter schmeckte, den es hie und da zum Abendessen gab. Er war mit Äpfeln hergestellt. Ich habe schon verschiedene Altersgenossinnen nach diesem Rezept gefragt; aber keine konnte mir Aus-

kunft geben. Ich wäre Ihnen sehr dankbar, wenn Sie mir helfen würden.

Zita Keller, Chur

Es gibt natürlich mehr als eine Möglichkeit, einen guten Quarkauflauf mit Äpfeln zuzubereiten, und ich weiss nicht, ob mein Rezept Ihren Erwartungen entspricht. Sicher ist, dass das Gericht einfach herzustellen ist und eigentlich nicht misslingen kann. Es ist eine ausgesprochen leichte Speise, die sich fast besser als Dessert denn als Abendessen eignet.

Zutaten für 4 Portionen:
3 grosse Äpfel, 3 Esslöffel Sultaninen, 250 g Magerquark, 3 Esslöffel Milch, 2 Esslöffel Zukker, 2 Eier, 2 Esslöffel Stärkemehl, z. B. Maizena oder Epifin, 1/2 Zitrone (unbehandelt).

Die Äpfel werden gewaschen, geschält und halbiert. Dann sticht man das Kerngehäuse aus und stellt sie mit der Rundung nach unten in die eingefettete Auflaufform. Man füllt sie mit den Sultaninen, die man vorher gewaschen und in lauwarmem Wasser 15 Minuten eingeweicht hat. Man gibt Quark, Milch, Zucker, Eigelb und Stärkemehl in eine Schüssel, verrührt alles gut, fügt die abgeriebene Zitronenschale und den Zitronensaft bei und zieht zum Schluss die zu Schnee geschlagenen Eiweisse sorgfältig darunter. Die Quarkmasse verteilt man über die Äpfel und bäckt den Auflauf 30 bis 40 Minuten bei 200 Grad in der unteren Ofenhälfte.

Rhabarbergrütze

In meiner Jugend gab es ein kaltes Rhabarberdessert, das wir Kinder heiss liebten. Es war eine Art fester, kühler Pudding mit Rhabarbergeschmack, der zusammen mit einer Vanillesauce serviert wurde. Niemand von meiner Familie und meinen Bekannten kennt dieses Gericht, und ich habe es auch vergeblich in Kochbüchern gesucht. Ob Sie mir helfen können? Sie würden mir sozusagen einen Kinderwunsch erfüllen.

Samuel Vontobel, Lausanne

Wahrscheinlich handelt es sich um die Rhabarbergrütze, die zu den klassischen Nachspeisen der deutschen Küche gehört: ein kalter Pudding aus Rhabarbermus, das mit Griess gekocht, in eine Form gefüllt und nach dem Erkalten gestürzt wird.

Zutaten für 6 Personen:
1 kg Rhabarber, 3–4 dl Wasser, 1 Messerspitze Vanille, 160 g Griess, 150 g Zucker.

Man wäscht den Rhabarber, schneidet ihn klein und kocht ihn mit Wasser und Vanille in zirka zehn Minuten weich. Darauf wird er durch ein Sieb gestrichen oder einfach gut verrührt. Dreiviertel Liter des ziemlich flüssigen Kompotts verarbeitet man zu Grütze, indem man es aufkochen lässt, den Griess einrührt und unter Umrühren 5–10 Minuten kocht, bis der Brei dicklich ist und sich von der Pfanne löst. Dann gibt man den Zucker bei und füllt die Masse in eine kalt ausgespülte Pudding- oder Timbalform ein. Wenn die Grütze erkaltet und fest geworden ist, stürzt man sie auf eine Platte und serviert sie mit einer Vanillesauce oder, was geschmacklich und optisch noch vorteilhafter ist, mit einer Sauce aus Erdbeeren, die man im Mixer püriert und mit Zucker vermischt hat.

Rote Grütze

Können Sie mir ein Rezept geben für Rote Grütze, wie man sie in Deutschland gern als Dessert isst? Muss diese Speise mit frischen Beeren gemacht werden oder können auch Tiefkühlprodukte verwendet werden?

Margit Bartl, Widnau

Ursprünglich war die Rote Grütze ein Griesspudding, der mit Beerensaft anstatt mit Milch zubereitet wurde. Heute versteht man darunter ein Beerenkompott, das mit Stärke – Maizena, Kartoffel- oder Tapiokamehl – angedickt wird. Man serviert dazu Vanillesauce oder flüssigen Rahm.

Zutaten:
400 g Johannisbeeren, 400 g Himbeeren, 150 g Zucker, 1 Vanilleschote, Saft einer Zitrone, 1 dl Weisswein, 40–50 g Stärkemehl.

Die Hälfte der Beeren zerdrückt man mit einer Gabel und kocht sie dann mit der andern Hälfte, etwas Wasser und einem aufgeschlitzten Vanillestengel kurz auf, gibt das im Wein aufgelöste Stärkemehl bei, vermischt es mit den Beeren und lässt das Ganze aufwallen. Dann schmeckt man mit dem Zitronensaft ab, füllt die Rote Grütze in eine Glasschüssel und stellt sie für 3 bis 4 Stunden in den Kühlschrank. Man kann die Beeren nach Lust und Laune zusammenstellen und ohne weiteres auch tiefgekühlte Beeren verwenden. Für den deutschen Kochpapst Wolfgang Siebeck sind die idealen Rote-Grütze-Kombinationen Erdbeeren und Rhabarber oder auch Johannisbeeren und Pfirsiche.

Backwerk

Kuchen oder Wähen mit süssem Belag

Cheese-Cake

Nachdem ich endlich, endlich ein Rezept für eine amerikanische Quarktorte gefunden habe (hierzulande sind ja die «hohen» Quarkkuchen, die geschlagenes Eiweiss enthalten, gang und gäbe, und solche Rezepte findet frau auch zuhauf), stellt sich mir ein neues Problem: Wie Sie aus dem beigelegten Rezept ersehen, enthält der Kuchen Doppelrahm-Frischkäse. Ob Mascarpone das Richtige ist? Oder Udo (Migros) oder Gala-Käse? Gäbe es noch andere Arten Doppelrahm-Frischkäse? Das beigelegte Rezept stammt aus einem deutschen Backbuch. Vielleicht haben die Amerikaner ein adäquates Produkt zu unserem doppelrahmigen Frischkäse. Wenn allenfalls ja, wie heisst es?

Was mir vorschwebt, ist ein Quarkkuchen, wie man ihn in den Staaten serviert bekommt (niedrig, fest, «stuffy») und wie ich ihn bis heute hier in Zürich nur im Hotel «Gotthard» an der Bahnhofstrasse bekommen habe. Vielleicht haben Sie ein solches Rezept?

M.-L. Hänseler, Zürich

Die Frage nach dem Rezept des amerikanischen Quarkkuchens ist mir, seit ich diesen Kochbriefkasten schreibe, schon hie und da gestellt worden. Sie sind also nicht die erste, die mich mit diesem Problem konfrontiert. Ich habe sie jeweils mit dem Quarkkuchenrezept aus dem «Time-Life-Kochbuch» der amerikanischen Küche beantwortet. Die Frage nach der genauen Bezeichnung des Käses, der in den USA verwendet wird, blieb dabei allerdings offen. Ihr Brief hat mich nun dazu angeregt, einmal beim Hotel «Gotthard» in Zürich, dessen Cheese-Cake auch von andern Lesern gelobt wurde, mein Glück zu versuchen. Ich bin dort mit meinem Anliegen auf liebenswürdigstes Verständnis gestossen: Der Chefpatissier des Hauses, Herr Wolfgang Fölling, hat mir sein Rezept nicht nur aufgeschrieben und erklärt, sondern mir auch erzählt, wie geduldig und hartnäckig man im Hotel experimentiert habe, bis der Kuchen seine ideale amerikanische Qualität erreichte. Zum Glück werde seit einiger Zeit der Doppelrahmkäse der Marke Philadelphia, den man in Amerika verwende, von einer deutschen Firma hergestellt und sei in grossen Lebensmittelgeschäften überall erhältlich. Nachstehend das Rezept für einen Quarkkuchen von 26 cm Durchmesser.

Zutaten:
Boden: 50 g Zucker, 50 g flüssige Butter, 1 Paket (250 g) geriebene Grahamguetsli (Hug). Füllung: 800 g Philadelphia Cheese, 1/2 Vanillestange, 190 g Zucker, 30 g Mehl, 1/2 Zitronenschale, 6 Eier, 2 dl Rahm, 2 dl Milch.

Man vermischt die geriebenen Grahamguetsli mit dem Zucker und der flüssigen Butter und drückt die bröselige Masse in der ausgebutterten Springform zu einem glatten Boden, den man bei 180 Grad in zehn Minuten goldbraun bäckt und auskühlen lässt.

Für die Füllung rührt man den Philadelphiakäse zusammen mit Zucker, Mehl, Zitronenschale und ausgekratzter Vanille glatt, indem man nach und nach die sechs Eigelb beifügt. Dann erhitzt man den Rahm und die Milch und vermischt sie heiss mit der Käsemasse. Zum Schluss schlägt man die sechs Eiweiss schwach, da der Kuchen nicht zu stark aufgehen soll, und zieht sie unter die Füllung, die man darauf mit dem Schwingbesen nochmals kräftig durchrührt. Sie muss flüssig wie Rahm sein. Man heizt den Backofen auf 165 Grad vor und backt den Kuchen 1 Stunde und 15 Minuten. Am besten schmeckt er am Tag darauf.

Dörrbirnen-Wähe

Möchte Sie anfragen, ob Sie mir einen Tip geben können. Möchte aus Dörrbirnen (Einweichen, Durchpassieren, Ei-Rahmguss) eine Dörrbirnen-Wähe machen. Meine Mutter und auch die Grossmutter machten so eine Wähe. Nun meine Frage: Es gehört, so viel ich noch weiss, Kirsch hinein oder eventuell sonst noch was. Kennen Sie so ein Rezept?

M. Spiess, Zürich

Dieser Dörrobstkuchen ist tatsächlich eine feine alte Schweizer Spezialität. Ein Esslöffel Kirsch passt gut zu seinem Aroma; von einem Ei-Rahmguss würde ich Ihnen dagegen abraten.

Nachstehend ein Rezept, das aus Elisabeth Fülschers bewährtem Kochbuch stammt:

Zwetschgen- oder Birnenfladen

Zutaten:
1 Portion Kuchen- oder Blätterteig, 500 g Dörrbirnen oder Dörrzwetschgen oder beides gemischt, Zucker nach Geschmack, 50–100 g gehackte Nusskerne, je 1 Messerspitze Nelken- und Zimtpulver, 1–2 Esslöffel Zitronensaft, evtl. 1 Esslöffel Kirsch.

Man wäscht die Früchte und legt sie mit Wasser bedeckt über Nacht ein. Dann lässt man sie gut abtropfen (die Zwetschgen werden entsteint), treibt sie durch die Hackmaschine und vermischt sie mit den übrigen Zutaten. Die Masse soll feucht, aber nicht flüssig sein. Wenn nötig, gibt man noch etwas Einweichwasser bei. Man verteilt die Füllung auf dem ausgewallten Teig und bäckt den Kuchen in guter Hitze ca. 40 Minuten.

PS: Ich habe verschiedene freundliche Proteste von Leserinnen bekommen, die mich darauf aufmerksam machen, dass ein Guss unbedingt zu dieser Toggenburger Spezialität gehört. Nachstehend das Rezept, das mir Frau Gerda Forrer aus Unterwasser geschickt hat:

Toggenburger Birnenfladen

Zutaten:

1 Portion Kuchen- oder Blätterteig. 500 g Dörrbirnen oder Dörrzwetschgen, nach Belieben eine Handvoll Sultaninen, 1 Esslöffel gemahlene Haselnüsse, 1 Teelöffel Birnenbrotgewürz, evtl. 1 Esslöffel Kirsch. Für den Guss: 2–3 dl Rahm, 1–2 Eier, 1 Esslöffel Mehl, Zucker nach Belieben.

Dörrfrüchte über Nacht einlegen, dann durch die Hackmaschine treiben und mit den übrigen Zutaten mischen. Die Masse soll feucht sein, aber nicht flüssig. Wenn nötig etwas Einweichwasser dazugeben. Die Füllung auf den ausgewallten Teig verteilen und den Guss aus den gut zusammengerührten Zutaten über die Füllung geben. Bei 220 Grad in der unteren Hälfte des Backofens ungefähr 40 Minuten backen.

Gâteau à la crème (Rahmkuchen)

Ein befreundetes Ehepaar verbringt seine Ferien immer in Sugiez am Murtensee. Jedes Jahr sind wir einmal zu Gast, und regelmässig bekommen wir den herrlichen Nidle-Chueche (wahrscheinlich eine Spezialität des Kantons Freiburg) zum Kaffee. Nun rätseln wir immer noch über das Rezept, respektive über die Zusammensetzung des süssen Rahmgusses. Der Kuchen wird in der dortigen Bäckerei hergestellt.

Alice Wüthrich, Signau

Ich habe das Rezept, das Sie suchen, in dem Kochbuch «So kocht man bei uns» von Michel Vidoudez und Jacqueline Grangier (Benteli Verlag) gefunden. Das ist eine umfangreiche Sammlung von alten Familienrezepten aus der französischen Schweiz, die aus einem Wettbewerb der Zeitung «Tribune-Le Matin» hervorgegangen ist. Die einfachen süssen Kuchen mit dem leichten dünnen Guss sind charakteristisch für die Küche der welschen Schweiz.

Zutaten:

250 g geriebener Teig, 2 dl Rahm, 1 Esslöffel Mehl, 23 Esslöffel Zucker, Zimt nach Belieben.

Ein Kuchenblech mit dem Teig auslegen, die Ränder gut hochziehen (da sich der Teig unter Hitzeeinwirkung zusammenzieht). Leicht, aber häufig bestechen. Den Teig mit Mehl, Zucker und Zimt bestreuen. Den Rahm daraufleeren. In den mittelheissen Ofen (220°) schieben und rund 30 Minuten backen. Den Backprozess überwachen und die sich bildenden Blasen sofort einstechen.

Gâteau aux noisettes (Haselnusskuchen)

Ich bin im Kanton Neuenburg aufgewachsen; dort konnten wir einen herrlichen Kuchen kaufen: Le gâteau aux noisettes. Dieses Rezept versuche ich ausfindig zu machen, bis jetzt ohne Erfolg.

Margrit Diggelmann, Oberrohrdorf

Der Gâteau aux noisettes gehört zu den schlichten flachen Kuchen, die im ganzen Welschland so beliebt sind, ob sie nun mit einem Zitronen-, einem Wein- oder mit einem Haselnuss-Guss zubereitet werden. Diese guten, praktischen Kuchen geben wenig Arbeit, brauchen höchstens eine halbe Stunde Backzeit, und ihre Zutaten hat man eigentlich immer vorrätig. Das nachstehende Rezept habe ich von einer Freundin aus Neuchâtel.

Zutaten für ein rundes Blech von 24 cm Durchmesser:
1 Portion Kuchenteig oder Mürbeteig, 2 Eier, 100 g Zucker, 180 g geriebene Haselnüsse, 2 dl Rahm, Puderzucker.

Man vermischt Eier und Zucker und schlägt sie mit dem Schwingbesen, bis die Masse schaumig ist. Dann fügt man die Haselnüsse und hierauf den Rahm dazu und streicht die Masse auf das mit dem Kuchenteig ausgelegte Blech. Man bäckt den Kuchen bei 220 Grad im Backofen, bis er etwas bräunlich ist, was ungefähr eine halbe Stunde dauert. Man kann ihn zum Schluss mit Puderzucker bestreuen oder mit einer Glasur aus Puderzucker und Wasser bestreichen. Manche Bäcker in Neuchâtel geben eine Schicht Himbeergelée auf den Teig, bevor sie die Nussmasse daraufstreichen.

Meringuierter Johannisbeerkuchen

Mein kochtechnisches Problem ist folgendes: Johannisbeerkuchen mit steif geschlagenem Eiweiss. Vieles habe ich schon versucht – kurz im heissen Ofen – länger im mittelwarmen Ofen – Eiweiss gezuckert, nicht gezuckert – Beeren mit Eiweiss vermischt oder oben drauf. Egal, was ich mir einfallen liess, das Eiweiss wird gummig und nicht wie Meringue, das heisst wie der Kuchen vom Bäcker. Für Ihren Rat wäre ich sehr dankbar.

Gertrud Aegerter, Liebefeld

Wichtig ist – nach meiner Erfahrung –, dass man der Meringuemasse genug Zucker beigibt: auf 4 Eiweiss braucht es 100–150 g Zucker. Man spritzt die Masse mit Hilfe eines Spritzsacks gitterartig auf den ausgekühlten Kuchen und backt sie bei guter Hitze (180 Grad) 5–10 Minuten im vorgewärmten Ofen. Die Ofentür sollte man einen Spalt offen halten, damit der Dampf abziehen kann. Auf diese Weise sollte das gezuckerte Eiweiss aussen knusprig gebräunt, innen aber noch feucht sein. Ich hoffe, dass Ihnen der Johannisbeerkuchen das nächste Mal gelingt!

Key Lime Pie (Limonencrème-Kuchen)

Während meines Ferienaufenthaltes in Florida genoss ich die herrlichen Spezialitäten dieses Landes. Unter anderem ass ich oftmals ein Dessert, Key Lime Pie. Es ist eine Art Mürbeteig mit einer Zimt-Zitronen-Crème. Leider hatte ich bis jetzt keinen Erfolg, dieses Feinschmeckerrezept ausfindig zu machen. Deshalb wende ich mich an Sie, in der Hoffnung, dass Sie mir behilflich sein können.

Melanie Sieber, Ittigen

Die Key Lime Pie ist eine Delikatesse, um die kein Florida-Besucher herumkommt. Sie entstand Mitte des vorigen Jahrhunderts auf den Keys, den Inseln an der Südspitze Floridas, wo man für Süssspeisen mangels frischer Milch Kondensmilch verwendete.

Zutaten für den Boden:
250 g zerkrümelte Vollkornbiskuits, 90 g Zucker, 90 g zerlassene Butter.
Füllung:
4 Eigelb, 440 g gezuckerte Kondensmilch, 4–5 Esslöffel Limonensaft, abgeriebene Schale einer Limone.

Man heizt den Backofen auf 180 Grad vor und vermischt in einer Schüssel die zerkrümelten Biskuits, Zucker und Butter. Man gibt die Mischung auf eine eingefettete Springform und drückt sie gut gegen Boden und Seiten. Man bäckt sie 8–10 Minuten und lässt auf einem Kuchengitter abkühlen. Für die Füllung verrührt man Eigelb und Kondensmilch und gibt Limonensaft und -schale bei. Eventuell muss man mehr Limonensaft beifügen, bis der Geschmack angenehm säuerlich ist. Man gibt die Masse auf den Kuchen und bäckt die Pie 15 Minuten.

Man kann ohne weiteres auch einen vorgebackenen Mürbeteig verwenden. Eine Beigabe von Zimt habe ich allerdings in keinem meiner Rezepte gefunden; ich kann mir aber vorstellen, dass es Hausfrauen oder Bäcker gibt, die als zusätzliches Aroma auch ein wenig Zimtpulver verwenden.

Osterkuchen

Schon als Kind schmeckte mir kein Kuchen besser als der Osterkuchen mit seiner köstlichen Milchreisfüllung, die auch mit Sultaninen und Zitronenschalen vermischt war. In den letzten Jahren habe ich den Osterkuchen meistens beim Bäcker gekauft und möchte Sie nun einmal anfragen, ob Sie mir das Rezept des Osterkuchens verraten können, der nicht mit Milchreis gefüllt ist, sondern mit einer überaus delikaten und luftigen Masse, die wahrscheinlich mit Hilfe von Reismehl hergestellt wird. Im voraus herzlichen Dank für einen Rat, der nur jemand wie Sie geben kann, der sich auch mit der ethnologischen Tradition im Bereich der Kochkunst beschäftigt.

Anna Huber, Baden

Im «Fülscher-Kochbuch» habe ich beim Rezept des Osterkuchens die Anmerkung gefunden, dass man nach altem Zürcher Rezept den Reisbrei durch ein Sieb streiche. Der Osterkuchen, den Sie beim Bäcker kaufen, ist vermutlich nach dieser Zürcher Tradition zubereitet. Wie ich von einem Bäcker erfahren habe, wird die Reisfüllung heutzutage aus Milch, Reismehl, Eigelb und anderen Zutaten hergestellt. Ich vermute aber, dass der Osterkuchen mit passiertem Milchreis doch noch köstlicher schmeckt, und gebe ihnen deshalb nachstehend das alte Zürcher Rezept:

Zutaten für eine Form von 22 cm Durchmesser:
1 Portion süsser Mürbeteig, 3 dl Milch, 1 Prise Salz, 60 g Reis, 30 g Butter, 1–2 Esslöffel Zucker, 2 Eier, abgeriebene Zitronenschale, 1–2 Esslöffel gemahlene Haselnüsse, 1–2 Esslöffel Sultaninen.

Man kocht aus der Milch, dem Salz und dem Reis in 45 Minuten auf kleinstem Feuer einen dicken Brei, den man auskühlen lässt und dann durch ein Sieb passiert. Man fügt dann die schaumig gerührte Butter, die beiden Eigelb und den Zucker zum Reis und gibt auch die abgeriebenen Zitronenschale, die Haselnüsse und die eingeweichten Sultaninen bei. Zum Schluss vermischt man die Masse sorgfältig mit den steif geschlagenen Eiweissen. Dann buttert man eine Springform gut aus, belegt sie mit dem Mürbeteig, sticht den Boden ein paarmal ein, verteilt die Füllung darauf und bäckt ihn bei guter Unterhitze 30 bis 40 Minuten lang.

Pumpkin Pie (Kürbiskuchen)

Herzlich danken möchte ich den vielen Leserinnen, die mir ein Rezept für den Kürbiskuchen geschickt haben. Frau Ruth Abdalla aus Zürich schreibt zu diesem aparten Gebäck folgendes: «Die Pumpkin Pie (Kürbiskuchen) wird meistens zu Halloween gebakken, das im November gefeiert wird und in etwa unseren ‹Räbeliechtli› gleichkommt. Die Kinder höhlen dann Kürbisse aus und schnitzen daraus Masken. Doch nun zum Rezept:

Einen Mürbeteig herstellen aus 375 g Mehl, 200 g Butter, 125 g Zucker, 1/2 Teelöffel Salz, 3 Esslöffel gemahlene Mandeln, 1–2 Eier.

Den Teig eine Weile an der Kühle ruhen lassen, dann ein rundes Wähenblech messerrückendick belegen. Mit der Gabel einstechen.

Zutaten für den Belag:
2 Tassen gekochter Kürbis, 3/4 Tasse brauner Zucker, 2 Eier, 1/2 Tasse Rahm, 1/2 Tasse Milch, 1/2 Teelöffel Ingwer gemahlen, 1 Teelöffel Zimt, 1/4 Teelöffel Salz, evtl. 1/2 Teelöffel Macis (Muskatblüte).

Den Kürbis im Mixer pürieren oder durch das Passevite geben und alle Zutaten vermischen und gut durchrühren. Dann auf dem Teig verstreichen und in Mittelhitze ca. 40 Minuten backen. Lauwarm oder kalt servieren, evtl. mit Schlagrahm.»

Quarktorte

Können Sie mir das Rezept einer hohen gebackenen Quarktorte mit Mürbeteigboden und Sultaninen nennen?

Gerty Signer, Grüt

Zufälligerweise habe ich letzthin bei einer italienischen Freundin die beste Quarktorte meines Lebens gegessen. Sie war allerdings nicht gebacken, sondern mit Gelatine und Eierschnee zubereitet und schmeckte so fabelhaft zart und leicht, dass ich Ihnen und allen «annabelle»-Leserinnen diese Entdeckung nicht vorenthalten möchte.

Rezept für eine Springform von 24 cm Durchmesser:

Aus 150 g Mehl, 80 g Butter, 2 Esslöffeln Zucker, 1 Prise Salz, 1 Eigelb und 1 Esslöffel Milch bereitet man einen Mürbeteig, den man 1 Stunde zugedeckt an die Kühle stellt. Dann wallt man ihn direkt auf der bebutterten Springform (ohne Ring) aus, sticht mit einer Gabel dicht ein und bäckt ihn bei 200 Grad in der Mitte des Backofens 20 Minuten. Man lässt ihn abkühlen und schliesst ihn dann in den Ring, den man vorher mit Alufolie bedeckt hat.

Für die Füllung schlägt man 3 Eigelb mit 150 g Zucker und 1/2 Paket Vanillezucker schaumig, gibt 450 g Mager- oder Rahmquark dazu, rührt weiter und fügt 6 Blätter Gelatine bei, die man fünf Minuten im kalten Wasser quellen liess, dann ausdrückte und in wenig heissem Wasser auflöste. Diese Masse vermischt man mit 2 dl steif geschlagenem Rahm, dem Schnee von 4 Eiweiss und 75 g Sultaninen und füllt damit die Springform, wobei man die Oberfläche mit einem Teigspachtel glättet. Man stellt die Quarktorte für 1–2 Stunden in den Kühlschrank, entfernt den Ring und gibt sie auf eine Tortenplatte.

Quittenkuchen

Ich suche ein Rezept für einen Quittenkuchen oder andere Rezepte zur Verwertung von Quitten. Ich mache jedes Jahr Konfitüre und Gelee und verschenke viele Früchte. Dieses Jahr habe ich auch ein delikates Sorbet gemacht. Auch die Quittenpästli habe ich gemacht, aber ich möchte gerne noch mehr Varianten, da ich es schade finde, die Früchte nicht alle zu verwerten.

Käthi Zehtner, Muri

Obwohl jetzt die Quittensaison vorbei ist, möchte ich Ihnen das Rezept des feinen Quittenkuchens mitteilen, das ich im vergangenen November zum erstenmal ausprobierte. Ich bin überzeugt, dass es auch anderen Leserinnen, die sich bei mir hie und da nach Quittenrezepten erkundigen, willkommen sein wird.

Man schält 6 Quitten, zerschneidet sie in 4 Teile, kocht sie im Wasser weich, giesst sie dann ab, passiert das Mark durch ein Sieb, fügt Zucker, Zimt und Zitronenschale bei, mischt 6 Eigelb darunter, schlägt kurz vor dem Backen 4 Eiweiss zu steifem Schnee, den man unter das Quittenmus mengt, legt eine Tortenform mit geriebenem Teig aus, füllt die Masse ein und backt sie bei mittlerer Hitze.

Tarte au citron (Zitronenkuchen)

Ich habe im französischen Jura (Franche-Comté) eine feine Zitronenwähe, Tarte au citron, kennengelernt. Sie besteht aus einem Mürbeteigboden und einem dünnen zitronigen Guss. Leider erhielt ich auf meine Frage, wie dieser Guss hergestellt wird, immer nur sehr vage Antworten: Eier, Mehl, Zucker und Zitronen. Wissen Sie exaktere Angaben?

R. Gassmann, Rapperswil

Ich habe den Zitronenkuchen, der Ihnen so gut geschmeckt hat, zum ersten Mal bei einer Freundin gegessen, die aus der Westschweiz stammt. Sie hat mir ihr Rezept verraten – und seither gehört die Tarte au citron zu meinen Lieblingsdesserts. Sie ist nicht nur einfach zuzubereiten, sondern auch sehr praktisch, weil man die nötigen Zutaten eigentlich immer zu Hause vorrätig hat. Für eine Kuchenform von 22 bis 24 cm braucht man 200 g Kuchen- oder Blätterteig, den man möglichst dünn auswallt. Der Guss besteht aus dem Saft von 1–2 Zitronen, einem Ei und 3 Esslöffeln Zucker, die man gut miteinander verrührt, auf dem Teig verteilt und mit 20 g Butterflöcklein belegt. Im vorgeheizten Ofen (200°) ist der Kuchen in 20 Minuten fertiggebacken.

Tarte au vin (Wein- oder Zimtkuchen)

Mein Vater schwärmte letzthin von einer Zimtwähe, die seine Grossmutter früher manchmal gebacken habe. Er erinnert sich jedoch nicht mehr an das genaue Rezept – er weiss nur noch, dass sie in einem Weissweinglas Zimt und Rotwein verrührt habe (ob noch andere Zutaten dabei waren, weiss er nicht) und das Gemisch dann in den Teig gegeben habe.

Jetzt möchte ich Sie fragen, ob Sie schon einmal von diesem Rezept gehört haben.

Silvia Egli, Effingen

Die Zimtwähe Ihres Vaters ist in vielen Gegenden der Schweiz bekannt, vor allem wo Reben angebaut werden. Sie wird auch Weinkuchen genannt und kann mit Rot- oder Weisswein zubereitet werden. Wenn man einen fertigen Kuchenteig verwendet, ist das ein Blitzdessert, dessen Zutaten man praktisch immer vorrätig haben kann.

Zutaten:
250 g geriebener Teig, 2 dl Rot- oder Weisswein, 4 Esslöffel Zucker mit Zimt vermischt, 1 Esslöffel Maizena.

Man legt ein bebuttertes und bemehltes Kuchenblech mit dem Teig aus und sticht den Teig mehrmals mit einer Gabel ein. Dann vermischt man Zucker, Zimt und Maizena, gibt den Wein dazu und verteilt die Masse auf dem Teig. Man schiebt den Kuchen in den mittelheissen Backofen und lässt ihn eine knappe halbe Stunde backen.

Es ist gut, den Backvorgang zu überwachen, um Blasen, die sich eventuell bilden können, einzustechen.

Tarte Tatin (gestürzter Apfelkuchen)

Nach dem x-ten missglückten Versuch, eine Tarte Tatin zu backen, bitte ich Sie um Ihren Rat. Entweder caramelisieren die Äpfel im Wähenblech nicht richtig, oder dann bleiben sie beim Stürzen am Blech kleben, und der Teig wirft beim Backen wilde Wellen. Was mache ich falsch?

Erika Blättler, Zumikon

Damit der gestürzte Apfelkuchen gut herauskommt, lässt man 80 g Zucker in einem Kochtopf bei mässiger Hitze caramelisieren, giesst ihn auf ein Wähenblech und setzt kranzförmig geschälte Apfelschnitze darauf. Man bestreut sie mit Vanillezucker und bedeckt sie mit einem dünn ausgewallten Kuchenteig, den man mit einer Gabel mehrfach einsticht, damit der Dampf der Äpfel beim Backen entweichen kann. Man bäckt den Kuchen bei 180 Grad ungefähr 45 Minuten und stürzt ihn noch heiss auf eine Platte. Nach dieser nicht ganz orthodoxen Methode gelingt die Tarte Tatin problemlos.

Wenn der Obstkuchen zuviel Saft hat

So gut saftige Früchte sind; beim Kuchenbacken ist das manchmal ein Nachteil, weil der Boden dann gern feucht statt knusprig wird. Nun hat mir eine Bekannte gesagt, sie gebe den Eierguss nicht erst nach einer Viertelstunde auf den Kuchen, sondern von Anfang an, damit der Fruchtsaft nicht in den Teigboden eindringen könne. Mir leuchtet das nicht recht ein: Mich dünkt, der Guss könnte den Boden anfeuchten, bevor er recht gebacken ist.

Susi Hartmann, St. Gallen

Ihre Bekannte hat recht: Der Eierguss macht einen Fruchtkuchen nicht nur reicher und milder im Geschmack, sondern hat auch die Aufgabe, einen Teil des Fruchtsaftes zu binden. Man giesst ihn normalerweise erst nach fünfzehn Minuten über die Früchte, weil diese ohne Guss rascher weichgekocht sind. Bei stark saftenden Früchten ist es aber von Vorteil, sie von Anfang an mit der Eicrème zu vermischen.

Besonders saftbindend wirkt ein Guss, dem man, wie das in der französischen Küche üblich ist, zwei Esslöffel Mehl beigibt. In diesem Fall kann man darauf verzichten, den Kuchenboden mit gemahlenen Mandeln und Paniermehl zu bestreuen. Für einen Aprikosen- oder einen Zwetschgenkuchen von 20 cm Durchmesser kann man folgende Crème zubereiten: Man vermischt 1 Ei mit 2 Esslöffeln Zucker und fügt nacheinander 2 Esslöffel Mehl, 2 Esslöffel Milch, 2 Esslöffel Rahm und 1 Esslöffel Kirsch bei. Man gibt diese Crème auf den Kuchenboden, schichtet die Früchte darauf, bestreut sie mit

Puderzucker und schiebt den Kuchen für eine halbe Stunde in den vorgeheizten Ofen. Das Resultat wird Sie überzeugen.

PS: Da die Saison der saftenden Wähen oder Früchtekuchen wieder begonnen hat, möchte ich meinen Leserinnen einen Tip nicht vorenthalten, den mir eine Freundin gegeben hat. In den ländlichen Gegenden der französischen Schweiz bestreuen die Hausfrauen den ausgewallten Teig für Fruchtkuchen mit einer Mischung aus Mehl und etwas Zucker (ungefähr 2 Esslöffel). Diese einfache Massnahme verhindert das Eindringen des Saftes in den Teig, und der Boden wird wunderbar knusprig.

Kuchen und Torten

Bananen-Cake

Ich habe gar nicht gewusst, dass der Bananen-Cake, nach dem sich Denise Meyer in der «annabelle» erkundigte, ein so bekannter und beliebter Kuchen ist, sondern habe das erst aus den vielen Antworten erfahren, die ich von hilfsbereiten und backerfahrenen Leserinnen erhalten habe. Nachstehend nun das Rezept von Margrit Müller aus Bottmingen.

Zutaten für eine kleine bis mittelgrosse Cakeform:
100 g Butter oder Margarine, 200 g Zucker, 3 Eier, 1/2 Päckli Vanillezucker, 2–3 Bananen, 1 Prise Salz, 3 Esslöffel Milch, 175 g Mehl, 1 Esslöffel Backpulver.

Butter, Zucker und Eier schaumig rühren. Vanillezucker, mit der Gabel fein zerdrückte Bananen und Salz beimengen und gut mischen. Zuletzt die Milch und das gesiebte Mehl und das Backpulver dazurühren. Den Teig in eine gut befettete, bemehlte Cakeform geben und bei Mittelhitze zirka 50 Minuten backen. Der Cake bleibt problemlos ein paar Tage lang frisch und feucht.

Bischofbrot

Ein sehr grosses Echo hat Frau Schmidhausers Frage nach dem Rezept des Bischofbrotes gefunden, die ich vor kurzem in der «annabelle» veröffentlicht habe. Die vielen Rezepte, die ich von hilfsbereiten Leserinnen zugeschickt erhielt, stimmen im grossen und ganzen überein. Nachstehend das Rezept von Elsa Giger-Müller aus Amriswil.

Zutaten:
100 g Crémantschokolade, 3 Eier, 150 g Zucker, 1 Esslöffel Rum, 100 g Sultaninen, 100 g Orangeat und Zitronat, 100 g gemahlene Mandeln, 150 g Mehl, 1 Teelöffel Backpulver.

Eine Cakeform mit Backtrennpapier auskleiden oder einfetten und mit Paniermehl bestreuen. Schokolade in kleine Stücke schneiden oder in Späne schaben, Eier und Zucker schaumig rühren, alle Zutaten beigeben, zuletzt das Mehl mit dem Backpulver dazusieben. Im vorgeheizten Backofen bei Mittelhitze (175°) etwa 45 Minuten backen.

Castagnaccio (Kastanienkuchen)

Ich habe vor vier Wochen 5 kg Kastanienmehl aus Italien geschenkt bekommen. Ich habe mehrere Versuche gemacht, jedoch ist mir nichts gelungen, da ich kein Rezept habe. Unser Dorfbeck hat gesagt, ich solle es wegwerfen. Sie sind meine letzte Hoffnung, dass Sie ein Rezept haben.

Annemarie Gonzenbach, Oberrieden

Im Tessin war früher die Polenta aus Kastanienmehl sehr beliebt. Für 4 Personen rechnet man 400 g Kastanienmehl und 8 dl leicht gesalzenes Wasser. Man rührt das Mehl im Faden ins kochende Wasser ein und kocht es in etwa 30 Minuten bis zur Breidicke. Man isst den Kastanienbrei zusammen mit kalter Milch. Noch besser finde ich den Castagnaccio, einen flachen Kastanienkuchen, den man in der Toskana und in Ligurien zubereitet. Er schmeckt auch Leuten, die Süssigkeiten nicht besonders schätzen, weil sein Aroma fast ausschliesslich auf der Natursüsse der Kastanien beruht. Das nachstehende Rezept stammt von einer Freundin aus Chiavari an der Riviera di Levante.

Zutaten:
500 g gesiebtes Kastanienmehl, 4 dl Milch, 2 dl Wasser, 1 Prise Salz, 1 Esslöffel Zucker, Olivenöl, 1 Handvoll Sultaninen, 10 g Pinienkerne, 2–3 Prisen Fenchelsamen.

Man rührt in einer Teigschüssel das Kastanienmehl zusammen mit der Flüssigkeit, bis ein glatter, ziemlich flüssiger Teig entsteht. Dann mischt man Salz, Zucker und 2–3 Esslöffel Olivenöl dazu. Nun wird eine Backform von ungefähr 30 cm Durchmesser gut eingeölt und mit dem Teig gefüllt, bis dieser etwa 2 cm hoch steht. Man bestreut ihn mit Sultaninen, Pinienkernen und Fenchelsamen und begiesst die Oberfläche mit einem feinen Strahl Olivenöl. Man bäckt den Kuchen in dem auf 150 Grad vorgewärmten Ofen ungefähr eine halbe Stunde. Während der Backzeit kontrolliert man, ob an der Oberfläche Blasen entstehen, die man mit einer Gabel einsticht. Es ist auch nützlich, die Ofentür ein paarmal zu öffnen, damit der Dampf entweichen kann. Das Olivenöl muss vom Kuchen ganz absorbiert werden.

In der Toskana bestreut man den Kastanienkuchen anstatt mit Fenchelsamen mit Rosmarinnadeln, was auch gut schmeckt.

Gleichschwer

Eine Nachbarin hat mir von einem Kuchen erzählt, den sie als Kind gegessen hat und der den Namen «Gleichschwer» trug. Hätten Sie mir das Rezept?

Suzanne Erni, Effretikon

Der Gleichschwer ist ein wunderbar zartes und zugleich üppiges Biskuit, dessen Name daher kommt, dass der Teig aus der gleichen Menge Butter, Zucker und Mehl besteht.

Zutaten:
250 g Butter, 250 g Zucker, 250 g Mehl, 6 Eier, 1/2 Zitrone, Schale und Saft.

Man rührt die Butter, den Zucker, Saft und Schale der Zitrone und die Eigelbe während mindestens 30 Minuten schaumig. Dann gibt man das Mehl lagenweise auf die gerührte Masse und zieht es mit der Teigkelle leicht darunter. Zum Schluss schlägt man die Eiweisse zu Schnee und hebt diesen unter den Teig, den man darauf in die mit Butter ausgefettete Cakeform gibt und in mittelheissem Ofen 60–75 Minuten bäckt.

Luzerner Lebkuchen

In einer der letzten «annabelle»-Nummern veröffentlichte ich einen Brief von Frau Tasala aus Zug, in dem nach dem Rezept des echten Luzerner Lebkuchens gefragt wurde. Aus den vielen Rezepten, die ich daraufhin von den Leserinnen bekommen habe, ist mir klargeworden, dass die wichtigste Zutat dieses Lebkuchens der sogenannte Birnenhonig ist, ein dickes dunkelbraunes Konzentrat aus süssem Birnensaft, das die Hausfrauen früher selbst einkochten. Der Birnenhonig, den man heute im Lebensmittelgeschäft kauft, stammt aus den Überschüssen der Mostobstproduktion. Ebenfalls wichtige Zutaten sind Ruchmehl, Rahm und Lebkuchengewürz.

Nachstehend das Rezept von Frau Hilfiker aus Stäfa:

Zutaten für zwei mittlere Cakeformen:
2 1/2 dl Rahm (sauer oder süss), 2 1/2 dl Birnendicksaft, 130 g Kristallzucker, 3 1/2 Kaffeelöffel Luzerner Lebkuchengewürz, 1 Kaffeelöffel Speisenatron (Backpulver), 500 g Steinmetz-Haushaltmehl (dunkles Mehl), 2 dl Milch.

Rahm leicht schlagen und mit Birnendicksaft, Zucker und Lebkuchengewürz mischen. Speisenatron in wenig warmer Milch auflösen. Gesiebtes Mehl und das Natron daruntermischen. Zuletzt soviel lauwarme Milch beigeben, bis der Teig noch dicklich und schwer von der Kelle läuft. Cakeform bebuttern und bemehlen. Teig einfüllen und in vorgeheiztem Ofen bei 180 Grad ca. 40 bis 50 Minuten auf unterster Rille backen. Nach dem Backen einige Minuten abkühlen lassen. Kann mit steif geschlagenem Rahm serviert werden.

Zu diesem Rezept möchte ich noch ein paar Ergänzungen aus anderen Leserinnenbriefen anfügen.

Das Luzerner Lebkuchengewürz kann man sich auch selber mischen; Nelkenpulver, Zimtpulver und Sternanispulver zu gleichen Teilen (manche verwenden nur einen halben Teil Nel- kenpulver). Zu den fakultativen Zutaten des Luzerner Lebkuchens gehören Kirsch, Pflümli oder Träsch (Apfel- oder Birnenschnaps), Orangeat und Zitronat, Baum- oder Haselnüsse. Einige Rezepte würzen den Lebkuchen mit 1/2 Tasse starkem Kaffee oder einem Esslöffel Schokoladepulver.

Nach den meisten Rezepten wird der Lebkuchen in einer Cake- oder Springform gebacken. Ursprünglich wurden die Lebkuchen aber auf dem Blech gebacken. Dazu bemerkt Frau Mattmann aus Aarburg: «Ich selbst backe unsere Lebkuchen schon viele Jahre in der Cakeform, dann habe ich nur einen Anschnitt und kann ihn gut in Alufolie im Kühlschrank aufbewahren, wo er mindestens zehn Tage frisch bleibt. Meine Schwiegermutter hat ihn immer auf dem Wähenblech gebacken. Mein Sohn sagt heute noch, dass das der beste war.»

In manchen Rezepten wird der Lebkuchen, solange er warm ist, mit Bienenhonig bestrichen, damit er einen schönen Glanz bekommt.

Besonders interessant finde ich auch die Hinweise, wie die Lebkuchen am Familientisch gegessen werden. Schlagrahm und Butter sind offensichtlich die beliebtesten Beigaben.

Frau Spillmann aus Winterthur, eine gebürtige Zugerin, schreibt: «Wir essen die Lebkuchen als Nachtessen so: Lebkuchen wie Brot zu Fondue würfeln, dann leicht geschlagenen Rahm darübergeben. Zu Milchkaffee ein gutes Essen.»

Frau Roos, eine Luzernerin, die in Zürich lebt, kommentiert ihr Rezept wie folgt:

«Das beigelegte Lebkuchenrezept ist sehr gut, aber nicht sehr feucht. Darum streicht man ja Butter auf die Kuchenstücke. Bei uns wäre ein Lebkuchen ohne Butter nicht denkbar!»

Maiskuchen

Können Sie mir das Rezept eines Maiskuchens mit Sultaninen verraten, so wie ihn meine Grossmutter während der Kriegsjahre buk? Er war hoch und luftig.

Gerty Signer, Grüt

Ich könnte mir gut vorstellen, dass mein einfacher Maiskuchen demjenigen Ihrer Grossmutter ähnlich ist, obwohl das Originalrezept keine Sultaninen vorsieht.

Zutaten:
350 g Maismehl, 150 g Zucker, 60 g Butter, 2 Gläser Milch, Päckli Vanillezucker, 1 Päckli Backpulver, Weissmehl, 100 g Sultaninen.

Man lässt die Butter auf kleinem Feuer schmelzen und vermischt sie mit dem Maismehl, wobei man darauf zu achten hat, dass sich keine Klümpchen bilden. Dann fügt man dem Teig den Zucker, die Milch, den Vanillezucker, die leicht bemehlten Sultaninen und zuletzt das Backpulver bei. Man gibt die Masse in eine gebutterte und leicht bemehlte Springform und bäckt den Kuchen 45 Minuten bei Mittelhitze im Backofen.

Makronen- oder Jägertorte

Vor mehr als zwanzig Jahren besuchte ich im Zürcher Unterland bei einer Frau einen Backkurs. Leider habe ich bei verschiedenen «Zügleten» eines der Kurs-Rezepte verloren und suche nun danach. Dabei handelte es sich um eine Makronentorte. Ganz schwach erinnere ich mich noch, dass es um einen Kuchen mit einer Art Mürbeteigboden ging, der mit Johannisbeergelee bestrichen wurde und obendrauf eine Art Meringuemasse mit Haselnüssen und Mandeln hatte. Ich erinnere mich auch, dass es ein schön feuchter Kuchen war. Können Sie mir eventuell helfen, das Rezept wiederzufinden?

Margrith Stüssi, Davos Dorf

Ihre Beschreibung hat mich an die Jägertorte meiner Kindheit erinnert, und im Kochlehrbuch der Haushaltungsschule Zürich aus dem Jahr 1941 habe ich ihr Rezept wiedergefunden. Allerdings handelt es sich dabei nicht um einen Mürbeteig, sondern um einen Biskuitteig. Da Sie jedoch den Kuchen als feucht in Erinnerung haben, scheint mir das sehr plausibel.

Zutaten für den Teig:
250 g Zucker, 6 Eigelb, 1/2 Teelöffel Zimt, 1/4 Teelöffel Nelkenpulver, 250 g gemahlene Mandeln, 6 Eiweiss, 100 g Mehl.
Für den Belag:
3–4 Esslöffel säuerliche Konfitüre, 3–4 steifgeschlagene Eiweiss, 250 g Zucker, 1 kleine Handvoll blättrig geschnittene Mandeln.

Man rührt die Hälfte des Zuckers und das Eigelb schaumig. Das Eiweiss zu steifem Schnee schlagen und den Rest des Zuckers unter tüchtigem Schlagen löffelweise beifügen. Dann vermischt man diese Meringuemasse nacheinander mit der Eiercrème, den Mandeln und dem Mehl mit der Kelle. Darauf die Masse in die bebutterte und bemehlte Springform füllen und das Biskuit in mässiger Hitze schön gelb backen. Ist es ausgekühlt, stürzt man das Gebäck auf eine Tortenplatte und bestreicht es mit der Konfitüre.

Aus den Eiweissen und dem Zucker stellt man die Meringuemasse her, überzieht damit die Torte und streut dann die Mandelblättchen darüber. Bei schwacher Oberhitze überbacken, bis sie leicht gelblich ist.

Nussroulade mit Schlagrahm

Ein feines Dessert habe ich in einem Restaurant gegessen. Es war eine Art Biskuitroulade, die mit Schlagrahm gefüllt war. Der Teig bestand jedoch nicht aus Biskuit, sondern war weiss und zart und mit gehackten Nüssen vermischt. Ich möchte meine Familie überraschen und wäre sehr froh um das feine Rezept.

Verena Manz, Burgdorf

Was Sie in Ihrem Brief beschreiben, ist einer meiner Lieblingskuchen, den ich vor vielen Jahren einmal bei einer Cousine gegessen habe und sofort in mein bescheidenes Dessert-Repertoire aufnahm. Diese Nussroulade ist allerdings nicht ganz einfach zu machen, und obwohl ich sie schon oft hergestellt habe, passiert es mir immer wieder, dass sie beim Einrollen Sprünge bekommt und optisch etwas allzu «hausgemacht» aussieht. Frisch gegessen schmeckt sie allerdings immer ganz köstlich.

Zutaten:
4 Eier getrennt, 4–5 Esslöffel Zucker, 100 g gehackte Baumnüsse, 80 g feingeriebene Haselnüsse, 2 Becher Halbrahm.

Man belegt ein Blech mit Backpapier, befettet und bemehlt es gut. Man schlägt das Eiweiss mit einer Prise Salz zu steifem Schnee und verrührt das Eigelb mit dem Zucker kräftig, bis es eine helle Farbe annimmt. Dann vermischt man es mit den Nüssen und dem Eischnee und streicht es auf dem Backblech zu einem Rechteck aus. Man stellt den auf 200 Grad vorgeheizten Ofen auf 170 Grad und bäckt die Roulade während 15–20 Minuten. Damit der Teig feucht und geschmeidig bleibt, belegt man ihn mit einem andern Blech und lässt ihn zehn Minuten stehen. Dann bestreicht man ihn mit dem geschlagenen Rahm und versucht ihn, so gut es geht, einzurollen.

Schokoladetorte «Albert Bitzius»

Auf die Frage einer Leserin nach der Schokoladetorte «Albert Bitzius» habe ich viele Briefe bekommen, die mir alle das alte Rezept mitteilten, das vor mehr als zwanzig Jahren in der Rezeptsammlung «Mein Lieblingsrezept» im Schweizer-Spiegel-Verlag erschienen ist. Nachstehend das ehrwürdige Rezept von U. Wyss aus Bern.

«Seit hundert Jahren der Geburtstagskuchen unserer Familie. Vielleicht kommt den backfreudigen Hausfrauen dieser Kuchen nicht besonders originell vor. Aber gut ist er, und das Rezept stammt tatsächlich von meiner Urgrossmutter. Sie wurde in Lützelflüh im Pfarrhaus geboren und war die Tochter von Jeremias Gotthelf. Schon diese Tatsache allein verleiht dem Rezept einen gewissen Reiz.

Zutaten:
250 g Butter, 250 g Zucker, 250 g Blockschokolade, 2 Esslöffel Wasser, 4 ungeteilte Eier, 250 g Mehl.

Zubereitung: Butter und Zucker werden mit der noch warmen, mit den zwei Esslöffeln Wasser auf kleiner Hitze flüssig gemachten Schokolade gut verrührt, am besten mit einem starken Schwingbesen. Dann schlagen wir die Eier dazu und rühren die Masse, bis sie eine helle Farbe annimmt. Nun mischen wir das Mehl darunter, giessen den Teig in eine gebutterte und mit Mehl bestäubte Springform und backen den Kuchen 45 bis 60 Minuten bei schwacher Hitze, bis bei der Stichprobe nichts mehr am Häkchen hängenbleibt. Auf dem Kuchen soll sich eine Kruste bilden, die beim Schneiden bricht. Innen muss er noch feucht, aber nicht ‹tangglig› sein.»

Torta di pane (Tessiner Brotkuchen)

Ich bin Mutter zweier Kinder und bestrebt, auch gesund zu kochen. So sparen wir trockenes Brot auf und fertigen unser

Paniermehl gemeinsam an. In kurzer Zeit häufte sich der Brotberg, und wir würden gern mehr als panierte Plätzli, Brotsuppe und «Suppechrüsch» daraus machen. Hätten Sie uns vielleicht einen weiteren süssen oder salzigen Rezeptvorschlag?

P. Fröhlicher und Kinder, Zuchwil

Ich weiss aus Erfahrung, dass die Verarbeitung zu Paniermehl meistens nicht ausreicht, um die Brotresten aufzubrauchen. Es gibt aber noch andere Möglichkeiten: zum Beispiel den Hackbraten nach italienischer Art, bei dem die Hälfte der Hackfleischmasse aus trockenem Brot besteht, das in heissem Wasser eingeweicht und ausgedrückt wurde. Das gibt dem Hackbraten oder den Frikadellen eine unglaublich zarte Konsistenz.

Ein süsses Rezept, das Ihnen garantiert das Brotproblem für alle Zeiten lösen wird, ist dasjenige der Torta di pane. Dieser feuchte und aromatische Schokoladekuchen ist ein Klassiker aus dem Tessin.

Zutaten für eine Springform von 24 cm Durchmesser:
300 g altbackenes Brot, 1/2 l Milch, 1 Vanillestengel, 3 Esslöffel Kakao oder Schokoladepulver, 2 Eier, 60–100 g Zucker (je nachdem, ob Schokoladepulver oder Kakao verwendet wird), 1 Prise Salz, Saft und abgeriebene Schale einer halben Zitrone, 3 Esslöffel Sultaninen, 50 g Pinienkerne.

Man schneidet das Brot klein und gibt es in eine Schüssel. Man erhitzt die Milch zusammen mit dem aufgeschlitzten Vanillestengel und löst den Kakao oder das Schokoladepulver darin auf. Dann giesst man die heisse Flüssigkeit über das Brot, das man zugedeckt ein paar Stunden stehenlässt. Darauf zerdrückt man es mit einer Gabel so fein als möglich. Man rührt Eigelb, Zucker und Salz schaumig, fügt Zitronensaft und Zitronenschale bei und mischt alles zusammen mit den Sultaninen und den Pinienkernen unter das Brot. Zuletzt zieht man das zu Schnee geschlagene Eiweiss darunter und füllt die Masse in die gebutterte und leicht bemehlte Springform. Im mittelheissen Ofen lässt man den Kuchen eine Stunde backen.

Solothurner Torte

Jedesmal, wenn ich meine Leser und Leserinnen nach einem Rezept frage, bin ich neugierig auf das Echo, weil es sich nicht voraussehen lässt. Nie hätte ich zum Beispiel erwartet, dass Frau Herzogs Frage nach der Solothurner Torte mir so viele kompetente Briefe von Backspezialistinnen bescheren würde. Für alle Zuschriften möchte ich mich herzlich bedanken.

Offensichtlich handelt es sich bei dieser Torte um ein ziemlich aufwendiges Gebäck, das etwas Backerfahrung voraussetzt: Boden und Deckel bestehen aus einer sogenannten Japonais-Masse, Mittelstück ist ein zartes Biskuit, und als Zwischenlage gibt es eine zartschmelzende Buttercrème.

Zutaten für einen Kuchen von 22 cm Durchmesser:
Für Boden und Deckel: 3 Eiweiss, 100 g Zucker, 100 g geriebene Haselnüsse, 1 Esslöffel Maizena.
Für das Biskuit: 3 Eier, 100 g Zucker, je 50 g Mehl, Maizena und geriebene Haselnüsse.
Für die Buttercrème: 150 g Butter, 120 g Puderzucker, 50 g ganze Haselnüsse.

Um Boden und Deckel in der richtigen Grösse zu erhalten, nimmt man den Ring der Springform und zeichnet damit auf einem gefetteten und bemehlten Kuchenblech zwei Kreise ein. Für die Masse Eiweiss zu Schnee schlagen, den Zucker beifügen, kurz weiterrühren und schliesslich die mit dem Maizena vermischten geriebenen Haselnüsse daruntergeben. Diese Masse mit dem Dressiersack (glatte Tülle) spiralförmig auf die beiden Kreise spritzen und das, was später Boden und Deckel gibt, bei 190 Grad etwa 10 Minuten backen. Nachher mit dem Tortenspachtel sofort sorgfältig lösen und auf einem Gitter auskühlen lassen.

Für das Biskuit Eigelb und Zucker schaumig rühren, abwechselnd geriebene Haselnüsse, das gesiebte Mehl und das Maizena sowie das zu Schnee geschlagene Eiweiss daruntermischen. In der ausgebutterten und bemehlten Springform bei Mittelhitze 30–40 Minuten backen bei 180 Grad. Danach auf einem Tortengitter auskühlen. Für das Aroma der Buttercrème ist es wichtig, die ganzen Haselnüsse auf einem trockenen Blech in den gut heissen Ofen zu geben und so lange zu rösten, bis sich die Häutchen lösen und die Nüsse braun werden. Zwischen einem Tuch reiben und so die Häutchen entfernen. Dann die Nüsse mit der Mandelmühle oder im Mixer mahlen. Butter und Zucker zusammen schaumig rühren und die gemahlenen Nüsse dazugeben. Den Boden mit knapp der Hälfte dieser Crème bestreichen, das Biskuit darauflegen, dieses mit knapp der Hälfte Crème versehen und den Deckel darüberlegen. Den Rand mit der restlichen Crème bestreichen und mit ebenfalls gerösteten und gemahlenen Haselnüssen bestreuen.

Wenn das Biskuit nach dem Backen zusammenfällt

Des öfteren, wenn ich ein Biskuit (für eine Torte) aus dem Backofen genommen habe, dauert es keine fünf Minuten, und mein Biskuit fällt von der Mitte aus zusammen. Ich habe schon sämtliche Biskuitrezepte probiert, aber immer wieder kommt es vor, dass es zusammenfällt. Was mache ich falsch?

Wally Brüschweiler, Courtemache

Manche Backprobleme entstehen aus dem einfachen Grund, dass heute grössere Eier angeboten werden als früher. Verwenden Sie z. B. bei einem Biskuit 5 grosse Eier, kann die Eiweissmasse im Verhältnis zum Mehl zu gross sein: Dadurch wird die Biskuitmasse so porös und luftig, dass sie nach dem Backen zusammenfällt. Ein mittelgrosses Ei ist 50 g schwer. Versuchen Sie einmal Ihre Eier samt der Schale zu wägen, und wenn Ihre 5 Eier 300 g wiegen, so lassen Sie einfach ein Ei weg, und die Biskuitmasse wird nach dem Backen nicht mehr zusammenfallen.

Wie Hefegebäck richtig aufgeht

In Ihrer Rubrik hatten Sie letzthin ein Stollenrezept mit Mohn. Leider gelingt es mir nie, mit Hefe zu backen. Meinen Sie, dass der Stollen mit Backpulver auch gut wird, und wie ist dann das Mass?

Margret Winterhalder, Zizers

Liebe Frau Winterhalder, ich gestatte mir, daran zu zweifeln, dass Sie nicht imstande sind, mit Hefe zu backen. Ich vermute, dass Ihnen einmal, vielleicht zweimal oder allerhöchstens dreimal ein Brot oder ein Hefekuchen nicht richtig aufgegangen ist. Und daraus haben Sie vorschnell gefolgert, dass Ihnen die Hefebäckerei nie gelinge.

So rasch darf man sich aber nicht entmutigen lassen. Mit etwas Geduld und Sorgfalt ist das Herstellen eines Hefeteigs keine Hexerei. Vergessen Sie Ihre Enttäuschung und versuchen Sie, den Stollen, einen Gugelhopf oder ein einfaches Brot zu backen, indem Sie sich genau ans Rezept halten. Der Erfolg wird nicht ausbleiben, da bin ich ganz sicher. Wichtig fürs Gelingen eines Hefeteigs sind drei Dinge:

1. Die Hefe muss frisch sein. Wenn Sie sie nicht vom Bäcker beziehen, sollten Sie auf das Verfalldatum der gekauften Packung achten.
2. Bei Temperaturen über 35° werden die Hefepilze abgetötet. Man muss darauf achten, dass Zutaten wie Milch und flüssige Butter nicht zu heiss sind.
3. Während des Aufgehens darf der Hefeteig weder gestossen noch der Zugluft ausgesetzt werden, da er sonst leicht wieder zusammenfällt.

Es hat keinen Sinn, einen Stollen mit Backpulver zuzubereiten, weil er dabei den Geschmack und die Konsistenz des Hefegebäcks verliert.

Wie Schokoladeglasur glänzend wird

Mein Problem ist die Schoko-Glasur, die ich aus 100 g Schokolade, wenig Wasser, 40 g Puderzucker und 20 g Butter herstelle. Leider wird die Glasur nie glänzend. Obwohl ich sehr darauf achte, dass die Schokolade nicht heiss wird, sind meine Kuchen immer matt. Was mache ich falsch?

S. Annasohn, Würenlingen

Eine Schokoladeglasur, die glänzt, ist keine einfache Sache. Vor allem nicht für einen Amateur-Konditor. Mein Bäcker hat mir erklärt, dass man dazu nicht gewöhnliche Schokolade, sondern Couverture – also spezielle Überzugsschokolade – verwenden sollte, die man beim Bäcker oder im Fachgeschäft kaufen kann. Noch wichtiger ist aber die richtige Temperatur der flüssigen Schokolade: sie darf zum Glasieren nämlich nicht über 27 Grad warm sein. Der Konditor verwendet zu diesem Zweck ein spezielles Thermometer. Mein Bäcker hat mir geraten, mit den Lippen zu prüfen, ob die Schokolade lauwarm ist. Ich kann Ihnen also nur raten, die richtige Temperatur durch Pröbeln herauszufinden. Die mattglasierten Kuchen, die bis dahin entstehen, werden bestimmt auch dankbare Abnehmer finden.

Warum der Schokoladekuchen bröckeln darf

Ich besitze folgendes feines Rezept für einen Schokoladekuchen: 150 g Butter und 125 g Kochschokolade im Wasserbad schmelzen. 4 Eigelb zerquirlen, 250 g Zucker dazugeben. 1 Esslöffel frischer Rahm, 125 g Mehl, 4 Eiweiss zu Schnee schlagen. Die Zutaten zu einer feuchten Masse zusammenrühren, in eine ausgebutterte Springform füllen und ca. 45 Minuten bei mittlerer Hitze (200°) backen. Der Schokoladekuchen ist ein schwerer, feuchter Kuchen, d. h., er darf in der Mitte nicht ganz ausgebacken sein. Wenn ich nun den Kuchen aus dem Backofen nehme und etwas auskühlen lasse, beginnt die Oberfläche bereits gegen die Mitte einzufallen. Wenn ich dann Stücke schneide, habe ich mit der Oberfläche ein «Gebröckel», kann also keine schönen Portionen schneiden. Der Kuchen mundet zwar herrlich, doch für die Gäste sieht er nicht schön aus. Mache ich etwas falsch?

Ruth Hanger, Basel

Das einzige, was Sie falsch machen, liebe Frau Hanger, ist, dass Sie von Ihrem köstlichen hausgemachten Schokoladekuchen die perfekte Form des Konditorkuchens verlangen. Es gibt sicher Kunstgriffe – zum Beispiel die Verwendung von mehr Mehl –, die einen Kuchen schnittfester machen; doch scheint mir das gar nicht besonders erstrebenswert. Überlassen wir doch die scharfkantigen Tortensegmente dem Konditor und freuen uns an dem «Gebröckel», das dem Kenner anzeigt, dass es sich da um eine besonders reichhaltige und feine Kuchenmasse handelt.

Um ein allzu starkes Absinken der Kuchenmitte zu vermeiden, kann man den Rand des Kuchens sorgfältig von der Form lösen, sobald er aus dem Backofen kommt. Eine andere Vorsichtsmassnahme besteht darin, die Eiweisse nicht ganz steif zu schlagen: So geht der Kuchen weniger auf und verändert beim Abkühlen seine Form auch weniger.

Kleines Gebäck

Amaretti

Da mein Mann Gebäck mit Bittermandelaroma sehr liebt, wollte ich ihm nun auch mal die feinen Amaretti backen. Nach langem Suchen fand ich dann auch ein einziges Rezept. Doch diese Amaretti wurden gar nicht gebacken, sondern nur im Backofen während einer halben Stunde getrocknet und schmeckten dann auch gar nicht so gut, wie ich sie noch von Ferien im Tessin in Erinnerung habe. Wäre es möglich, dass Sie ein Originalrezept von diesen Amaretti haben?

Elsbeth Mraule, Zürich

Von einem jungen Mann, der im «Saftlade» im Zürcher Niederdorf unter anderem auch selbstgemachte Amaretti verkauft, habe ich erfahren, worauf es ankommt: man darf die Amaretti nicht, wie es in den meisten Kochbüchern steht, 20–30 Minuten backen, sondern höchstens 7–10 Minuten bei 170 Grad. Sie sind dann noch weich, wenn sie aus dem Ofen kommen, und bekommen beim Abkühlen erst ihre knusprig-feste Oberfläche.

Der Teig besteht aus 270 g Mandeln, die man schält und durch die Mandelmühle treibt, 300 g Zucker und 3 steifgeschlagenen Eiweiss. Den zartbitteren Geschmack geben ein paar Bittermandeln oder ein paar Tropfen Mandelessenz. Man legt nicht zu kleine Teighäufchen auf ein bebuttertes Blech und drückt sie mit Daumen und Zeigefinger zur typischen Amarettiform. Man kann sie mit Puderzucker bestreuen.

Magenbrot

Viele Leserinnen-Zuschriften habe ich auf die Frage nach dem Rezept für Magenbrot erhalten, die mir Frau Carmen Persano aus Bellinzona stellte. Ich möchte allen für ihre Hilfsbereitschaft herzlich danken. Nachstehend das Rezept, das mir Frau Marie-Louise Kleiner aus Alpnach Dorf geschickt hat.

Zutaten:
900 g Mehl, 900 g Zucker, 100 g Schokoladenpulver, 25 g Triebsalz oder Pottasche (Drogerie), 1/2 Zitrone, 1/2 Esslöffel Zimt, 1 Messerspitze Nelkenpulver, 3 dl heisses Wasser.
Für die Glasur:
800 g Zucker, 3 dl Wasser, abgeriebene Schale einer unbehandelten Zitrone, 50 g Schokoladenpulver, 1/2 Teelöffel Zimt.

Das Treibsalz wird im heissen Wasser aufgelöst und Zucker, Nelkenpulver, Zimt, Zitronensaft und das Schokoladenpulver eingerührt. Zum Schluss wird das Mehl beigefügt und untergearbeitet, so dass ein ziemlich fester Teig entsteht. Aus diesem Teig rollt man daumendicke, lange Würste, die man in drei Finger breitem Abstand nebeneinander auf ein Blech legt. Man bäckt sie bei mittlerer Hitze etwa 10 Minuten, bis sie unten etwas gelblich werden. Nun schneidet man sie in schräge Stücke. Zur Glasur wird das Wasser in eine Pfanne gegeben, mit abgeriebener Zitronenschale gewürzt, Zucker, Schokoladenpulver und Zimt beigefügt und alles so lange gekocht, bis eine Glasur entsteht, die «Fäden» zieht. Man gibt immer je eine Handvoll Magenbrotstücke in eine Schüssel, übergiesst sie mit etwas heisser Glasur und vermischt das Magenbrot damit, bis die einzelnen Stücke ringsum mit Glasur umgeben sind. Man fährt portionenweise so fort, bis alles Magenbrot glasiert ist.

Toskanische Mandelguetsli (Giottini alle mandorle)

Vor zwei Jahren verbrachte ich einige Tage in Florenz. Nach einem wirklich feinen Essen servierte man uns zu süssem Wein ganz frische Guetsli. Eben diese auch in der Schweiz erhältlichen Giottini alle mandorle möchte ich selber backen, auf dass sie so frisch und aromatisch sind wie in meiner Erinnerung. Ich suchte das Rezept in verschiedenen, auf deutsch erhältlichen Kochbüchern, fand es aber nicht. Wenn Sie mir verraten könnten, wie man die Guetsli macht, wäre ich glücklich.

Ursula Proff, Stäfa

Verschiedene hilfsbereite Leserinnen haben mir das Rezept der florentinischen Mandelguetsli geschickt, nach dem Frau Ursula Proff aus Stäfa gefragt hat. Sie heissen Giottini oder Cantucci oder Biscotti di Prato, und ich möchte ihr feines Rezept allen backfreudigen Leserinnen bekanntgeben. Ich habe dasjenige von Frau Margrit Hebeisen aus Oberdiessbach ausgewählt.

Zutaten:
500 g Mehl, 500 g Zucker, 250 g ungeschälte ganze Mandeln, 3 Eier, 2 Eigelb, 1 Teelöffel Backpulver, 1 Prise Safran, 1 Prise Salz.

Mandeln im Ofen bei grosser Hitze rösten, auskühlen lassen. Mehl, Zucker, Gewürze, 2 Eier und Eigelbe mischen, kneten. Je nach Grösse der Eier gebe ich noch die Eiweisse oder oft noch ein ganzes Ei mehr dazu, der Teig soll trocken sein, aber nicht kleben! Nun knetet man die Mandeln hinein, was eine harte Arbeit ist! Den Teig nun in Rollen formen von ca. 1 cm Dicke, mit Ei bestreichen, auf Blechreinpapier in der Mitte des Ofens bei 175 Grad backen, ca. 30 Minuten, noch warm in Stückchen schneiden – ein gutes Messer benützen wegen der ganzen Mandeln. Es ist keine einfache

Arbeit, und ich muss jedesmal ganz anders dosieren mit den Eiern. Auch ist es ein echter Kraftakt, diesen recht trockenen Teig zu kneten, oft wollen die Mandeln nicht recht im Teig bleiben ..., aber es lohnt sich.

Ofenküchlein (Profiteroles)

Schon lange bin ich auf der Suche nach dem Rezept für Ofenküchlein. Diese Küchlein werden im Ofen und nicht im schwimmenden Fett gebacken. Sie sind etwa faustgross und werden nach dem Erkalten in der Mitte horizontal durchgeschnitten und mit geschwungenem Rahm gefüllt. In Frankreich habe ich Profiteroles gegessen. Der Teig hatte die gleiche Konsistenz wie die gesuchten Ofenküchlein, nur waren die Profiteroles mit Glace anstelle von Rahm gefüllt. Ich würde mich sehr freuen, wenn Sie mir das Rezept für Ofenküchlein zustellen könnten.

Sabine Knecht, Spiez

Das Zubereiten von Ofenküchlein (andere Bezeichnungen sind Windbeutel, Profiteroles und Choux) ist nicht ganz einfach und gelingt am besten, wenn man schon etwas Backerfahrung hat. Doch frisch gewagt ist halb gewonnen! Ofenküchlein lassen sich nicht nur mit Schlagrahm, Eis oder Früchten füllen, sondern schmekken auch als raffiniertes Aperitifgebäck mit einer Füllung aus Käsecrème, Fleisch- oder Gemüsepüree vorzüglich.

Zutaten für ca. 12 Stück:
2 dl Wasser, 50 g Butter, 1/2 Teelöffel Salz, evtl. 1 Esslöffel Zucker, 100 g Mehl, 2–3 Eier.

Man bereitet den Brühteig zu, indem man Wasser, Butter und Salz in einer kleinen Pfanne aufkocht, vom Feuer zieht, das Mehl dazuschüttet und tüchtig rührt, bis der Teig glatt ist. Nun bringt man die Pfanne wieder auf ein kleines Feuer und rührt den Teig 1–2 Minuten weiter, bis er sich gut vom Boden löst. Dann gibt man ihn in eine Schüssel, schlägt die Eier einzeln auf, verquirlt sie und vermischt sie nacheinander unter kräftigem Schlagen mit dem noch warmen Teig. Der fertige Teig soll weich und geschmeidig sein und in Fetzen von der Kelle reissen. Mit dem Dressiersack oder zwei Esslöffeln formt man Teighäufchen, so gross wie kleine Äpfel, setzt sie auf das leicht eingefettete Blech und bäckt sie in der Ofenmitte bei 180 Grad 30–40 Minuten, bis sie schön aufgegangen und hellbraun sind. Wichtig ist, den Ofen in den ersten zwanzig Minuten nicht zu öffnen. Die ausgekühlten Ofenküchlein werden seitlich mit der Schere aufgeschnitten, damit man den Hohlraum mit Schlagrahm oder Käsecrème füllen kann.

Pastéis de Nata (Portugiesische Crème-Törtchen)

Letztes Jahr in den Ferien in Portugal habe ich ein gutes Dessert gegessen. Es war ein kleiner Kuchen aus Blätterteig, sehr fein und knusprig, gefüllt mit einer Vanillecrème. Es heisst Pastéis de Nata. Haben Sie ein Rezept dafür?

Dominique Marchand, Biel

Bei meinem ersten Besuch in Lissabon im vergangenen Herbst habe auch ich diese feinen Törtchen mit grossem Genuss gegessen. Eine portugiesische Freundin erzählte mir, dass die meisten Portugiesen diese Törtchen nicht selbst herstellen, sondern beim Konditor kaufen. Im «Elme-Life-Kochbuch» über Spanien und Portugal habe ich aber doch ein Rezept für Sie gefunden, das ich Ihnen in etwas vereinfachter Form mitteilen möchte. Die Vereinfachung besteht vor allem darin, dass ich Ihnen rate, fertigen Blätterteig zu verwenden.

Zutaten für 12 Törtchen:
1 Portion Blätterteig, 5 Eigelb, 100 g Zucker, 2 1/2 dl Rahm, eine Prise Salz, 2 Teelöffel Puderzucker, mit 1/4 Teelöffel Zimtpulver vermischt.

Für die Crème schlägt man die Eigelbe, bis sie gut vermischt sind, in einer Schüssel oder einem Kochtopf, die man in ein leicht ziehendes Wasserbad hängt. Man rührt nach und nach Zucker, Rahm und die Prise Salz hinein und lässt die Masse soweit andicken, bis sie einen Löffel leicht überzieht. Dann streicht man die Crème durch ein feines Sieb in eine Schüssel und lässt sie auf Zimmertemperatur abkühlen. Den Blätterteig rollt man auf einem bemehlten Brett zu einem 25x20 cm grossen Viereck aus. Mit einem Glas sticht man Scheiben von etwa 8 cm Durchmesser aus, die man sorgfältig in einzelne Tortenförmchen mit einem Bodendurchmesser von etwa 6,5 cm drückt. Man füllt die Teigschalen bis zu 1/4 cm vom Rand mit der Crème und bäckt sie in der Mitte des Ofens 20 Minuten, bis sie oben goldgelb sind und ein Messer, das man hineinsticht, beim Herausziehen keine Rückstände aufweist. Man lässt die Törtchen in den Formen 5 Minuten abkühlen, löst dann mit einer Messerklinge die Seitenwand, so dass man sie mit einem schmalen Spachtel herausheben kann. Die Oberfläche bestreut man mit der Mischung aus Zimt und Zucker. Man serviert sie auf Zimmertemperatur abgekühlt.

Punschkugeln

Auf meine Frage nach dem Rezept für Punschkugeln habe ich eine ganze Reihe von guten Rezepten bekommen, die mir den Eindruck vermitteln, dass man bei dieser Süssigkeit nach Lust und Laune experimentieren kann. Darum gebe ich nachstehend das Rezept von Frau M. Lande-Rueff aus Basel bekannt, das keine Gewichtsangaben enthält, weil Frau Lande ihre Punschkugeln, wie sie schreibt, «nach dem Gefühl» macht.

Getrocknetes Biskuit, nicht gefüllte Kuchen, Makrönli oder ähnliches

Gebäck fein mahlen, Schokoladepulver zugeben, Margarine oder Butter schmelzen, dazugeben, sowie Rum. Es muss eine feste, feuchte Masse entstehen, die man über Nacht in den Kühlschrank stellt. Anderntags Kugeln formen, diese in Schokoladestreuseln drehen und in Papierförmchen füllen. Anstatt Schokoladepulver kann man auch, wie andere Leserinnen vorschlagen, Kakaopulver und Puderzucker oder geschmolzene schwarze Schokolade verwenden. Eine andere mögliche Zutat ist etwas Konfitüre aus Himbeeren, Aprikosen oder Hagebutten. Statt Rum lässt sich auch Nussschnaps oder Amarettolikör verwenden.

Allen hilfreichen Briefschreiberinnen sei herzlich gedankt.

Schlüfchüechli

Meine Schwiegermutter machte immer sehr gute «Schlüfchüechli». Doch in letzter Zeit gelängen sie ihr nicht mehr. Sie erklärte mir, sie habe das alte Rezept verloren und könne sich nur noch erinnern, dass Backpulver in den Teig käme. Wir durchsuchten alle Kochbücher, fanden aber kein Rezept, das Backpulver enthält. Könnten Sie uns vielleicht weiterhelfen?

Silvia Huber, Brenzikofen

Ich habe für Sie ein Rezept mit Backpulver gefunden und hoffe, dass die «Schlüferli» Ihrer Schwiegermutter in Zukunft wieder so gut schmecken werden wie früher.

Zutaten:
90 g Butter, 150 g Zucker, 1/2 abgeriebene Zitronenschale, 1 Prise Zimt, 1 Teelöffel Salz, 2 Eier, 5–6 Esslöffel Sauerrahm, 1 Esslöffel Kirsch, 40 g geriebene Mandeln, 350–400 g Mehl, 1 Teelöffel Backpulver.

Man rührt Butter, Zucker und Eier schaumig, gibt die übrigen Zutaten bei, fügt das Mehl und die Mandeln hinzu und verarbeitet die Masse zu einem festen Teig, den man eine Stunde in der Kühle ruhen lässt. Man wallt den Teig 1/2 cm dick aus und schneidet ihn in verschobene Vierecke, die man in der Mitte mit einem Einschnitt versieht, so dass man die eine Spitze der Küchlein durch den Einschnitt ziehen kann. Die so «geknüpften» Küchlein in gut heissem Backfett unter öfterem Schütteln backen, bis sie leicht aufgegangen und goldgelb sind. Dann nach Belieben mit feinem Zucker bestreuen.

Sebada

Schon zweimal haben wir die Ferien in Sardinien verbracht und in einem Hotel ein typisch sardisches Dessert genossen. Es heisst Sebada. Es enthält Käse (Dolce sardo), der in einer Art Strudelteig verpackt ist und in der Friteuse ausgebacken wird (das Ganze sieht aus wie ein Kissen). Darüber wird sardischer Honig gegossen. Das Dessert schmeckt himmlisch – kennen Sie vielleicht das genaue Rezept?

Pia Petschen, Hünenberg

Es geht mir wie Ihnen: ich bin begeistert von dem hausgemachten Gebäck, das man auf Sardinien bei Privatleuten und im Restaurant vorgesetzt bekommt. So begeistert, dass ich mir letztes Jahr in Sassari ein sardisches Kochbuch kaufte, in dem ich nun das Sebada-Rezept gefunden habe! Die Sebada sind für mich in ihrer eigenartigen Harmonie von flüssigem Pecorinokäse, gebackenem Teig und bitterem Honig eine Art Inbegriff sardischer Kochkunst.

Zutaten:
1 kg Weissmehl, 50 g Schweinefett, 6 oder 7 Eier, frischer Pecorinokäse, Zucker, bitterer Honig, Olivenöl.

Aus Mehl, Schweinefett und Eiern bereitet man einen Teig, den man ziemlich dünn auswallt und dann in zwei Hälften teilt. Auf der einen Hälfte verteilt man in regelmässigen Abständen kleine Stücklein von frischem Pecorino, legt die andere Teighälfte darüber und schneidet mit dem Messer oder dem Teigrädchen Vierecke wie für Ravioli aus. Wenn man in der Teigwarenzubereitung nicht so versiert ist wie die sardischen Hausfrauen, scheint es mir aber angebracht, mit einem Glas Teigrondellen auszustechen, die man mit Pecorino belegt, überschlägt und an den Kanten gut zusammendrückt. Man bäckt sie in heissem Olivenöl in der Friteuse oder einer Bratpfanne. Dann lässt man sie auf Küchenpapier abtropfen und bestreicht sie mit sardischem Honig und Zucker.

Totenbeinchen (Ossi di morto)

In der Toskana habe ich Guetsli gekauft, die uns sehr gut schmeckten. Sie heissen Ossi di morto und sind eine Spezialität von Alontalcino. Ich habe in verschiedenen Kochbüchern nach dem Rezept gesucht, konnte aber leider nichts finden. Es würde mich sehr freuen, wenn Sie mir weiterhelfen könnten.

Ursula Vogt, Gebenstorf

Die Ossi di morto kenne ich aus dem Tessin, wo man sie neben den Amaretti beim Bäcker oder Konditor kaufen kann. Und in meinem Kochbuch der regionalen Küche Italiens habe ich sie unter den Spezialitäten der Lombardei gefunden, zu der das Tessin ja gehört. Ihre Anfrage zeigt mir aber, dass es sich bei diesen einfachen trockenen Mandelguetsli vermutlich um ein sehr altes Gebäck handelt, das auch in anderen Regionen Italiens bekannt und beliebt ist. Und nicht nur in Italien! Denken Sie an unsere «Totenbeinchen», eine wörtliche Übersetzung von Ossi di morto (Bein und Knochen bedeuteten ursprünglich dasselbe), die ebenfalls aus Mandeln und Mehl hergestellt werden. Die Unbefangenheit, mit der man harte trockene Guetsli als Totenknochen bezeichnete, zeugt für eine Vertrautheit mit dem Tod, die uns verlorengegangen ist. Nachstehend das einfache Rezept.

Zutaten:
200 g Mehl, 200 g Zucker, 200 g Mandeln, 2 Eiweiss.

Man schlägt das Eiweiss zu Schnee, fügt den Zucker bei, dann die Mandeln (nicht geschält, aber fein zerhackt) und das Mehl. Man vermischt alles gut, wallt den Teig aus und schneidet ihn in 7–10 cm lange Stengelchen, die man im heissen Ofen (220°) ungefähr eine Viertelstunde backt.

Tuiles (Ziegel)

Wie macht man Tuiles, ein sehr gutes dünnes Mandelgebäck, das man noch heiss über eine Flasche oder ein Glas tut, damit es wie Bräzeli die Wölbung bekommt. Scheint mir eine französische Spezialität zu sein.

R. Mens, Zollikerberg

Ich habe das Rezept von Catherine, die aus Lausanne stammt und zu ihren hausgemachten Eisspezialitäten oft frisch gebackene Tuiles reicht. Sie macht ihre Tuiles ohne Mandeln, dafür mit etwas Ingwer, was fabelhaft schmeckt.

Zutaten:
125 g brauner Zucker, 125 g Ahornsirup, 80–100 g Butter, 125 g Weissmehl, 1 Teelöffel Ingwerpulver oder frisch geriebener Ingwer.

Man gibt Zucker, Ahornsirup und Butter in eine Pfanne und vermischt sie auf kleinem Feuer, bis eine homogene Masse entsteht. Dann lässt man etwas abkühlen und rührt unter tüchtigem Schwingen das Mehl und den Ingwer dazu.

Nun formt man von dem Teig mit einem Teelöffel kleine Häufchen, die man in einem Abstand von 10 cm auf ein Blech legt und im vorgeheizten Ofen 10–12 Minuten bei 180 Grad bäckt.

Beim Backen verlaufen die Häufchen, so dass man sie – wenn sie ein wenig abgekühlt sind – mit einer Palette oder einem Messer auf eine Flasche oder das Wallholz legen kann, bis sie abgekühlt sind. Dabei bekommen sie ihre charakteristische gewölbte Ziegelform.

PS: Die Zutaten für Mandelziegel sind: 75 g Butter, 75 g Puderzucker, 50 g Mehl und 50 g gemahlene Mandeln.

Konfitüre und Eingemachtes

Bitterorangen-Konfitüre

Ich suche schon seit langem ein Rezept für bittere Orangenkonfitüre. Können Sie mir behilflich sein?

Patricia Dehon, Zuchwil

Im Februar, wenn die Bitterorangen auf den Markt kommen, lohnt es sich, diese herrliche Konfitüre zuzubereiten.

Zutaten:
1 kg Bitterorangen, 1 unbehandelte Zitrone, Wasser, Zucker.

Die Bitterorangen, die in Südspanien und Sizilien wachsen, sind unbehandelt. Man reibt sie mit einem Tuch ab, teilt sie der Länge nach in Viertel oder auch in Achtel und schneidet sie in papierdünne Scheibchen oder Streifen. In gleicher Weise schneidet man auch die Zitrone. Die Kerne hebt man auf und legt sie in eine Tasse mit Wasser.

1. Tag: Man gibt die geschnittenen Orangen in eine Schüssel und lässt sie, mit Wasser bedeckt, über Nacht stehen.

2. Tag: Man kocht die Orangenmasse, zu der man auch das gelierte Wasser der Orangenkerne gibt, bis die Masse weich ist, was je nach der Qualität der Orangen 40–60 Minuten dauert. Man lässt die Orangen nochmals über Nacht stehen.

3. Tag: Man wägt die Orangenmasse und rechnet auf 100 g Fruchtmasse 100 g Zucker. Man gibt den Zucker und die Orangen in eine genügend grosse Pfanne und kocht die Konfitüre 10–15 Minuten, bis sie geliert. Man füllt sie heiss in frischgespülte Schraubdeckelgläser.

Feigen-Konfitüre

Ich habe Sie im November 1985 um ein Rezept für Kiwi- und ein Rezept für Feigen-Konfitüre gebeten, leider habe ich aber nie etwas im «annabelle»-Briefkasten gefunden. Die Früchte haben wir nun alle aufgegessen, aber die nächste Ernte möchte ich gerne zu Konfitüre verarbeiten.

Marianne Diggelmann, Ascona

Zuerst muss ich Ihnen gestehen, dass ich selber noch nie Feigenkonfitüre gekocht habe, weil diese köstlichen Früchte nördlich der Alpen so teuer sind, dass ich sie lieber frisch esse. Wenn man im Garten einen Feigenbaum hat, ist das natürlich etwas anderes. Das einfachste und überzeugendste Rezept, das ich für Sie gefunden habe, rechnet auf 1 Pfund frische Feigen 1 Pfund Gelierzucker. Die Feigen werden gewaschen, gut abgetrocknet, mit dem Messer grob zerschnitten und zusammen mit dem Zucker 4 Minuten sprudelnd gekocht. Zum Schluss verfeinert man die Konfitüre mit dem Saft und der geriebenen Schale einer ungespritzten Zitrone.

Kiwi eigenen sich, wie mir eine Fachfrau erklärt hat, nur in Verbindung mit anderen Früchten als Konfitüre: z. B. rät sie, 1 Pfund Kiwi mit einem Kilo Aprikosen zu mischen.

Vielleicht machen Sie den Versuch; ich selbst könnte mich wahrscheinlich nicht dazu entschliessen, die Aprikosenkonfi, die ich am liebsten habe, anders als pur zuzubereiten.

Hagebutten-Konfitüre

Ich möchte gern Hagebutten-Konfitüre herstellen. In meinen Kochbüchern finde ich nur Rezepte, in denen von Hagebuttenmark ausgegangen wird; ich möchte aber gern die Hagebutten-Früchte verwenden.

Cécile Anklin, Basel

Die Zubereitung dieser Konfitüre braucht etwas Geduld: zuerst werden die Hagebutten gewaschen; dann schneidet man den Stiel und die Kelchblätter weg und breitet sie auf einem Tuch aus, mit dem man sie so lange reibt, bis die äusseren stacheligen Härchen entfernt sind. Nun kocht man 1 kg Früchte in $^{3}/_{4}$ l Wasser dreissig Minuten lang, bis man sie durch ein Sieb streichen kann. (Die Kerne, die zurückbleiben, kann man trocknen und als Tee verwenden.) Man gibt das Kochwasser zum Mark und rechnet dann auf 500 g Hagebuttenmus 400 g Zucker, die man zusammen unter Rühren aufkocht, 6–7 Minuten kochen lässt und darauf in saubere, heiss ausgespülte Gläser einfüllt.

Konfitüre aus rohen Himbeeren

Vor einiger Zeit habe ich im Delikatessgeschäft Konfitüre aus ungekochten Früchten eingekauft. Sie war haltbar wie «normale» Konfitüre, schmeckte aber einiges aromatischer. Keines meiner Kochbücher konnte mir zu einem Rezept verhelfen.

Bea Jucker, Gockhausen

Rohe Konfitüren sind wirklich etwas Feines. Ihre Herstellung braucht aber etwas Geduld, da man sie so lange rühren muss, bis sich der Zucker vollständig aufgelöst hat. Das kann 30–40 Minuten dauern. Sie ist nicht so haltbar wie normale Konfitüre: Man muss sie im Kühlschrank aufbewahren, und nach zwei bis drei Monaten verliert sie ihren intensiven Fruchtgeschmack. Als Beispiel hier die roh gerührte Himbeerkonfitüre:

500 g Himbeeren werden gewaschen und im Mixer zerkleinert. Man gibt 500 g Zucker dazu und rührt die Masse mit dem Schneebesen oder dem elektrischen Handquirl, bis keinerlei Zuckerrückstand mehr vorhanden ist. Dann füllt man die Masse in Gläser, die man gut verschliesst und in den Kühlschrank stellt.

Nach diesem Rezept kann man Konfitüre aus Erdbeeren, Heidelbeeren und Kirschen herstellen. Verwendet man Puderzucker, halbiert sich die Rührzeit.

Holunderlatwerge

Könen Sie mir bitte sagen, wie man Holunder-Latwerge kocht? Das ist eine Art «Konfi-Honig».

Ruth Baltensweiler, Herrliberg

Die Zubereitung dieser honigartigen Konfitüre ist ganz einfach. Wichtig ist allerdings, dass man dazu völlig reife Holunderbeeren verwendet. Man zupft sie von den Stielen, gibt sie in einen Topf und lässt sie auf kleinem Feuer ungefähr 15 Minuten kochen. Dann streicht man sie durch ein Haarsieb, wiegt sie und nimmt auf 1 kg Mark 1 kg Zucker und die feingeriebene Schale einer Zitrone. Man kocht die Marmelade oder die Latwerge, wie man in der Ostschweiz sagt, so lange, bis sie streichfähig ist. Dann füllt man sie in Gläser und verschliesst sie.

Kiwi-Konfitüre

Können Sie mir ein Rezept für Kiwi-Konfitüre verraten? Vor allem möchte ich wissen, ob ich dazu Gelierzucker verwenden soll. Auch würde ich gern weniger als 1 kg Zucker auf 1 kg Früchte verwenden und dafür die Konfitüre etwas länger kochen.

Marisa Frank, Ligornetto

Ich habe meine Zweifel gegenüber dem modischen Traum von den Süssigkeiten, die wenig Zucker enthalten. Wie Sie richtig bemerken, muss eine Konfitüre mit geringerem Zuckergehalt länger gekocht werden. Dabei verliert sie einen Teil ihres natürlichen Fruchtgeschmacks. Bei der Kiwi, die an sich kein ausgeprägtes Aroma hat, kann das kein gutes Resultat ergeben. Da die Kiwis zudem wenig Säure und wenig Pektin enthalten, ist es ratsam, sie mit Zitronensaft und Gelierzucker einzukochen.

Zutaten:
1 kg Kiwis, 1 Orange, 1 Zitrone, 1 kg Gelierzucker, 1 Gläschen Cointreau.

Man schält die Kiwis so dünn wie möglich und schneidet sie in Stücke. Man gibt den Saft der Orange und der Zitrone zusammen mit den Kiwis-Stücken in eine Schüssel, vermischt sie mit dem Gelierzucker und lässt 10–12 Stunden durchziehen. Dann bringt man die Fruchtmischung unter Rühren zum Kochen und lässt sie 1–2 Minuten sprudelnd kochen. Man giesst den Cointreau zu, rührt um und füllt die Konfitüre in die vorbereiteten Gläser.

Löwenzahnhonig

Meine Mutter stellte während der Kriegsjahre Löwenzahnhonig her. Schön war schon das Sammeln der Blüten. Ich habe nun ein Rezept: 4 grosse Handvoll Löwenzahnblüten, 1 1/2 kg Zucker, 1 1/2 l Wasser, 2 Zitronen, Zimtstange. Dann folgt die Beschreibung der Herstellung. Leider wurde der Honig nur so dick wie Sirup, obwohl ich ihn zweimal gekocht habe. Ich wäre sehr froh und dankbar für ein gutes, altbewährtes Rezept.

Melanie Tellenbach, Zürich

Die Zutaten, die Sie für Ihren Löwenzahnhonig angeben, scheinen mir richtig zu sein; ich habe sie in der gleichen Dosierung auch in andern Kochbüchern gefunden. Die Löwenzahnblüten werden 15 Minuten im siedenden Wasser gekocht, abgesiebt, mit Zucker, Zitronensaft und Zimtstengel vermischt und unter ständigem Rühren eingekocht. Damit die Masse so rasch als möglich dickflüssig wird, ist es ratsam, eine grosse Pfanne zu nehmen und vielleicht nur die Hälfte der Menge aufs Mal zu kochen.

Je schneller die gewünschte Dicke erreicht ist, desto besser bleibt das Aroma erhalten.

Marroni-Konfitüre

Letzten Herbst erhielt ich von meiner Freundin aus ihren Tessiner Ferien eine Marroni-Konfitüre. Irgendein Alkoholzusatz gab ihr eine spezielle Würze. Seither bin ich auf der Suche nach diesem feinen Rezept. Können Sie mir weiterhelfen?

Doris Zellweger, Richterswil

Die Marroni-Konfitüre ist tatsächlich eine feine Sache. Ihre Zubereitung braucht allerdings ziemlich viel Zeit, weil das Schälen der Kastanien immer etwas harzig geht. Die Anstrengung lohnt sich aber.

Zutaten:
1 kg Marroni, 800 g Zucker, 1 Vanilleschote, 1 Likörglas Cognac.

Man schneidet die Marroni oben kreuzweise ein und lässt sie von Wasser bedeckt eine halbe Stunde kochen. Dann giesst man das Wasser ab und schält die äussere und die innere braune Schale. Zwei Drittel der Marroni treibt man durchs Passevite; den Rest hackt man mit dem Messer klein. Man kocht den Zucker in 1 Liter Wasser auf, rührt die Marroni hinein, gibt die aufgeschlitzte Vanilleschote bei und lässt alles bei mässiger Hitze zwanzig Minuten kochen, indem man dazwischen immer wieder umrührt. Zum Schluss gibt man den Cognac dazu und füllt die Konfitüre heiss in saubere Gläser, die man mit Zellophanpapier verschliesst.

Preiselbeeren im Honigwein

Kann man aus den Preiselbeeren, die wir während unserer Ferien im Bündnerland oft in grossen Mengen finden, auch noch etwas anderes machen als die sauersüsse Sauce zum Siedfleisch? Für ein Rezept wäre ich Ihnen dankbar.

Juliette Strahm, Ligerz

Sehr gut schmeckt zum Beispiel ein Birnenkompott mit Preiselbeeren, und eine fabelhafte Konserve sind die Preiselbeeren im Honigwein.

Zutaten:
2 kg Preiselbeeren, 7 dl Rotwein, 5 dl Honig, 1 Zimtstengel, 6 Gewürznelken, 3 Lorbeerblätter.

Man gibt die gewaschenen Preiselbeeren in ein verschliessbares Keramik- oder Glasgefäss, kocht den Rotwein mit dem Honig und den

Gewürzen auf und giesst ihn über die Beeren. Diesen Vorgang wiederholt man drei Tage hintereinander. Am vierten Tag kocht man den Saft alleine 10 bis 15 Minuten lang, wobei er etwas eindicken sollte. Dann gibt man die Preiselbeeren bei, kocht sie 3 Minuten mit und füllt sie siedend ein. Diese Sauce kann man zu warmen oder kalten Fleisch- oder Käsegerichten servieren. Ein köstliches Dessert ist Vollmilchquark, den man mit Milch glattrührt, mit steifgeschlagenem Rahm verfeinert und pro Person mit 4 bis 5 Esslöffeln Preiselbeeren im Honigwein übergiesst.

Quittenschnitze in Cognac

Suche ein Rezept für Quittenschnitze, eingemacht in Cognac oder etwas Ähnliches. Darf ich Sie um Ihren Rat bitten?

H. Hausheer, Zürich

Quitten in Cognac gehören zu den feinsten Delikatessen, die wir im Herbst zubereiten können. Der Zeitaufwand ist bescheiden und das Resultat bemerkenswert. Man reibt 1 kg Quitten mit einem trockenen Tuch ab, schält sie, viertelt sie, entfernt das Kernhaus und schneidet sie in feine Scheiben. Aus 1/2 Tasse Wasser und 1/2 Tasse Weinessig, 200 g Zucker und 200 g Bienenhonig sowie einer Stange Zimt kocht man einen Sirup, gibt die Quitten hinein und lässt sie leicht köcheln. Dann hebt man die Früchte mit dem Schaumlöffel heraus und schichtet sie in ein Glas. Den Sirup lässt man weiter köcheln, bis er ziemlich dick ist. Dann giesst man den abgekühlten Sirup mit 1/4 l Cognac auf und füllt damit das Quittenglas, bis die Früchte ganz bedeckt sind. Man stellt die Quitten mehrere Wochen an einen kühlen dunklen Ort, wo sie für niemand erreichbar sind!

Rhabarber-Feigen-Konfitüre

Meine Mutter hat vor Jahren beim Coiffeur ein Rezept für Rhabarber-Feigen-Konfitüre gesehen und diese aus getrockneten Feigen hergestellt. Ich möchte nun diese Konfitüre selber auch machen – nur können wir das Rezept nirgends mehr finden. Daher hoffe ich auf Ihre «Rezeptwunderkiste» und bitte Sie, darin zu suchen, ob Sie vielleicht fündig werden.

Anna Witzig-Achtnich, Kerzers

Die Kombination von süssen Feigen und herb-säuerlichem Rhabarber ergibt eine vorzügliche Konfitüre, deren einziger Nachteil darin besteht, dass beide Früchte wenig gelierendes Pektin enthalten. Darum ist es ratsam Gelierzucker zu verwenden.

Zutaten:
200 g gedörrte Feigen, 800 g Rhabarber, 1 kg Gelierzucker (oder Zucker + Geliermittel).

Man weicht die Feigen über Nacht in kaltem Wasser ein, schnetzelt sie am nächsten Tag, gibt sie zusammen mit ungefähr der Hälfte des Einweichwassers, dem in kleine Würfel geschnittenen Rhabarber und dem Zucker in eine Pfanne und bringt alles zusammen unter Rühren zum Kochen. Je nach den Angaben auf der Verpackung des Geliermittels lässt man die Konfitüre 3–5 Minuten sprudelnd weiterkochen.

Ist der Rhabarber nicht mehr ganz zart, kann man ihn zuvor mit der Hälfte des Feigen-Einweichwassers in fünf Minuten weich kochen.

PS: Eine zweite Möglichkeit, Rhabarber mit Dörrfrüchten zu kombinieren, ist die Zubereitung einer Rhabarber-Aprikosen-Konfitüre.

Rhabarber-Aprikosen-Konfitüre

Ich habe sie vor einem Jahr bei einer Freundin entdeckt und gleich nachgekocht. Sie ist heute eine meiner Lieblingskonfitüren. Man braucht auf 200 g gedörrte Aprikosen, die man über Nacht einweicht und dann schnetzelt, 800 g Rhabarber, den man in kleine Würfel schneidet. Auf 1 kg Fruchtmischung rechnet man 800 g Zucker und entsprechend Geliermittel. Die Konfitüre gelingt problemlos.

Sauersüsse Quittenschnitze

Wir haben im Herbst meist so viele Quitten im Garten, dass wir gar nicht wissen, wie wir den ganzen Segen einmachen können. Können Sie mir mitteilen, wie man sauersüsse Quittenschnitze zubereitet?

Emilie Nef, Tägerwilen

Die sauersüssen Quitten haben eine ehrwürdige Tradition: Sie werden als Beilage zu gesottenem Rindfleisch und Würsten schon in den ältesten Kochbüchern aus dem 16. Jahrhundert beschrieben. Das nachstehende Rezept wird Ihnen viel Lob und Anerkennung bringen.

Man reibt die Quitten mit einem Tuch gut ab, schält sie, teilt sie in gleichmässige Schnitze und entfernt das Kerngehäuse. Dann bringt man Schalen und Kerngehäuse, mit Wasser bedeckt, zum Kochen, lässt eine halbe Stunde leise sieden, siebt ab, setzt das Quittenwasser mit den Quittenschnitzen aufs Feuer, kocht sie sorgfältig halbweich und lässt sie dann 24 Stunden stehen. Dann misst man den Saft ab und nimmt auf 6 dl Quittensaft folgende Zutaten:

2 dl Essig, 2 dl Weisswein, 500 g Zucker, 2 Nelken, Zimtrinde, 1 Stück Ingwer, ein paar Pfefferkörner.

Man legt die Gewürze auf ein viereckiges Stück feinen Vorhangtüll und verschnürt es, indem man die vier Ecken hochschlägt und mit Bindfaden zu einem Beutelchen formt. Man lässt eine Mischung aus Quittensaft, Essig, Weisswein und Zucker zusammen mit dem Gewürzsäckchen in einer Pfanne kurz aufkochen. Nun kocht man die Quittenschnitze lagenweise im Saft (etwa zehn Minuten), hebt sie mit dem Schaumlöffel heraus und gibt sie in ein Glas. Der Saft wird während zehn Minuten eingekocht und über die Schnitze gegossen.

Am nächsten Tag lässt man den Saft ohne die Gewürze zehn Minuten kochen und giesst ihn wieder über die Schnitze.

Am dritten Tag kocht man den Saft zusammen mit dem Gewürzbeutel zehn Minuten, gibt die Schnitze lagenweise nochmals kurz dazu und füllt sie in Gläser. Den kalten Saft giesst man ohne den Gewürzbeutel über die Schnitze und verschliesst die Gefässe mit Zellophanpapier.

Senffrüchte aus Italien

Mein Mann und ich essen fürs Leben gern Senffrüchte. Leider sind sie uns meist zu süss – sie dürften etwas schärfer sein. Nun habe ich mir überlegt, ob ich die Früchte selber einmachen könnte. Haben Sie eine Idee, wie das geht?

Andrea Marzan, Bäretswil

Bei den Senffrüchten habe ich die genau gleichen Erfahrungen gemacht wie Sie: Diese herrliche Beilage zu Siedfleisch sollte weniger süss und dafür etwas schärfer sein. Ich habe alle möglichen Marken durchprobiert und festgestellt, dass es nur in der Schärfe Unterschiede gibt, nicht in der Süsse, da die Grundlage ein Sirup ist, der seine zähflüssige Konsistenz dem Zucker verdankt. Hier ein Rezept aus Elisabeth Thurmairs «Grossem Einmachbuch», das mir vertrauenerweckend erscheint.

Vierteln Sie je 125 g getrocknete Aprikosen und entsteinte Trockenpflaumen. Weiter brauchen Sie ½ Dose Ananasscheiben, die sie in mundgerechte Stücke teilen, sowie 75 g kernlose Rosinen. Kochen Sie einen aromatischen Sud aus ⅜ l Weisswein, einer Tasse Wasser sowie einem Stückchen Ingwer, einer Vanilleschote, 5 Nelken und einer Zimtstange. Nach 10 Minuten Kochzeit rühren Sie 250 g Zucker ein und legen in den zähflüssigen Sirup Aprikosen, Pflaumen, Ananas, Rosinen. Sie müssen mindestens 12 Stunden ziehen; dann werden sie mit dem Schaumlöffel herausgehoben und in ein Glas eingeschichtet. Den abgeseihten Sud mit 2 Esslöffeln Senfpulver (mehr oder weniger scharf) verrühren, nochmals erhitzen und dann über die Früchte geben.

Konfitüre aus grünen Tomaten

Neue Probleme am neuen Wohnort im Tessin, wenn man Nutzungsrecht an Nachbars Garten hat (und Nutzungspflicht während seiner Absenz). Dort hängen grüne Tomaten in Büscheln, so dicht wie Weintrauben und in einer Anzahl, die für solche unzulässig wäre. Gartenkundige Dorfbewohner haben mir gesagt, die Errötung würde noch ziemlich dauern, man dürfe sie nicht zu lange mehr hängen lassen (der ansonst ersehnte Regen gebe Flecken und verderbe das Aroma). Nun hat mir vor etwa zehn Jahren einmal ein junges Mädchen im Tessin eine zauberhafte Kon-

fitüre serviert – sie hat später ihr Architekturstudium zugunsten einer Berufsköchinnenlaufbahn aufgegeben. Ich konnte damals die Ingredienzen partout nicht herausfinden, bin aber auf den Geschmack gekommen, nicht nur wegen des selten schönen Gemischs von Rot- und Grüntönen. Es waren, man ahnt es, grüne Tomaten. Nun suche ich überall vergeblich nach der jungen Dame oder nach einem Rezept und gelange, wie üblich in Kochnot, an Alices Wunderbriefkasten.

Sibylle Heusser, Tremona

Dass ich Ihnen helfen kann, verdanke ich Frau Gritli Metzger von Therwil, die mir vor fünf Jahren das Rezept einer einfachen und vorzüglichen Tomatenkonfitüre geschickt hat, die ich sofort mit bestem Erfolg ausprobierte. Ihr Geheimnis liegt darin, dass sie ausser einem Schuss Rum auf Gewürze verzichtet und ganz auf den eigenartig angenehmen Geschmack der grünen Tomaten setzt. Ihre Farbe ist allerdings nicht so schön, wie Sie es schildern; ein Gemisch von Rot- und Grüntönen bringt man beim Einkochen von verschiedenfarbigen Tomaten leider nicht zustande, im Gegenteil: Das Resultat wird optisch und geschmacklich am besten, wenn man ausschliesslich unreife Tomaten verwendet.

Zutaten:
950 g grüne Tomaten, sehr fein geschnitten, 750 g Gelierzucker, 250 g Rohrzucker, Ingwer nach Belieben, 1 Gläschen Rum.

Man vermengt alle Zutaten, ausser dem Rum, gut in einer Schüssel und lässt sie einige Stunden ziehen. Dann kocht man alles bei guter Hitze 25–30 Minuten ein. Zuletzt fügt man den Rum bei und füllt die Konfitüre in saubere, kleine Schraubdeckelgläser, die man sofort fest verschliesst.

Sehr gut schmecken auch grüne Tomaten, die man wie Quittenschnitze süss-sauer einmacht (siehe S. 225). Sie sind vor allem eine feine Beigabe zu Siedfleisch.

Vogelbeergelee

Wir haben in Schweden zu Wild ein Vogelbeergelee gegessen. Sehr gern wollte ich das selber probieren. All meine Kochkünste haben versagt. So ganz normales Gelee kann man mit Vogelbeeren nicht machen – das ist scheusslich bitter. Ob Sie mir helfen können?

Ursula Gröbly, Aeugst a. A.

Die Antwort auf Ihre Frage habe ich in Eve Marie Helms «Feld-, Wald- und Wiesenkochbuch» gefunden, das vor acht Jahren im Heimeran-Verlag erschienen ist. Um die herbsauren und bitter schmeckenden Vogelbeeren zu entbittern, schüttet man sie in kochendes Wasser und lässt sie aufwallen. Oder man legt sie etwa zehn Stunden in eine schwache Essiglösung.

Dann gibt man die Vogelbeeren in einen Topf, übergiesst sie knapp mit Wasser und lässt sie auf kleinem Feuer vollständig zerkochen. Nun seiht man die Beeren durch ein Sieb und vermischt 1/2 Liter Saft mit 1/2 Kilo Zucker und kocht die Mischung so lange, bis ein auf einen Teller gegebener Tropfen erstarrt. Man füllt das gut haltbare Gelee, das einen angenehmen und kräftigen Geschmack hat, in Gläser und verschliesst sie mit Zellophan oder einem Deckel.

Wie die Himbeer- und Erdbeer-Konfitüre rot bleibt

Immer wieder bin ich überrascht von der Hilfsbereitschaft und der reichen Kocherfahrung der «annabelle»-Leserinnen. Ich habe einer Leserin aus Südengland geraten, sich nicht zu ärgern, dass ihre Himbeerkonfitüre im Laufe des Winters die schöne rote Farbe verliert. Nun bekomme ich zu diesem Problem die folgende interessante Zuschrift:

Meiner selbstgemachten Himbeer- und auch Erdbeerkonfitüre füge ich unmittelbar nach Abfüllen in Gläser 2–3 frische Blätter (pro Glas) Zitronenmelisse bei. Dank der Melisseblätter behält die Konfitüre ihre ursprünglich herrlich rote Farbe, und der Geschmack wird erst noch angenehm verfeinert.

Anita Veraguth, Zürich

Einen weiteren Hinweis habe ich von Frau Maria Tuor aus Chur bekommen:

Den gleichen Effekt wie mit ein paar Blättchen Zitronenmelisse erzielt man durch Beigabe von etwas Zitronensaft, der jeder Konfitüre eine intensive Farbe und einen feinen Geschmack verleiht. Dazu kommt, dass Zitronensaft auch die Gelierfähigkeit der Konfitüre erhöht. Auf ein Pfund Früchte rechnet man 1–2 Esslöffel Zitronensaft.

Getränke

Eierlikör

Zuerst muss ich für das überwältigende Echo danken, das ich mit der Frage nach einem Eierlikör-Rezept bei meinen Leserinnen gefunden habe. Wie ich aus den Zuschriften erfahren habe, ist Eierlikör ein Getränk, das mit Vorliebe für Weihnachten und Neujahr zubereitet wird: als festliche Beigabe zum Kaffee, als Stärkung für die Silvesternacht oder auch einfach als beliebtes hausgemachtes Geschenk.

Nachstehend zwei einfache Rezepte, die ich aus einer Vielzahl ähnlicher Rezepte ausgewählt habe. Das erste stammt von Frau Eva Ahnert in Baar:

7 Eigelb mit 150 g feinem Zucker sehr schaumig schlagen. Das Innere einer halben Vanilleschote hinzugeben (dient nur der Verfeinerung) und nach und nach ½ Liter Cognac oder Weingeist dazugeben. In Flaschen abfüllen und stehend einige Wochen durchziehen lassen. (Ich selbst habe die Erfahrung gemacht, dass der Eierlikör mit einem guten Cognac schon nach 65 Tagen ausgezeichnet schmeckt. Eigelb und Zucker kann man nach Geschmack und Menge variieren.)

Fast alle Rezepte verwenden für den Eierlikör Cognac, Kirsch, Rum oder 96%igen Alkohol (Weingeist), den man eventuell mit ein paar Löffeln Cognac, Marsala, Kirsch oder Calvados parfümiert.

Eine andere Variante des Eierlikörs ist diejenige, die zusätzlich Milch, Kondensmilch, Kaffeerahm oder Rahm verwendet. Das folgende Rezept stammt von Frau Uschi Hagenbuch in Luzern:

½ l Weingeist, ½ l Milch, 500 g Zucker, 6–8 Eidotter. Die Milch aufkochen, Zucker dazugeben, vom Feuer nehmen und abkühlen lassen. Eidotter schaumig rühren (von Hand) und Weingeist langsam dazugeben. Dann die noch lauwarme Mischung Milch und Zucker darunterrühren. Ziemlich gut vermischen. Dann in Flaschen abfüllen. Kann kühl gelagert mehrere Wochen aufbewahrt werden.

Holundersirup

Macht man den Holundersirup aus Blüten oder aus Beeren? Können Sie mir ein Rezept vermitteln?

Emmy Ziegler, Aarau

Holundersirup gehört zu den feinsten und billigsten Delikatessen, die der Sommer uns schenkt. Man kann ihn, ähnlich wie den Johannisbeersirup, aus Beeren zubereiten; aparter und zarter schmeckt aber der Sirup aus den weissen Holunderblüten, die man vom Mai bis Juli in Gärten, an Waldrändern und an Bachufern sehen und pflücken kann.

Seine Zubereitung ist einfach. Man legt 4–5 Holunderblütendolden mit einer in Scheiben geschnittenen Zitrone und 1 Liter Wasser in eine Steingut- oder Porzellanschüssel und lässt sie vier bis fünf Tage zugedeckt stehen. Dann siebt man die Flüssigkeit und vermischt sie mit 1 Kilo

Zucker, 1 Dezi Obstessig und 1 Teelöffel Weinsteinsäure, die man in der Drogerie kaufen kann. Bis sich der Zucker ganz aufgelöst hat, muss häufig umgerührt werden. Dann füllt man den Sirup in saubere Flaschen mit Bügel- oder Drehverschluss. Das ist ein Sirup, der Erwachsenen besser schmeckt als Kindern, die den strengsüssen Geschmack des Holunders meist nicht besonders schätzen. Einen vorzüglichen Longdrink für warme Sommerabende erhält man, wenn man ein Likörglas Holundersirup mit einem Likörglas Kirsch vermischt und mit eisgekühltem, neutralem Mineralwasser auffüllt.

Kühler Kräutertee

Sie kommen bestimmt wieder, die heissen Tage, wo man dauernd Durst hat, vor allem wenn man viel Sport treibt so wie ich! Könnten Sie mir ein paar Rezepte für kalten Tee schicken, der den Durst gut löscht und möglichst wenig bis keinen Zucker enthält?

Michèle Tschudi, Uettlingen

Für die erfrischenden sommerlichen Kräutertees habe ich keine festen Rezepte. Ich lasse mich von meinen Vorräten, von den Kräutern, die ich auf dem Balkon ziehe oder auf dem Markt kaufe, zu immer neuen Kombinationen inspirieren. Besonders gut schmeckt mir Pfefferminztee, dem ich ein paar frische grüne Minzezweiglein beifüge, was für Auge und Gaumen gleich angenehm ist. Sehr gern habe ich auch Verveine (Eisenkraut) zusammen mit Zitronenmelisse, und vorzüglich ist der Tee, den man aus Goldmelisse, Lindenblüten und etwas Thymian zubereitet. Für die Zubereitung rechnet man auf einen Liter Wasser zwei Esslöffel getrocknete Teekräuter. Man übergiesst Blätter oder Blüten mit dem siedenden Wasser und lässt einige Minuten ziehen. Zum Abschmecken eignet sich Zitronen- oder Orangensaft, die den Tee erfrischender machen und ihm eine schöne Farbe geben. Das Beifügen von Zucker ist vor allem eine Sache der Gewohnheit; der Versuch lohnt sich, alle Tees eine Zeitlang ungesüsst zu trinken. Man wird entdecken, dass das Aroma der Kräuter besser zur Geltung kommt. Man kann den Zuckerentzug auch stufenweise durchführen, indem man nach und nach immer weniger Zucker verwendet.

Nocino (Nusslikör)

In einem Restaurant in Monza hat uns die Wirtin zum Kaffee ein Gläschen Nocino spendiert, von dem wir begeistert waren. Da wir einen Nussbaum haben, möchte ich diesen Schnaps gern selbst herstellen. Können Sie mir wohl ein gutes Rezept mitteilen?

Ellen Spescha, Reichenau

Mein Nocino-Rezept stammt aus dem Tessin, wo dieser Likör aus grünen Nüssen Ratafià heisst. Ein alter Volksglaube verlangt übrigens, dass man die grünen Nüsse in der Nacht auf den 24. Juni (St. Johann) pflückt.

Zutaten:
1 l Grappa, 250 g ganze Nüsse samt der grünen Schale, 250 g Zucker, 5 g Zimt, 5 g Nelken, 1/2 Muskatnuss, 1 Messerspitze Vanille.

Man viertelt die Nüsse und lässt sie im Grappa ziehen, indem man sie in einem verschlossenen Behälter 20 Tage lang der Sonne aussetzt. Dann nimmt man die Nüsse heraus, filtriert die Flüssigkeit, fügt die anderen Zutaten bei und stellt den Likör nochmals 20 Tage an die Sonne. Falls die Sonne ausbleibt, lässt man die Zutaten 1 bis 2 Wochen länger im Grappa ziehen. Dann filtriert man die Flüssigkeit und füllt sie in Flaschen ab.

Orangensirup

Nachdem mir der Holunderblütensirup nach Ihrem Rezept so gut gelungen ist, bekomme ich Lust nach mehr. Kann ich Lindenblütensirup auf dieselbe Art und Weise herstellen? Orangensirup passt zwar nicht gerade in unsere Jahreszeit, aber könnten Sie mir trotzdem ein Rezept vermitteln?

Bernadette Ebneter, Heiden

Ich freue mich, dass Ihnen der Holunderblütensirup nach meinem Rezept gelungen ist. Man kann es bestimmt auch für Lindenblütensirup verwenden; nur glaube ich, dass es bei den Lindenblüten sinnvoller ist, sie als Tee zuzubereiten, den man süssen und, je nach Bedarf, kalt oder heiss trinken kann.

Etwas ganz Feines ist Orangensirup, und da man heute ja das ganze Jahr hindurch Orangen auf dem Markt findet, gebe ich Ihnen nachstehend mein Rezept. Man verwendet für den Orangensirup nur die Schale, die das Aroma der Früchte viel konzentrierter enthält als der Saft. Deshalb ist es ratsam, ungespritzte Orangen aus dem Reformhaus zu kaufen.

Zutaten:
6 Orangen, 3 l Wasser, 2 kg Zucker, 60 g kristallisierte Zitronensäure (in Drogerien erhältlich).

Man schält die äusserste gelbe Schicht der Schale der Orangen so dünn als möglich und schneidet sie in feine Streifchen. In einem grossen Steinguttopf vermischt man Wasser, Zukker, Orangenschalen und die Zitronensäure, indem man alles gut durcheinanderrührt. Man lässt die Mischung sechs Tage stehen und rührt sie jeden Tag ein- bis zweimal auf. Dann siebt man den Sirup ab, füllt ihn in vorbereitete Flaschen ein, die man gut verkorkt und an einem kühlen, dunkeln Ort aufbewahrt.

Quittenlikör

In einem Restaurant trinken wir jeweils Weisswein mit Quittenlikör zum Apéro, habe aber noch nirgends ein Rezept gefunden, welches meiner Vorstellung von diesem Likör entspricht. Können Sie mir weiterhelfen?

Gerda Fuss, Berg

Ich finde es fabelhaft, dass es Restaurants gibt, wo man so alte und einheimische Spezialitäten wie den Quittenlikör pflegt und möchte den Namen dieses Lokals eigentlich gern erfahren. Ich selber habe noch nie Quittenlikör zubereitet, in einem Kochbuch aber das folgende Rezept gefunden.

Zutaten:
$1\,^1/_2$ kg Quitten, 150 g Zucker, $^1/_2$ l Cognac oder guter Weinbrand, 10 g bittere Mandeln, 20 g Korianderkörner.

Man reibt die Quitten mit einem sauberen Tuch gründlich ab und raspelt sie mit der Schale grob. Man gibt sie in eine Schüssel und lässt sie über Nacht zugedeckt an einem kühlen Ort stehen. Am nächsten Tag presst man sie durch ein Tuch: Das ergibt etwa einen halben Liter Saft. Diesen Saft kocht man mit dem Zucker so lange, bis die Flüssigkeit klar wird; dann lässt man sie abkühlen. Man rührt den Cognac, die Mandeln und die Korianderkörner unter die Flüssigkeit, gibt sie in ein heiss ausgespültes Glasgefäss, das man gut verschliesst. Der Likör sollte nun etwa zwei bis drei Monate bei Zimmertemperatur ziehen. Dann siebt man ihn ab.

Rosenlikör

Ich suche ein Rezept für einen Rosenlikör, mit dem ich eine Freundin überraschen möchte. Ich habe in vielen Büchern geschmökert und viele Köche gefragt, aber niemand konnte mir helfen. Sie sind meine letzte Hoffnung!

Jean Aubert, Gent

In meinem Archiv habe ich, zu meiner eigenen Überraschung, das Rezept gefunden, das Sie suchen. Ich habe es allerdings selber noch nie ausprobiert, da ich gegenüber der modischen Blumenküche eher skeptisch bin. Ich kann mir aber vorstellen, dass dieser Likör einen gewissen nostalgischen Reiz hat.

Man legt in ein Glasgefäss eine Schicht Rosenblätter, darauf eine Schicht Zucker und fährt so weiter, bis es gefüllt ist. Dann verschliesst man es hermetisch und stellt es an die Sonne, bis der Zucker sich ganz aufgelöst hat. Darauf füllt man das Glas mit hochprozentigem Alkohol, verschliesst es und filtriert seinen Inhalt nach zwei Tagen durch ein Filterpapier in eine schöne Flasche. Dieser Rosenlikör kann schon nach zwei Wochen gekostet werden.

Wie man Kräutertee zubereitet

Letzthin war meine italienische Schwägerin bei uns zu Besuch, die vor dem Einschlafen gern einen Kamillentee trinkt. Sie war ganz entsetzt, als ich die Kamillenblüten ins siedende Wasser warf, um sie dort fünf

Minuten kochen zu lassen und dann abzusieben. Sie behauptet, man dürfe die Kamillen nur mit kochendem Wasser übergiessen. Sind Sie auch dieser Ansicht?

Yvonne Müller-Rossi, Thalwil

Italienischen Schwägerinnen kann man in Kochfragen sozusagen immer vertrauen. Auch in Ihrem Fall. Kamillenblüten, die man im Wasser kochen lässt, ergeben einen Medizinaltee, der als Brechmittel Verwendung findet. Obwohl Kräutertees im Zeichen einer naturbewussteren Lebensweise heute sehr in Mode gekommen sind, wissen viele Leute gar nicht mehr, wie man sie zubereitet. Dabei gibt es da ein paar ganz einfache Regeln:

1. Zarte Blätter und Blüten werden mit kochendem Wasser übergossen, 5–10 Minuten stehengelassen und abgesiebt. (Kamille, Pfefferminze, Karkade, Verveine oder Eisenkraut usw.)

Eine Ausnahme bildet der Lindenblütentee, den man mit Vorteil 5 Minuten kochen und zehn Minuten zugedeckt stehenlässt.

2. Feste, derbe Blätter, Früchte und Samen müssen je nach Art 5–15 Minuten gekocht werden, damit sie ihre aromatischen Stoffe abgeben. (Hagebutten, Apfelschalen, Fenchelsamen, Heidelbeeren usw.)

Bei allen Tees ist es wichtig, dass nach der Koch- oder Ziehzeit das Kraut abgesiebt wird, weil sich nachher nicht nur der Geschmack, sondern auch die Wirkung des Tees verändert. Schwarztee zum Beispiel, in dem man die Blätter mehr als zehn Minuten ziehenlässt, wirkt bereits als leichtes Mittel gegen Durchfall.

Essig- und Ölkonserven

Essiggurken und Cornichons

Jetzt kommt bald wieder die Zeit, wo man auf dem Markt die knackigen kleinen Gurken zum Einmachen findet. Könnten Sie mir vielleicht ein feines Rezept für Essiggurken angeben?

Irène Meier, Esslingen

Nachstehend ein Rezept, das sich ebensogut für Cornichons wie auch für die etwas grösseren Essiggürklein eignet.

Zutaten:
1 kg Zwerggurken, 50 g Salz, 2 Gewürznelken, 10 Pfefferkörner, 1 Knoblauchzehe, 1 Zweiglein Dill, 1 Zweiglein Estragon, 1 l milder Weissweinessig.

1. Tag: Man wäscht die Gurken gut, am besten mit einem Bürstchen, vermischt sie dann in einer Schüssel mit dem Salz und lässt sie über Nacht zugedeckt stehen.

2. Tag: Man lässt die Gurken auf einem Sieb abtropfen, trocknet sie mit einem sauberen Tuch gut ab und schichtet sie dann lagenweise mit den Gewürzen in ein Einmachglas oder einen Steinguttopf. Man kocht den Essig auf und giesst ihn, sobald er leicht abgekühlt ist, über die Gurken.

3. Tag: Man kocht den Essig nochmals auf und giesst ihn leicht abgekühlt zurück. (Wer gern weiche Gurken hat, gibt sie zusammen mit dem Essig in den Kochtopf und lässt ein paar Wälle darübergehen.) Der Essig muss die Gurken ganz bedecken. Ist das nicht der Fall, giesst man noch etwas frischen Essig nach. Man verschliesst die Gläser mit ihrem Deckel oder mit Papier und bewahrt sie kühl auf, am besten im Keller. Die Gurken sind erst nach einem Monat zum Essen bereit.

PS: Wer die Gurken gern mild hat, verwendet eine Mischung von zwei Drittel Essig und einem Drittel Wasser. Besonders fein wird diese Mischung, wenn man das Wasser vorher mit einem Teelöffel Zucker vermischt, aufkocht und vollständig abkühlen lässt, bevor man es an den Essig gibt.

Gemüse in Öl I

In Rom assen wir häufig Antipasto misto vegetale als Vorspeise. Es waren vor allem Peperoni, Zucchetti usw. sott'olio. Hier finde ich aber kein Rezept dazu, vor allem fehlen die Hinweise über die Gewürze, und so gelingt es mir nicht recht. Ähnlich waren auch die (warmen) Peperoni sott'olio als Beilage zu Fleisch.

Rose-Marie Spoerli, Winterthur

Das Einlegen von Gemüse in Öl gehört zu den einfachen und köstlichen Spezialitäten der italienischen Küche. Man braucht dazu keine besondere Kocherfahrung, nur guten Weinessig und kaltgepresstes Olivenöl (extra vergine). Es lohnt sich, einen kleinen Vorrat dieser feinen Konserven anzulegen, damit man aus ihnen jederzeit eine Vorspeise zusammenstellen kann. Zucchettirondellen, Peperonistreifen und Auberginenscheiben werden in leicht gesalzenem Essig 3–7 Minuten gekocht, mit dem Schaumlöffel herausgenommen und auf ein Tuch zum Trocknen ausgelegt. Dann schichtet man jedes Gemüse für sich zusammen mit den Gewürzen in Einmachgläser, füllt mit Olivenöl auf und lässt sie mindestens eine Woche stehen. Auberginen und Peperoni würzt man mit geschälten Knoblauchzehen, Peperoncino und Origano; die Zucchetti, die keinen ausgeprägten Eigengeschmack haben, werden mit Pfefferkörnern, Gewürznelken, Lorbeerblättern aromatisiert. Auch Stangenzimt eignet sich als Aroma.

Werden die Peperoni dagegen warm zubereitet, muss man sie schälen. Dann schneidet man sie in Streifen und gibt sie zusammen mit entsteinten Oliven, Kapern und Sardellenstücklein in eine Gratinform, bestreut sie mit Paniermehl, beträufelt sie mit reichlich Öl und lässt sie bei sanfter Hitze langsam im Ofen garen. Sie schmecken auch kalt ausgezeichnet, beispielsweise für ein typisch, italienisches Hors d'œuvre.

Gemüse in Öl II

Kürzlich haben Sie beschrieben, wie man in Italien Gemüse in Öl einlegt. Dazu habe ich noch einige Fragen an Sie:
1. Wie lange kann ich das eingelegte Gemüse aufbewahren?
2. Genügt ein kühler Keller als Aufbewahrungsort?
3. Muss Rot- oder Weissweinessig verwendet werden?

I. Roth, Uitikon

Wie aufmerksam man heute aufs Verfalldatum von Lebensmitteln achtet, haben mir die vielen Briefe von Leserinnen bewusst gemacht, die sich nach der Haltbarkeit des in Öl eingemachten Gemüses erkundigt haben. Öl ist ein ausgezeichnetes Konservierungsmittel, und wenn die Konserve sorgfältig hergestellt wurde – das heisst, wenn man darauf geachtet hat, dass das Gemüse eng eingeschichtet wird und ohne Luftblasen rundum von Öl bedeckt ist –, dann hält sich das Gemüse sozusagen unbegrenzt. Da aber das Öl im Laufe der Zeit einen Teil seines natürlichen Wohlgeschmacks verliert, würde ich Ölkonserven nicht länger als ein Jahr aufbewahren.

Ein kühler Keller ist der ideale Aufbewahrungsort; man kann in Öl eingelegtes Gemüse aber auch ohne weiteres in einen Küchenschrank stellen. Wichtig ist vor allem, dass das Öl nicht dem Licht ausgesetzt wird.

Es kommt nicht darauf an, ob man für das Kochen des Gemüses Rot- oder Weissweinessig verwendet. Man muss nur bedenken, dass der Rotweinessig die Farbe der Gemüse verändert, was im Fall von kleinen Zwiebeln, die man auch in Öl einmachen kann, sehr reizvoll ist: sie werden rosarot.

Falsche Kapern

Wie kann ich die Blüten der Kapuzinerli zum Kochen brauchen? Stimmt es, dass sie essbar sind?

Anna Rast, Monte Bré s. Locarno

Die Blüten und Blätter dieser weitverbreiteten Gartenpflanze (Tropaeolum majus) sind tatsächlich essbar. Sie haben einen herben und aromatischen Geschmack, der an die Brunnenkresse erinnert, obwohl Kapuzinerli mit ihr nicht verwandt sind.

Man kann einen grünen Salat zum Beispiel mit streifig geschnittenen Blättern der Kapuzinerkresse vermischen und ihn mit ein paar orangefarbenen oder gelben Blüten dekorieren. Das ist für das Auge genauso angenehm wie für den Gaumen.

Früher wurden die Blütenknospen der Kapuzinerli vor allem in Essig eingelegt und anstelle von Kapern verwendet. Ein Versuch lohnt sich.

Zutaten:
2 Tassen Blütenknospen der Kapuzinerkresse, 100 g Salz, 1 Bund Dill oder Estragon, $^1/_2$–$^3/_4$ l Weinessig, 1 Prise Zucker, einige Pfefferkörner, im Mörser grob zerstossen.

Man bestreut die Kapuzinerkresseknospen mit dem Salz, damit ihnen Feuchtigkeit entzogen wird, und lässt sie über Nacht stehen. Dann spült man sie unter fliessendem Wasser ab, tupft sie trocken und füllt sie zusammen mit den Kräutern und dem zerstossenen Pfeffer in ein Schraubglas ein. Nun gibt man die Prise Zucker und den Weinessig dazu. Man lässt die Kapern vier Wochen durchziehen, bevor man sie verwendet.

Eingemachter Knoblauch

Dank meinen Leserinnen habe ich gelernt, wie man frischen Knoblauch in Essig einlegt, und habe bereits zwei Gläser davon in den Keller gestellt. Das Echo auf die diesbezügliche Frage von Frau Margrith Fürer aus St-Léonard war gross und vielfältig, und ich bin überzeugt, dass jedes einzelne Rezept, das mir zugeschickt wurde, seinen unverwechselbaren Geschmack hat.

Die knappste Formel für die Knoblauchkonserve stammt von Frau Vreni Wenger aus Stetten, die schreibt: «Den geschälten Knoblauch im Kräuteressig, dem ein Esslöffel Senfkörner beigegeben wird, 3 Minuten kochen. Kochend in Gläser abfüllen und sofort verschliessen.»

Manche Leserinnen verwenden statt Kräuteressig eine Mischung aus halb Essig, halb Wasser, halb Essig, halb Wein oder auch $^1/_3$ Essig, $^1/_3$ Wein und $^1/_3$ Wasser. Bei den mitgekochten Gewürzen ist die Vielfalt noch grösser: Senfkörner, weisse oder schwarze Pfefferkörner, Lorbeerblätter, grüne oder rote Pfefferschötchen, Thymian, Rosmarin, Estragon und Dill sind die häufigsten. Salz und etwas Zucker werden fast immer erwähnt. Von einem Koch habe ich den Rat bekommen, den Zucker (100 g auf 1 kg

Knoblauch) zuerst in einer Pfanne zu caramelisieren und beim ersten Aufschäumen mit einer Mischung von halb Rotwein, halb Aceto balsamico abzulöschen.

Fast alle Rezepte stimmen darin überein, dass die Knoblauchzehen knapp weich (nicht zu weich) gekocht werden müssen, was höchstens 15 Minuten dauert. Dann füllt man sie heiss mit dem Sud in kleine Einmachgläser. Eine andere Variante ist, den Sud abzugiessen, die Zehen in Gläser einzuschichten und mit Olivenöl aufzufüllen.

Nach ca. zwei Wochen sind die eingemachten Knoblauchzehen essbereit. Sie lassen sich mehrere Monate aufbewahren. Viele Leserinnen weisen darauf hin, dass dieser eingemachte Knoblauch viel weniger scharf schmeckt als frischer Knoblauch, so dass man am nächsten Tag sicher nicht nach Knoblauch riecht. Man kann ihn für Salate und Saucen brauchen. Er passt gut zu grilliertem und kaltem Fleisch und ist, zusammen mit Brot, auch eine vorzügliche Vorspeise.

Peperonipüree

In einem Mailänder Restaurant servierte man uns zum Siedfleisch neben der klassischen Salsa verde und der Mostarda di Cremona ein wunderbar pikantes Peperonipüree, dessen Rezept ich in keinem meiner italienischen Kochbücher gefunden habe. Können Sie mir helfen?

Franz Nef, Brugg

Ich habe das Rezept, das Sie suchen, durch italienische Freunde in Zürich kennengelernt. Marilena, die aus Apulien stammt, fragte mich im Herbst einmal, ob ich ihr nicht meinen Fleischwolf leihen könne; sie möchte Peperonipüree zubereiten. Als Dank für den Fleischwolf bekam ich ein Joghurtgläschen von dem herrlichen Püree, das ich seither jeden Herbst selbst zubereite, wenn die Peperoni am billigsten sind. Das Rezept dieser Delikatesse ist ganz einfach:

Zutaten:
1 kg rote, gelbe, grüne Peperoni, ein paar pikante Peperoncini, 1/2 l Weissweinessig, Salz, 1 kleines Glas Kapern, 2–3 Knoblauchzehen, Olivenöl.

Man wäscht die Peperoni, entfernt die Samen und schneidet sie in 2–3 cm grosse Stücke. Man gibt sie zusammen mit 2–3 geschälten Knoblauchzehen, den zerschnittenen Peperoncini und 2 Esslöffeln Salz in eine Schüssel, giesst den Essig dazu und lässt alles zwanzig Stunden zugedeckt stehen wobei man von Zeit zu Zeit alles gut durcheinander rührt. Dann giesst man die Flüssigkeit ab, vermischt die Peperoni mit den abgetropften Kapern und treibt sie durch den Fleischwolf. Eventuell muss man das Püree noch nachsalzen. Man füllt es in saubere, heiss ausgespülte Gläser ein, vermischt es gut mit Olivenöl, so dass keine Zwischenräume im Glas entstehen, und verschliesst die Gläser.

Dieses Peperoni-Mus schmeckt nicht nur zu Siedfleisch und grilliertem Fleisch vorzüglich; es ist auch ein feiner Brotaufstrich. Und es lässt sich auch mit andern Zutaten kombinieren: Letzthin habe ich belegte Brötchen zubereitet, die aus einer Schicht Peperonipüree und darüber einer Schicht fein zerpflücktem Thon bestanden.

Pilze in Essig

Wir sind in einem Pilzverein, lernen die Pilze immer besser kennen und lieben sie zum Essen in jeder Variante. Wir haben nun schon ein paarmal von älteren Pilzvereinmitgliedern in Essig eingemachte Pilze erhalten. Diese waren für uns aber fast nicht geniessbar, weil wir den Essiganteil viel zu hoch fanden. Ich möchte nun selbst probieren, Pilze in Essig einzulegen. Könnten Sie mir ein Rezept dazu verraten, wo ich noch Pilze und nicht Essig esse.

Marlise Deck, Lengnau

Da das Pilzjahr, wie ein Freund von mir behauptet, am «quatorze juillet» beginnt, beantworte ich schon heute Ihre Frage zum Einmachen, damit Sie für die erste Ernte gerüstet sind. Ich muss Ihnen gleich gestehen, dass ich bis jetzt meine Pilze immer nur in Öl eingemacht habe, weil mir die Essigpilze genau wie Ihnen zu sauer schmecken. Auf der Suche nach einem überzeugenden Rezept habe ich nun aber in Luce Höllthalers Buch «Pilz-Delikatessen» (Heyne-Verlag) eine interessante Methode gefunden, um Pilze in Essigwasser zu konservieren. Sie verspricht gute Haltbarkeit und einen ganz zarten Essiggeschmack.

Man gibt die gewaschenen Pilze in einen Kochtopf mit kochendem, stark gesalzenem Wasser (5 Esslöffel Salz auf 1 Liter Wasser). Man lässt sie 5 Minuten darin kochen und spült sie dann durch ein Sieb. In den gut gewaschenen Kochtopf gibt man frisches Wasser (auf 5 Teile Wasser 1 Teil Essig) und lässt die Pilze wieder 5 Minuten darin kochen. Dann gibt man sie mit ihrem Sud in saubere, vorgewärmte Gläser mit Schraubverschluss, so dass der Sud mindestens zwei Finger breit über den Pilzen steht. Das Wasser soll auch nach dem Erkalten (ein Teil verdunstet) noch einen Finger breit die Pilze überdecken. Nach dem Erkalten giesst man eine Schicht frisches Öl darüber, schraubt die Gläser zu und stellt sie an einen kühlen Ort.

Senfgurken

Ich möchte Sie anfragen, ob Sie mir eventuell ein gutes Rezept für Essiggurken (zum Einmachen) zusenden könnten. Ich habe es letztes Jahr ausprobiert, jedoch war es ein Misserfolg (ob es am Rezept oder an mir lag, kann ich nicht sagen!). Ich kaufte dazu jedenfalls ein fertig gemischtes Gewürz für Essiggurken in der Drogerie. Ein bestimmtes Gewürz herrschte jedoch so vor, dass einem die Gurken gar nicht schmeckten, zudem waren sie ziemlich «weich» und nicht knackig. Am Schluss musste ich sie wegwerfen.

Gabi Bürgin, Lupsingen

Aus Ihrem Brief geht nicht eindeutig hervor, ob Sie Gurken oder vielleicht doch eher Cornichons in Essig einmachen wollen. Denn wirklich knackig können nur Cornichons schmecken, die man samt der Schale einmacht, während die Gurken geschält werden und deshalb eine eher weiche Konsistenz bekommen. Das ist durchaus kein Nachteil, weil die geschälten Gurkenstücklein das Aroma der Gewürze besser aufnehmen.

Vor Jahren hat mir die Mutter eines Freundes ihr Hausrezept für Senfgurken aufgeschrieben, und seither bin ich bei diesen wunderbar würzigen und milden Gurken geblieben.

Zutaten:
20 mittlere Gurken, Salz, 100–200 g Senfkörner, 2–3 grob geschnittene Zwiebeln, 60–80 g weisse Pfefferkörner, Essig, einige Dillblüten.

Die Gurken werden geschält, entkernt und in längliche Stücke geschnitten. Man legt sie in einen steinernen Topf, indem man Salz, Pfefferkörner, Zwiebeln und einen Teil der Senfkörner dazwischen streut. Nun gibt man soviel guten, etwas gesüssten Essig darüber, dass die Gurken bedeckt sind, und stellt sie leicht zugedeckt zehn Tage an einen kühlen Ort. Dann lässt man die Gurken auf ziemlich lebhaftem Feuer bis kurz vors Kochen kommen, nimmt sie sofort vom Feuer und lässt sie erkalten. Die Gurken werden mit Dill und einem Senfbeutel bedeckt, der Topf mit Pergamentpapier verbunden und kühl aufbewahrt. Die auf diese Art eingemachten Gurken sind bald gebrauchsfertig und haben ein feines Aroma.

Tapenade (Olivenpüree)

Von Freunden aus der Provence haben wir eine fabelhafte schwarze Olivenpaste geschenkt bekommen, die wir als Hors-d'œuvre zu kalten Eiern oder Fleisch oder auch einfach als Appetithäppchen auf Bauernbrot genossen. Nun ist das Glas leer, und wir brauchen dringend Nachschub. Können Sie mir das Rezept dieser Spezialität verraten?

Eva Meierhofer, Bern

Die Tapenade – so heisst das provenzalische Olivenpüree – ist tatsächlich etwas Herrliches: eine Art Essenz der provenzalischen Küche mit ihren kräftigen Aromen. Ein provenzalischer Aperitif ohne Tapenade ist kaum vorstellbar, und darum gibt es mittlerweile auch bei uns fertige Tapenade in Gläsern zu kaufen, die recht gut schmeckt. Nie so gut natürlich wie die selbstgemachte.

Zutaten:
300 g schwarze Oliven, 1 Dose Sardellenfilets, 100 g Kapern, 1 Esslöffel Dijonsenf, 6 Esslöffel

Olivenöl, schwarzer Pfeffer, 2 Knoblauchzehen, 1 Teelöffel zerriebener Thymian, 1 zerriebenes Lorbeerblatt.

Man entsteint die Oliven und hackt sie grob. Die Sardellenfilets schneidet man in Stücke und püriert sie zusammen mit den Oliven, den Kapern, Senf, Thymian, Lorbeerblatt und Öl. Man schmeckt mit Pfeffer gut ab, rührt die durchgepressten Knoblauchzehen dazu und füllt die Paste in ein Glas. Man bedeckt die Oberfläche mit einer dünnen Schicht Olivenöl und bewahrt die Tapenade kühl und verschlossen auf.

Gedörrte Tomaten in Öl

Getrocknete Tomaten in Olivenöl einlegen, wofür kann ich das gebrauchen? Ich habe auch solche Tomaten und sie bis heute nur für Fleischsaucen verwendet.

Lina Baumann-Waser, Altdorf

Mit Interesse lese ich immer Ihre Kochtips. Heute bitte ich Sie um Ihren Rat. Hätten Sie ein Rezept für gedörrte Tomaten, in Öl eingelegt?

G. Kürsteiner-Tanner, Bern

In diesem Sommer bin ich mit Fragen nach dem Rezept für gedörrte Tomaten in Öl geradezu überschwemmt worden, so dass ich nochmals kurz auf den Sinn dieser Konserve hinweisen möchte.

Gedörrte Tomaten im Zellophanbeutel kann man heute fast überall kaufen: in Bioläden wie in Lebensmittelabteilungen grosser Warenhäuser. Man kann sie auch selber in einem Dörrex-Apparat zubereiten. Man braucht sie zum Würzen von Tomatensaucen, Fleischgerichten oder Suppen, denen sie einen ausgezeichneten Geschmack geben.

Ob es dagegen sinnvoll ist, diese gedörrten einheimischen Tomaten in Öl einzulegen und im Rahmen eines Antipasto zu servieren, bezweifle ich, weil es bei uns die kleinen, fleischigen, fast süssen Tomaten, welche die Grundlage dieser süditalienischen Ölkonserve sind, nicht gibt. Ihre Zubereitung ist an sich denkbar einfach: Sie werden mit Peperoncino, Sardellenfilets oder Knoblauchscheibchen sorgfältig in saubere Gläser gefüllt. Dann mit erstklassigem Olivenöl begossen, bis das Öl die Tomaten etwa fingerdick bedeckt, und so gut verschlossen.

Fazit: Wer seinen Gästen gedörrte Tomaten in Öl vorsetzen möchte, was als Antipasto offensichtlich chic geworden ist wie einst das Tiramisù zum Dessert, sollte diese Delikatesse eigentlich besser als italienischen Exportartikel kaufen; man findet diese in Öl eingemachten Tomaten in fast jedem italienischen Lebensmittelgeschäft und leistet mit ihrem Kauf zugleich einen kleinen Beitrag zur Förderung der süditalienischen Landwirtschaft.

Grüne Tomaten im Gewürzessig

Als treue Leserin Ihrer Kochrezepte und Ratschläge in der «annabelle» habe ich kürzlich über unreife Tomaten, welche in Gewürzessig eingemacht werden, gelesen. Können Sie mir ein gutes Rezept geben?

Agnes Grüter, Ottikon

Die grünen Tomaten, die vor allem den Selbstversorgern mit eigenem Garten im Herbst stets übrigbleiben, lassen sich auf verschiedene Arten konservieren. Nach Belieben süss, sauersüss oder pikant. Man kann zusammen mit Ingwer eine feine Konfitüre daraus kochen (siehe S. 227); man kann sie wie Zwetschgen, Quittenschnitze oder Kürbis sauersüss einmachen (siehe S. 225), oder man kocht sie mit Gewürzessig ein. Mir schmecken die nach der letztgenannten Methode konservierten Tomaten am besten, vor allem als aparte Beilage zu Siedfleisch.

Zutaten:
10 grüne Tomaten, eine grosse Zwiebel, 3/4 Liter Essig, Basilikum, Lorbeerblätter, Salz.

Man schneidet die gewaschenen Tomaten in dünne Scheiben, schneidet auch die Zwiebel in dünne Ringe und gibt sie zusammen mit einer Handvoll Salz in eine Schüssel, lässt sie über Nacht zugedeckt stehen und giesst dann die Flüssigkeit ab. Man kocht den Essig mit einem halben Liter Wasser, dem Basilikum und dem Lorbeer auf, gibt die Tomaten und die Zwiebeln bei und lässt alles zusammen noch 2 Minuten kochen. Dann giesst man die Kochflüssigkeit in eine Schüssel und lässt Tomaten und Zwiebeln auf einem Küchentuch trocknen. Darauf gibt man sie in Schraubverschlussgläser, bedeckt sie mit der Kochflüssigkeit, fügt noch ein paar Basilikumblätter und ein paar Tropfen Öl bei und verschliesst die Gläser.

Kräuter und Gewürze

Bärlauch

Letztes Jahr habe ich mit Enthusiasmus im Wald nach frischem Bärlauch gesucht. Eine Freundin hat mir bestätigt, dass es sich auch wirklich um das gesunde Gewürzkräutlein handelte. Ich habe anschliessend die grünen Blätter zusammengebunden und in der Waschküche zum Trocknen aufgehängt. Leider sind sie nach ein paar Tagen gelb geworden. Vollständig getrocknet, hat der Bärlauch – neben seiner grünen Farbe – auch sein Aroma verloren. Meine Frage ist nun: Was habe ich falsch gemacht? Ich finde Bärlauch einzigartig zum Würzen von Salaten. Bis jetzt habe ich ihn immer im Reformhaus gekauft.

Elisabeth van der Wee-Tanner, Kindhausen

Bärlauchblätter lassen sich nicht trocknen, genauso wenig wie Schnittlauch, Basilikum oder Petersilie. Je frischer man sie verwendet, desto besser würzen sie. Man sollte auch nur junge Bärlauchblätter sammeln; wenn die Pflanze einmal blüht, verliert sie ihren zart-würzigen Knoblauchgeschmack.

Bärlauch schmeckt übrigens nicht nur im Salat vorzüglich; man kann ihn auch für Suppen und Gratins verwenden. Eine Delikatesse ist die grüne Bärlauchmayonnaise, und es lohnt sich auch, Rühreier oder eine französische Omelette nur mit Bärlauch zu würzen. Zudem ist Bärlauch (allium ursinum) als wilder Knoblauch auch gesund: Er wirkt appetitanregend und blutdrucksenkend.

Basilikum oder Origano?

Unsere Lieblingspizza ist die sogenannte Margherita, die aus Tomaten, Mozzarella und Basilikum besteht. Freunde von uns behaupten, zur echten Margherita gehöre Origano und nicht Basilikum. Wissen Sie auch in dieser «Gewissensfrage» Rat?

Rolf Lenzlinger, Solothurn

Die berühmte Pizza Margherita hat ihren Namen von der Königin Margherita von Savoyen, die im Jahr 1889 Neapel besuchte. Ein Koch kam auf die Idee, der Königin eine Pizza in den Farben der italienischen Fahne vorzusetzen: Tomatenrot, mozzarellaweiss und basilikumgrün. Wenn man die Pizza mit Origano anstatt mit Basilikum würzt, schmeckt das ebenfalls gut, ist aber, weil das Grün der Trikolore fehlt, keine Pizza Margherita.

Bohnenkraut

Ich koche zusammen mit den grünen Bohnen stets ein Zweiglein Bohnenkraut. Nun hat mir ein Gärtner gesagt, seine Frau streue das Bohnenkraut nur frisch über die Bohnen. Ich bin nun etwas unsicher und möchte Sie gerne um Ihren Rat fragen.

Silja Gellert, Gockhausen

Die klassische Verwendung des Bohnenkrauts ist das Kochen zusammen mit den Bohnen, was vermutlich mit der medizinischen Wirkung dieses Küchenkrauts zusammenhängt: Es wirkt magenstärkend, krampflösend und verdauungsfördernd. Sein intensives Pfefferaroma kommt allerdings auch roh sehr angenehm zur Geltung: Man geht in diesem Fall aber sparsam damit um und verwendet nur die zarten Blättchen der Triebspitzen.

Schliesslich gibt es auch einen goldenen Mittelweg: Man kann das Bohnenkraut der flüssigen warmen Butter beifügen, in der man die gekochten Bohnen wendet. Es lohnt sich, alle Varianten auszuprobieren und bei jener zu bleiben, die einem am besten zusagt.

Borretsch

Ich vermute, dass Borretsch ein Küchenkraut ist. Diese mir unbekannte Zutat stammt aus einem Schweizer-Kochbuch-Rezept, und trotzdem wusste niemand von meinen Bekannten, was darunter zu verstehen ist.

Eva Krieg, Winterthur

Borretsch gehörte früher in jeden Kräutergarten und ist sehr zu Unrecht in Vergessenheit geraten. Er ist eine ausgesprochen schöne und kräftige Pflanze mit tiefblauen Blättern, die man leicht aus Samen ziehen kann. Seine Blätter haben einen leichten Gurkengeschmack; deshalb ist sein deutscher Name Gurkenkraut. Fein gehackt passen seine jungen Blätter zu vielen Salatsaucen – es muss nämlich nicht immer Basilikum sein –, die grösseren Blätter sind etwas haarig und sollen deshalb fein verwiegt werden. An der ligurischen Küste, wo der Borretsch in Riesenmengen wächst, benützt man die gekochten Blätter als Füllung für Ravioli oder wie Spinat. Man kann feine Crèmesuppen mit gehacktem Borretsch bestreuen, und auch auf einem Butterbrot schmeckt er vorzüglich. Die Samen findet man in jedem Gärtnereigeschäft.

Dill oder Fenchel

Ich habe Fische an Dillsauce besonders gern und kann gar nicht verstehen, warum Dill in Italien unbekannt ist. Wir waren in Rapallo in den Ferien, und ich habe auf vielen Märkten vergeblich nach diesem Küchenkraut Ausschau gehalten.

Ernst Reichling, Muri

Dill ist eine ausgesprochen mittel- und nordeuropäische Würzpflanze, die in Italien, Spanien und Frankreich nicht geschätzt wird, obwohl sie aus dem Mittelmeerraum stammt und dort als Unkraut auf den Feldern wächst. Anstelle von Dill verwendet man in diesen Ländern die gefiederten grünen Blättchen der Fenchelpflanze, die zur gleichen Familie wie Dill und Petersilie gehört. (Der Gemüsefenchel mit der knollenartig verdickten Stengelbasis wurde ebenfalls aus dieser Pflanze gezüchtet.) In Italien ist das wilde Fenchelkraut unter dem Namen Finocchietto bekannt, und in Frankreich legt man getrocknete Fenchelzweige in den Bauch des Seewolfs, des berühmten Loup de mer au fenouil. Ein wirklich schmackhafter Freilanddill, der heute leider kaum mehr angeboten wird, erinnert in seiner Würzkraft ja auch deutlich an Fenchel und Anis. Dazu passt, dass die provenzalischen Köche ihre Fischgerichte gern mit ein paar Tropfen Pastis oder Ricard würzen.

Estragon

In unserem neuen Garten gibt es eine Kräuterecke, in der auch eine Estragonstaude wächst, die über einen Meter hoch ist. Ich habe dieses Kraut bisher höchstens zum Einmachen von Essiggurken gebraucht. Kann man es vielleicht noch anders verwenden?

Jeanne Spengler, Wangen

Estragon passt nicht nur zu Essigbeizen, sondern auch zu Geflügel-, Fleisch- und Fischragouts. Mit Petersilie und Dill gemischt, ergibt es eine aromatische Würzmischung für Sommersalate. Die graugrünen Blättchen und Zweigspitzen haben ein leichtes Anisaroma und sind zum Trocknen nicht geeignet. Estragon-Gerichte sind vor allem in der französischen Küche sehr beliebt (Poulet à l'estragon, Sole à l'estragon, Estragonessig). In Italien ist dieses Gewürz seltsamerweise fast unbekannt.

Meine welsche Kollegin sagt, zur Sauce Béarnaise gehöre vor allem Basilikum; ich bin der Ansicht, dass sie mit Estragon und Kerbel gewürzt wird. Oder lassen sich da keine strengen Regeln aufstellen?

Susi Höhner, Rothenhausen

In der klassischen französichen Küche, zu der die Béarnaise gehört, gibt es eindeutige Regeln, die im Falle der Béarnaise als Gewürzkraut Estragon vorschreiben. Ohne sein zartes und doch sehr intensives Aroma ist diese Sauce nicht möglich; ja, ich bin sogar der Ansicht, dass man eine Sauce Béarnaise nur zubereiten sollte, wenn man frischen Estragon zur Hand hat; das getrocknete Kraut ist als Ersatz unbefriedigend. Manche Köche fügen auch etwas Kerbel oder Thymian bei; unersetzlich ist aber allein das Aroma des frischen Estragon.

Basilikum hat in dieser Sauce gar nichts zu suchen; leider ist es zu einem Modegewürz geworden, das bald jeder Suppe oder Sauce beigefügt wird.

Fenchel oder Anis

Unser südfranzösischer Freund behauptet, es gebe keinen Unterschied zwischen Fenchel- und Anissamen. Das seien nur verschiedene Namen für den gleichen aromatischen Samen, aus dem der Pastis destilliert werde. Ich kann das nicht glauben.

Madeleine Best, Aarau

Das ist ein schönes Beispiel für die Tatsache, dass die Wahrheit des Kochs eine andere ist als diejenige des Botanikers. In botanischer Hinsicht sind

Anis und Fenchel zwei ganz verschiedene Pflanzen: beide Samen enthalten aber grosse Mengen des ätherischen Öls Anethol, das sie für den Küchengebrauch sozusagen austauschbar macht. So werden zum Beispiel die im Mittelmeerraum beliebten Anisgetränke wie Pastis, Ricard, Ouzo, Raki und Arrak meist aus Anis und Fenchel destilliert. Das Aroma von Fenchel und Anis passt auch vorzüglich zum Fisch: ein berühmtes Beispiel dafür ist der Loup de mer au fenouil, bei dem man den Seewolf mit Fenchelzweigen füllt und die Holzkohlenglut mit getrocknetem Fenchel belegt, damit sein Rauch den Fisch aromatisieren kann. Anderseits würzen die provenzalischen Köche ihre Fischsaucen und Marinaden auch gern mit ein paar Tropfen Pastis oder Ricard, so dass vom magenstärkenden Aperitif bis zum Hauptgericht die Kontinuität gewahrt bleibt.

Gelbwurz (Kurkuma)

Mein Schwager hat von einer Indienreise ein Pfund Safranpulver mitgebracht, das dort viel billiger ist als bei uns. Leider schmeckt das Safranrisotto mit diesem Pulver etwas bitter und streng. Muss man den indischen Safran wohl sparsamer oder anders verwenden?

Anna Schild, Rudolfingen

Der indische Safran Ihres Schwagers hat mit dem echten Safran nur die gelbe Farbe gemeinsam: Er heisst eigentlich Gelbwurz oder Kurkuma und wird aus den orangegelben Wurzeln einer Pflanze gewonnen, die dem Ingwer verwandt ist. Er wurde ursprünglich nur zum Färben von Stoffen und Lebensmitteln verwendet: Der Curry zum Beispiel verdankt ihm seine intensive gelbe Farbe, und in den USA färbt man auch Senf, Rühreier und Mayonnaise mit gemahlenem Kurkuma. Schon im Mittelalter wurde der teure Safran mit dem billigen Gelbwurz gestreckt. Der Gelbwurz eignet sich, wie Sie selbst festgestellt haben, wegen seines leicht bitteren Geschmacks nicht als Einzelgewürz.

Kapern

Ich esse oder geniesse Kapern sehr. Leider kenne ich nur wenige Gerichte damit, z. B. Kapernsauce für Zunge oder als Garnitur bei Lachs. Kennen Sie weitere Rezepte, evtl. aus dem Süden, mit Kapern?

M. Schlegel, Zürich

Ich teile Ihre Vorliebe für Kapern, die ich ein herrliches Würzmittel finde. Ausser der klassischen Kapernsauce, die Sie erwähnen, kommt mir noch ihre Verwendung zu Sauce Vinaigrette, zum Vitello tonnato, zum Beefsteak Tatar und manchen Fischsaucen in den Sinn.

In Südfrankreich und Süditalien, wo die Kapernsträucher angebaut werden, gibt es natürlich viel mehr Kapernrezepte als bei uns. In Italien kauft man die Kapern – d. h. die Blütenknospen der Sträucher – häufig nur eingesalzen und nicht wie bei uns in gesalzenem Weinessig konserviert. Sie sind nicht sauer, haben dafür aber einen viel intensiveren Pflanzengeschmack. Man bekommt sie auch bei uns in italienischen Lebensmittelgeschäften.

Besonders fein schmeckt ein sizilianisches Spaghettirezept mit Peperoni und Kapern: Man schmort gelbe oder grüne Peperonistreifchen zusammen mit ein paar gehackten Sardellenfilets im Olivenöl weich, fügt einen Esslöffel Kapern und 100 Gramm entsteinte schwarze Oliven bei und vermischt diese Sauce mit al dente gekochten Spaghetti. Anstatt mit Käse bestreut man diese Teigwaren mit kleingeschnittenem Basilikum. Eine Götterspeise!

Kardamom

Mein Onkel hat mir aus Indien viele Gewürze mitgebracht, unter anderem auch einen ganzen Sack voll Kardamomkapseln. Nun weiss ich nicht, wie ich mit diesem Gewürz umgehen muss: Braucht man die ganzen Kapseln oder nur die Samen?

Ellen Rohr, Yverdon

Man verwendet nur die Samen, die man aus den getrockneten dreieckigen Fruchtkapseln löst und dann im Mörser zerstösst oder im Mixer mahlt. Man sollte den Kardamom grundsätzlich nicht gemahlen kaufen, da sein Gehalt an ätherischen Ölen rasch verfliegt; auch werden zum Strecken häufig die Fruchthüllen mitgemahlen.

Bei indischen und orientalischen Fluggesellschaften bekommt man Kardamomkapseln angeboten wie bei uns Bonbons, vermutlich weil Kardamom in der indischen Medizin als ein Heilmittel für Magen und Darm gilt. Auch die Araber schätzen dieses Gewürz und trinken ihren Kaffee mit bis zu 50% Kardamomzusatz. Gemahlener Kardamom ist auch in Gewürzmischungen wie Curry oder Lebkuchengewürz enthalten. Es lohnt sich, mit seinem kräftig-würzigen und fast brennenden Aroma zu experimentieren, es passt so gut zu Glühwein oder Kaffee wie zu einem Griesspudding oder zu Brätkügeli.

Kerbel

Können Sie mir sagen, wo ich Kerbel bekomme? Auf dem Markt und beim Gemüsehändler finde ich ihn nicht. Mein Mann, der aus der französischen Schweiz stammt, behauptet, der Kerbel sei eines der wichtigsten Küchenkräuter und viel schmackhafter als Petersilie. Er schwärmt auch von der herrlichen Crème de cerfeuil, welche seine Mutter im Frühling immer zubereitet habe. Haben Sie mir ein einfaches Rezept dieser Suppe? Und ist dieses Kerbelkraut eigentlich verwandt mit unserer Wiesenpflanze mit den weissen Blütendolden?

Isa Jeanneret, Wohlen

Wenn ein Deutschschweizer Kerbel sagt, kommt ihm die weissblühende Wiesenpflanze in den Sinn; für einen Franzosen ist «cerfeuil» in erster Linie ein Gewürzkraut. Beide Pflanzen gehören zur gleichen Familie; das Gewürzkraut spielt in der französischen Küche eine wichtige Rolle. Dort verwendet man es zum Bestreuen von Suppen, grünen Salaten und Salzkartoffeln. Auch zum Vermischen mit Mayonnaise oder Vinaigrette. Sein Aroma ist feiner als dasjenige der Petersilie, eine Spur süsslich und mit Anis verwandt.

Man kann den Kerbel ohne weiteres im Garten oder auf dem Balkon selber ziehen. Und da der Kerbel im Frühling als eines der ersten Kräuter auf den Markt kommt, gilt die Kerbelsuppe als Frühlingssuppe par excellence. Man kann sie aber das ganze Jahr zubereiten, da man den Kerbel alle 3–4 Wochen neu ansäen muss, weil er beim Blühen sein Aroma verliert.

Kerbel sollte man im Gegensatz zu Petersilie nie gekocht verwenden. Deshalb besteht die klassische Crème de cerfeuil aus einer mit Bouillon abgelöschten Buttermehlschwitze, die mit Rahm und Ei legiert und kurz vor dem Anrichten mit viel feingehacktem Kerbel bestreut wird. Eine andere Version dieser Suppe hat als Grundlage Kartoffeln, die in Milchwasser gekocht, durch ein Sieb gestrichen und mit Sauerrahm verfeinert werden.

Knoblauch

Je nach Rezept wird zuweilen ausdrücklich verlangt, eine Knoblauchzehe «durchzupressen» bzw. dieselbe zu «hacken». Gibt es einen objektiven Grund, weshalb jeweils die eine oder andere Art vorgezogen wird, oder ist dies einfach eine regionale Überlieferung?

S. Zingg, Basel

Durchgepresster Knoblauch schmeckt weniger intensiv als gehackter, da seine festen Bestandteile in der Presse zurückbleiben. Einen Salat würzt man deshalb eher mit durchgepresstem Knoblauch, während man ihn für eine gekochte Sauce ohne weiteres hacken kann, da gekochter Knoblauch milder ist.

Weil diese köstliche Knolle so intensiv schmeckt, gibt es noch weitere Nuancen ihrer sparsamen Verwendung. Um einen Salat zu würzen, genügt es oft, die Schüssel mit einer angeschnittenen Zehe auszureiben oder Öl zu verwenden, in das man Knoblauchzehen eingelegt hat. Auch Ragouts, Suppen und Saucen steht ein Hauch von Knoblauch gut an: beim Dünsten der Zutaten in Öl oder Butter fügt man eine Knoblauchzehe bei, die man hernach wieder aus der Pfanne fischt.

Kräuterbutter

Gekaufte Kräuterbutter bleibt weiss, wenn sie auf dem Fleisch schmilzt. Ich verbrauche gern selbstgemachte Kräuterbutter mit

Kräutern aus dem Garten und verschiedenen Gewürzen; jedoch sieht die Sache beim Servieren nie so lecker aus; meine Butter verläuft durchsichtig, und die Kräuter schwimmen dann farblos auf der Speise. Wissen Sie einen Trick?

Susanne Hugentobler, Weinfelden

Ich bin der Meinung, dass es im Fall Ihrer Kräuterbutter gar keinen Trick braucht. Warum soll die Butter nicht farblos schmelzen? Das entspricht doch der natürlichen Beschaffenheit dieses feinen Naturproduktes und zeigt, dass es nicht wie gekaufte Kräuterbutter künstlich präpariert wurde. Zusammen mit den gartenfrischen Kräutern verleiht Ihre Butter dem Fleisch ein köstliches Aroma, das jedes Fertigprodukt in den Schatten stellt. Als Hausfrau soll man sich von der optisch perfekten Präsentation der Restaurantküche nicht allzusehr beeindrucken lassen, im Gegenteil: ein Caramelköpfli, das beim Stürzen einen Riss bekommt, oder ein Kartoffelstock, der nicht ganz homogen ist, hat das unübertreffliche Gütezeichen des Selbstgemachten. Das gilt auch für Ihre Kräuterbutter.

Kräuter konservieren

Bevor Rauhreif und Kälte einbrechen, möchte ich gerne noch von meinem Überfluss an Küchenkräutern «einmachen». Peterli, Schnittlauch, Liebstöckel, Estragon, Majoran, Quendel... Eine Möglichkeit ist wohl, die Kräuter fein zu hacken und in kleinen Döschen einzufrieren. Die andere: hacken und mit Distelöl und Salz konservieren? Wie genau mache ich dies?

Anna Henseler, Luzern

Ich bin gegenüber dem Aufbewahren von Kräutern grundsätzlich skeptisch, weil konservierte Kräuter nie so gut schmecken wie frische. Selbst wenn das Aroma, wie das beim Einfrieren oder beim Einmachen der Fall ist, fast erhalten bleibt, verlieren die Kräuter dabei ihre Frische und ihre feste Konsistenz und können für Salate nicht mehr verwendet werden, sondern nur noch für gekochte Speisen.

Beim Trocknen bekommen unsere Küchenkräuter nach kurzer Zeit einen Heugeschmack, im Gegensatz zu italienischen oder provenzalischen Kräutern, die einen guten Teil ihres Aromas bewahren Das einzige der von Ihnen erwähnten Kräuter, das man auch bei uns gut trocknen kann, ist Liebstöckel oder Maggikraut, dessen robuster und intensiver Geschmack keinen Schaden nimmt.

Was Peterli und Schnittlauch betrifft, so finde ich es überflüssig, sie zu konservieren, weil man sie den ganzen Winter hindurch frisch kaufen kann. Auch Salbei, Basilikum und Rosmarin bekommt man in manchen Geschäften das ganze Jahr hindurch.

Ich bin auch der Meinung, dass man sich bei den Kräutern, genau wie bei den Früchten, an den Jahreszeitenrhythmus halten soll und im Winter auf Basilikum, Kerbel und Dill verzichten kann. Man freut sich dann um so mehr wieder auf den Frühling. Zum Schluss noch die Antwort auf Ihre konkrete Frage: Alle Kräuter lassen sich in Öl (Oliven-, Distel- oder Arachidöl) einmachen, indem man sie in Gläser einschichtet, gut zusammendrückt und dann mit Öl übergiesst, so dass die Masse gut fingerdick bedeckt ist. Salz braucht es dabei nicht.

Kräuter trocknen

Ich habe einen Kräutergarten auf dem Balkon und dieses Jahr reiche Ernte an Basilikum und Petersilie. Wie kann ich, ausser im Tiefkühler oder durch Einlegen in Öl, diese Kräuter für den Winter aufbewahren? Wie könnte man sie trocknen (Backofen)?

Brigitte Rupp, Zürich

Zu den Kräutern, die sich nicht zum Trocknen eignen, gehören leider Basilikum und Petersilie, weil sie dabei zuviel von ihrem Aroma verlieren. Zum Trocknen eignen sich vor allem sehr würzige Kräuter wie Thymian, Origano, Majoran, Maggikraut, Pfefferminze, Salbei und Bohnenkraut. Damit sie möglichst viel von ihrem Aroma behalten, muss beim Trocknungsvorgang mehr Luft als Hitze zugeführt werden. Am besten bündelt man ein paar Zweiglein und hängt sie an einem luftigen, staubfreien, warmen und schattigen Ort auf. Noch einfacher ist es, sie an einem solchen Ort einfach auf ein Gitter zu legen. Den Backofen braucht man fürs Trocknen von Kräutern nicht.

Was viele Hausfrauen vergessen, ist, dass die getrockneten Kräuter auch in luftdicht verschlossenen Gläsern ihren Geschmack nach und nach verlieren. Spätestens nach einem Jahr sollte man sie ersetzen. Der Herbst ist ein guter Zeitpunkt, das Kräuterregal zu überprüfen und zu erneuern.

Kümmel

Mein Mann erzählt mir oft von den Kümmelkartoffeln, die er als Kind bei seiner Grossmutter in Stuttgart gegessen hat. Auch der Randensalat und die Kutteln waren mit Kümmel gewürzt. Ich mag dieses Gewürz nicht besonders, würde mich aber dafür interessieren, wo man Ihrer Meinung nach Kümmel verwenden kann oder soll.

Cécile Grieder

Kümmel ist eines der ältesten Gewürze, die in Europa angebaut und verwendet werden. Er kommt schon im römischen Apicius-Kochbuch aus dem 1. Jahrhundert als Gewürz für Gemüse vor. Das ist eine Kombination, die vor allem in Deutschland und Österreich noch heute sehr gepflegt wird. Nicht nur bei den Kümmelkartoffeln, sondern vor allem bei weissen Bohnen und Kohlgerichten wie Sauerkraut und Kabissalat. Das hat nicht nur aromatische, sondern auch diätetische Gründe, weil die Kümmelsamen ein ätherisches Öl enthalten, das die Verdauung fördert und Blähungen beseitigt. Das magenfreundliche Kümmelöl wird auch bei der Schnaps- und Likörzubereitung verwendet, zum Beispiel für Aquavit. Auch Kümmelbrot schmeckt ausgezeichnet; denken Sie nur an das berühmte Puschlaver Ringbrot. Kümmel muss man sorgfältig dosieren, sonst wirkt sein Geschmack leicht zu intensiv. Doch zurück zu den Kümmelkartoffeln Ihres Mannes, die auch zu meinen Lieblingsgerichten gehören, weil sie Kartoffeln mit bescheidenstem Aufwand in eine Delikatesse verwandeln.

Kümmelkartoffeln

Man nimmt festkochende mittlere oder kleine Kartoffeln, die man gründlich wäscht, halbiert, mit Öl bepinselt und auf ein Ofenblech legt. Die Schnittfläche bestreut man mit Salz und etwas Kümmel und bäckt die Kartoffeln in der Ofenmitte bei gut 200 Grad während 35 bis 45 Minuten.

Liebstöckel

In unserem Kräutergarten haben wir eine grosse Liebstöckelpflanze, die jedes Jahr problemlos wächst. Ich mag aber den Geschmack dieses Krauts nicht besonders, weil es mich zu sehr an die Maggiwürze erinnert. Kennen Sie eine sinnvolle Verwendung für Liebstöckel?

Helga Reinle, Uster

Ich finde Liebstöckel ein ausgezeichnetes Würzkraut. An Maggi erinnert es nur, wenn man davon zuviel nimmt, und vermutlich ist es vor allem die Dominanz eines kräftigen Aromas, das bei uns die Maggi-Assoziation weckt.

Liebstöckel muss also in erster Linie sparsam verwendet werden und nicht zusammen mit Kräutern, die einen zarteren Geschmack haben. Um auf den echten Liebstöckelgeschmack zu kommen, sollte man eine Kartoffelsuppe, einen Kartoffelgratin oder eine französische Omelette einmal ausschliesslich mit diesem Kraut würzen.

Macis und Muskat

Wo liegt der Unterschied zwischen Muskatnuss und Muskatblüte?

Jana Kohut, Baden

Muskatnuss und Muskatblüte sind zwei Gewürze, die eng verwandt und zugleich verschieden sind. Die Muskatblüte, auch unter dem Namen Macis bekannt, ist der getrocknete Samenmantel und nicht die Blüte der Muskatnuss. Sie umgibt die harte graubraune Schale des Samens als leuchtend karminrote Hülle, wird abgezogen, getrocknet und zu kleinen gelbbraunen Blättern flachgepresst. Im Geschmack ist die Muskatblüte der Muskatnuss ähnlich, doch eine Spur feiner. Im Gegensatz zur Muskatnuss bewahrt sie gemahlen ihren Geschmack und ist deshalb meistens als Pulver im Handel. Sie wird vor allem für Gebäck verwendet; ihr süssbitteres

Aroma gibt aber auch einer Béchamel- oder Zwiebelsauce oder einem Käsesoufflé eine aparte Note.

Mohnsamen

Ich interessiere mich für Mohn. Können Sie mir die folgenden Fragen beantworten? Aus welcher Mohnart werden die essbaren, für Gebäck verwendeten Blaumohnsamen gewonnen? Wie und wo wird Mohn angebaut, geerntet und verarbeitet? Welchen Nährwert hat Mohn? Wie wirkt er im Körper?

Anja Eigenmann, Zürich

Ich kann Ihre Fragen mit gutem Gewissen beantworten, obwohl mich die Tatsache, dass Sie meine Antwort postlagernd wünschen, vermuten lässt, dass es Ihnen bei Ihren Erkundigungen nach dem Mohn, aus dem schliesslich auch Drogen gewonnen werden, nicht ganz geheuer ist. Es gibt nur eine Mohnsorte, die in Europa und Asien als Würz-, Arznei- und Genussmittel angebaut wird: den Opium- oder Schlafmohn, dessen lateinische Bezeichnung «papaver somniferum» lautet. Seine kleinkörnigen bläulichen Samen mit dem angenehm nussartigen Geschmack sind seit Jahrhunderten ein beliebtes Gewürz für Backwaren. In manchen Regionen Indiens verwendet man sie auch in Currymischungen. Sie enthalten neben Würzstoffen vor allem Öl, das – kalt gepresst – auch als Speiseöl verwendet wird und in Frankreich Huile d'œillette heisst. Die narkotisierenden Wirkstoffe des Mohns sind in den reifen Samen nicht vorhanden; das Opium, eines der ältesten Heil- und Suchtmittel, gewinnt man aus dem Milchsaft und dem unreifen Samen der Pflanze. Man kann also sorglos Mohnbrötchen oder Mohnkipferl essen; süchtig wird man davon nicht, auch wenn sie gut schmecken.

Orangenschale

Von Bekannten, die in der Provence Urlaub machten, habe ich getrocknete Orangenschale geschenkt bekommen. Sie werde dort zum Würzen von Braten- und Geflügelsaucen verwendet. Kennen Sie vielleicht ein entsprechendes Rezept?

Yvonne Wächter, Gelfingen

Die getrocknete Orangenschale gehört in der Provence wie bei uns Petersilie oder Schnittlauch zu den Alltagsgewürzen. Sie ist Bestandteil des Bouquet garni, des Suppengrüns, zu dem in Frankreich sonst meist nur Petersilie, Thymian und Lorbeer gehören. Man verwendet die getrocknete Orangenschale auch für Fischgerichte und in Öl eingelegte Oliven, weil ihr Aroma fast jede Sauce noch eine Nuance reicher und aparter macht. Sie können mit ihr sozusagen sorglos experimentieren. Ich war einmal bei einer Freundin, die aus der Provence stammt, zu einem wunderbaren Essen eingeladen, bei dem alles mit Orangenaroma gewürzt war: die

Tintenfische der Vorspeise, das geschmorte Rindsvoressen und sogar die Mousse au chocolat. Für die letztere wurde allerdings die Schale und der Saft einer frischen Orange verwendet, weil die getrocknete Orangenschale ihr Aroma nur entfalten kann, wenn man sie einige Zeit in Flüssigkeit kocht.

Origano

Eine Bekannte hat mir aus Italien Origano mitgebracht. Ich bin etwas enttäuscht, dass er nicht frisch, sondern getrocknet ist, und weiss nicht genau, wie man diese dürren Blättchen verwendet.

Isa Stamm, Dietikon

Sie haben keinen Grund, enttäuscht zu sein. Der Origano ist ein Küchenkraut, das getrocknet würziger und interessanter schmeckt als frisch. Darum wird er auf den italienischen Märkten meistens schon getrocknet angeboten. Er hat ein intensives Aroma und passt nicht nur zu Pizza, sondern auch zu Tomaten- und Zucchetti-Gemüse und zur Minestrone.

Petersilie

Können Sie mir sagen, was der Unterschied ist zwischen glatter und krauser Petersilie?

Verena Zweifel, Eglisau

Die ursprüngliche Form der Petersilie ist diejenige mit den glatten Blättern. Sie hat einen viel kräftigeren Geschmack als die krause Form, die nördlich der Alpen zu dekorativen Zwecken gezüchtet wurde. Die glattblättrige Petersilie haben uns die italienischen Gastarbeiter mitgebracht, die dieses feine Kraut vor allem zum Kochen und nicht zum Dekorieren brauchen. Glattblättrige Petersilie lässt sich übrigens den ganzen Winter hindurch frisch ziehen: Man stellt sie im Topf einfach auf einen Fenstersims und giesst und schneidet sie regelmässig.

Pfefferminze

Ich habe im Garten Pfefferminze. Was kann ich mit frischer Pfefferminze anfangen? Kann man auch mit frischer Pfefferminze Tee zubereiten?

Madeleine Lüdi, Basel

Dass frische Pfefferminze zu den feinsten Küchenkräutern gehört, ist hierzulande viel zu wenig bekannt. Wer die englische Kombination von Mintsauce und Schaffleisch nicht mag, sollte deshalb noch lange nicht darauf verzichten, Gemüse und Fleischgerichte sparsam und gezielt mit frischen Minzeblättchen zu würzen, wie das in der italienischen Küche üblich ist. Erbsen oder Karotten als Gemüse schmecken mit frischgehackter Pfefferminze sehr apart, und Kutteln an einer Tomatensauce mit viel Pfefferminze sind eine bekannte römische Delikatesse. Und von meinem sizilianischen Metzger habe ich ein wunderbares Kaninchenrezept, das nur mit Minzeblättern und einem Stück scharfer Pfefferschote gewürzt wird. Man kann auch einen einfachen grünen Salat, anstatt mit Schnittlauch, Zwiebeln oder Knoblauch, mit feingehackter Minze verfeinern.

Was Ihre zweite Frage betrifft: Tee aus frischen Pfefferminzblättern schmeckt feiner und zarter als derjenige aus den getrockneten Blättern: das typische Mentholaroma ist weniger aufdringlich. Im Sommer sollte man die Gelegenheit nicht versäumen, frischen Pfefferminztee, je nach Geschmack mit etwas Zucker und Zitrone gewürzt und in Flaschen abgefüllt, als feinen Durstlöscher kaltzustellen.

Pimpinelle

Ich bekam bei Freunden eine Vinaigrette, die speziell gut schmeckte und neben Petersilie auch Blätter von einer Pflanze enthielt, die Pimpinelle heisst und ein wichtiges Gewürzkraut sein soll. Stimmt das, und wenn ja: Wie komme ich zu dieser Pflanze?

Gret Ambühl, Wald

Die Pimpinelle oder der kleine Wiesenknopf spielte als Würzpflanze früher eine grössere Rolle als heute. Zur berühmten grünen Sauce, die Goethe so gern mochte, gehört neben zwölf anderen Kräutern auch die Pimpinelle, die einen würzigen, gurkenähnlichen Geschmack hat. In dem gemischten grünen Salat, der auf italienischen Märkten verkauft wird, ist fast immer auch etwas wildwachsende Pimpinelle dabei. Sie sieht mit ihren paarweise angeordneten kleinen Fiederblättchen ausgesprochen hübsch aus. Auch in Frankreich ist die «petite pimprenelle» beliebt und gehört zu den klassischen Bestandteilen der Sauce Ravigote und verschiedener Kräuterbutter. Die Pimpinelle lässt sich leicht aus Samen oder durch Wurzelteilung im Garten ziehen; sie ist nicht empfindlich und wächst in fast jedem Boden. Ich habe erst kürzlich ein Pflänzchen geschenkt bekommen. Falls Sie keine Pimpinelle finden, kann ich Ihnen im kommenden Herbst bestimmt davon abgeben.

Safran

Da bei uns Safran recht teuer ist, bringt mein Mann ihn aus Nordafrika heim. Nun hat er sowohl das bekannte Safranpulver wie auch «Pistils de Safran» gekauft. Könnten Sie mir bitte erklären, wie man damit umgeht?

P. Graf, Oberrieden

Den feinsten Safran kauft man nicht als Pulver, sondern in Form von 1–2 cm langen rotbraunen Fäden, die auf französisch «pistils de safran» heissen; es handelt sich um die getrockneten Narben der Safranblume, die in Italien, Spanien und, wie ich durch Sie erfahren habe, auch in Nordafrika kultiviert wird (im Oberwalliser Dörfchen Mund gibt es übrigens auch Safranfelder). Für 1 Kilo Safran braucht es etwa 100 000 Blütennarben; kein Wunder, dass der Safran das teuerste Gewürz ist. Ich kaufe meine Safranfäden seit Jahren in einem römischen Gewürzladen und habe letztes Jahr für ein Gramm fast neun Franken bezahlt. Beim gemahlenen Safranpulver besteht leider immer die Gefahr, dass es durch billigere Substanzen gestreckt wurde. Safranfäden rührt man mit heisser Fleischbrühe an; dabei geben sie ihr Aroma und ihre Farbe ab, und die rötlichen Fäden im zartgelben Risotto machen augenfällig, dass hier nicht chemische Pulver, sondern echter Safran verwendet wurde.

Schalotten und Frühlingszwiebeln

Können Sie mir erklären, wie man Schalotten und Frühlingszwiebeln verwendet? Kann man sie notfalls durch Zwiebeln ersetzen?

Karin Lüscher, Ascona

Sie stellen mir eine wichtige Frage, die von vielen Hausfrauen einfach ignoriert wird. Die bescheidene Zwiebel existiert in verschiedenen botanischen Varianten, unter denen ein guter Koch die richtige Auswahl treffen muss. Die kleine Schalotte ist der Zwiebel fast immer vorzuziehen, weil sie feiner und aromatischer schmeckt. Es gibt allerdings auch verschiedene Schalottensorten: am besten sind die grauen Schalotten, die in Frankreich angebaut werden. Aber auch unsere einheimischen braunen Schalotten mit dem violetten Fleisch sind ein gutes Produkt. Die Frühlingszwiebeln, mit den langen grünen Stielen, die man jetzt auf dem Markt findet, haben ein mildes Aroma, enthalten aber so viel Wasser, dass sie sich nicht zum Anbraten eignen: wenn sie das Wasser ausgeschwitzt haben, bleiben nur winzige und zähe Reste zurück. Man verwendet sie deshalb vor allem als Beigabe zu Suppen oder roh im Salat. Schalotten und Frühlingszwiebeln lassen sich durch Zwiebeln ersetzen; man sollte dabei aber auf möglichst milde Zwiebeln ausweichen und dunkelrote oder weisse Zwiebeln verwenden, da die hiesigen braunen Zwiebeln im Geschmack häufig etwas grob sind.

Sellerie

Eine Freundin von mir sagt, Sellerie sei neben der Petersilie das wichtigste Küchenkraut und für einen guten Sugo, eine Minestrone oder auch einen Schmorbraten unentbehrlich. Sind Sie auch dieser Ansicht? Wenn ja, wo kann man frische Sellerieblätter kaufen? Kann man eventuell auch die Blätter der Stangensellerie benützen? Für Ihren kompetenten Rat im voraus besten Dank.

Colette Infanger, Oberrieden

Sellerie spielt in der italienischen Küche tatsächlich eine wichtige Rolle und ist dort praktisch nur als Stangensellerie oder als Schnittsellerie bekannt, während die bei uns vor allem beliebte würzige Sellerieknolle nur in den Berggegenden Norditaliens verwendet wird. Alle drei Selleriearten haben das gleiche ausgeprägte, erdhafte Aroma mit einem leicht süsslichen Anklang; man kann also auch die Blätter der Stangensellerie oder der Knollensellerie brauchen, wenn ein italienisches Rezept dies vorschreibt. Im Sommer findet man auch auf unseren Märkten die dunkelgrün glänzenden Blätter des Schnittselleries, die man sparsam verwenden muss, da ihr Geschmack sehr ausgeprägt ist. Sie passen wie die Petersilie zu vielen Gerichten: zum Beispiel zu Suppen, gekochten Saucen und Hülsenfrüchten. Wunderbar schmeckt übrigens auch ein Rettichsalat, den man eine Stunde in einer Marinade aus Essig, etwas Senf, Salz, Pfeffer und grobgehackten Sellerieblättern ziehen lässt. Vor dem Servieren mit gutem Öl beträufeln.

Vanille

Bis jetzt sah ich in den Geschäften nur die Briefchen angeschrieben mit Vanillinzucker. Soviel ich weiss, wird der synthetisch hergestellt. Weil mir das nie passte, machte ich ihn selber. Im Laufe des letzten Sommers begegnete mir dann plötzlich in den Rezepten von «Essen & Trinken» der Bourbon-Vanille-Zucker. Übrigens von Dr. Oetker. Weder in einem meiner unzähligen Koch- und Backbücher noch in meinem Küchenlexikon noch im Brockhaus ist der Name Bourbon, verbunden mit Vanille, zu finden. Keiner meiner gern kochenden Bekannten wusste Bescheid. Also sind Sie sozusagen meine letzte Rettung.

Frau L. Maag, Oberrieden

Bourbon-Vanille ist eine Herkunfts- und gleichzeitig eine Qualitätsbezeichnung, die bedeutet, dass die Vanille-Schoten von der Insel La Réunion im Indischen Ozean kommen, die bis 1848 Bourbon hiess. Heute läuft allerdings auch die Vanille von Madagaskar, welche 85 Prozent des Weltbedarfs deckt, unter dem Namen Bourbon, und die durchsichtigen Plastikröhrchen, in denen die schwarzen Schoten verkauft werden, tragen oft die Bezeichnung Bourbon-Vanille. Der Vanille-Zucker, den Sie früher selbst herstellten – vermutlich, indem Sie Vanille-Schoten in einem Glas mit Zucker aufbewahrten –, war also Bourbon-Vanille-Zucker.

Weinraute (Erba Ruta)

Mir schmeckt Tessiner Grappa mit Erba Ruta besonders gut. Die grünen Zweige dieses Krautes geben dem klaren Schnaps eine schöne grüne Farbe und ein kräftig bitteres Aroma. Wissen Sie, ob man dieses feine Kraut auch nördlich der Alpen anpflanzen oder kaufen kann?

Theo Gubser, Brienz

Das italienische Erba Ruta heisst auf deutsch Weinraute und gehörte früher in jeden Kräutergarten. Sie stammt aus dem Mittelmeergebiet, wo sie an trockenen, warmen Felshängen, auf Felsschutt und auf alten Mauern wächst. Bei uns kann man sie beim Gärtner kaufen oder aus Samen ziehen. Sie verträgt viel Trockenheit und Wärme.

Ich benütze ihre Blättchen sehr sparsam auch in der Küche: Sie geben Hackfleischfüllungen, Käsegerichten und grünem gemischtem Salat eine aparte Note und sind auch eine gute Zutat für Wildmarinaden.

Um den Grappa mit Weinraute zu aromatisieren, legt man ein paar Zweige des Krautes in die Flasche und lässt sie so lange drin, bis der Grappa grün ist, auf keinen Fall länger als zehn Tage, sonst wird der Schnaps bitter. So jedenfalls will es die Tessiner Tradition, die den dekorativen grünen Zweig in der Grappaflasche nicht kennt.

Zitronen- und Goldmelisse

Ich möchte in diesem Sommer ein möglichst vollständiges Kräutergärtlein anpflanzen. Dazu gehört auch die Melisse – ich weiss nur nicht ob Zitronen- oder Goldmelisse, die beide auf dem Markt angeboten werden. Oder sind beide in der Küche zu gebrauchen? Darf ich auf Ihren kompetenten Rat hoffen?

Jeanne Bauer, Adliswil

Die wichtigere Melisse ist die Zitronenmelisse – die melissa officinalis –, die schon bei den Griechen und Römern ein hochangesehenes Heil- und Würzkraut war. Zu uns ist sie wohl erst im Mittelalter gekommen und wurde ursprünglich in Klostergärten angebaut. Das zeigt auch die Tatsache, dass die Karmelitermönche im Jahr 1611 mit der Herstellung des berühmten Melissengeistes begannen, der aus getrockneten Melissenblättern zubereitet wird und vor allem nervöse Herz- und Magenbeschwerden und Migräne lindern soll.

Die ganze Pflanze duftet schon beim Vorbeistreifen stark und angenehm nach Zitrone. Darum passt sie in der Küche überall dort, wo man auch Zitronensaft oder abgeriebene Zitronenschale verwenden könnte. Eine feine Salatsauce – ohne Essig, aber mit Zitronensaft – wird mit feingehackten Blättern der Zitronenmelisse besonders edel; der Kräuteressig, mit Zitronenmelisse gewürzt, gewinnt ungemein, und auch zum Pilzragout passt Zitronenmelisse vorzüglich. Man verwendet wenn möglich die jungen Blätter und Triebspitzen, indem man sie fein hackt. Sie werden nie mitgekocht.

Die Goldmelisse, die aus Südamerika stammt, ist mit ihren wunderschönen roten Blüten vor allem eine Zierpflanze. Aus den getrockneten Blättern lässt sich zudem ein Tee zubereiten, der beruhigend wirkt.

Tips zur Aufbewahrung

Basilikum

Eine Freundin hat mir im letzten Sommer geraten, gewaschene Basilikumblätter in Joghurtgläsern einzufrieren. Das Ergebnis befriedigt mich gar nicht: die aufgetauten Blätter sind ganz schlapp und verfärben sich nach kurzer Zeit schwärzlich. Wissen Sie mir einen Rat?

Annette Staffelbach, Thun

Mein Rat: Frieren Sie kein Basilikum mehr ein, und versuchen Sie auch nicht, dieses köstliche Kraut auf irgendeine andere Weise zu konservieren. Vor allem: Dörren Sie ihn nicht; denn was dabei von seinem köstlichen Aroma bleibt, ist ein bisschen Heugeruch.

Vielleicht sollten wir uns aber auch fragen, wieso wir denn überhaupt das ganze Jahr hindurch Basilikum brauchen? Wäre es nicht sinnvoller, den Winter über auf dieses Sommergewächs zu verzichten? Dann würden wir nämlich im Mai die ersten duftenden Basilikumblättchen doppelt schätzen und den natürlichen Ablauf der Jahreszeiten auf unserem Speisezettel wiederfinden. Wir haben ja auch gemerkt, dass Früchte und Gemüse in ihrer Saison am besten schmecken. Die Küchenkräuter machen da keine Ausnahme.

Doch nun zu den aufgetauten Basilikumblättern: Obwohl sie unansehnlich geworden sind, haben sie ihren feinen Geschmack bewahrt. Sie sind eine gute Würze für gekochte Gemüsegerichte: zum Beispiel für Minestrone oder Tomatensauce, wenn man sie erst ganz am Ende der Kochzeit unzerkleinert beigibt.

Brot?

Wie kann das Brot optimal aufbewahrt werden? In einem Geschäft für Küchenzubehör sah ich einen Tontopf zum Aufbewahren von Brot. Da dieser ca. 120 DM kostet, möchte ich vorher wissen, ob dies eine gute Lösung ist; oder welche Alternativen gibt es noch?

Doris Delker, Böblingen

Brot sollte an einem Ort aufbewahrt werden, an dem Luft zukommt. In geschlossenen Blechschachteln oder Plastiksäcken wird seine Rinde gummig. Der Tontopf scheint mir etwas teuer; falls er jedoch den Luftzutritt gewährt und schön aussicht, ist dagegen nichts einzuwenden. Ich selber habe mir das Problem eigentlich nie gestellt und lasse das Brot einfach im Papiersack, in dem ich es beim Bäcker kaufe.

Eierschnee

Wenn ich steif geschlagenes Eiweiss im Kühlschrank aufbewahre, fällt es mir immer zusammen. Was mache ich falsch? Ich gebe stets eine Prise Salz bei, damit es besser hält.

Theres Widmer, Liestal

Sie machen nichts falsch. Eierschnee lässt sich (im Gegensatz zu steif geschlagenem Rahm) nicht aufbewahren; deshalb muss man ihn unmittelbar vor der Verwendung zubereiten.

Eiweiss

Ich habe sehr oft in meinem Kühlschrank Eiweiss herumstehen, mit dem ich nicht viel anfangen kann. Wissen Sie mir einige Tips, wie das Eiweiss verwertet werden kann. Es müssten dann eben Rezepte sein, wo nur Eiweiss gebraucht wird.

R. Vogt, Brütten

Die einfachsten Eiweiss-Rezepte sind für mich die verschiedenen Makrönli aus Eischnee und Zucker, die man mit geriebenen Mandeln, Haselnüssen, Baumnüssen oder Kokosnüssen vermischt und im mittelheissen Ofen ca. dreissig Minuten bäckt, so dass sie aussen fest, innen jedoch noch weich sind. Aus Eiweiss und Zucker kann man natürlich auch Meringueschalen zubereiten. Falls Sie aber keine Lust auf Backen haben, können Sie Ihre Eiweisse auch einfrieren: in kleine Kunststoffdosen oder in der Eisschale des Kühlschranks, indem sie die gefrorenen Eiswürfel dann in Gefrierbeutel verpacken. Das Eiweiss lässt sich auch nach dem Auftauen wieder gut zu Schnee schlagen.

Feigen

In unserem Garten in Südfrankreich wachsen drei Feigenbäume mit jeweils enormer Ernte. Verkaufen kann man sie nicht, jedermann hat in seinem Garten Feigenbäume! Meine dortige Nachbarin sagte mir, sie schneide die Feigen in Viertel, gefriere sie ein und verwende sie dann als Kompott. Ich könnte mir aber vorstellen, dass es noch interessantere Rezepte dafür gibt (eingelegt, getrocknet, Konfi, Chutneys). Konfi habe ich schon ausprobiert, aber das ist unheimlich süss.

Heidi Emmenegger, Oberentfelden

Ich glaube, man muss sich damit abfinden, dass es Früchte gibt, die roh am besten schmecken, wie zum Beispiel Orangen, fast alle Beerensorten, Kiwis und eben die Feigen. Während Früchte wie Zwetschgen, Aprikosen und Äpfel ein reiches und köstliches Aroma entwickeln, wenn man sie kocht. Darum würde ich darauf verzichten, Konfitüre, Kompott oder Chutney aus Feigen herzustellen und den reichen Segen der Bäume roh geniessen und verschenken. Oder es vielleicht doch mit dem Tiefkühlen versuchen. Eine Tessiner Freundin legt die frischen Feigen ohne jede Vorbereitung ins Tiefkühlgerät. Vor dem Auftauen spült sie die gefrorenen Feigen kurz mit heissem Wasser ab und lässt sie dann in einer flachen Schüssel stehen. Sie ziehen ein wenig Saft, zerfallen jedoch nicht, verfärben sich nicht und schmecken ausgezeichnet. Ob das Klima in Südfrankreich heiss genug ist, dass man die Feigen trocknen kann, bezweifle ich; es braucht dazu wohl die intensive Sonne der Türkei, Griechenlands oder Süditaliens.

Fleisch

Mit viel Interesse lese ich immer Ihre Rubrik «Kochbriefkasten» in der «annabelle». Nun habe ich ein spezielles Problem und erlaube mir, Sie um Ihren Rat zu fragen. Kürzlich habe ich ein Fleischstück für Mignons de veau erhalten. Da ich alleinstehend bin, habe ich dieses Stück in den Tiefkühler gelegt, um es dann, wenn ich Besuch erhalte, zu verwenden. Nun fehlt mir aber ein Rezept, wie ich das Beste, eben aus dem Tiefkühler, machen kann.

Arlette Graf, Klingnau

Wichtig ist vor allem, dass man das Fleisch langsam und vollständig auftauen lässt, am besten über Nacht im Kühlschrank. Das aufgetaute Fleisch – in Ihrem Fall handelt es sich um den dünn zulaufenden Teil des Filetstücks – wird sorgfältig abgetrocknet, in dünne Scheiben geschnitten und in heissem Fett oder Öl scharf angebraten, damit kein Saft austreten kann. Zum gleichen Zweck salzt man das Fleisch erst unmittelbar vor dem Anbraten. Sind die Schnitzel auf beiden Seiten angebraten, zieht man die Pfanne vom Feuer und lässt die Mignons de veau 2 bis 3 Minuten ruhen. So werden sie wunderbar zart und saftig. Sie können den Bratensatz auch mit etwas Weisswein und eventuell etwas Marsala ablöschen, um 3/4 reduzieren lassen, Rahm zugeben und auf starker Flamme zu einer sämigen Sauce einkochen.

Ich würde das feine Kalbfleisch nicht länger als drei Monate im Tiefkühler aufbewahren.

Hefeteig für Blinis

Vom Hefeteig für Blinis blieb mir nach dem Kochen eine grössere Menge übrig. Kann man diesen Teig in den Eisschrank stellen und am andern Tag wieder verwenden, oder soll man ihn – wenn überhaupt – anders aufbewahren?

Loretta Federspiel, Zürich

Man kann den Hefeteig für die Blinis (dünne Omelettchen aus Buchweizenmehl) ohne weiteres im Kühlschrank aufbewahren, da die Hefepilze sich bei einer Temperatur von unter 5 Grad praktisch nicht mehr vermehren. Wenn man aber schon einmal am Omelettenbacken ist, so könnte man den Bliniteig auch aufbrauchen und die restlichen Blinis im Kühlschrank aufbewahren oder sie einfrieren.

Hülsenfrüchte

Zurzeit werde ich immer wieder mit abgelaufenen Daten bei Hülsenfrüchten konfrontiert. Die Ware sieht noch sehr schön aus, ist aber abgelaufen.

Warum sind Hülsenfrüchte nur ein Jahr lang haltbar?

Rosemarie Burgert, Wetzikon

In ländlichen Gegenden Italiens und Frankreichs, wo die Hülsenfrüchte noch eine Grundnahrung sind, deckt man sich im Herbst mit Bohnen oder Linsen für ein Jahr ein und achtet darauf, dass die Vorräte zu Ende gehen, wenn die neue Ernte kommt. Das hat in erster Linie gastronomische Gründe:

frische Bohnen und Linsen haben ein besseres Aroma, mehr Vitamine und sind rascher weichgekocht als ältere Hülsenfrüchte.

Selbstverständlich kann man die Hülsenfrüchte auch, wenn sie achtzehn Monate alt sind, noch ohne weiteres kochen und essen. Entscheidend ist ihre Quellfähigkeit: alte Hülsenfrüchte können kein Wasser mehr aufnehmen und schwimmen nach dem Einweichen an der Wasseroberfläche. Die Datierung ist eindeutig ein Dienst am Kunden, weil sie ihm sagt, dass es sich unter Umständen um ältere Ware mit längerer Kochzeit handelt. Es ist auch ratsam, Hülsenfrüchte im Notvorrat jedes Jahr zu ersetzen.

Kaffee

Mein Kaffeekonsum ist klein, lediglich eine Tasse im Tag. Aus diesem Grund lege ich nach Kauf eines Paketes gerösteter Bohnen einen Teil sofort in den Kühlschrank, was sich nach meiner Erfahrung bewährt. Wie steht's mit gemahlenem Kaffee, eignet er sich ebenfalls zum Tiefkühlen – was sagen Fachleute dazu?

Elfriede Meier, Bern

Ich habe mich beim traditionsreichen Kolonialwarengeschäft Schwarzenbach an der Münstergasse in Zürich erkundigt, wo die frisch gerösteten Kaffeebohnen ein- bis zweimal pro Woche ihren köstlichen Duft verbreiten, und Frau Schwarzenbach hat mir bestätigt, dass geröstete Bohnen, wenn man sie tiefkühlt, ihr Aroma besser bewahren. Wichtig ist, dass man sie in einen Plastikbeutel oder eine Kühlbox gibt und nicht mehr als ein paar Wochen im Tiefkühlfach lässt. Skeptischer war die Fachfrau beim gemahlenen Kaffee: Man kann ihn wohl tiefkühlen; doch scheint ihr dieses Verfahren bei den Bohnen sinnvoller.

Kartoffeln

Wir sind grosse Kartoffelesser. Deshalb kaufe ich das ganze Jahr über gern für mindestens zwei Wochen eine grössere Menge von Kartoffeln ein und stehe dann immer vor dem Problem, wo ich sie aufbewahren soll.

Ida Seelig, Solothurn

Fürs Lagern von Kartoffeln gibt es zwei wichtige Kriterien:

1. Sie müssen im Dunkeln gelagert werden, weil sich unter Lichteinfluss das giftige Solanin bildet, welches ihrem Fleisch eine grünliche Farbe gibt.

2. Sie verlangen eine tiefe Temperatur, ideal sind 5–10 Grad. Frost ertragen sie nicht, weil er ihre Stärke in Zucker verwandelt, was sie ungeniessbar macht.

Da heutzutage die meisten Häuser nicht mehr über genügend kühle Keller verfügen, ist es sinnvoll, die Kartoffeln für kürzere Zeit in einem lichtundurchlässigen Sack in einer kühlen Wohnungsecke oder im Estrich aufzubewahren.

Schalenkartoffeln

Von einer Apothekerin wurde ich informiert, «Gschwellti» (gekochte Kartoffeln), die mehr als 2–3 Tage im Kühlschrank waren, wegzuwerfen, da sich unter der Schale ein «Gift» entwickle, das sehr gesundheitsgefährdend sei. Bis jetzt habe ich aus den «Gschwellte» nach ein paar Tagen eine Rösti zubereitet.

Spinat sollte ja nie aufgewärmt werden. Nun blanchiere ich diesen nach der Ernte kurz, um ihn tiefzukühlen. Bei dessen Verwendung wird er ja auch zum zweiten Mal erhitzt! Ist das ungefährlich?

Martina Bichsel, Münsingen

In der Schale gekochte Kartoffeln lassen sich ohne weiteres länger als zwei Tage im Kühlschrank aufbewahren. Dabei entsteht kein Gift; die Kartoffeln können höchstens faulen, was mit den Augen und der Nase leicht festzustellen ist. Das Gift, vor dem die Apothekerin Sie warnt, ist das Solanin, das sich in rohen Kartoffeln bildet, die dem Tageslicht ausgesetzt sind. Dabei entstehen grüne Stellen, die wie alle über der Erde wachsenden Teile der Kartoffelstaude giftig sind.

Auch in bezug auf Ihre zweite Frage kann ich Sie beruhigen: Das Blanchieren des Spinats ist als Vorbereitung zum Tiefkühlen nicht dem Kochen gleichzusetzen. Man kann aus tiefgekühltem Spinat ohne Sorge ein feines Gemüse zubereiten. Aufwärmen sollte man den Spinat aber wegen seines relativ hohen Nitratgehaltes besser nicht.

Käse

Wie kann man in unseren modernen Wohnungen ohne Speisekammer und Keller den Käse noch richtig aufbewahren? Wickelt man ihn in Alufolie oder in ein feuchtes Leinentuch wie meine Grossmutter? Und was macht man mit abgepacktem Käse, dessen aufgedrucktes Verfalldatum überschritten ist?

Yvonne Meister, Emmenbrücke

Man kann Käse im Kühlschrank aufbewahren, ohne dass seine Qualität leidet, wenn man zwei Regeln beachtet:

1. Man legt ihn an die am wenigsten kalte Stelle (Gemüseschublade oder Innenseite der Tür);
2. Man nimmt ihn mindestens eine halbe Stunde vor dem Servieren heraus, damit er sein volles Aroma entfalten kann.

Man belässt den Käse im Frischhaltepapier des Käseladens oder wickelt ihn in Alufolie. Grossmutters Leinentuch war sinnvoll in einem kühlen, belüfteten Keller, wo es das Austrocknen des Käses verhinderte.

Verfalldaten sind beim Käse recht problematisch. Sie verführen unerfahrene Leute dazu, den Käse zu konsumieren, bevor er die richtige Reife hat. So hat mir zum Beispiel ein Käsehändler einmal erzählt, dass er seinen Boursault-Käse erst zwei Wochen nach Verfalldatum überhaupt geniessbar findet. Man soll sich beim Prüfen eines Käses in erster Linie auf seinen Geruchs- und Geschmackssinn verlassen.

Geöffnete Konservendosen

In der Kochschule wurde uns gesagt, dass wir eine geöffnete Büchse sofort leeren sollten. Nach einigen Stunden würden sich ungesunde Stoffe entwickeln. Mein Schatz glaubt dies nicht. Er stellt öfter Mais in der offenen Büchse in den Kühlschrank. Das Katzenfutter bleibt über Nacht stehen. (Nicht im Kühlschrank.) Ist meine Sorge begründet? Oder werden heute die Büchsen aus besserem Material hergestellt?

Franziska Staub, Zürich

Ich habe Ihre Frage einem Fachmann vorgelegt, und der hat mir gesagt, dass die heutigen Konservendosen praktisch die Qualität von Glas oder Porzellan haben. Sie bestehen aus verzinntem Eisenblech, sogenanntem Weissblech, das durch einen Kunstharzlack vor jeder Veränderung geschützt ist. Man kann sie ohne weiteres im Kühlschrank aufbewahren, nachdem man sie geöffnet hat.

Eine kleine Einschränkung muss aber doch gemacht werden: Beim Öffnen der Dose wird das beschichtete Weissblech durchschnitten, und an dieser Kante, die sich mit der Zeit ja auch verfärbt, besteht die Gefahr des Rostens. Das Umleeren des Doseninhaltes in ein anderes Gefäss ist deshalb eine durchaus sinnvolle Massnahme zur Qualitätssicherung. Es ist aber bestimmt auch ganz ungefährlich, den Mais über Nacht in der offenen Dose im Kühlschrank aufzubewahren.

Weniger gut finde ich hingegen das Stehenlassen von Katzenfutter ausserhalb des Kühlschranks. Wenn eine feuchte Fleischkonserve mit Luft in Berührung kommt, setzt unweigerlich ein Zersetzungsprozess ein, der nur bei niedriger Temperatur gebremst werden kann.

Meerrettich

Die Meerrettichwurzeln, die ich auf dem Markt kaufe, sind leider immer so gross, dass ich davon Resten habe. Mein Anliegen ist zu erfahren, wie man diesen frischen Meerrettich aufbewahren kann. Im Kühlschrank oder im Keller? Und lässt er sich eventuell auch gerieben aufbewahren?

Mathilde Reiser, Werthenstein

Meerrettich kann man ohne weiteres ein bis zwei Wochen, in Klarsicht- oder Alufolie eingepackt, im Kühlschrank aufbewahren. Er darf allerdings nicht geschält sein, weil er sich an der Luft verfärbt. Damit ist auch Ihre zweite Frage beantwortet: Gerieben lässt er sich nicht aufbewahren; es sei denn, man konserviere ihn, indem man ihn in kleine Gläser füllt, mit Essig übergiesst, gut verschliesst und kühl und dunkel lagert. Wenn Sie einen guten Keller haben, können Sie Meerrettichwurzeln mit feuchtem Sand bedeckt überwintern.

Milch und Joghurt

Ich möchte gern ein für allemal wissen, wie lange man Milchprodukte im Kühlschrank aufbewahren kann. Bei Milch, Joghurt oder Hüttenkäse ist meist nur das Verfalldatum angegeben; ich möchte auch wissen, wie lange man geöffnete Milchprodukte aufbewahren kann. Da gilt doch wohl das Verfalldatum nicht mehr. Diese Unsicherheit stört mich, und darum freue ich mich auf Ihre Angaben.

Maya Gisiger, Solothurn

Diese Unsicherheit wird erst verschwinden, wenn Sie sich entschliessen, Ihrem Geschmackssinn und Ihrer Nase mehr zu vertrauen als vorgedruckten Daten. Ihre Nase sagt Ihnen nämlich unfehlbar, ob die Milch und der Quark, die das Verfalldatum überschritten haben, noch gut schmecken und geniessbar sind oder nicht. Das gleiche gilt für bereits geöffnete Produkte. Da kann man sich jedes Nachrechnen sparen, wenn man auf seine Sinne vertraut. Ich finde es schade, dass im Bereich des Kochens, wo sinnliche Erfahrung entscheidend ist, immer mehr ein abstraktes Zahlen- und Regeldenken um sich greift, das sich im sturen Nachkochen von Rezepten ebenso äussert wie in der Ängstlichkeit gegenüber den Verfalldaten.

Bedenken Sie zum Beispiel auch, dass Verfalldaten bei einem Naturejoghurt sinnlos sind, weil ein Joghurt, im Gegensatz zur Milch, nicht schlecht wird, auch wenn es sich im Geschmack leicht verändert.

Milch, Fleisch, Eier

In meinem Einpersonen-Haushalt kämpfe ich andauernd mit Verfalldaten und verdorbenen Lebensmitteln. Ich möchte Sie nun deshalb diesbezüglich einiges fragen:

1. Hält die Milch länger, wenn ich sie vom Beutel in ein Einmachglas schütte? Oder was schlagen Sie vor?

2. Wie lange darf man Frischfleisch im Kühlschrank aufbewahren?

3. Wie alt dürfen Eier sein?

Christine Marti, Bern

Ich lese aus Ihren Zeilen eine gewisse Ängstlichkeit in bezug auf die Frische von Lebensmitteln, die heute bei vielen Hausfrauen verbreitet ist. Zum Teil sind wohl auch die von Ihnen erwähnten Verfalldaten daran schuld, dass man immer mehr verlernt, seinem Geruchs- und Geschmackssinn zu vertrauen. Über die Verwendbarkeit eines Eis kann man meiner Ansicht nach ohne weiteres mit der Nase entscheiden.

Die Milch lässt man am besten in ihrer zweckmässigen Verkaufspackung. Beim Fleisch kann man keine allgemeingültigen Regeln aufstellen. Hackfleisch sollte man nicht länger als einen Tag im Kühlschrank aufbewahren. Grössere Fleischstücke halten sich dagegen ohne weiteres 2–3 Tage: ein Bratenstück reibt man mit Öl ein; Voressen gibt man in ein enges Gefäss und giesst Öl dazu, bis es davon bedeckt ist. Man kann diese Ölmarinade, die das Fleisch zarter macht, auch mit Kräutern oder geschälten Knoblauchzehen würzen.

Parmesan am Stück

Wenn ich in Italien bin, vergesse ich nie ein Stück Parmesan heimzunehmen. In der Umgebung von Parma habe ich einige der Familienbetriebe zur Herstellung von Parmesan besichtigt, die alle das Tiefkühlen von Parmesan befürworten. Haben Sie als Kennerin der italienischen Küche und der Behandlung ihrer Lebensmittel Erfahrung mit diesem Tiefkühlen – ist damit keine geschmackliche Einbusse oder sonstige Veränderung verbunden?

Elfriede Meier, Bern

Ich kann Ihre Frage leider nicht aus persönlicher Erfahrung beantworten. Bei mir werden auch grosse Stücke Parmesan so rasch aufgebraucht, dass sich das Problem der Aufbewahrung gar nicht stellt. Ich habe Ihre Frage zwei Käseexperten vorgelegt, und beide haben vom Tiefkühlen abgeraten, weil der Käse dabei bröckelig werde und sich nicht mehr gut reiben lasse. Viel ratsamer sei es, den Parmesan in einem verschweissten Vakuumbeutel aufzubewahren, da halte er sich problemlos mehrere Monate. In einem guten Käsegeschäft wird man Ihnen gern den Gefallen tun, Ihren Parmesan vakuumzuverpacken.

Parmesan gerieben

Kann man geriebenen Parmesankäse eigentlich unbeschränkt lange aufbewahren, oder wird er nach einer bestimmten Zeit ranzig oder schimmlig?

Eva Bischof, Basel

Geriebener Parmesan lässt sich vermutlich ziemlich lange aufbewahren. Ich sage «vermutlich», weil ich das selber nie ausprobiert habe; denn die Grundregel für Reibkäse – handle es sich nun um Parmesan, Sbrinz oder eine andere Sorte – lautet: man soll ihn nicht gerieben kaufen, sondern unmittelbar vor dem Gebrauch reiben, und man soll nicht mehr davon reiben, als man zum Essen gerade braucht.

Das Problem des Aufbewahrens von geriebenem Parmesan stellt sich also überhaupt nicht. Feinschmecker gehen mit Recht noch weiter und sagen, dass man den Parmesan für Suppen oder Teigwaren erst ein paar Minuten vor dem Anrichten reiben darf, weil der frisch geriebene Käse seinen köstlichen Geschmack von Minute zu Minute verliert, wenn man ihn stehen lässt. Darum ist es auch nicht Snobismus, sondern echte Sorgfalt, dass die Kellner in guten italienischen Restaurants den Käse am Tisch direkt auf die angerichteten Spaghetti reiben.

Parmesan kauft man nicht hundertgrammweise, sondern lässt sich vom Käsehändler ein ordentliches Stück von 200–300 g abstechen. Kühl und trocken aufbewahrt (im Kühlschrank möglichst weit entfernt vom Kühlelement), hält er sich ausgezeichnet und gehört für mich zu den wichtigsten Küchenvorräten.

Selbstgemachter Pesto

Ich bin eine Pesto-Liebhaberin. Da ich über eigenen Basilikum verfüge, möchte ich natürlich jetzt etwas Vorrat anlegen für die «basilikumlosen» Zeiten. Immer wieder höre und lese ich, dass man Pesto genovese ohne Probleme über längere Zeit aufbewahren könne. Mir ist es jedoch schon mehrmals passiert, dass er schon nach kurzer Zeit schimmelig wurde. Was mache ich wohl falsch? Könnten Sie mir noch einmal ganz genau beschreiben, wie man es machen sollte? Ich nehme immer Einmachgläser mit Gummiring und Verschluss.

Magda Hausheer, Baar

Ich bin wie Sie eine Pesto-Liebhaberin, weiss aber aus eigener Erfahrung, dass man diese herrliche Basilikum-Knoblauch-Paste nicht lange aufbewahren kann. Sie verliert schon nach einer Woche einen Teil ihres intensiven und frischen Aromas. Damit der Pesto nicht schimmelig wird, genügt es jedoch, ihn mit einer kompakten Ölschicht zu bedecken und Alufolie über den Behälter zu legen. Im Hinblick auf eine abwechslungsreiche Jahreszeitenküche finde ich es eigentlich sinnvoll, Spaghetti al pesto dann zu essen, wenn man Basilikum im Garten hat.

Gekochte Pilze

Da wir grosse Fans von Pilzgerichten sind und auch selber sammeln, möchte ich einmal genau wissen, was Sie vom Aufbewahren von fertiggekochten Pilzen halten. Die Meinungen gehen da ziemlich auseinander. Meine Frage: Darf man Pilzgerichte von frischen Waldpilzen unbedenklich einen Tag im Kühlschrank aufbewahren, ohne eine Magenverstimmung davonzutragen?

Regina Schwizer, Neuhausen

Ich habe Reste von gekochten Pilzgerichten stets bedenkenlos für eine Nacht im Kühlschrank aufbewahrt. Da Sie aber darauf hinweisen, dass dieses Verfahren nicht unumstritten ist, habe ich bei der Pilzkontrolle des Botanischen Gartens in Zürich nachgefragt. Der Fachmann hat meine Erfahrung bestätigt: Ein frischgekochtes Pilzgericht lässt sich problemlos im Kühlschrank aufbewahren. Zu beachten ist, dass das Gefäss aus Porzellan oder Chromstahl – und nicht aus Aluminium! – sein muss.

Randen

Meine Familie isst gerne Randensalat. In letzter Zeit ist es mir aber ein paarmal passiert, dass die Randen schon nach 1–2 Tagen im Kühlschrank schimmlig werden. Woran liegt das und kann man dagegen etwas tun?

Else Keller, Winterthur

Woran es liegt, dass gekochte Randen so rasch schimmeln, weiss ich leider nicht. Um das Schimmeln zu verhindern, genügt es aber, die Randen mit Essig einzureiben, bevor man sie in den Kühlschrank legt. Ich brauche diese Vorsichtsmassnahme allerdings kaum, weil ich die gekochten Randen immer gleich zu Salat auf Vorrat verarbeite. Ich schneide sie in kleine Würfel (so verlieren sie weniger Saft als beim Raffeln) und mache sie mit Essig, Salz und Öl und etwas ausgepresstem Knoblauchsaft an. Dieser Randensalat hält sich im Kühlschrank mindestens eine Woche tadellos. Man muss ihn eine halbe Stunde vor dem Essen aus dem Kühlschrank nehmen.

Gewaschener Salat

Da ich berufstätig bin, rüste ich den grünen Salat gern im voraus für ein paar Tage. Ich lege ihn sauber gewaschen in Plastikbeutel, die ich im Kühlschrank aufbewahre. Trotzdem bekommt er oft faule Stellen. Was kann ich dagegen tun?

Bruna Bernasconi, Schaffhausen

Wenn Sie gewaschenen Salat im Kühlschrank aufbewahren, müssen Sie auf zwei Dinge achten:

1. Der Plastikbeutel darf auf keinen Fall geschlossen werden; die Luft muss zwischen den Blättern zirkulieren können.

2. Der Salat sollte so trocken wie möglich sein; je weniger Wasser an den Blättern haftet, desto länger bleiben sie frisch. Am besten halten Sie sich an die bewährte Methode mit dem sauberen Küchentuch: Sie legen den Salat darauf, rollen es zusammen und schwingen es kurz durch.

Geöffnete Sherryflaschen

Vor kurzem habe ich im Mitteilungsblatt eines renommierten Weinhauses gelesen, dass Sherry, einmal angebrochen, innert 14 Tagen getrunken werden sollte, auch wenn er kühl gelagert wird. Ich selber brauche Sherry eher selten als Aperitif; die Flasche steht in meiner «Küchenbar» und wird in kleinen Mengen beim Kochen verwendet. Was sagt ein Kenner zu einer monatelang angebrochenen Flasche, handle es sich nun um Sherry, Porto und ähnliche Weine, die ja alle auch in der Küche gebraucht werden?

Fina Scherr, Zürich

Renommierte Weinhäuser haben ein berechtigtes Interesse daran, möglichst viel Sherry zu verkaufen. Zu diesem Zweck raten sie ihren Kunden, den angebrochenen Sherry bald auszutrinken. Obschon Sherry und Porto heute so hergestellt werden, dass man sie ohne weiteres offen und in der Folge ein paar Monate aufbewahren kann. Wichtig ist nur, dass man die Flasche wieder gut verschliesst; am besten mit einem Vakuum-Verschluss. Kühle Lagerung ist nicht nötig. Der Verlust an Aroma ist gering und fällt erst recht nicht ins Gewicht, wenn man den Sherry zum Kochen braucht.

Spinat und Pilze

Die Tochter hat's von der Mutter gelernt und diese wiederum von ihrer Mutter: Spinat und Pilzgerichte darf man nicht aufwärmen! Warum das so ist, weiss ich eigentlich gar nicht so recht (hab' in der Kochschule sicher mal geschlafen). Können Sie mir Auskunft geben? Besonders das mit den Pilzen würde mich interessieren: Warum darf man nicht? Gilt diese Regel für alle Pilzsorten? Auch für Büchsen-, Trocken-, Tiefkühlpilze?

Darf ich ein Pilzgericht, welches ich am Mittag gekocht habe, zum Znacht nicht mehr aufwärmen? Kann ich z. B. Spaghetti-Sugo mit Pilzen drin nicht einfrieren und später wieder verwenden?

Susi Pfister, Uster

Spinat sollte man wegen seines hohen Nitratgehalts nicht aufwärmen; diese Regel haben Sie zu Recht von Ihrer Mutter übernommen. Für die Pilze gilt diese Vorsichtsmassnahme aber nicht: man kann sie ohne weiteres aufwärmen, und zwar gilt das für alle Pilzsorten, auch für tiefgekühlte und getrocknete Pilze und für Pilze aus der Dose. Ebenso kann man gekochte Pilzgerichte oder Fleischgerichte mit Pilzen (Spaghettisugo) einfrieren und später wieder verwenden. Ein Lebensmittelchemiker hat mir dies bestätigt.

Der heikle Punkt bei den Pilzen ist nicht die Aufbewahrung des gekochten, sondern diejenige des frischen Produkts: d. h., man sollte Pilze wenn möglich am gleichen Tag, an dem man sie gekauft oder gesammelt hat, auch zubereiten. Ist das nicht möglich, darf man sie auf keinen Fall zugedeckt im Kühlschrank aufbewahren (dabei könnte sich giftiger Schimmel bilden); man legt sie vielmehr an einen kühlen und schattigen Ort nebeneinander, dass von allen Seiten Luft hinzukommt.

Steinpilze

Stimmt es, dass man Steinpilze einfrieren kann, ohne sie vorher zu kochen? Verlieren sie nicht ihr gutes Aroma dabei? Und wie behandelt man tiefgefrorene Pilze beim Kochen?

René Koch, Zürich

Tiefgefrorene Pilze gehören für mich zu den wenigen ganz und gar erfreulichen Fortschritten der Tiefkühltechnik. Während ich frischen von tiefgekühltem Spinat ohne weiteres unterscheiden kann, weiss ich aus Erfahrung, dass tiefgekühlte Steinpilze in Konsistenz und Geschmack den frischen ebenbürtig sind.

Zum Einfrieren bereitet man die Steinpilze wie zum Kochen vor: man putzt sie, schneidet sie in Stücke und verpackt sie portionenweise in Tiefkühlsäcklein. Und wenn man sie aus dem Tiefkühlfach nimmt, behandelt man sie genau gleich wie frische Pilze: man gibt sie in eine Pfanne mit Öl oder Butter, dünstet sie, bis sie aufgetaut sind und würzt sie mit Salz, Pfeffer, Petersilie und eventuell ein wenig Knoblauch.

Hausgemachte Teigwaren

Ich habe mir vor kurzem eine Moulinex-Pasta gekauft, damit ich frische Teigwaren herstellen kann. Ist es möglich, die Teigwaren zu lagern? Wenn ja, wie und wie lange?

Susy Marquardt, Fehren

Man kann Teigwaren problemlos Wochen, ja Monate aufbewahren; nur verlieren sie dabei ihr köstliches frisches Ei-Aroma, um dessentwillen man sie selbst herstellt.

Man kann sie in einem Papiersack oder in einem grossen Konservenglas lagern. Wenn ich selbstgemachte Nudeln verschenke, forme ich aus ihnen, solange der Teig weich und biegsam ist, eine Art runde Nestchen, damit sie sich im Glas oder im Papiersack besser verstauen lassen.

Tomatensauce

Wie bereite ich eine Tomatensauce mit frischen Tomaten als Vorrat vor? Wie sterilisiere ich die Sauce? Dürfen Zwiebeln und Knoblauch auch mitgekocht werden (beim Sterilisieren), auch wenn ich sie ausnahmsweise einmal einfrieren möchte?

Aricena Dill, Riehen

Ich verrate Ihnen gern die einfachste Methode, um Tomatensauce auf Vorrat einzukochen. Es ist nicht das Sterilisieren im Wasserbad oder im Backofen, sondern das Kochend-Einfüllen in Gläser oder Flaschen, die mit einem Glasdeckel samt Gummiring verschlossen werden.

Man nimmt reife, fleischige Tomaten (falls man keinen Gemüsegarten hat, lohnt es sich, ein Gitter Tomaten auf dem Engros-Markt zu kaufen), viertelt sie, gibt sie mit wenig Salz in einen Kochtopf und kocht sie in 5 bis 10 Minuten weich. Dann treibt man sie durchs Passevite oder durch ein Sieb, erhitzt die pürierte Sauce nochmals im Kochtopf und füllt sie siedend heiss in sterile Flaschen oder Gläser ein, bis sie fast überlaufen. Gläser verschliessen und erkalten lassen.

Hat man keine speziellen Konservengläser, kann man auch gewöhnliche Flaschen verwenden, die man bis 4 Zentimeter unter dem Flaschenrand füllt, mit Olivenöl bedeckt und verkorkt. Auch diese Konserven halten sicher 6 bis 7 Monate.

Ich finde die Tomatensauce würziger, wenn man ihr Zwiebel, Knoblauch und Kräuter wie Basilikum oder Origano erst beifügt, wenn man sie zum Essen zubereitet. Die Reste einer fixfertigen Tomatensauce kann man ohne weiteres einfrieren.

Vitello tonnato

Ich habe eine grosse Abneigung gegen die herrschende Wohlstands-Verschwendung, auch in der Küche. Manchmal stellt mich aber die konsequente Wiederverwendung von Resten vor Probleme. Zum Beispiel das Vitello tonnato. Wie kann man es aufbewahren und wiederverwenden?

Gabriella Rossi, Mendrisio

Ich bin ganz Ihrer Meinung und finde es wichtiger, die Resten klug zu verwenden, als stets neue und raffiniertere Speisen zu erfinden.

Das Vitello tonnato wird unansehnlich, wenn man es zur Aufbewahrung einfach wieder in den Kühlschrank stellt. Es lohnt sich deshalb, die Thonsauce von den Kalbfleischtranchen wegzunehmen und sie in einem geschlossenen Gefäss aufzubewahren. Das Fleisch wickelt man zum Beispiel in eine Folie. Vor dem zweiten Auftragen vermischt man die Sauce, wenn nötig, mit etwas Mayonnaise und garniert die Platte mit Eivierteln, Petersilie und Zitronenscheiben. Dieses Vitello tonnato wird mindestens so gut schmecken wie das erste Mal.

Zitronenschale

Auf die Frage einer Leserin, ob man abgeriebene Zitronenschale konservieren könne, gab ich vor einiger Zeit zur Antwort, es sei besser, nicht zu backen als auf frische geriebene Zitronenschale zu verzichten. Darauf haben mir verschiedene Leserinnen mitgeteilt, dass man die Zitronenschale auch tiefkühlen könne. So z. B. Frau Margot H. Hess aus Winterthur:

«Ich habe ein Diplomatenleben lang in diversen Ländern einen grossen Haushalt führen müssen, dem man nie anmerken durfte, dass gerade dies und jenes nicht mal auf dem Schwarzmarkt zu haben war. Die Drinks bei Cocktailparties mussten den üblichen Zitronenschnitz haben. Und Gebäcke verlangten nach abgeriebener Zitronenschale, auch wenn wegen Devisenmangels diese Südfrüchte nicht zu haben waren. Und so habe ich mir angewöhnt, immer ein paar meiner ausgepressten Zitronenschalen in den Tiefkühler zu geben, und tat das im Ausland auch mit Zitronenscheiben (einzeln gefrieren und gefroren in die Drinks geben). Ihrer Leserin kann ich verraten, dass eine gefrorene halbe Zitronenschale sich besser reiben lässt als eine frische. Eventuell muss man wegen der Kälte einen Haushalthandschuh anziehen.»

Auch ohne Tiefkühlfach lässt sich abgeriebene Zitronenschale konservieren, wie Frau Beatrice Stüssi, Hauswirtschaftslehrerin in Walenstadt, beschreibt:

«Wenn ich nur Zitronensaft brauche, wird zuerst die Schale geraffelt. Diese in ein Konfiglas mit Schraubverschluss geben und Zucker dazugeben. Schütteln! Bei allen Speisen mit Zitronenschale braucht es auch Zucker, also nehme ich diese Mischung. Nicht vergessen, die entsprechenden Löffel Zucker beim Rezept abzurechnen. Dieses Zitronenzuckeraroma ist herrlich und kann überall verwendet werden: z. B. in verschiedenen Früchtekompotten, Tee, gefülltem Hefegebäck usw. Zitronenzucker kann beliebig lang aufbewahrt werden. Habe ich neue Schalen, gebe ich sie zum Rest im Glas und fülle einfach wieder Zucker auf.»

Vielen herzlichen Dank für diese nützlichen Informationen!

Selbstgedörrte Zwetschgen

Könnten Sie mir sagen, wie ich selbstgedörrte Zwetschgen aufbewahren kann, ohne dass sie hart werden innert einiger Wochen? Letztes Jahr habe ich sie in Stoffsäcklein aufbewahrt, doch nach einigen Wochen waren sie steinhart. Würden sie in Dosen weich bleiben, ohne dass sie schimmeln?

Catherine von Burg, Olten

Die Aufbewahrung in Stoffsäcklein ist richtig; in einer verschlossenen Dose können sich Schimmel oder auch Würmer entwickeln.

Es gehört zur Eigenart der selbstgedörrten Früchte, dass sie relativ rasch hart werden. Das ändert aber nichts an ihrer Qualität: Es genügt ja, die Zwetschgen über Nacht einzuweichen, damit man aus ihnen ein wunderbares Kompott machen kann.

Küchengerät

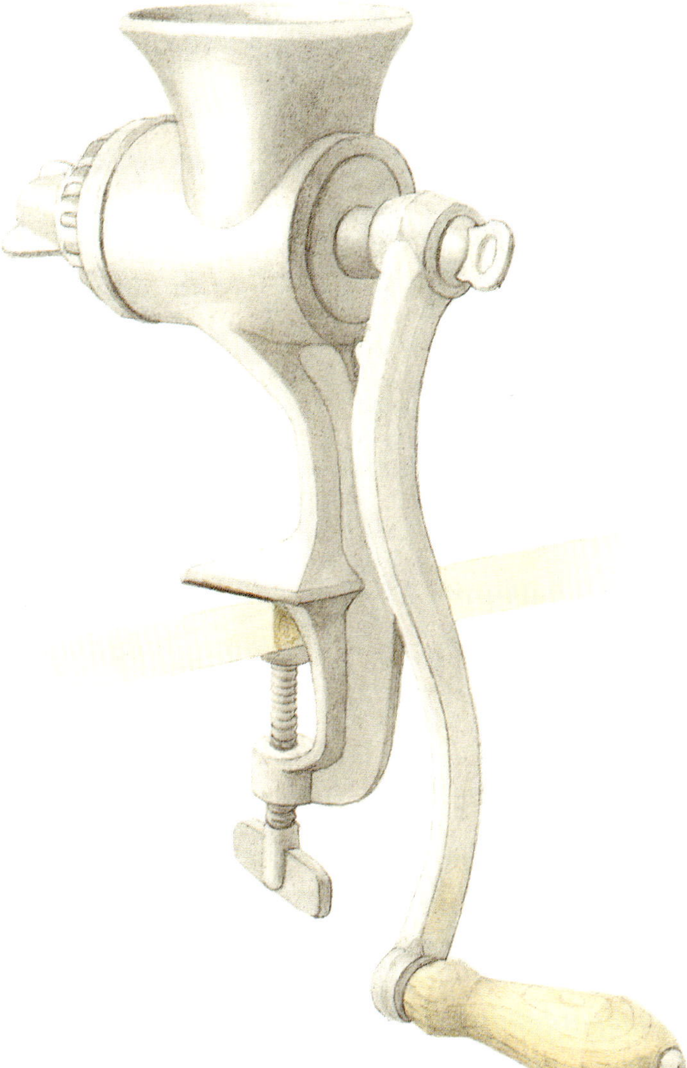

Bambuskörbchen
Ich weiss nicht genau, wie ich die chinesischen Bambuskörbchen zu verwenden habe, die ein Freund mir geschenkt hat. Können Sie mir ein paar Tips geben?

Lisbeth Pepper, Arosa

Das Kochen mit diesen Bambuskörbchen ist ganz einfach: Man füllt einen Kochtopf zur Hälfte mit Wasser, das man zum Kochen bringt, setzt das Körbchen samt Deckel darauf und kann darin Gemüse und Kartoffeln oder auch Fisch weich kochen. Wichtig ist, dass man das Gemüse dünn schneidet; sonst kann das Garen im Wasserdampf ziemlich lange dauern. Man sollte sich auch mit der Garzeit der verschiedenen Gemüse einigermassen vertraut machen. Will man zum Beispiel Kartoffeln, Karotten und Zucchetti zusammen dämpfen, so gibt man zuerst die Karotten, dann die Kartoffeln und zuletzt die Zucchetti in das Körbchen. Man würzt nach Lust und Laune mit Salz, Pfeffer, Petersilie, Sellerieblättern, Fenchelgrün und anderen Kräutern. Fast alle Gemüse entwickeln beim Garen im Dampf ein besonders köstliches und zartes Aroma; Kartoffelscheibchen zum Beispiel schmecken unglaublich viel besser und zarter, als wenn man sie im Salzwasser kocht. Man kann das im Dampf gekochte Gemüse nature essen oder aber mit etwas gutem Olivenöl beträufeln. Auch ein paar Tropfen Aceto balsamico passen gut dazu. Sehr angenehm ist auch, dass man das Gemüse im Bambuskörbchen nicht nur kochen, sondern auch auf den Tisch bringen kann. Ich koche auch Schalenkartoffeln meistens in diesem Körbchen.

Bratpfannen
Ich sollte eine neue Bratpfanne anschaffen. Mit Teflonpfannen habe ich keine guten Erfahrungen gemacht. Auch sehr teure Teflonpfannen geben schon nach relativ kurzer Zeit den Geist auf. Kennen Sie eine andere Art Pfanne, die sich eignet zum Braten sowie zum Zubereiten von zarten Omeletten usw. ? Ich will eine Pfanne, an der niemals etwas klebt. Ich hoffe, dass ich nicht der erste Hausmann bin, der sich mit Küchenfragen an Sie wendet.

Samuel Lindt, Grossaffoltern

Ich freue mich immer über Kochfragen von Männern, weil sie mir zeigen, dass Männer und Frauen daran sind, ihr einseitiges Rollenverhalten abzubauen. Beim Lesen Ihrer Frage ist mir das Sprichwort in den Sinn gekommen, dass man nicht den Fünfer und das Weggli haben kann: Eine Bratpfanne aus Gusseisen hält zwar ein ganzes Leben, eine Omelette brennt in ihr aber leicht an, wenn man nicht genug Butter beigibt. Umgekehrt halten die mit Teflon beschichteten Pfannen, in denen man mit sehr wenig Fett braten kann, nur beschränkte Zeit. Deshalb bin ich der Meinung, dass man in einer gut eingerichteten Küche beide Pfannentypen braucht: die schwere Pfanne aus Gusseisen, um Fleisch bei grosser Hitze anzubraten, die leichtere Teflonpfanne zum Anbraten bei sanfter Hitze. Teflonpfannen, die man nicht zu stark erhitzt, halten ziemlich lange; es lohnt sich, auf gute Qualität zu achten. Sobald ihr Belag Schadstellen aufweist, sollte man sie nicht mehr benützen.

Chromstahl oder Email

Ich möchte in nächster Zeit neue Kochtöpfe kaufen. Nun meint eine Bekannte, ich solle doch lieber Emailtöpfe anschaffen, da dies gesünder sei zum Kochen als die Verwendung von Chromstahlgeschirr. Ich kann mir keinen Reim daraus machen, wieso Email gesünder sein soll als Chromstahl. Können Sie mir auf die Sprünge helfen? Was würden Sie mir raten?

Alice Bosshard, Dübendorf

Ich würde Ihnen raten, beim bewährten Chromstahl zu bleiben. Das ist genau wie Email – ein tadelloses Material, das die Speisen im Geschmack und in der Farbe nicht beeinflusst. Es ist zudem solider als Email und ein besserer Wärmeleiter. Töpfe aus emailliertem Blech haben demgegenüber eigentlich nur den Vorteil, dass man sie in vielen bunten Farben kaufen kann.

Dampfkochtopf

Ich möchte Sie anfragen, was Sie persönlich vom Schnellkochtopf halten. Ein Profi-Koch sagte mir, er möchte nichts wissen von Schnellkochtöpfen. Nun möchte ich von Ihnen gern erfahren, ob z. B. ein Braten ausschliesslich in den Backofen gehört. Ich selbst probiere es ganz verschieden aus, aber auch aus dem Schnellkochtopf schmeckt mir der Braten.

J. Schönenberger, Widnau

Auf Ihre Frage nach der Verwendung des Dampf- oder Schnellkochtopfs (ich nehme an, dass es sich um dasselbe Gerät handelt) kann ich Ihnen leider nicht aus eigener Erfahrung antworten. Das hat seinen Grund vor allem darin, dass ich zu Hause arbeite und genug Zeit habe, um einen Braten entweder im Ofen oder auf dem Herd im Schmortopf zuzubereiten. Dass ich keinen Dampfkochtopf verwende, liegt vermutlich aber auch daran, dass ich den Kochprozess gern mit meinen Augen beobachte: Ein hermetisch verschlossener Topf, bei dem ein paar Minuten zuviel oder zu wenig über das Gelingen entscheiden, gibt mir ein Gefühl der Unsicherheit. Ich habe aber bei Freunden schon vorzügliche Gerichte aus dem Dampfkochtopf gegessen und bin deshalb der Meinung, dass das Resultat und nicht die Methode wichtig ist. Da würde ich als Hausfrau nicht auf Profi-Köche hören, sondern ruhig meiner eigenen Erfahrung vertrauen.

Fleischwolf

Ich esse fürs Leben gern Hackfleisch in allen möglichen Varianten. Leider mag ich das fertiggehackte Fleisch vom Metzger nicht, und manchmal benötige ich nur kleine Portionen. Frage ich nun, ob es mir gehackt würde, so tut man das nur ungern oder gar nicht. Meine Frage an Sie: Welche Maschine würden Sie mir empfehlen, damit ich mein eigenes Fleisch hacken kann? Ich besitze eine Zyliss-Gemüseraffel mit Hackfleischaufsatz, mit dem ich nicht zufrieden bin und den ich daher auch nicht benutze (die Gemüseraffel ist jedoch voll im Einsatz).

Erika Bruderer, Heerbrugg

Ich hacke kleine Portionen Fleisch noch heute mit dem Fleischwolf meiner Mutter, der ein ehrwürdiges Alter hat, und ich bin mit diesem robusten gusseisernen Gerät, das man an der Tischplatte festschraubt und von Hand dreht, sehr zufrieden. Dieses altmodische, in seiner Art aber unübertreffliche Gerät finden Sie noch heute in jedem guten Haushaltgeschäft zum Preis von ungefähr achtzig Franken.

Gusseisenpfanne

Seit längerer Zeit besitze ich eine Gusseisen-Bratpfanne. Die Oberfläche ist nicht ganz glatt, sondern etwas «rubbelig». Wenn ich darin Rösti oder sonst etwas braten will, setzen sich die Speisen regelmässig fest, obwohl ich die Pfanne vor Ingebrauchnahme nach Vorschrift behandelt und nachher immer wieder eingefettet habe. Was kann ich dagegen tun?

Alice Sonderegger, Basel

Der Sachverhalt scheint mir ganz klar. In Ihrer Gusseisenpfanne setzen die Speisen an, weil die Oberfläche zuwenig glatt ist. Vielleicht finden Sie einen Fachmann, der Ihnen die Pfanne schleift. Sonst bleibt Ihnen nichts anderes übrig, als eine neue Pfanne zu kaufen.

Kuchenbleche

Zu meiner Hochzeit bekam ich von einer Freundin ein rundes Kuchenblech geschenkt, das ich für Fruchtwähen aus Blätter- oder Kuchenteig benutzte. Nach einiger Zeit machte mich jemand darauf aufmerksam, dass der Wähenboden viel rascher und schöner durchgebacken werde und eine braune Farbe annehme, wenn das Blech dunkel sei. Tatsächlich dauerte es in meinem verzinnten Blech recht lange, bis der Boden braun wurde, selbst wenn ich es in die unterste Rille schob. Also kaufte ich ein dunkles Blech, das in meinem Haushalt aber bald einmal rostete, wahrscheinlich weil ich es nicht nach jedem Abwasch einölte. Aber auch ich hatte das Gefühl, der Kuchen sei auf dem dunklen Blech rascher fertiggebacken. Ist das nun Einbildung, oder lässt sich das Ganze logisch erklären? Und warum verkauft man denn überhaupt verzinntes Blech, wenn es sich zum Backen gar nicht eignet?

Ursina Gehrig, Herrliberg

Die besten und zugleich die billigsten Kuchenbleche sind tatsächlich diejenigen aus sogenanntem Schwarzblech. Sie haben nur den Nachteil, dass sie leicht rosten, was sich aber vermeiden lässt, wenn man sie nach dem Abwaschen auch gründlich abtrocknet. Einölen ist überflüssig. Verzinnte Kuchenbleche stellt man vermutlich her, weil sie den Nachteil des Rostens nicht haben. In ihnen dauert das Backen länger, weil das helle Material die Hitze weniger rasch aufnimmt. Wenn man das beachtet, kann man auch in verzinnten Blechen tadellose Wähen backen.

Nudelmaschine

Nudeln und Spaghetti mache ich mit der manuellen Nudelmaschine zum Durchdrehen. Bei Mengen für über 3 Personen fangen bei mir die Platzprobleme beim Ausbreiten der Teigstreifen bereits an. Aus diesem Grund bin ich am Überlegen, ob ich mir nicht eine elektrische Maschine zulegen soll. Da es doch eine relativ teure Angelegenheit ist, hätte ich vorher eigentlich gerne mit Personen darüber gesprochen, die bereits mit elektrischen Nudelmaschinen Erfahrungen gemacht haben. Speziell interessiert mich, ob man den Teig überhaupt nicht mehr ausbreiten muss und ob die Nudeln nachher nicht aneinander kleben.

Ingrid Murat, Brittnau

Ich selber habe wie Sie und wie die meisten italienischen Hausfrauen eine manuelle Nudelmaschine, die einem das Auswallen und das Schneiden der Nudeln abnimmt. Es gibt diese Maschine auch in elektrischer Ausführung. Etwas ganz anderes sind Apparate, die Eier und Mehl in fertige Nudeln verwandeln. Die so fabrizierten Teigwaren sind den aus dem Teig zubereiteten Nudeln im Geschmack und in der Konsistenz eindeutig unterlegen. Ich habe das im Haushalt einer Freundin ausprobiert. Ein Nudelteig wird ja nicht nur tüchtig geknetet, sondern auch eine halbe Stunde ruhen gelassen, damit sich die Eier mit dem Mehl vermischen. Das ist meiner Ansicht nach die Grundlage für die Zubereitung wirklich guter Nudeln. Damit ich für die geschnittenen Nudeln nicht zuviel Platz brauche, lege ich sie schichtweise auf bemehlte Alufolien oder Küchentücher. Oft ist in der Küche halt das Mühsamere auch das Bessere.

Römertopf

In meinem Haushalt fehlt ein Brattopf («Düpfi»). Jetzt habe ich einen Römertopf geschenkt bekommen. Worauf muss ich achten, wenn ich «normale» Rezepte zum Schmoren lieber mit dem Römertopf machen will, und wozu ist dieser Topf besonders geeignet?

Brigitte Dinkelmann-Frey, Heinrichswil

Der Vorteil des Römertopfs ist, dass man darin Fleisch, Geflügel und Gemüse ohne Fettzugabe im eigenen Saft schmoren kann. Dazu kommt, dass man sich um die Römertopf-Gerichte, wenn sie einmal im Ofen sind, nicht mehr zu kümmern braucht: Sie schmoren friedlich ihrer Vollendung entgegen und brennen nicht an, auch wenn man sie eine Viertelstunde zu lange im Ofen lässt.

Der Römertopf eignet sich vor allem zum Braten und Schmoren von fettreichen Fleischstücken (Schweinefleisch, durchzogenes Rindfleisch, Hackbraten, auch Poulets). Von Roastbeef oder Kalbsbraten würde ich abraten. Man kann aber nicht einfach «normale» Schmorrezepte für den Römertopf anwenden, da hier grundsätzlich das Fleisch und das rohe Gemüse zusammen in den Topf gelegt und in den kalten Ofen gestellt werden. Das ergibt einen ganz anderen Garprozess, den man erst einmal ausprobieren muss. Es gibt zu diesem Zweck Kochbücher und Rezeptbroschüren fürs Kochen mit dem Römertopf. Ferner ist wichtig zu wissen, dass die Kochzeit eines Bratens oder eines Poulets im Römertopf 15–20 Minuten länger dauert als bei einer herkömmlichen Kochmethode. Damit ein Braten oder ein Poulet eine schöne braune Kruste bekommt, ist es oft angezeigt, den Deckel während der letzten 15–30 Minuten abzunehmen.

Röstipfanne

Wir suchen eine Original-Rösti-Pfanne, mit welcher man beidseitig Rösti braten kann, seitdem wir im Fernsehen die praktische Anwendung dieser Pfanne gesehen haben. Leider finden wir sie nirgendwo. Vielleicht können Sie uns helfen?

Isolde Hämmerle, Ruggell

Ich muss gestehen, dass ich die Original-Rösti-Pfanne, die Sie suchen, nicht kenne. Früher habe ich meine Rösti stets in einer Gusseisenpfanne gebraten; jetzt verwende ich mit ebenso gutem Resultat eine Teflonpfanne, weil ich nicht mehr gern mit schwerem Küchengerät hantiere. Und seit mir ein Freund, der vom Kochen viel versteht, erzählt hat, dass heute auch Bäuerinnen im Emmental ihre Berner Rösti in der Teflonpfanne zubereiten, fühle ich mich bestätigt.

Eine klassische Rösti brät man übrigens nicht beidseitig. Wichtig ist allein die schöne goldbraune Kruste, die auf der Unterseite entsteht, wenn man die geraffelten und zuvor gelb gebratenen Kartoffeln in der Pfanne zu einem Kuchen zusammenschiebt und in 15 bis 20 Minuten zugedeckt auf kleinstem Feuer braun werden lässt. Dann stürzt man die Rösti mit Hilfe des Deckels auf eine heisse Platte. Dass man mit einer Spezialpfanne bessere Rösti macht, wage ich zu bezweifeln.

Salatschleuder

Bei einer Freundin habe ich letzthin beobachtet, dass sie den Salat nach dem Waschen in eine Salatschleuder gibt, und nun frage ich mich, ob ich mir auch ein solches Gerät anschaffen soll. Was mich zögern lässt, ist die Tatsache, dass meine Küche sehr klein ist. Was raten Sie mir diesbezüglich?

Bea Weder, Ostermundigen

Dass Salat nur gut schmeckt, wenn er so gründlich wie möglich getrocknet wird, war eine meiner ersten Kocherfahrungen. Ich half während meiner Pariser Studienzeit einer Bekannten bei der Zubereitung des Abendessens und sah mit Erstaunen, dass sie die weissen Blätter der Brüsseler Chicorée nicht abspülte, sondern mit einem sauberen Tuch abrieb. Sie erklärte mir, dass die Sauce an den trockenen Blätter viel besser haftet. Zum Trocknen des grünen Salats, bei dem das Waschen unumgänglich ist, benützte die gleiche Bekannte die bewährte Methode der französischen Hausfrauen: Sie legte den gewaschenen und auf einem Sieb bereits abgetropften Salat auf ein sauberes Küchentuch, fasste dessen vier Ecken zu einem Beutel zusammen, den sie ein paarmal rasch im Kreis herumschwang, wobei der Salat die restliche Feuchtigkeit an das Tuch abgab. Ich bin diesem einfachen Verfahren treu geblieben und fahre damit so gut, dass es mir gar nie in den Sinn kam, eine Salatschleuder zu kaufen, die – wie Sie richtig befürchten – den in der Küche so kostbaren Platz einschränkt.

Spargeltopf

Mein Patenkind wünscht sich einen Spargeltopf zum Geburtstag. Ich halte das für ein überflüssiges Gerät, und es würde mich interessieren, was Ihre Meinung zu diesem Thema ist.

Yvette Dauzat, Poyeme

Ich bin ganz Ihrer Meinung: Meine Erfahrung hat mir auch wieder gezeigt, dass die besten Köche mit dem einfachsten Gerät auskommen und weder teure Spezialpfannen noch komplizierte Küchenmaschinen brauchen.

Ein Spargeltopf ist an sich bestimmt eine lobenswerte und praktische Sache; wenn man sich aber überlegt, wie häufig man in einem Jahr Spargeln kocht, wird man sich diese Anschaffung wohl überlegen. In den meisten Küchen gibt es ja auch nicht unbegrenzt Platz zur Aufbewahrung von Kochtöpfen. Wer einen Fisch- oder einen Spaghettitopf mit einem herausnehmbaren Einsatz hat, kann darin auch seine Spargeln kochen.

Ich selber habe das Spargelkochen, gerade weil ich dieses Gemüse so gern habe, im Laufe der Zeit vereinfacht. Ich habe festgestellt, dass man die Spargeln nicht zu Bündeln zusammenzubinden braucht, da sie einzeln im kochenden Salzwasser (ohne Zugabe von Zucker, Zitrone oder Milch) rascher und gleichmässiger weich werden. Mit einer Schaumkelle oder einer Fischpalette kann man sie vorsichtig herausheben und auf Küchenpapier oder eine Serviette zum Abtropfen legen.

Teflonpfanne

Ich hätte nun eine Frage, wegen der ich meiner Familie gegenüber sporadisch ein klein wenig Gewissensbisse habe. Darf man eine Teflonbratpfanne weiterhin benützen, wenn sich die Beschichtung an einem Ort zu lösen beginnt und dadurch ein kugelgrosser, unbeschichteter Fleck entsteht? Ist das, was abblättert, giftig?

Silvia Kato, Bernex

Erleichtern Sie Ihr Gewissen und werfen Sie die Teflonpfanne weg. Diese Pfannen soll man nur verwenden, solange ihre Beschichtung intakt ist.

Tomatenmesser

Ich möchte meiner kochfreudigen Freundin zum Geburtstag ein Tomatenmesser schenken. Im Fachgeschäft rät man mir zu einem Messer mit Wellenschliff; ich selber verwende zum Tomatenschneiden ein Sägemesser. Was raten Sie mir?

René Sidler, Biel

Ich würde mich auf den Rat des Messerfachmannes verlassen. Selber habe ich mit Spezialmessern zu wenig Erfahrung. Ausser einem Brotmesser mit Wellenschliff besitze ich nur Messer mit glatter Klinge, die ich mit viel Liebe pflege, weil Messer für mich das wichtigste Arbeitsinstrument in der Küche sind. Sie müssen vor allem stets scharf geschliffen sein. Ich ziehe sie selbst an einem Wetzstahl ab und bringe sie überdies jedes Jahr einmal ins Fachgeschäft zum Nachschärfen.

Tontöpfe

Von einer Freundin bekam ich einen bauchigen Kochtopf aus glasiertem Ton geschenkt. Ich habe darin ein paarmal Minestrone gekocht, und nun hat der Boden des Topfes schon zwei grosse Sprünge bekommen. Was für einen Fehler habe ich wohl gemacht?

Rosel Niedick, Zürich

Ich koche selber gern in Kochgeschirr aus glasiertem Ton, weil ich überzeugt bin, dass in diesem uralten Naturmaterial die Speisen besonders schmackhaft werden. Natürlich habe ich dabei auch Erfahrungen gesammelt und meinen ersten Suppentopf schon bald durch einen zweiten ersetzen müssen. Der ist allerdings nach fast zehn Jahren immer noch in einem tadellosen Zustand, weil ich die Grundregel beachte, dass man Keramikgeschirr sehr langsam erwärmen muss. Ich stelle den Topf immer mindestens fünf Minuten bei kleinster Gasflamme (für den Elektroherd eignet sich Tongeschirr nicht) auf den Herd und gehe dann in zwei weiteren Stufen, die jedesmal fünf Minuten dauern, bis zur grössten Hitze. Wenn Sie diese einfache Regel strikt befolgen, werden Sie mit Ihren Tontöpfen keinen Ärger mehr haben.

Wasserbadapparat

Da Sie mir vor Jahren schon mal kompetent Auskunft erteilt haben, gelange ich heute erneut an Sie. Im Fischkochbuch von Marianne Kaltenbach wird auf einen sogenannten Saucenapparat verwiesen, der zur Herstellung der heiklen Wasserbadsaucen dient. Da mir diese Saucen häufig misslingen, sehe ich in einem solchen Apparat eine letzte Möglichkeit, sie ohne Pannen herzustellen. Meine Nachfrage in einem Haushaltwarengeschäft ergab, dass diese Apparate mangels Nachfrage nicht mehr fabriziert werden. Stimmt das, und was halten Sie generell von der Verwendung eines solchen Apparates zur Herstellung von Wasserbadsaucen?

Rita Moro, Küssnacht

Ich vermute, dass Sie mit dem Saucenapparat ein Wasserbad (Bain-marie) meinen, das aus zwei ineinandergehenden Pfännchen besteht, deren unteres mit heissem Wasser gefüllt und auf kleinstem Feuer knapp unter dem Siedepunkt gehalten wird. Sehr hitzeempfindliche Saucen, wie zum Beispiel die Hollandaise oder die Béarnaise, können darin problemlos hergestellt werden. Ich habe mich bei zwei Haushaltgeschäften in Zürich erkundigt und erfahren, dass diese Wasserbadpfannen nach wie vor in verschiedenen Ausführungen im Handel sind.

Man kann aber auch mit seinen eigenen Kochtöpfen ein Wasserbad einrichten, indem man einen kleinen Kochtopf mit Henkeln oder einem breiten Rand auf eine Kasserolle setzt, die etwas tiefer und breiter ist. Oder man kann in einem Haushaltgeschäft eine Chromstahlschüssel mit Stiel kaufen, die man in Pfannen verschiedener Grössen einhängen kann.

Damit wissen Sie auch, dass ich einen Wasserbadapparat eigentlich für überflüssig halte.

Ihr Problem werden Sie viel besser lösen, indem Sie einen Kochkurs für feine Saucen besuchen: Da werden Sie herausfinden, warum die Sauce hin und wieder misslang. Ich wünsche Ihnen viel Erfolg.

Register

annabelle
VITAL-DIÄT II
Noch mehr Rezepte